Das *Institut für Theologie und Frieden (ithf)* hat die Aufgabe, die ethischen Grundlagen menschlicher Friedensordnung zu erforschen und in den aktuellen friedenspolitischen Diskurs hineinzutragen. Mit den Studien zur Friedensethik wird eine friedensethische Vertiefung der außen- und sicherheitspolitischen Debatte angestrebt. Dabei geht es letztlich um die Frage: Durch welche Politik wird den heute von Gewalt, Armut und Unfreiheit bedrohten Menschen am besten geholfen und zugleich der Errichtung einer zukünftigen friedlichen internationalen Ordnung gedient, in der Sicherheit, Wahrung der Gerechtigkeit und Achtung der Menschenrechte für alle gewährleistet wird?

Studien zur Friedensethik
Studies on Peace Ethics

herausgegeben von
Prof. Dr. Heinz-Gerhard Justenhoven
Prof. Dr. Gerhard Beestermöller

Band 47

Bernhard Koch [Hrsg.]

Den Gegner schützen?

Zu einer aktuellen Kontroverse in der Ethik
des bewaffneten Konflikts

Die Deutsche Nationalbibliothek verzeichnet diese Publikation in
der Deutschen Nationalbibliografie; detaillierte bibliografische
Daten sind im Internet über http://dnb.d-nb.de abrufbar.

ISBN 978-3-8487-0784-3 (Nomos Verlagsgesellschaft, Baden-Baden)

ISBN 978-3-402-11691-3 (Aschendorff Verlag, Münster)

Die Schriftenreihen ‚Beiträge zur Friedensethik‘ und ‚Theologie und Frieden‘ sind
jeweils bis Band 44 beim Verlag W. Kohlhammer, Stuttgart, erschienen.

1. Auflage 2014
© Nomos Verlagsgesellschaft, Baden-Baden 2014. Printed in Germany. Alle Rechte, auch die
des Nachdrucks von Auszügen, der fotomechanischen Wiedergabe und der Übersetzung,
vorbehalten. Gedruckt auf alterungsbeständigem Papier.

Inhalt

Wer trägt die Risiken? Eine Einleitung in den vorliegenden Band   7
Bernhard Koch

Die gerechte Verteilung des Schadens zwischen Kombattanten und Nichtkombattanten   27
Jeff McMahan

Übernahme von Risiken und Schutz für die Truppe   75
David Luban

Zivilisten, Terrorismus und todernste Konventionen   125
Jeremy Waldron

Personenrechte und die Kriegsrechtsbestimmungen   165
David Rodin

Rechte, gerechte Angreifbarkeit und die moralische Gleichheit von Kombattanten   195
Uwe Steinhoff

Dürfen Soldaten vorsätzlich töten? Eine theologische Untersuchung   241
Robert G. Kennedy

Das Recht auf Leben in Krieg und Frieden. Eine Rechts- und Moralkritik des gezielten Tötens   265
Mary Ellen O'Connell

Nachweise   291

Verzeichnis der Autoren   293

Wer trägt die Risiken? Eine Einleitung in den vorliegenden Band

Bernhard Koch

Es mag nicht allzu sehr überraschen, dass die moralphilosophische Reflexion auf das Recht im bewaffneten Konflikt in Europa und Nordamerika bevorzugt dann anhebt, wenn tatsächlich bewaffnete Konflikte zu beklagen sind, an denen Staaten und staatliches Militär aus Europa und Nordamerika beteiligt sind oder waren. Leider ist das in einem bestimmten Maß stets der Fall, aber dennoch gibt es doch Phasen größeren und geringeren militärischen Engagements. Dementsprechend gibt es auch Phasen größeren und geringeren Engagements von philosophischen und theologischen Ethikern in dieser Debatte. Das vorliegende Buch versammelt Beiträge, die auf zwei internationalen Konferenzen des Instituts für Theologie und Frieden jeweils im Mai 2011 und 2012[1] vorgetragen worden sind; es wird aber um weitere wegweisende Aufsätze ergänzt und setzt sich unter anderem zum Ziel, etwas von der anglo-amerikanischen Debatte in den deutschen Sprachraum zu tragen: nicht weil angenommen würde, die dort vorgebrachten Argumente seien unüberbietbar, sondern weil jede Auseinandersetzung mit Neuem das eigene Profil schärfen und konturieren kann und weil so auch Gemeinsamkeiten deutlich werden. Eines der Ziele des vorliegenden Buches ist, eine solche Transferleistung wenigstens anzufangen, weshalb hier einleitend zumindest die wichtigsten Stationen in der angloamerikanischen Debatte seit dem Zweiten Weltkrieg in Erinnerung gerufen werden sollen:

Elizabeth Anscombe[2] war eine der ersten und engagiertesten Intellektuellen, die nach 1945 die alliierte Kriegsführung im Zweiten Weltkrieg mit moralphilosophischen Argumenten in Frage stellte – ähnlich wie Father

---

1 "Killing in War". A Workshop with Prof. Jeff McMahan, Hamburg, Institut für Theologie und Frieden, 13./14. Mai 2011; Limits on the Use of Force during Legitimate Military Operations, Köln, Maternushaus, 11./12. Mai 2012. Die Kölner Konferenz wurde großzügig von der Katholischen Friedensstiftung und der Darboven-Gruppe unterstützt.
2 Vgl. Anscombe 1981a; Anscombe 1979; Anscombe 1981b.

John Ford[3] als katholischer Moraltheologe. Im Zentrum der Kritik stand damals das Terrorbombardement, d. h. der vorsätzliche Angriff auf Zivilisten. Vorsätzliche Angriffe auf unschuldige Personen sind nach christlicher Überzeugung stets abzulehnen. Größere Bewegung kam in die Grundsatzdiskussion allerdings erst mit dem militärischen Engagement der Vereinigten Staaten in Vietnam. Einige der wichtigsten Beiträge, die zur ethischen Begründung legitimen Handelns im Krieg in *Philosophy & Public Affairs* erschienen sind, wurden später in zwei nach wie vor sehr lesenswerten Sammelbänden nachgedruckt.[4] Die Debatte ist zu dieser Zeit noch geprägt von der Frage, ob eine regelutilitaristische Argumentation das hergebrachte Recht im bewaffneten Konflikt mit seinem zentralen Prinzip der Unterscheidung von Kombattanten und Zivilisten und der Forderung, das Ziel von Gewalthandlungen auf Kombattanten zu beschränken, begründen kann. In der Diskussion unserer Tage spielen utilitaristische Ansätze nur mehr eine sehr untergeordnete Rolle. Man darf auch bei einem kurzen Abriss des Debattenverlaufs das einflussreiche Buch des methodistischen Philosophen Paul Ramsey von 1968 nicht vergessen, das aus verschiedenen Aufsätzen und Vorträgen des christlichen Ethikers besteht.[5] Den bedeutsamsten Anstoß bekam die moralphilosophische Auseinandersetzung mit der „morality of war" aber 1977 durch das auch ins Deutsche übersetzte Buch von Michael Walzer „Just and Unjust Wars", dessen Reiz in mindestens gleichem Maße auf der Anschaulichkeit seiner Beispiele und Fallstudien beruht wie auf seinen theoretischen Analysen. Michael Walzer hat „Just and Unjust Wars" in mehreren Neuauflagen herausgebracht, in denen er in den jeweils neuen Vorworten immer wieder der aktuellen Situation Rechnung zu tragen versuchte – zuletzt 2006 mit Überlegungen angesichts des internationalen Terrorismus und der zu dieser Zeit andauernden Kriege im Irak und in Afghanistan.[6] Walzers Ansatz ist bis heute die Folie für die Diskussion um den gerechten Krieg in der anglo-amerikanischen Moralphilosophie. Schon deshalb ist es nötig, hier seine zentralen Thesen in Kürze herauszustellen:

---

3 Ford 1944.
4 Cohen/Nagel/Sconlon 1974; Beitz et al. 1985.
5 Ramsey 1968.
6 Walzer ^{4}2006.

Wer trägt die Risiken? Eine Einleitung in den vorliegenden Band

Michael Walzer

Michael Walzer konstatiert eine „moralische Wirklichkeit des Krieges". Krieg ist kein moralfreier Raum, wie sogenannte politische Realisten annehmen könnten. Die moralische Wirklichkeit des Krieges aber hat „zwei Teile"[7]: *ius ad bellum* und *ius in bello*. Wenn Krieg als kollektive Handlung einer ‚Kriegspartei' oder als die (kollektivierte) Menge aller Handlungen von Mitgliedern einer Kriegspartei verstanden wird, kann man *adjektivisch* dort von einem „gerechten Krieg" sprechen, wo diese Handlungen einer Kriegspartei nach den (hier noch offen gelassenen) Gesichtspunkten des *ius ad bellum* legitimiert sind. Man kann in diesem Sinne sagen: (Staat) A führt einen gerechten Krieg gegen (Staat) B. Das Urteil darüber, dass „der Krieg" von A gegen B nach *ius ad bellum* ein gerechter ist, schließt aber nicht aus, dass einzelne Handlungen im Fortgang des Krieges von A gegen B dennoch nach Gesichtspunkten des *ius in bello* illegitim sind. Wir können also *adverbial* sagen: A führt einen (gerechten) Krieg gegen B auf ungerechte Weise. Michael Walzer glaubt, dass das Urteil über die Gerechtigkeit eines Krieges im *ius ad bellum* und dasjenige über die Gerechtigkeit eines Krieges im *ius in bello* „logisch unabhängig"[8] voneinander sind.

Die Frage nach der Gerechtigkeit eines Krieges im *ius ad bellum* betrifft nach Walzer die politischen Führer eines Staates. Ein aggressiver Krieg gegen einen Nachbarstaat, um sich Territorialgewinne einzuverleiben, ist ein ungerechter Krieg. Die politischen Führer machen sich eines schweren Verbrechens schuldig. Die Frage nach der Gerechtigkeit eines Krieges im *ius in bello* betrifft die kämpfenden Soldaten. Der vorsätzliche Angriff auf Zivilisten ist eine ungerechte Weise, einen Krieg zu führen. Die ihn ausführenden Soldaten machen sich eines schweren Kriegsverbrechens schuldig. Es ist aber nicht Sache der Soldaten, sich um die Gerechtigkeit ihres Krieges nach den Kriterien des *ius ad bellum* zu kümmern. Insofern sind alle Soldaten in einem Krieg – hier verstanden als die kollektive Handlung sämtlicher Kriegsparteien oder die (kollektivierte) Menge aller kriegerischen Handlungen von Mitgliedern sämtlicher Kriegsparteien – moralisch gleichgestellt („moral equality of soldiers"[9]). Diese beiden zentralen Thesen in Walzers Ansatz, nämlich die Unabhängigkeit des *ius in*

---

7 Walzer [4]2006 21.
8 Walzer [4]2006, 21.
9 Walzer [4]2006, 34ff.

bello vom *ius ad bellum* und die moralische Gleichheit der Kombattanten sind heute massiver Kritik ausgesetzt.

Zum einen erscheint es höchst unplausibel, dass im Krieg gelten soll, was außerhalb des Krieges moralisch ganz verkehrt wirkt, nämlich eine moralische Symmetrie bei den Personen, die sich mit Waffen gegenüberstehen. Das tun nämlich auch ein Bankräuber und ein Polizist, aber selbstverständlich gehen wir hier nicht von einer moralischen Gleichheit der beiden aus. Das ändert sich auch dann nicht, wenn wir es mit einer Gruppe von Bankräubern und einer Gruppe von Polizisten zu tun hätten. Es scheint also, dass Walzers Moralität des Krieges in unseren alltäglichen Moralvorstellungen keinen Anschluss findet und von ihnen losgelöst ist – als moralische Eigenwirklichkeit.

Wenn dem aber so wäre, könnte – und dies ist ein weiterer fundamentaler Kritikpunkt an Walzers Ansatz – ein Gewaltakteur einfach dadurch, dass er seine Gewalthandlung als „Krieg" deklariert, von einem moralischen Legitimationsfeld ins nächste wechseln; in eines nämlich, das ihm dann die Rechtfertigung für das im ersten Feld verbotene Handeln liefert. Das ist überhaupt die Schwierigkeit bei allen Rechtfertigungsfiguren im Zusammenhang mit dem Handeln im Krieg, die zwischen „Kriegs-" und „Friedenszeiten" unterscheiden.

Michael Walzers moralphilosophische Analyse beruht auf der Basis einer sozialphilosophischen Analyse. Was „Krieg" ist, ist kein absolutes und von der Empirie unabhängig zu bestimmendes begriffliches Faktum. Was Krieg ist, ist in historischen und sozialen Kontexten immer wieder neu zu ermitteln.[10] Insofern will Walzer auch nicht in alle Tiefen ausleuchten, ob die moralische Wirklichkeit des Krieges völlig kohärent ist. Ihm reicht es festzustellen, dass sie ermittelbar ist und eine verhältnismäßig stabile Gestalt angenommen hat, so dass der Philosoph sich ihr kritisch nähern und sie interpretieren kann.[11] Diese Herangehensweise ist für neue Realität grundsätzlich offen. Neue Herausforderungen erfordern häufig auch neue Antworten, die erst mit der Zeit wieder eine verfestigte Gestalt gewinnen. Einstweilen prägen die öffentlichen Meinungsbildner die moralische Wirklichkeit vor. Zwei solche Herausforderungen nennt Michael

---

10 Vgl. Walzer [4]2006, 24: „What is war and what is not-war is in fact something that people decide (I don't mean by taking a vote).".
11 Vgl. Walzer [4]2006, 22. In „Drei Wege in der Moralphilosophie" (in: Walzer 1990, 9-42 setzt Michael Walzer die vorzugswürdige Methode der „Interpretation" von den Methoden der „Entdeckung" und der „Erfindung" ab.

Walzer bereits in einem Aufsatz von 2003[12]: Zum einen die mittlerweile mögliche risikolose Kriegsführung und zum anderen die Frage, wie die neuen Kriege überhaupt zu einem moralisch ordentlichen Ende gebracht werden können; zwei Fragen, denen angesichts der Debatten um bewaffnete Drohnen für die Bundeswehr wie auch um den anstehenden Rückzug aus dem größten Auslandsengagement der Bundeswehr aus Afghanistan jetzt, im Jahr 2013, höchste Aktualität zukommt.

Die neue Realität des bewaffneten Konflikts

Kriege der Gegenwart sind nämlich kaum mehr die zwischenstaatlichen Kriege, die Walzer noch in „Just and Unjust Wars" diskutiert. Es sind meist bewaffnete Auseinandersetzungen von staatlichen Militärs mit nicht-staatlichen bewaffneten Gruppen. Völkerrechtlich anerkannte Staatsgrenzen spielen häufig nur noch eine untergeordnete Rolle, da die nicht-staatlichen Gruppen in schwach kontrollierten Staatsgebieten ihre Rückzugsräume suchen. Die Taktik der nicht-staatlichen bewaffneten Gruppen ist geprägt von punktuellen Gewaltaktionen mit dem Ziel, staatliche Militärs zu zermürben oder die diese abstellenden Gesellschaften so zu ängstigen, dass die Bereitschaft für Auslandseinsätze sinkt und die Einsätze selber zu einer politischen Hypothek für die jeweiligen Regierungen werden.[13]

Jeff McMahan

In der historischen Rückschau werden wohl eines Tages die Terroranschläge des 11. September 2001 als der Moment gedeutet werden, an dem sich die klassische Kriegswirklichkeit verabschiedet hat und sich die neue Realität des bewaffneten Konflikts endgültig etablieren konnte.

Es sind denn auch diese Anschläge selbst und die im Nachgang der Terroranschläge vom 11. September 2001 initiierten Invasionen in Afghanistan und etwas später im Irak, die zu einer Überfülle an moralphilosophi-

---

12 Walzer 2003.
13 Es ist aussichtslos, hier das vielfältige neuere Schrifttum zu den sog. „Neuen Kriegen" einzeln aufzuführen, daher nur zwei der einschlägigsten Titel: Kaldor 1999 und Münkler ³2002. Vgl. Koch 2013b.

schen Reflexionen auf Terrorismus[14], bewaffneten Konflikt und Krieg geführt haben. Von Brisanz ist aber insbesondere, dass nun nicht mehr, wie in den Siebziger Jahren um eine moralphilosophische Deutung des geltenden Rechts bewaffneten Konflikts gerungen wird, sondern dass dieses geltende Recht mitunter freiweg in Frage gestellt wird. Jeff McMahan, der die gegenwärtige Debatte wie kein anderer anstößt, vertritt folgende Thesen: Wir müssen die Ethik der Gewaltanwendung auf einen gemeinsamen Nenner bringen können. Die „morality of war" bei Michael Walzer und anderen, die das *Recht zum Krieg* vom *Recht im Krieg* zu trennen versucht, schafft letztlich für das *ius in bello* mit der Behauptung, Kombattanten aller Kriegsparteien seien moralisch gleichgestellt, einen Sonderbereich der Moral. Das ist willkürlich und intellektuell nicht haltbar. Mindestens eine Partei eines bewaffneten Konflikts begeht Unrecht, weil sie andere mit Gewalt bedroht. Wer aber illegitim mit Gewalt bedroht wird, darf sich legitim gegen diese Gewalt zur Wehr setzen. Wer aber der Partei angehört, die zu Unrecht den bewaffneten Konflikt vom Zaun bricht, hat kein moralisches Recht, Gewalt in dieser Situation anzuwenden. Die Argumentationsmuster für den bewaffneten Konflikt sind in moralischer Hinsicht letztlich keine anderen als die für die Notwehr („self-defense").[15] McMahan will aber vermeiden, dass diese „morality of war" in der konkreten Handlungsleitung der Akteure das Recht des bewaffneten Konflikts übertrumpft. Die Rechtssetzung, die von einer Gleichrangigkeit aller Kombattanten ausgeht, hatte gute Gründe für dieses institutionelle Arrangement, denn letztlich würde bei asymmetrischer Rechteverteilung im bewaffneten Konflikt jede Partei für sich *ad-bellum*-Legitimität in Anspruch nehmen und sich dadurch das permissivere Regularium sichern wollen. Der Preis also für die Vereinheitlichungstheorie in der moralischen Betrachtung des Krieges ist das Auseinandertreten von Recht und Moral in Bezug auf den bewaffneten Konflikt.

---

14 Eine Sammlung wichtiger neuerer Aufsätze zur Frage des Terrorismus versammelt ein von Igor Primoratz und Daniel Meßelken herausgegebener Band: Primoratz/ Meßelken 2011.
15 Vgl. McMahan 2004; McMahan 2009. Dass das *ius in bello* von der Moral der Selbstverteidigung ausgehen müsse, hat Robert K. Fullinwider in einer Kritik an Anscombe und Ramsey schon 1975 vertreten: Fullinwider 1975.

Wer trägt die Risiken? Eine Einleitung in den vorliegenden Band

Ethik der Terrorismusbekämpfung bei Asa Kasher und Amos Yadlin

McMahans Sorge im Hinblick auf eine Auflösung des überkommenen Rechts teilen nicht alle. Der israelische Philosoph Asa Kasher glaubt, dass das gegenwärtige Rechtsregime des humanitären Völkerrechts grundsätzlich untauglich ist, die Austragung von Konflikten (insbesondere im Zusammenhang mit terroristischer Aktivität) in moralisch ordentlicher Weise anzuleiten. Zusammen mit dem Generalmajor Amos Yadlin (IDF) hat er im Jahr 2006 eine Prioritätenliste erstellt, die in der Bekämpfung von terroristischer Aktivität die Pflichten staatlicher Militärs gegenüber bestimmten Personengruppen hierarchisch auflistet. Ausgangspunkt ist eine angenommene Pflicht des Staates zum Schutz seiner Bürger:[16]

> „Militärische Handlungen und Unternehmungen, die in der Erfüllung der Pflicht des Staates, seine Bürger gegen terroristische Handlungen und Unternehmungen zu schützen, durchgeführt werden, während sie gleichzeitig die Menschenwürde achten, sollen gemäß folgender Prioritätenliste ausgeführt werden, die die Pflichten, die der Staaten gegenüber bestimmten Personengruppen hat, widerspiegelt:
>
>> (d.1) Geringstmögliche Beschädigung von Leben der Bürger dieses Staates, die keine Kombattanten während der Auseinandersetzung sind;
>> (d.2) Geringstmögliche Beschädigung von Leben anderer Personen (außerhalb des Staates), die nicht in den Terrorismus involviert sind, wenn sie unter der effektiven Kontrolle dieses Staates stehen;
>> (d. 3) Geringstmögliche Beschädigung von Leben der Kombattanten dieses Staates in der Verfolgung ihrer Kampfoperationen;
>> (d. 4) Geringstmögliche Beschädigung von Leben anderer Personen (außerhalb des Staates), die nicht in den Terrorismus involviert sind, wenn sie nicht unter der effektiven Kontrolle dieses Staates stehen.
>> (d. 5) Geringstmögliche Beschädigung von Leben anderer Personen (außerhalb des Staates), die indirekt in terroristische Handlungen und Unternehmungen involviert sind.
>> (d. 6) Erforderliche Beschädigung von Leben und Einschränkung von Freiheiten anderer Personen (außerhalb des Staates), die direkt in terroristische Handlungen und Unternehmungen involviert sind."[17]

---

16 Kasher/Yadlin 2005, 3–32; Kasher/Yadlin 2005, 52–59; Kasher/Yadlin 2006. Vgl. dazu die Diskussionen mit Michael Walzer und Avishai Margalit (Walzer/Margalit 2009) sowie die Kommentare: Fotion 2005; Perry 2005; Haydar 2005.

17 „Military acts and activities carried out in discharging the duty of the state to defend its citizens against terror acts or activities while at the same time protecting

Der brisante Punkt ist vor allem die Anordnung von (d.3) über (d.4). Der Schutz von Kombattanten des in Selbstverteidigung handelnden Staates wird dem Schutz von Zivilisten, die nicht unter der Kontrolle dieses Staates stehen, vorgezogen. Kasher begründet mit seinem Begriff des Soldaten als „Bürger in Uniform".[18] Wenn Soldaten Bürger sind, wieso sollten sie dann weniger Schutz als andere Bürger genießen?

Kasher und Yadlin ordnen dennoch Zivilisten, die unter der effektiven Kontrolle des Staates stehen, den Kombattanten des Staates vor (d.2) über (d.3). Zur Begründung führen sie an, von Kombattanten würde erwartet, dass sie den Terror bekämpfen, ohne Bürger des Staates zu verletzen, und ebenso auch ohne Personen zu verletzen, für deren Schutz der Staat die Verantwortung übernommen habe.[19] Wenn staatliche Soldaten oder Sicherheitskräfte aber Terroristen bekämpfen, die sich außerhalb des Gebiets befinden, über das ein Staat effektive Kontrolle ausübt, dann müssen die Kombattanten dieses Staates nicht die Lasten für die Entscheidung der Terroristen im Hinblick auf die gewählte Umgebung tragen. Kasher denkt hier anscheinend an Situationen, in denen Zivilisten offenkundig oder eher indirekt als sogenannte ‚menschliche Schutzschilde' gebraucht werden.

---

human dignity, should be carried out according to the following priorities which reflect the order of duties the state has toward certain groups:
(d.1) Minimum injury to the lives of citizens of the state who are not combatants during combat;
(d.2) Minimum injury to the lives of other persons (outside the state) who are not involved in terror, when they are under the effective control of the state;
(d.3) Minimum injury to the lives of the combatants of the state in the course of their combat operations; (d.4) Minimum injury to the lives of other persons (outside the state) who are not involved in terror, when they are not under the effective control of the state;
(d.5) Minimum injury to the lives of other persons (outside the state) who are indirectly involved in terror acts or activities;
(d.6) Injury as required to the liberties or lives of other persons (outside the state) who are directly involved in terror acts or activities." Kasher/Yadlin 2005, 14f. = Kasher/Yadlin 2006, 80.

18 „A combatant is a citizen in uniform. ... His life is as precious as the life of anyone else." Kasher/Yadlin 2005, 17.

19 „The combatant is expected to fight terror without injuring citizens of the state. Similarly, he is expected to fight terror without injuring other persons whose protection is a responsibility shouldered by the state." Kasher/Yadlin 2005, 17f.

Asa Kashers und Amos Yadlins Ansatz geht von verschiedenen Elementen aus:

- Der Staat selbst ist moralisches Subjekt; ihm ist mindestens *eine* Pflicht auferlegt: die des Schutzes seiner Bürger.
- Der Staat hat ein unbedingtes Selbstverteidigungsrecht, das die präventive Tötung von mutmaßlichen terroristischen Angreifern einschließt. Die Autoren erkennen dabei einen Vorrang der Gefangennahme gegenüber der Tötung an, aber nur einen bedingten: Das Leben der Soldaten als Bürger des Staates darf nicht gefährdet werden.[20]
- Kasher und Yadlin erkennen eine konsensualistische oder kontraktualistische Verpflichtung von Soldaten zur Gefahrenübernahme an,[21] aber nur im Hinblick auf die Abwehr von Gefahren gegenüber eigenen Staatsbürgern oder Personen unter der effektiven Kontrolle des Staates.

Das naheliegende Argument gegen die Bedeutung der effektiven Kontrolle des Staates liegt darin, dass unter den Prämissen von Kasher und Yadlin ein Staat seine moralische Situation verbessern würde, wenn er die effektive Kontrolle über bestimmte Personen aufgibt.[22] Das ist moralisch kontraintuitiv und nicht haltbar, denn das Versagen in der Kontrollmacht kann nicht einen moralischen Gewinn bei bestimmten Angriffsrechten sichern.

Nach dem Gaza-Krieg vom Winter 2008/2009 („Operation gegossenes Blei") mit seinen unverhältnismäßig hohen zivilen Opfern[23] haben Michael Walzer und Avishai Margalit in der *New York Review of Books* die publizierten Thesen von Kasher und Yadlin für die Operationsführung der Israelis mitverantwortlich gemacht.[24] Die beiden Autoren des umstrittenen

---

20 „When there is a way to capture and arrest that person *without jeopardizing the life of combatants of the state*, he or she ought to be captured rather than killed." Kasher/Yadlin 2005, 18 (Hervorhebung Koch).
21 „the combatant is expected…" – vgl. oben Anm. 19.
22 So gesehen wäre eine recht zynische Deutung des noch von Ariel Sharon eingeleiteten Abzugs der israelischen Besatzungsmächte aus dem sog. „Gaza-Streifen" möglich: Die Aufgabe der Besetzung 2005 hätte dann die Angriffe von 27.12.2008 bis 18.1.2009 („Operation Gegossenes Blei") erst moralisch zulässig gemacht.
23 Das Attribut „unverhältnismäßig" ist wohl auch dann noch gerechtfertigt, wenn man anerkennt, dass die Opferzahlen des sogenannten „Goldstone-Reports" umstritten sind (UN Human Rights Council 2009).Vgl. auch die Falldarstellung bei Coleman 2013, 175-179, der die Vorgänge aber hauptsächlich als Problem der Unterscheidung diskutiert..
24 Margalit/Walzer 2009.

Papiers antworteten wenige Wochen später,[25] worauf auch Walzer und Margalit noch einmal nachlegten.[26] Der zentrale Streitpunkt ist die Frage, wie weitreichend die Risiken sind, die Kombattanten auf sich nehmen müssen, selbst unter den Voraussetzungen, dass zum einen eindeutig ist, dass die Kombattanten für die gerechte Sache, nämlich gegen verbrecherische Terroristen, kämpfen, und dass zum anderen angenommen werden kann, dass die Gegner sich selbst nicht an die Konventionen des bewaffneten Konflikts halten werden. Das Problem verengt sich also auf den Punkt, welche Risiken für eine gerechte Sache kämpfende Soldaten zugunsten von Zivilisten, die nicht der eigenen Partei angehören, in Kauf nehmen müssen. Dieses zentralen Problems, dem sich Jeff McMahan im ersten Beitrag des vorliegenden Bandes widmet, entfaltet sich in zwei maßgeblichen Hinsichten: Zum einen in der Frage des Kampfes gegen wirkliche oder angenommene Terroristen, also der Auseinandersetzung mit Kashers und Yadlins Thesen, zum anderen hinsichtlich der Frage der humanitären Intervention, in der ja ebenfalls Kombattanten eines intervenierenden Staates Risiken tragen, um Lasten für Zivilisten eines anderen Staates zu vermindern oder ihnen sogar Gutes, z. B. die Durchsetzung ihrer menschenrechtlichen Position, zu bringen.

In militärischen Einsätzen lassen sich Risiken verschieben: Ferngesteuerte Waffensysteme vermindern die Risiken bei den Bedienern enorm, erhöhen aber unter Umständen Risiken beim Gegner. Gefangennahme bedeutet immer auch hohe Risiken für die Einsatzkräfte, lässt aber den Gegner am Leben. Wer soll die Risiken tragen? Besteht eine Pflicht, auch Gegner zu schützen?[27]

---

25 New York Review of Books, 11th June 2009; http://www.nybooks.com/articles/archives/2009/jun/11/israel-the-rules-of-war-an-exchange/ [6.11.2013].
26 In der gleichen Ausgabe. Es folgten noch einige Leserbriefe, zum Teil wiederum mit Antworten von Margalit und Walzer (13. August 2009; 24. September 2009; 8. Oktober 2009).
27 Vgl. auch Koch 2013a. Die Beantwortung dieser Frage scheint nicht zuletzt davon abzuhängen, wie wir den Krieg bzw. bewaffneten Konflikt qualifizieren, z. B. als Intervention zugunsten Dritter oder als nationale Selbstverteidigung. Vgl. dazu Fabre 2012.

Zu den Beiträgen dieses Bandes

JEFF MCMAHAN ist sicherlich derjenige Autor, der gegenwärtig wie kein anderer die moralphilosophische Debatte zu Fragen von Krieg und bewaffnetem Konflikt bestimmt. Sein Ziel ist es, eine einheitliche Theorie der Gewaltanwendung vorzulegen, die keine Separatmoral mehr für den Krieg vorsieht; auf der Basis dessen, was wir im Bereich der interpersonalen Gewalt für erlaubt erachten, sollen stattdessen Maßstäbe für die Beurteilung von Gruppengewalt ermittelt werden. Die Darlegungen in seinem Buch „Killing in War"[28], das auf Deutsch unter dem Titel „Kann Töten gerecht sein?"[29] erschienen ist und das mittlerweile geradezu zum neuen Referenzwerk in der angloamerikanischen Diskussion des moralisch verstandenen *ius in bello* wurde, haben bedeutende Ergänzungen erfahren bei einem Vortrag, den er am Institut für Theologie und Frieden in Hamburg im Mai 2011 gehalten hat und der in der Fachzeitschrift *Analysis* unter dem Titel „Who is Morally Liable to be Killed in War[30] veröffentlicht wurde. Darin streicht McMahan heraus, dass eine Person nur dann mit Gewalt angegriffen werden darf, wenn sie „haftbar" im Hinblick auf einen solchen Angriff ist, wobei die Haftbarkeit ein Produkt aus mehreren Faktoren darstellt. Der wichtigste Faktor ist sicherlich die moralische Verantwortung für eine ihrerseits ungerechtfertigte Bedrohung einer anderen Person; ein weiterer Faktor ist aber auch die funktionale Wirksamkeit eines abwehrenden Gegenangriffs. Das Zusammenspiel der verschiedenen Faktoren bedeutet aus meiner Sicht eine hohe Hürde für legitime Gewaltanwendung.[31] Zivilisten dürfen nicht gewaltsam angegriffen werden, selbst wenn sie für den ungerechtfertigten Angriff ihres Staates eine moralische

---

28 Oxford 2009.
29 Darmstadt 2010.
30 *Analysis* 71/3 (2011) 544-559.
31 Seth Lazar spricht von einem „Verantwortungsdilemma" bei McMahan (Lazar 2010). Das „Dilemma" ergebe sich daraus, dass die Schwelle zur Legitimität der verteidigenden Gegengewalt je nach Stärke oder Schwäche des Verantwortungsbegriffs verschoben werden könne. Wenn bereits wenig Verantwortung angreifbar macht, kommen Zivilisten leicht als legitime Ziele in Betracht; wenn es hoher Verantwortung bedarf, wird McMahans Position praktisch zum Pazifismus. McMahan hält unter Umständen schon geringe Verantwortung für ausreichend, um legitim Opfer von verteidigender Gewalt werden zu können, aber nur, wenn der Angriff auch wirklich der Bedrohung abhilft. Diese Bedingung ist bei Angriffen auf Zivilisten fast nie erfüllt und wirkt sehr gewalteinschränkend auch gegenüber gegnerischen Kombattanten.

Verantwortung tragen, aber der Angriff keinen maßgeblichen Beitrag zur Beseitigung der ungerechten Bedrohung leisten kann.

Jeff McMahans grundsätzlicher Ausgangspunkt ist ein moralischer Individualismus, so dass er sein entscheidendes Argument gegen Kashers und Yadlins Position gegen deren Konzeption des moralischen Status' eines Staates richten kann: Wie soll der Staat gegenüber dritten Personen Rechte besitzen, die sich aus dem bloßen Zusammenschluss der Staatsbürger herleiten? Es kann nicht möglich sein, dass A und B sich zum Staat vereinigen, dabei eine gemeinsame Pflicht des Staates definieren und nun gegen C Rechte besitzen, die ihnen vorher nicht zukamen.

> „Welche Pflichten der Staat gegenüber seinen Kombattanten auch immer hat, sie sind *ohne Bedeutung* für das, was diesen Kombattanten zu tun erlaubt ist."[32]

Unter der Voraussetzung, dass allen Menschen in gleicher Weise gleiche basale Rechte zukommen, kann es zu keiner Vereinigung zu Lasten Dritter ohne deren Zustimmung kommen. In der Tat ist die Rede Asa Kashers und Amos Yadlins von den Pflichten des Staates irreführend, weil die Attribution von Pflichten an den Staat erst der Staatskonstitution selber nachgelagert sein kann. Bei Kasher und Yadlin aber ‚schlägt' die moralische Subjektivität des Staates die von Personen, die außerhalb dieses Staates stehen. Selbst wenn man annähme, dass Rechtekonstitution ein sozialer Prozess ist und man ohne Sozialität von einem von Natur aus rechtlosen Individuum ausgehen könnte, müsste man doch zugestehen, dass ein Mindestmaß an Vergesellschaftung und damit von Rechtszuschreibung auch bei den Personen zutrifft, die außerhalb von Staatlichkeit stehen. Die radikale Unilateralität von Kasher und Yadlin ist schlechthin unhaltbar.

McMahans Argument kann aber nur zeigen, dass der im Kasher-Yadlin-Papier konstatierte Vorrang des Schutzes der Soldaten eines Staates, der sich gegen Terrorismus verteidigt, gegenüber den Zivilpersonen, die nicht unter der effektiven Kontrolle dieses Staates leben, argumentativ nicht fundiert ist. McMahans erstes Argument zeigt aber noch nicht, dass die legitim gegen Terroristen oder in einer gerechten Intervention kämpfenden Soldaten ihrerseits weniger Schutz genießen als Zivilisten. McMahan will dies aber für Regelfälle festhalten und muss dafür selbst die kontraktualistische Verantwortung von Soldaten heranziehen:

---

32 Vgl. unten Seite 34 (= McMahan 2010, 348).

„Der Grund, weshalb den Kombattanten geboten ist, im Zuge der Verteidigung derer, die ungerechtfertigterweise Schaden zu nehmen drohen, gewisse Risiken einzugehen, ist schlichtweg der, dass es ihr *Beruf* ist: Es ist das, das zu tun sie sich verpflichtet haben und wofür sie bezahlt werden. Es gehört zu ihrer beruflichen Rolle, die sie auszufüllen haben. So gesehen gleichen sie denen, die andere von Berufs wegen verteidigen oder retten und dafür bezahlt werden, etwa den Polizisten, Feuerwehrleuten, Personenschützern und Rettungsschwimmern. All diese Menschen haben die mit ihrer beruflichen Rolle verbundene Pflicht, Risiken einzugehen und sich sogar in Mitleidenschaft ziehen zu lassen, wenn das zur Erfüllung der an ihre Rolle geknüpften Aufgaben unabdingbar ist."[33]

Der Aufgriff dieser Argumentation kommt bei McMahan deshalb überraschend, weil er in „Kann Töten gerecht sein?" das moralische *ius in bello* noch ohne kontraktualistische und konsensualistische Rückgriffe begründen wollte.[34] Zu dieser Erweiterung hat beigetragen, dass in diesem Buch noch Situationen des bilateralen Staatskrieges im Vordergrund standen, während in den neueren Aufsätzen die Frage ins Blickfeld rückt, welches *ius in bello* auch für humanitäre Interventionen richtig ist. Unter den Bedingungen eines aggressiven Staates, der einen unschuldigen ‚Opferstaat' mit Krieg überfällt, ist die Frage, warum die „gerechten Kombattanten" Risiken auf sich nehmen sollen, um die „ungerechten Zivilisten" zu schützen, anders zu stellen als im Falle der humanitären Intervention, in dem die Zivilisten selbst schon Opfer eines kriminellen Regimes sind. Diese Frage ist an dieser Stelle nicht weiter zu diskutieren, aber man muss festhalten, dass Kasher und Yadlin beanspruchen, nur die reine Selbstverteidigungssituation im Blick zu haben gegen einen ungerechten, terroristischen Aggressor.[35] Die Schwarz-Weiß-Malerei ist zwar empirisch nur selten

---

33 Vgl. unten Seite 57; (= McMahan 2010, 366f).
34 Vgl. McMahan 2010; McMahan 2009, 51-60.
35 Allerdings spricht das Beispiel eines israelischen Luftangriffs auf eine irakische Nuklearanlage (Kasher/Yadlin 2005, 25) eine andere Sprache. Zudem wollen die Autoren des Papiers ihre aus dem Anti-Terror-Kampf entwickelten Kriterien auch für die Fälle „von gewöhnlichen internationalen bewaffneten Konflikten" (Kasher/Yadlin 2005, 28) angewandt wissen.

richtig,[36] aber wenn man sie hypothetisch annimmt, bleibt die Frage, ob der Vorzug der eigenen Zivilisten und Kombattanten wie im Kasher-Yadlin-Papier nicht doch etwas für sich hat. Die Trennlinie verläuft hier nicht zwischen Kombattanten und Zivilisten, sondern zwischen „uns" und „ihnen". Übersieht McMahan mit anderen Individualisten nicht gerade den Umstand, dass es besondere Verpflichtungsgefühle und Zugehörigkeiten zu den eigenen Staatsbürgern gibt, die dennoch moralisch relevant sind? Ich meine, diese Frage ist sehr ernst zu nehmen, insbesondere dann, wenn man den Kreis nicht so groß zieht wie bei den Staatsbürgern, sondern im Hinblick auf kleinere Einheiten wie die eigene Familie nachdenkt.

Diese sehr ernste Frage aus der *Margalit/Walzer-contra-Kasher/Yadlin-Debatte* greift auch DAVID LUBAN auf. Mit großer Umsicht diskutiert er Aspekte und Argumente, die bei den Überlegungen zum Problem, wer in welchem Maß im bewaffneten Konflikt Risiken zu übernehmen hat und wie weit der Schutz für die Truppe gehen darf, wenn mit der Durchsetzung dieses Schutzes andere Personen geschädigt oder in Gefahr gebracht werden. Luban zeigt treffend, warum wir in bewaffneten Konflikten nicht zwischen ‚freundlichen' und ‚feindlichen' Zivilisten unterscheiden sollten und weshalb die Befähigung von Soldaten, Risiken zu übernehmen eben auch in den meisten Fällen eine Verpflichtung dazu bedeutet.

Es ist ein Glück für diesen Band, dass JEREMY WALDRON zugestimmt hat, ein wichtiges Kapitel seines Buches „Torture, Terror, and Trade-Offs. Philosophy for the White House" erstmals auf Deutsch abzudrucken. Denn die neuere Debatte hat, teilweise aufgrund von anfänglichen Unklar-

---

36 Und geht gerade im Hinblick auf den Israel-Palästina-Konflikt weit an der Realität vorbei. – Das Kasher/Yadlin-Papier enthält an anderen Stellen einige, vielfach entscheidende Fehler. So behaupten die Autoren: „When faced with the tragic choice between letting some of its citizen die as a result of an act of terror on the one hand, and causing the death of some persons not under its effective control as a result of an act of targeted prevention of terror that involves killing the terrorist on the other hand, the state ought to defend its citizens rather than letting them die. ... From the point of view of a democratic state, a decision to let citizens die when they can and should be effectively protected is tantamount to a decision to kill them" (Kasher/Yadlin 2005, 20). Nun mag das deontologische Prinzip, dem Sterben-lassen den Vorrang vor dem Töten zu geben, durch manches sogenannte „Trolley-Beispiel" problematisch geworden sein, in dem von Kasher und Yadlin geschilderten Fall geht es aber um anderes, da die relevanten Ergebnisse nicht gleich sind: Es ist ein Unterschied, ob jemand getötet wird oder ob jemandem der *Schutz entzogen* wird, so dass eine dritte Person ihn töten kann. Töten und Schutz entziehen sind keineswegs „tantamount".

heiten im Ansatz Jeff McMahans, teilweise auch durch Missverständnisse, die diesen Ansatz betreffen, erneut in Frage gestellt, ob Zivilisten uneingeschränkt zu schützen seien. Und angesichts global handelnder terroristischer Gruppen, die ja keinen völkerrechtlichen Kombattantenstatus in Anspruch nehmen können, hat sich auch für die Praxis die Frage nach der Unterscheidung von legitimen Angriffszielen und geschützten Personen neu gestellt. Waldron zeigt aber, dass wir nicht eine beliebige konventionelle Norm aufgeben würden, wenn wir uns entschlössen, das Diskriminationserfordernis umzudeuten oder aufzugeben. Töten ist kein beliebiges Handeln, und es gilt immer eine erste Präsumtion dagegen.

Während Jeremy Waldron die Errungenschaft des humanitären Völkerrechts als solches betont und in guter konservativer Absicht versucht, es nicht durch vorschnelle moralische Unterspülungen zu gefährden, tritt DAVID RODIN in seinem Beitrag, der unter anderem auf einem Vortrag am Institut für Theologie und Frieden am 13. Mai 2011 beruht, für eine Reform des humanitären Völkerrechts ein. Rodin versucht zu zeigen, dass die asymmetrischen Legitimationsbedingungen für Gewalthandlungen auch im Krieg gelten müssen, wenn der Krieg nicht einfachhin als soziale Praxis konstatiert werden soll, die nach komplett anderen Regeln strukturiert ist. Wenn Krieg oder bewaffneter Konflikt eine soziale Praxis sein kann, die nach grundlegend anderen normativen Voreinstellungen abläuft wie das gewöhnliche Leben, warum sollten dann Verfechter von Sklaverei nicht ihrerseits in Anspruch nehmen dürfen, dass Sklaverei eben eine soziale Praxis sei, die ihre eigenen Regeln habe, die man nicht einfachhin in Kontinuität mit den Regeln des gewöhnlichen Leben weiterdenken kann. Nun gut, könnte man einwenden, wünschenswert wäre ein reformiertes humanitäres Völkerrecht, das der Asymmetrie zwischen Angreifern und Verteidigern stärker Rechnung trägt, nur praktikabel sei es nicht. David Rodin aber versucht auch zu zeigen, wie es praktikabel gehen könnte: Nicht indem man jeden einzelnen „ungerechten Soldaten" für seine Beteiligung an der Angriffshandlung in Haftung nimmt, aber doch immerhin die Anführer. Die einfachen Soldaten, die den Angriff durchführen, können zwar eine Art „Strafbefreiung" in Anspruch nehmen, nicht jedoch eine rechtliche Legitimation für ihr Handeln. David Rodin denkt also McMahans Asymmetriethese konsequent in das Recht fort.

UWE STEINHOFF war einer der ersten Moralphilosophen, die die Anfang des vergangenen Jahrzehnts neu aufkommende Auseinandersetzung um die Moral des Krieges mitbegleitet und mitgestaltet haben, und von Beginn an hat er der Asymmetriethese zwar im Prinzip zugestimmt, ihre analytische und praktische Reichweite aber beträchtlich zu beschränken versucht. Sein Beitrag macht zunächst deutlich, wie wichtig eine sorgfältige Auseinandersetzung mit der traditionellen Lehre der Gerechtigkeit von Krieg und bewaffnetem Konflikt ist. In seiner eigenen Herangehensweise argumentiert er auf der Basis von Wesley N. Hohfelds Rechtesystematik[37], dass McMahans Ansatz moraltheoretisch weniger weit reiche als dieser selbst annimmt und dass er zudem zur Empirie des Krieges, insbesondere als kollektive Handlung, häufig nicht passe. Es gebe eben auch ‚symmetrische Verteidigungsfälle', wenn die Gruppe der anfänglich ungerechten Angreifer plötzlich zu den Verteidigern von Dritten wird, die durch die gerechten Kombattanten kollateral geschädigt werden. Steinhoffs zentrales Argument richtet sich also gegen die moralische Disqualifikation sämtlicher auf der ‚ungerechten Seite' eines Konflikts kämpfenden Kombattanten. McMahans Individualismus treibt Steinhoff konsequent auf die Spitze und zeigt so, dass auch bei ungerechten kollektiven Handlungen Personen mitwirken, die selbst keine ungerechten Absichten oder Ziele verfolgen.

Uwe Steinhoff hat bei der Hamburger Tagung vom 13. und 14. Mai 2011 als Respondent auf den Hauptvortrag von Jeff McMahan geantwortet. Die hier vorgelegte Auseinandersetzung mit McMahan geht aber in Umfang und Substanz über dasjenige, wofür bei der kleinen Konferenz Raum war, deutlich hinaus.

ROBERT G. KENNEDY beantwortet aus der Sicht einer naturrechtlich geprägten katholischen Morallehre die Frage, ob gegnerische Kombattanten *vorsätzlich* getötet werden dürfen. Er stellt dabei die in der aktuellen philosophischen Debatte häufig vernachlässigte Frage nach der Bedeutung der Intentionalität für die Beurteilung einer Handlung in das Zentrum seiner Überlegungen. Erst die Absicht macht einen physischen Vorgang zu einer Handlung. Da es uns aber in der ethischen Beurteilung um Handlungen geht, dürfen wir den Aspekt der Absicht nicht vernachlässigen. Kennedy vertritt die moraltheologische Überzeugung, dass das Leben ein basales Gut sei, das niemals absichtlich zerstört werden darf, und es erübrigt sich fast zu sagen, dass diese Überlegungen für eine christliche Position zur Praxis des sogenannten „targeted killings" höchst bedenkenswert sind.

Ebendiese Praxis des „gezielten Tötens", die in den vergangenen Jahren in erster Linie von Armee und Geheimdiensten der Vereinigten Staaten in

---

37 Vgl. Hohfeld 1919.

Wer trägt die Risiken? Eine Einleitung in den vorliegenden Band

Pakistan und im Jemen etabliert wurde, ist es denn auch, die MARY ELLEN O'CONNELL motiviert, über „Das Recht auf Leben in Krieg und Frieden" in einem – teils durchaus persönlich gehaltenen – Plädoyer nachzudenken. Sie prüft die Argumentationsmuster, die hochrangige Regierungsvertreter bei ihren Versuchen, diese Praxis zu legitimieren, vorgebracht haben und verwirft sie als unzulänglich und den *ius-cogens*-Normen des Völkerrechts widersprechend. Aber auch ihre katholische Überzeugung bestärkt sie in der Ablehnung des „targeted killing". Wie Robert G. Kennedys Beitrag geht auch Mary Ellen O'Connells Aufsatz auf einen Vortrag zurück, den sie auf der Kölner Tagung im Mai 2012 gehalten hat. Sie unterzieht die Drohnenpolitik der Vereinigten Staaten in der ersten Amtszeit von Präsident Barack Obama einer sehr kritischen Analyse.

Manche der Ausdrücke, die die Autoren in diesem Buch verwenden, sind terminologisch, und es ist leider unvermeidlich, dem Leser die Mühe der Erschließung zuzumuten. So spricht zum Beispiel Jeff McMahan von „gerechten Kombattanten" oder „ungerechten Zivilisten", wobei sich die Attribute „gerecht" oder „ungerecht" alleine auf die Frage beziehen, ob der Zivilist oder Kombattant einem Staat, Volk oder einer Gruppe angehört, die gerechterweise oder ungerechterweise einen Krieg führt. Vielleicht mag es den Leser trösten, dass die Mühe entgolten wird durch ein Mehr an Präzision in der Argumentation.[38]

Literaturverzeichnis:

Anscombe, Elizabeth (1981a): The Justice of the Present War Examined. In: The Collected Philosophical Papers of G. E. M. Anscombe. Vol. 3, Ethics, Religion and Politics. Oxford, 72-81.

Anscombe, Elizabeth (1981b): Mr Truman's Degree. In: The Collected Philosophical Papers of G. E. M. Anscombe. Vol. 3: Ethics, Religion and Politics. Oxford, 62–71.

Anscombe, Elizabeth (1979): War and Murder. In: Wakin, Malham M. (Hg.) (1979): War, Morality, and the Military Profession. Boulder, Col. 1979, 285–298.

Beitz, Charles et al. (Hg.) (1985): International Ethics. A Philosophy & Public Affairs Reader. Princeton.

---

38 Fast alle englischen Beiträge wurden von Axel Walter übersetzt, dem ich für seine sorgfältige und gewissenhafte Arbeit auch an dieser Stelle aufrichtig danken möchte – und auch Gabi Trillhaas, die die Beiträge dieses Buches für die Druckfassung angeglichen hat. Meine Frau, Brigitte Koch, hat viel Zeit in die Korrekturlektüre gesteckt. Auch ihr gilt mein herzlicher Dank.

Cohen, Marshall/Nagel, Thomas/Sconlon, Thomas (Hg.) (1974): War and Moral Responsibility. A Philosophy & Public Affairs Reader. Princeton.

Coleman, Stephen (2013): Military Ethics. An Introduction with Case Studies. Oxford.

Fabre, Cécile (2012): Cosmopolitan War. Oxford.

Ford S.J., John C. (1944): The Morality of Obliteration Bombing. In: Theological Studies, vol. 5, 261–309, nachgedruckt in: Wasserstrom, Richard A. (Hg.) (1970): War and Morality. Belmont, Cal., 15–41.

Fotion, Nick (2005): Transforming and Expanding the Kasher/Yadlin Theory on the Ethics of Fighting Wars Against Terrorism. In: Journal of Military Ethics 4, 33-43.

Fullinwider, Robert K. (1975): War and Innocence. In: Philosophy & Public Affairs 5/1, 90–97.

Haydar, Bashshar (2005): The Ethics of Fighting Terror and the Priority of Citizens. In: Journal of Military Ethics 4, 52–59.

Hohfeld, Wesley Newcomb (1919): Fundamental Legal Conceptions as Applied in Judical Reasoning and Other Legal Essays. New Haven.

Kaldor, Mary (1999): New and Old Wars. Organized Violence in a Global Era. Cambridge (dt. (2000): Neue und alte Kriege. Frankfurt am Main).

Kasher, Asa/Yadlin, Amos (2006): Military Ethics of Fighting Terror: Principles. In: Philosophia 34, 75-84.

Kasher, Asa/Yadlin, Amos (2005a): Military Ethics of Fighting Terror: An Israeli Perspective. In: Journal of Military Ethics 4, 3–32.

Kasher, Asa/Yadlin, Amos (2005b): Military Ethics of Fighting Terror: Response. In: Journal of Military Ethics 4, 60–70.

Koch, Bernhard (2013a): Das Ethos des Nothelfers. In: Ethica 2013. Institut für Religion und Frieden. Wien (im Erscheinen).

Koch, Bernhard (2013b): Militär und humanitäres Völkerrecht im Auslandseinsatz. In: Stimmen der Zeit, Band 231, Heft 9, 617-629.

Lazar Seth (2010): The Responsibility Dilemma for Killing in War. A Review Essay. In: Philosophy & Public Affairs 38/2, 180–213.

Margalit, Avishai/Walzer, Michael (2009): Israel. Combatants & Civilians. In: New York Review of Books. 14.5.2009; http://www.nybooks.com/articles/archives/2009/may/14/israel-civilians-combatants/ [19.9.2013].

McMahan, Jeff (2011): Who is Morally Liable to be Killed in War. In: Analysis 71/3, 544-559.

McMahan, Jeff (2010): The Just Distribution of Harm Between Combatants and Noncombatants. In: Philosophy & Public Affairs 38/4, 342-379; dt. in diesem Band: Die gerechte Verteilung des Schadens zwischen Kombattanten und Nichtkombattanten, 27-73.

McMahan, Jeff (2009): Killing in War. Oxford.

McMahan, Jeff (2004): The Ethics of Killing in War. In: Ethics 114, 693–733.

Münkler, Herfried (^{3}2002): Die neuen Kriege. Hamburg.

Perry, David L. (2005): Ambiguities in the "War on Terror". In: Journal of Military Ethics 4, 44–51.

Wer trägt die Risiken? Eine Einleitung in den vorliegenden Band

Primoratz, Igor/Meßelken, Daniel (Hg.) (2011): Terrorismus. Philosophische und politikwissenschaftliche Essays. Paderborn.

Ramsey, Paul (1968): The Just War. Force and Political Responsibility. New York.

UN Human Rights Council (2009): Human Rights in Palestine and Other Occupied Arab Territories. Report of the United Nations Fact Finding Mission on the Gaza Conflict, 25th September 2009 http://www2.ohchr.org/english/bodies/hrcouncil/docs/12session/A-HRC-12-48.pdf [19.9.2013].

Walzer, Michael (1977; ^{4}2006): Just and Unjust Wars. A Moral Argument with Historical Illustrations. New York; dt. (1982): Gibt es den gerechten Krieg? Stuttgart.

Walzer, Michael (2003): Der Sieg der Lehre vom gerechten Krieg. In: Kallscheuer, Otto (Hg.) (2003): Michael Walzer: Erkläre Kriege – Kriegserklärungen. Hamburg, 31–51.

Walzer, Michael (1990): Kritik und Gemeinsinn. Drei Wege der Gesellschaftskritik. Berlin.

Die gerechte Verteilung des Schadens zwischen Kombattanten und Nichtkombattanten

Jeff McMahan

1. Die Doktrin vom Vorrang der Kombattanten

Die von den Vereinigten Staaten unter der Clinton-Administration angeführte Intervention im Kosovo im Jahre 1999 vermerken die Annalen des Krieges als ein ungewöhnliches Ereignis insofern, als es aufseiten der intervenierenden Kräfte keine Opfer kostete. Die Tatsache, dass einige Jahre zuvor in Somalia 18 Soldaten getötet worden waren, hatte die Regierung politisch unter Druck gesetzt, die infolgedessen dem Kleinhalten der Verluste unter den US-Kombattanten im Kosovo nahezu absolute Priorität einräumte. Dazu wurde der NATO-Einsatz auf Bombardements aus großer Höhe beschränkt, was es den Piloten ermöglichte, ihre Maschinen außer Reichweite des serbischen Luftabwehrfeuers zu steuern. Während die NATO-Kombattanten so zwar kaum Kampfgefahren ausgesetzt waren, hinderte diese Strategie die NATO zugleich daran, ihre Ziele so präzise zu unterscheiden, ins Visier zu nehmen und anzugreifen, wie das möglich gewesen wäre, wenn ihre Piloten tiefer geflogen wären, und speziell, wenn sie Bodentruppen hätte aufmarschieren lassen und nicht ausschließlich auf das Bombardement aus der Luft gesetzt hätte. Daher tötete die NATO mehr Zivilisten, als das der Fall gewesen wäre, wenn sie ihre Streitkräfte größeren Risiken und Gefahren ausgesetzt hätte. Zu den Leidtragenden und Opfern dieser militärischen Strategie des nicht mit letzter Präzision unterscheidenden Angreifens aus der Luft zählten nicht nur serbische Zivilisten, sondern auch Zivilisten albanischer Volkszugehörigkeit, die gemäß dem NATO-Auftrag vor den serbischen Truppen geschützt werden sollten.

In jüngerer Zeit haben sich im Zuge des israelischen Einmarschs in Gaza (Januar 2009) manche israelische Streitkräfte offenbar dagegen verwahrt, Auflagen und Restriktionen zu beachten, an die sich das israelische Militär, die Israeli Defence Force (IDF), bis dahin gehalten hatte, weil es ihnen allem Anschein nach darum ging, die mit ihren Operationen verbundenen Gefahren für ihre Kombattanten auf ein Minimum zu beschränken, selbst wenn sich absehen ließ, dass sie den palästinensischen Zivilisten dadurch größeren Schaden zufügen würden. Wenngleich man sich uneins ist, was die genauen Opferzahlen angeht, wird nahezu einhellig anerkannt, dass über 1.000 Palästinenser getötet wurden, und die meisten Beobachter sind sich einig, dass es sich bei den meisten von ihnen um Zivilisten handelte. Dagegen fanden nur zehn israelische Soldaten den Tod, wobei vier von ihnen durch den irrtümlichen Beschuss der eigenen Streitkräfte fielen, durch das sogenannte ‚friendly fire', wie es seltsamerweise heißt. Demnach kamen auf einen von palästinensischen Kämpfern getöteten israelischen Kombattanten mehr als 100 palästinensische Zivilisten, die von israelischen Kombattanten getötet wurden.

Sowohl die NATO als auch Israel wurden für ihre Art der Kriegsführung weithin kritisiert – meiner Ansicht nach jeweils zurecht, obwohl sich die Fälle in maßgeblichen Hinsichten unterschieden, die das Vorgehen Israels weniger vertretbar machten, wie ich später erläutern werde. Beide Fälle aber werfen die gleiche allgemeine Frage danach auf, wie ein Kompromiss oder ein Ausgleich aussehen könnte zwischen dem ‚Truppenschutz' und dem Kleinhalten der Schäden, die Streitkräfte Zivilisten zufügen. Zahlreiche Kommentatoren der neueren Kriege haben vorgebracht, dass die Vereinigten Staaten und ihre Verbündeten mittlerweile *allzu sorgfältig* darauf bedacht sind, Zivilisten keinen Schaden zuzufügen, was sowohl zu Lasten ihrer Kombattanten als auch der erfolgreichen Erfüllung ihres jeweiligen Auftrags gehe. In einem Leitartikel der *New York Times*, der zu General McChrystals verhängten Restriktionen auf Luftangriffe Stellung nahm, behauptete ein Fachmann in Verteidigungsfragen, dass „das Pendel zu weit in die eine Richtung ausgeschlagen ist, nämlich um jeden Preis zu vermeiden, dass Unschuldige den Tod finden. General McChrystals Anweisung war gut gemeint, das hehre Ideal in seinem Herzen ist jedoch eine Lüge, eine unmoralische noch dazu, spiegelt es doch vor, dass Krieg anständig oder menschlich sein kann."[1] Viele, die diese Sicht auf das Töten von Zivilisten teilen, sind keine politischen Realisten, sondern sie glauben, dass Kriege skrupulös nach Maßgabe des moralisch Zulässigen geführt werden sollten. Doch sie glauben auch, dass es Staaten

---

[1] Lara M. Dadkhah: Empty Skies Over Afghanistan. In: New York Times, 18.2.2010. Man beachte, dass sie auf die Wendung „dass Unschuldige den Tod finden" zurückgreift, statt die Sache beim Namen zu nennen und zu sagen, dass „Unschuldige getötet werden", und dass sie merkwürdigerweise die Ansicht vertritt, es sei *unmoralisch* zu meinen, dass Kriege auf menschliche Art und Weise geführt werden sollten.

unter moralischen Gesichtspunkten erlaubt oder gar geboten ist, dem Schutz ihrer Kombattanten einen gewissen Vorrang einzuräumen und ihn über die Vermeidung des Schadennehmens von Zivilisten der gegnerischen Seite zu stellen – oder wie es meiner Meinung nach treffender heißen müsste, dass es den Kombattanten selbst erlaubt oder geboten ist, dem Schutz ihres Lebens einen gewissen Vorrang einzuräumen. Dies werde ich die Doktrin vom ‚Vorrang der Kombattanten' nennen. Diese Doktrin lässt sich nicht exakt definieren; und es wäre nicht hilfreich, wollte man versuchen, sie mit einer artifiziellen oder künstlichen Exaktheit vorzubringen, die sie nicht hat, denn sie ist eine Doktrin über Abwägungen zwischen Risiken und Gefahren in Situationen, in denen die beteiligten Personen nicht einmal eine annähernd genaue Vorstellung davon haben, wie sich die Dinge wahrscheinlich entwickeln werden. Man definiert sie vielleicht am besten in Bezug auf die innerhalb der Tradition des gerechten Krieges vorherrschende Auffassung, der zufolge Kombattanten, wenn sie gezwungen sind, eine Entscheidung zu treffen und entweder Zivilisten als Nebenfolge ihres Handelns einer bestimmten Gefahr auszusetzen oder selbst eine noch größere Gefahr auf sich zu nehmen, dieses größere Risiko bis zu einem gewissen Grad eingehen bzw. tragen müssen. Wo genau die Grenze verläuft, von der ab es den Kombattanten nicht länger abverlangt oder geboten ist, das größere Risiko einzugehen, ist innerhalb der Tradition des gerechten Krieges umstritten. Der wichtige Punkt in diesem Zusammenhang ist jedoch der, dass sich der Kombattantenvorrang einfach als die Zurückweisung dieser traditionellen Auffassung vom gerechten Krieg begreifen lässt. Die Doktrin macht geltend, dass es Soldaten gestattet und womöglich in manchen Fällen geboten ist, dem Feind oder neutralen Zivilisten Risiken und Gefahren aufzubürden, sofern die einzige andere Möglichkeit darin besteht, dass sie es zulassen bzw. in Kauf nehmen, selbst einem größeren Risiko ausgesetzt zu sein – oder, nach manchen Lesarten der Doktrin, auch nur einem geringen Risiko. Avishai Margalit und Michael Walzer veranschaulichen die gegensätzlichen Positionen an einem gut gewählten Beispiel. Als Verfechter der traditionellen Sicht behaupten sie „dass Soldaten, wenn sie vom Dach eines Gebäudes unter Beschuss genommen werden, sich nicht zurückziehen und die Artillerie oder die Luftwaffe anfordern sollten, die mit ihren Schlägen das Gebäude zum großen Teil oder ganz zerstören könnten; sie sollten versuchen, nah genug an das Gebäude heranzukommen, um in Erfahrung zu bringen, wer sich darin befindet, oder die Kämpfer auf dem Dach direkt ins Visier zu nehmen."[2] Die Verfechter des Vorrangs der Kombattanten vertreten ihre Position häufig, um Artillerie- und Luftangriffe unter genau solchen Umständen zu verteidigen.

Ich werde mich bei der Erörterung der Kombattantenpriorität auf die meiner Ansicht nach am meisten einleuchtende Version beschränken. Wenngleich man normalerweise annehmen würde, dass die Doktrin allgemein gilt, muss ihr Geltungsbereich eingeschränkt werden, wenn sie auch nur über die geringste Plausibilität als eine moralische Doktrin verfügen soll. Wenn Kombattanten in einem Krieg kämpfen, der – weil mit ihm ungerechte Ziele verfolgt werden – ungerecht ist, dann kann unter Moralgesichtspunkten schlechterdings nicht zutreffen, dass sie zur Erreichung der ungerechten Ziele nicht nur feindliche Kombattanten töten dürfen, sondern auch mehr Zivilisten als zur Verfolgung der Ziele nötig ist, um die Risiken, die sie im Kampf eingehen, auf ein Minimum zu beschränken. Darum werde ich davon ausgehen, dass die Doktrin vom Vorrang der Kombattanten nur für die in einem gerechten Krieg kämpfenden Kombattanten gilt. Falls die Doktrin sich in dieser eingeschränkten Form als nicht haltbar herausstellen sollte, wird sie erst recht in ihrer allgemeinen Form unhaltbar sein.

Es gibt noch vier weitere für die folgende Erörterung relevante Gesichtspunkte, auf die zu Beginn hingewiesen sei. Erstens stellt der Vorrang der Kombattanten eine *moralische* Doktrin dar und ist als solche mit einer Vielzahl von Behauptungen darüber vereinbar, was das Kriegsrecht ist oder was es sein bzw. leisten sollte. Zweitens bleibt die Erörterung auf die Fälle beschränkt, die mit Schädigungen von Zivilisten einhergehen, bei denen es sich um vorhersehbare, aber unbeabsichtigte Auswirkungen militärischer Operationen handelt, auf die ich mich als Nebeneffekte oder *Nebenfolgen* beziehen werde. Das vorsätzliche Schädigen oder Töten von Zivilisten im Krieg wirft ganz andere Fragen auf. Drittens: Obwohl ich generell Fälle diskutieren werde, die sich um das Töten von Zivilisten drehen, um das Zulassen dessen, dass Zivilisten sterben, oder um die Bewahrung des Lebens von Zivilisten, dürften die von mir aufgestellten Behauptungen auch auf die Fälle des Zufügens, Zulassens oder Vermeidens von geringeren, nicht tödlichen Schäden zutreffen. Viertens gehe ich bei meinen Überlegungen generell von der Annahme aus, dass alle Zivilisten im

---

2 Margalit/Walzer 2009, 22.

allgemeinen Sinne unschuldig sind – das heißt, ihnen darf kein Schaden zugefügt werden, weder gewollt noch ungewollt; darin besteht ihre moralische Immunität. Ich werde jedoch die Möglichkeit in Betracht ziehen, dass manche Zivilisten nicht länger durch ihr Immunitätsrecht davor geschützt sind, solche Schäden zugefügt zu bekommen, bei denen es sich um Nebenfolgen von ansonsten legitimen Angriffen auf militärische Ziele handelt.[3]

Schließlich wird es Missverständnisse zu vermeiden helfen, wenn ich zu Beginn einige der Ausdrücke, die ich verwenden werde, definiere. Jene, die in gerechten Kriegen kämpfen, sind *gerechte Kombattanten*, während es sich bei denjenigen, die in Kriegen kämpfen, die, weil sie einer gerechten Sache ermangeln, ungerechte Kriege sind, um *ungerechte Kombattanten* handelt. (Weil ich davon ausgehe, dass die Doktrin vom Vorrang der Kombattanten ausschließlich für gerechte Kombattanten Geltung beanspruchen darf, sind, wenn von *Kombattanten* die Rede ist, gerechte Kombattanten gemeint.) Die Zivilisten eines Staates, der einen gerechten Krieg austrägt, sind *gerechte Zivilisten*, während es sich bei den Zivilpersonen eines Staates, der einen Krieg führt, dem es an einer gerechten Sache mangelt, um *ungerechte Zivilisten* handelt. Die Zivilisten eines neutralen Staates sind *neutrale Zivilisten*. Wenngleich *Zivilisten* und *Nichtkombattanten* streng genommen keine Synonyme sind, werde ich sie der Einfachheit halber als solche behandeln.

Im Zuge dieses Essays werde ich sowohl die wirkungsmächtigste Verteidigung als auch die wirkungsmächtigste Kritik des Kombattantenvorrangs kritisch beleuchten. Im Anschluss werde ich die meiner Ansicht nach richtige Begründung dafür vorbringen, weshalb diese Doktrin irrig und falsch ist.

---

3 Ich habe die These verteidigt, dass Nichtkombattanten unter Umständen nicht (länger) immun oder unantastbar sind, was das Geschädigtwerden angeht – es gibt etwa Fälle, in denen sie sich haftbar gemacht haben und zur Zahlung einer Entschädigung gezwungen werden können, solche, in denen es berechtigt ist, sie die Folgen ökonomischer Sanktionen erleiden zu lassen, andere, in denen ihnen die Lasten einer militärischen Besatzung auferlegt werden dürfen, und die Fälle wiederum, in denen sie nicht davor geschützt sind, als Nebenfolge des militärischen Handelns Schaden zugefügt zu bekommen – in *Killing in War* (McMahan 2009, 5. Kap.).

2. Eine wirkungsmächtige Verteidigung des Vorrangs der Kombattanten

Nach Israels kurzem Einmarsch in Gaza 2008/2009 konzentrierte sich die öffentliche Debatte über die Kriegsführung zum Teil auf eine philosophische Theorie vom gerechten Krieg, die in ein paar Artikeln, die zwei Israelis, Asa Kasher und Amos Yadlin, zusammen verfasst hatten, im Jahre 2005 vorgelegt worden war.[4] Die Artikel waren ein Plädoyer dafür, den Kombattanten – und speziell den israelischen – Vorrang einzuräumen, und gemeinhin glaubte man, zumal in Israel, dass diese Beiträge ihre Wirkung nicht verfehlt und die strategische Umsetzung des Einmarsches in Gaza beeinflusst hatten. Wenn man bedenkt, dass Kasher ein Berater des College of National Defense der Israelischen Streitkräfte war und Yadlin ein Generalmajor der Israelischen Streitkräfte, der frühere Kommandeur des College of National Defense und der Militärattaché der israelischen Botschaft in Washington, scheint die Annahme begründet, dass ihre Auffassungen von den strategischen Köpfen des Einmarsches zumindest berücksichtigt und erwogen wurden.

Kasher und Yadlin bringen zwei Argumente zugunsten der Priorität für Kombattanten vor. Das erste besteht lediglich darin zu bestreiten, dass der Unterscheidung zwischen Kombattanten und Nichtkombattanten eine solche moralische Tragweite und Wichtigkeit zukommt, wie die Tradition behauptet hat. „Wir lehnen solche Auffassungen ab", schreiben sie, „weil wir sie unmoralisch finden. Ein Kombattant ist ein Bürger in Uniform. […] Sein Leben ist ebenso wertvoll wie das jedes anderen."[5] Das aber heißt gleichwohl, dass der moralische Grund dafür, das Leben eines Kombattanten zu schützen oder zu bewahren, obgleich er ebenso stark ist wie der Grund dafür, keinen unschuldigen Nichtkombattanten als Nebenfolge des militärischen Handelns zu töten, auch nicht stärker als dieser ist. Also schließt das Bestreiten dessen, dass der Unterscheidung zwischen Kombattanten und Nichtkombattanten die Wichtigkeit zukommt, die ihr traditionell beigemessen wurde, nicht den Vorrang der Kombattanten in sich. Daher legen Kasher und Yadlin ein zweites Argument für diese Doktrin vor; es gründet auf der Behauptung, dass die Pflichten des Staates gegenüber den Menschen, die seiner effektiven politischen Kontrolle unterstehen, stärker ins Gewicht fallen als die Pflichten gegenüber den Menschen,

---

4 Vgl. Kasher/Yadlin 2005b, 3–32; und 2005a, 41–57.
5 Kasher/Yadlin 2005b, 17.

Die gerechte Verteilung des Schadens zwischen Kombattanten und Nichtkombattanten

die sich nicht unter seiner politischen Obhut befinden.⁶ Wenn das stimmt, behaupten sie, dann muss sich der Staat „dort, wo er nicht die effektive Kontrolle über die Gegend hat, in der seine Streitkräfte operieren, nicht für den Umstand zuständig erklären, dass seine Feinde in der Nachbarschaft unschuldiger Unbeteiligter operieren. Würden Kombattanten und nicht Unbeteiligte gefährdet [...], hieße das, dass er die Zuständigkeit für die gemischte ‚Zusammensetzung' dieser Gegend ohne konkreten Anlass oder Grund übernehmen müsste."⁷

Dieses zweite Argument sollte nicht mit der damit in Zusammenhang stehenden Behauptung durcheinandergebracht werden, dass, wenn Kombattanten sich zu einer Operation in der Nähe von Nichtkombattanten entschließen und diese als faktisch ahnungslose Schutzschilde benutzen, die Verantwortung für jeden Schaden, den die Nichtkombattanten erleiden, bei den Kombattanten liegt, die sie der Gefahr ausgesetzt haben, und nicht bei den Kombattanten, die den Schaden dann tatsächlich zugefügt haben. Kasher und Yadlin glauben zweifellos, und das zurecht, dass Kombattanten, die Nichtkombattanten vorsätzlich einer Gefahr ausgesetzt haben, die größte *Schuld* für all die Schäden trifft, die diese erleiden. Ihr zweites Argument beruft sich jedoch auf die andersgeartete Behauptung, dass „es die Verantwortung des Staates ist, das Leben der unter seiner effektiven Kontrolle befindlichen Menschen zu schützen."⁸ Wenn sich gerechte Kombattanten des Staates B gezwungen sehen, gegen ungerechte Kombattanten des Staates A auf dem Territorium des Staates C vorzugehen, dann liegt es dieser Auffassung nach in der Verantwortung von C, und nicht in der von B, seine eigenen Nichtkombattanten davor zu bewahren, dass sie Schaden nehmen, wenn auch Staat A und seine Kombattanten die größte Schuld an jedem Schaden, den sie erleiden, tragen.

---

6 Diese Vorstellung rührt zu einem Teil vom Völkerrecht her. Eyal Benvenisti zufolge „bilden die Menschenrechtsvereinbarungen darum eine wirksame Instanz, weil sie die Staaten zur Anerkennung und Sicherstellung [der Achtung der Rechte] verpflichten, und zwar ausschließlich im Hinblick auf die Einzelpersonen „innerhalb ihres Zuständigkeitsbereichs" – dieser Ausdruck wurde so aufgefasst, dass er sich auf alle Bereiche der unmittelbaren „effektiven Kontrolle" der Einzelpersonen erstreckt, aber nicht darüber hinaus. [...] Die abgeschwächten Pflichten, die Armeen gegenüber den feindlichen Zivilisten haben, gründen auf ihrer eingeschränkten und nicht ausschließlichen Machtbefugnis über das feindliche Territorium." Vgl. Benvenisti 2006, 81–109, 88 und 90.

7 Kasher/Yadlin 2005b, 18.

8 Ibid., 17.

Das erste der beiden Argumente von Kasher und Yadlin beruht auf falschen Voraussetzungen. Niemand hat behauptet, dass Kombattanten, um Nichtkombattanten vor dem Getötetwerden zu bewahren, Risiken und Gefahren auf sich nehmen oder Opfer bringen sollen, weil ihr Leben weniger wert ist. Es gibt verschiedene Argumente dafür, die Nichtkombattanten den Kombattanten vorzuziehen bzw. jenen den Vorrang einzuräumen; einige dieser Argumente werde ich gleich überprüfen, doch keines von ihnen macht geltend, dass das Leben eines Kombattanten weniger wert ist als das eines Nichtkombattanten.

Dass mit Kashers und Yadlins zweitem Argument etwas nicht stimmt, zeigt sich an dem, was es impliziert, dass nämlich israelische Kombattanten in Konflikten, in denen sie eine gerechte Sache verfolgen, ihr Leben über das der palästinensischen Zivilisten stellen dürfen, dass die palästinensischen Kämpfer jedoch nie in den Genuss dieses Vorrechts kommen, sei ihre Sache auch noch so gerecht. Denn dass das den israelischen Kombattanten gestattet ist, leitet sich Kasher und Yadlin zufolge von der Pflicht des israelischen Staates ab, den Schutz seiner eigenen Bürger höher anzusiedeln als den Schutz der Menschen, die sich nicht in seiner Obhut befinden. Die palästinensischen Kämpfer sind jedoch staatenlos; sie haben keinen Staat, von dessen Pflicht, sie zu schützen, ein solches Vorrecht auf sie übergehen könnte.

Kasher und Yadlins Argument weist diese autokratische Implikation deshalb auf, weil sie voraussetzt, dass den Kombattanten aus der Bürgerschutzpflicht des Staates Befugnisse erwachsen können, die sie sonst nicht hätten. Doch welche Pflichten der Staat gegenüber seinen Kombattanten auch immer hat, sie sind *ohne Bedeutung* für das, was diesen Kombattanten zu tun erlaubt ist. Machen wir uns die Zusammenhänge an folgender Analogie klar. Angenommen, meine Mutter entschließt sich dazu, mich einen gefährlichen Botengang erledigen zu lassen. Weil sie besondere Fürsorgepflichten mir gegenüber hat, gibt sie mir vor meinem Aufbruch genaue Anweisungen, um sicherzugehen, dass ich zu meinem Schutz alles Erforderliche tun werde, selbst wenn dazu das Schädigen von Unbeteiligten als Nebenfolge zählte. Dadurch allein aber kann es mir unmöglich gestattet sein, die Kosten meines Tuns anderen aufzubürden. Ich könnte ein solches Handeln den Leidtragenden gegenüber nicht rechtfertigen, indem ich vorbringe, dass es meine Mutter in die Lage setzte, ihrer Schutzpflicht gegenüber dem Sohn nachzukommen. Die Anweisungen meiner Mutter – die sie mir, wie sie meint, in Erfüllung ihrer Schutzpflicht mir gegenüber mit auf den Weg gegeben hat – können unmöglich Befugnisse

Die gerechte Verteilung des Schadens zwischen Kombattanten und Nichtkombattanten

begründen, die mir etwas zu tun erlauben, was mir ohne diese Anweisungen nicht zu tun gestattet gewesen wäre. Sie muss sich bei ihren Anweisungen auf das beschränken, was ich auf eigene Verantwortung tun dürfte; darüber hinauszugehen, hat sie kein Recht.

Aus dem gleichen Grund kann die Bürgerschutzpflicht des Staates unmöglich Befugnisse für seine Kombattanten begründen, die sie sonst nicht hätten – mit einer Ausnahme vielleicht. Es kann sein, dass aus der Pflicht eines Staates, seine Bürger vor einer ungerechten Bedrohung in Schutz zu nehmen, seinen Soldaten die Kampfbefugnis erwächst, während ihnen andernfalls zu kämpfen verboten wäre. Um die Entstehung ungerechter Kriege einzudämmen, muss das ‚Zurückgreifen' auf den Krieg als Mittel verfahrenstechnisch erschwert werden. Das ist etwa dadurch möglich, dass man das Militär restringiert und seine Fähigkeit zum Losschlagen der zivilen Kontrolle unterstellt. Dazu aber braucht es starke Argumente gegen die Annahme, dass es den Soldaten ohne Autorisierung durch die zivilpolitischen Machthaber gestattet ist, in den Krieg zu ziehen. Selbst wenn die anderen Bedingungen für einen gerechten Krieg erfüllt sind, kann die staatliche Autorisierung (von der manche meinen, dass sie von dem „rechtmäßige Befugnis"-Kriterium für einen gerechten Krieg verlangt wird) unter Umständen notwendig dafür sein, dass die Soldaten die Kampfbefugnis erlangen. Festzuhalten bleibt indes, dass, selbst wenn sie notwendig ist, der Staat auf der Grundlage seiner Pflicht gegenüber seinen Bürgern in Wahrheit keine Befugnis zu *begründen* vermag. Es ist nicht die Autorisierung durch den Staat, die den *Krieg* zulässig macht. Die Zulässigkeit des Krieges ergibt sich aus der Erfüllung der anderen Bedingungen für einen gerechten Krieg. Der Staat *erteilt* bloß eine unmittelbare Kampfbefugnis. Sollten die politischen Machthaber *nicht in der Lage sein*, das Militär zum Kampf zu autorisieren (etwa weil die feindliche Eroberung des Capitols die Regierung vom Nachrichtenaustausch abgeschnitten hatte), könnten hierdurch die üblichen verfahrenstechnischen Restriktionen hinfällig werden oder nichtig sein, wodurch es den Soldaten erlaubt wäre, ohne politische Autorisierung zu kämpfen. Es scheint also klar: Genauso wenig, wie die gerechte Pflicht meiner Mutter, mich zu schützen, mir die Befugnis verschaffen kann, unschuldigen Unbeteiligten einen größeren Schaden zuzufügen als ich ihnen als Waise zufügen dürfte, genau so wenig verschafft die Schutzpflicht eines Staates gegenüber seinen Bürgern – einschließlich seiner Kombattanten – diesen Kombattanten die Befugnis, feindlichen Zivilisten einen größeren Schaden zuzufügen als sie ihnen sonst zufügen dürften.

35

Möglicherweise lassen sich Kasher und Yadlin anders interpretieren. Gleich nachdem sie festgehalten haben, dass „ein Kombattant ein Bürger in Uniform ist", machen sie geltend, dass ein Staat „einen zwingenden Grund dafür haben [muss], das Leben eines seiner Bürger aufs Spiel zu setzen, unabhängig davon, ob er oder sie eine Uniform trägt oder nicht." Man könnte das so auslegen, als behaupteten sie, die Verantwortlichkeit des Staates seinen Bürgern gegenüber sei dergestalt, dass er von einem Bürger schlichtweg nicht verlangen kann, sein Leben um jemandes willen zu opfern, bei dem es sich nicht um einen Bürger handelt.[9] Wenn es aber das ist, was sie sagen wollen oder meinen, unterstützt es nicht das Ergebnis, zu dem sie kommen. Der Umfang des Schadens, den ein Staat unschuldigen Zivilisten in anderen Ländern zufügen darf, kann unmöglich davon abhängen, wie viele Opfer er von seinen eigenen Bürgern rechtmäßig verlangen kann. Wenn ein Staat nur ein bestimmtes Ausmaß an Opfern verlangen kann, er eine Niederlage aber nur abzuwenden vermag, wenn er entweder seinen Bürgern Opfer zu bringen abnötigt, die jenseits dieses Höchstmaßes angesiedelt sind, oder unschuldigen Zivilisten einen unzulässig großen Schaden zufügt, befindet er sich in der tragischen Lage, dass ihm nichts anderes und Zulässiges mehr bleibt, als die Niederlage hinzunehmen. Wenn die Kosten ihrer eigenen Verteidigung zu hoch sind, als dass der Staat seinen Bürgern abverlangen könnte, sie zu tragen, sind sie sicherlich auch zu hoch, als dass er sie anderen aufbürden dürfte. Er kann von unschuldigen Zivilisten anderswo nicht verlangen, Opfer zu bringen, die jene übersteigen, die er seinen eigenen Bürgern *um ihrer eigenen Verteidigung willen* rechtmäßig abverlangen kann.

Wenn sich Kashers und Yadlins Argumente, wie auch immer man sie auslegt, so leicht widerlegen lassen, wie diese Anmerkungen nahelegen, muss einen die Vorstellung beunruhigen, dass sie die Tötung von Hunderten unschuldigen Menschen in Gaza womöglich maßgeblich begünstigt haben.

---

9 Diese Deutung von Kashers und Yadlins Argument stammt von einem der Herausgeber von *Philosophy & Public Affairs*.

3. Eine wirkungsmächtige Kritik des Vorrangs der Kombattanten

Nach dem Gaza-Krieg veröffentlichten Avishai Margalit und Michael Walzer einen breit diskutierten Artikel, in dem sie die Doktrin vom Vorrang der Kombattanten kritisierten und sich direkt gegen die von Kasher und Yadlin vertretene Auffassung wandten. Margalit und Walzer zitieren Kashers und Yadlins entschiedene Argumentation, die auf einer behaupteten Hierarchie von Pflichten des Staates beruht, sie setzen sich jedoch nicht mit ihr auseinander; ihre Kritik richten sie stattdessen darauf, dass Kasher und Yadlin dem Unterscheiden zwischen Kombattanten und Nichtkombattanten die Wichtigkeit absprechen, die man ihr traditionell beigemessen hat. Margalit und Walzer verteidigen eine traditionelle Auffassung vom gerechten Krieg, der zufolge die moralischen Prinzipien, denen die Kriegsführung unterliegt, eine neutrale Position zwischen gerechten und ungerechten Kombattanten einnehmen. Sofern sie diese Prinzipien befolgen, ist es Kombattanten auf beiden Seiten erlaubt zu kämpfen und mithin gegnerische Kombattanten anzugreifen. Alle haben die gleichen Rechte und Verpflichtungen. „Kombattanten", so heißt es bei Margalit und Walzer, „sind nur für ihr Verhalten im Krieg verantwortlich. Sie werden nicht zu Verbrechern, weil sie in einem Angriffskrieg kämpfen."[10] Das zentrale Prinzip, das sie befolgen müssen, ist die Forderung nach Unterscheidung, nach der zwar sämtliche feindliche Kombattanten legitime Angriffsziele darstellen, alle Nichtkombattanten aber Immunität genießen, was vorsätzliche Angriffe angeht. Margalit und Walzer zufolge ist die Unterscheidung jedoch nicht bloß im Hinblick auf das vorsätzliche Töten und dessen Zulässigkeit maßgeblich. Auch die Schäden, bei denen es sich um Nebenfolgen zulässigen Tuns handelt, sollten, wenn möglich, Kombattanten (be)treffen, und keine Nichtkombattanten. Ob eine Person als ein Kombattant oder ein Nichtkombattant zu betrachten sei, ist ihrer Ansicht nach eher eine Frage der Zugehörigkeit oder Mitgliedschaft als eine des Handelns, also beispielsweise weniger eine der Teilnahme am Gefecht. Ein Militär, der in einem speziellen Krieg keine Rolle ausfüllt und ausfüllen wird, stellt dennoch ein legitimes Ziel in diesem Krieg dar, wohingegen das auf einen wissenschaftlichen Regierungsberater, der bei der Ausarbeitung der Strategie Hilfestellung leistet, nicht zutrifft. Darum werde

---

10 Margalit/Walzer 2009, 21. Weil sie sich mit der Moral auseinandersetzen und nicht mit dem Recht, müssen sie „moralische Verbrecher" meinen und nicht „Verbrecher" im rechtlichen Sinne.

ich mich auf Margalits und Walzers Sicht auf die Dinge als die *Gruppenzugehörigkeitsauffassung* vom zulässigen Töten im Krieg beziehen.

Es gibt eine revisionistische Auffassung vom gerechten Krieg, die die zentralen Elemente des traditionellen Gruppenzugehörigkeitsansatzes zurückweist. Dieser Auffassung nach kann die Frage der Zulässigkeit des Handelns im Krieg nicht von den Zielen des Krieges getrennt werden. Wenn die Kriegsziele ungerecht sind, können die Kriegshandlungen, die diese Ziele herbeiführen sollen, wohl kaum zulässig sein. Namentlich stellen die Kombattanten, die in einem gerechten Krieg kämpfen, in seltenen Fällen legitime Angriffsziele dar, weil sie in der Regel nichts getan haben, das die Aufgabe oder die Verwirkung ihres Rechts darauf, nicht angegriffen zu werden, mit sich bringt. Dagegen können manche Zivilisten, die erheblich zu einem ungerechten Krieg beigetragen haben, dafür zur Verantwortung gezogen werden, indem man ihnen gewisse Schäden zufügt – solche beispielsweise, die als Nebenfolgen aus dem notwendigen militärischen Vorgehen gerechter Kombattanten resultieren. Dieser Ansicht nach stellt eine Person nur dann ein legitimes Ziel im Krieg dar, wenn sie durch eigenes Handeln ihre moralische Immunität verwirkt, sich mithin belangbar gemacht hat und also angegriffen werden kann. Diese Sicht auf das zulässige Töten im Krieg werde ich als die *Auffassung von der Belangbarkeit des Einzelnen* bezeichnen [im Folgenden *Einzelpersonenbelangbarkeitsauffassung* genannt – A.d.Ü.].

Margalit und Walzer glauben, die Einzelpersonenbelangbarkeitsauffassung bekräftige die Doktrin vom Vorrang der Kombattanten, während aus der Gruppenzugehörigkeitsauffassung folge, dass diese Doktrin falsch ist. Dass sich diese Doktrin aus der Einzelpersonenbelangbarkeitsauffassung ergibt, begründen sie folgendermaßen:

> Die Haltung, die wir [...] ablehnen, ist, dass nur die für eine gerechte Sache kämpfende Seite (unsere Seite) das Recht zu kämpfen hat und die Soldaten auf der anderen Seite überhaupt keine Rechte haben. Alles, was sie tun, ist unmoralisch, ob sie nun unsere Soldaten angreifen oder unsere Zivilisten. Und weil unsere Soldaten und unsere Zivilisten gleichermaßen unschuldig sind, können wir von unseren Soldaten unmöglich fordern, dass sie Risiken eingehen und Gefahren auf sich nehmen, um feindliche Zivilisten zu schützen.[11]

In ihrem Bemühen, den Vorrang der Kombattanten anzufechten und zu widerlegen, sprechen sie sich mithin nicht nur für die Gruppenzugehörig-

---

11 Ibid., 21f.

keitsauffassung aus, sondern auch gegen die Einzelpersonenbelangbarkeitsauffassung. Dagegen werde ich einwenden, dass ihre Argumente zugunsten ihrer Auslegung der Forderung nach Unterscheidung nicht greifen und dass sie daher mit ihrer Berufung auf das, was bei ihnen die „strikte Unterscheidung zwischen Kombattanten und Nichtkombattanten" heißt, nicht erklären können, weshalb es unangebracht und irrig ist, den Kombattanten Vorrang einzuräumen.[12] Im Anschluss werde ich eine alternative Erklärung dafür entfalten, weshalb der Vorrang der Kombattanten falsch ist, die mit der Einzelpersonenbelangbarkeitsauffassung vollkommen in Einklang steht und sogar als ein Bestandteil von ihr betrachtet werden kann.

Obgleich ich argumentieren werde, dass die Einzelpersonenbelangbarkeitsauffassung den Vorrang der Kombattanten nicht bekräftigt, räume ich ein, dass Margalit und Walzer gar nicht umhin können zu denken, dass sie es tut. Wie ich zuvor schon festgehalten habe, ist der Vorrang der Kombattanten völlig unplausibel, wendet man ihn auf ungerechte genauso wie auf gerechte Kombattanten an, und das kann gar nicht anders sein, wenn die Gruppenzugehörigkeitsauffassung zutrifft. Es bedarf eines Verständnisses von der Zulässigkeit des Tötens im Krieg, das zumindest einige Elemente der Einzelpersonenbelangbarkeitsauffassung enthält, wenn anders die Doktrin vom Vorrang der Kombattanten nicht schon auf den ersten Blick jeglicher Plausibilität entbehren soll. Im Zuge ihrer Verteidigung der Gruppenzugehörigkeitsauffassung führen Margalit und Walzer drei Gründe dafür an, weshalb ihr traditionelles Verständnis der Forderung nach Unterscheidung als richtig gelten dürfe. Der erste legt nahe, dass Kombattanten wegen ihrer militärischen Fähigkeiten legitime Ziele darstellen; der zweite und der dritte berufen sich stattdessen gemeinsam auf den instrumentellen Nutzen, den es hat, wenn man Kombattanten als legitime Ziele betrachtet, Nichtkombattanten aber nicht. Zuerst behaupten Margalit und Walzer faktisch, dass Kombattanten ihr Recht darauf, nicht angegriffen zu werden, verwirken, Nichtkombattanten aber nicht.

> Nichtkombattanten sind unschuldig, weil sie nicht unmittelbar in das Kriegsgeschehen eingreifen; sie sind nicht in der Lage, Schaden zuzufügen, wohingegen die Kombattanten diese Fähigkeit qua Kombattanten erlangen. Und es ist diese Fähigkeit, Schaden zuzufügen, die Kombattanten zu legitimen Zielen

---

12 Vgl. ibid., 22.

im Kriegszusammenhang macht. Männer und Frauen, die das nicht können, stellen keine legitimen Ziele dar.[13]

In ihrer zweiten Begründung der Wichtigkeit, die der Unterscheidung zwischen Kombattanten und Nichtkombattanten zukomme, heißt es, dass den Kombattanten aufgrund ihrer Rolle abverlangt ist, Risiken auf sich zu nehmen, die andere nicht eingehen brauchen; infolgedessen müssen sie sich diesen Risiken selber aussetzen statt sie auf andere ‚abzuschieben'.

> Jede Seite sollte zu ihren Soldaten sagen: Mit dem Tragen der Uniform geht ihr ein Risiko ein und nehmt eine Gefahr auf euch, die nur für jene bestimmt ist, die dazu ausgebildet wurden, anderen Schaden zuzufügen (und sich selbst zu schützen). Ihr solltet diese Gefahr nicht auf die Unausgebildeten abwälzen, die zum Schadenzufügen gar nicht in der Lage sind, ob es sich nun um die eigenen Leute handelt oder um die anderen.[14]

Im dritten und letzten Schritt führen sie eine instrumentelle Begründung dafür an, weshalb es den Kombattanten ihrer Rolle wegen abverlangt ist, Risiken einzugehen, denen sich andere nicht auszusetzen brauchen.

> Die moralische Rechtfertigung für diese Forderung liegt in der Vorstellung, dass Gewalt von Übel ist, und dass wir Umfang und Ausmaß der Gewalt begrenzen sollten, soweit die Realität das zulässt. Als Soldat ist einem abverlangt, um des In-Grenzen-Halten des Krieges willen ein zusätzliches Risiko einzugehen.[15]

Dass die Forderung an die Kombattanten, Risiken einzugehen und Schäden in Kauf zu nehmen, die Übel der Gewalt eindämmen hilft, liegt in der Sache begründet:

> Der Kriegsführung legt man am besten und sichersten Schranken auf, indem man Kombattanten und Nichtkombattanten scharf voneinander abgrenzt. Moralisch gesehen ist das die einzig wichtige Unterscheidung, auf die sich alle an einem Krieg Beteiligten einigen können.[16]

Wird zwischen legitimen und illegitimen Zielen unterschieden und findet diese Unterscheidung die allgemeine Zustimmung, stehen die Chancen am besten, wichtige Bereiche des menschlichen Lebens von den zerstörerischen Wirkungen des Krieges freizuhalten.

---

13 Ibid., 21.
14 Ibid., 22.
15 Ibid.
16 Ibid., 21.

Zu beachten ist, dass diese Gründe dafür, das Schadennehmen im Krieg auf die Kombattanten einzuengen, nicht auf die Vorstellung rekurrieren, ihr Leben sei weniger wert als das der Nichtkombattanten.

Wenngleich ich in den Hauptstreitpunkten mit Margalit und Walzer nicht übereinstimme, muss ich sagen, dass die von ihnen vorgebrachten Gründe für die Zurückweisung des Kombattantenvorrangs doch nicht ganz in die Irre gehen. Sie wollen auf das Richtige hinaus, das Richtige aber hat bessere Argumente verdient als die von ihnen vorgebrachten. Ihre erste Behauptung, es sei zulässig, Kombattanten zu töten, weil sie in der Lage sind, anderen Schaden zuzufügen, gründet mutmaßlich in der Annahme, dass jene, die für andere eine Bedrohung darstellen, unter Einsatz der zur Verteidigung unerlässlichen Gewalt bekämpft werden dürfen. Nur wenige aber stimmen dem zu oder finden das zutreffend, wenn es um andere Konfliktformen als den Krieg geht. Was beispielsweise die individuelle Notwehr oder die Verteidigung von anderen durch Dritte anbelangt, so dürfen diejenigen, die sich berechtigterweise gegen schuldhafte Angreifer zur Wehr setzen, *nicht* durch gewaltsame Abwehrmaßnahmen bekämpft werden. Es gibt, wie ich an anderer Stelle vorgebracht habe, keinen triftigen Grund anzunehmen, dass diese moralische Schieflage oder Asymmetrie zwischen ungerechtfertigten Angreifern und gerechtfertigten Verteidigern unter Kriegsbedingungen wegfällt.[17]

Margalits und Walzers zweiter Grund dafür, den Vorrang der Kombattanten abzulehnen – dass von den Kombattanten aufgrund ihrer Rolle gefordert ist, Gefahren auf sich zu nehmen statt andere vergleichbaren Gefahren auszusetzen – ist, wie ich finde, im Kern richtig, wenn auch der Grund für diese Forderung wenig bis gar nichts mit dem Schadenzufügenkönnen zu tun hat. Im 5. Abschnitt werde ich angeben, worauf diese Forderung meiner Meinung nach beruht. Genauso wie sie nicht vom Schadenzufügenkönnen herrührt, geht sie auch nicht auf die Annahme zurück, dass das Eingehen von Risiken vonseiten der Kombattanten dazu beiträgt, das Übel der Gewalt im Krieg einzudämmen. Die Eindämmung oder Begrenzung von „Umfang und Ausmaß der Gewalt" ist nur ein bedingt geeignetes Kriegsziel. Es ist nur dann geeignet oder förderlich, wenn es mit dem übergeordneten Ziel eines gerechten Krieges in Einklang steht, bei dem es sich gleichfalls um das übergeordnete Ziel der Polizeiarbeit handelt: näm-

---

17 Im 2. Kapitel von *Killing in War* [dt. *Kann Töten gerecht sein?;* McMahan 2009] habe ich das ausführlich erörtert.

lich die *von Übeltätern ausgehende* Gewalt gegen die Unschuldigen in möglichst engen Grenzen zu halten. Oder, um es vielleicht genauer zu sagen: Das Ziel besteht nicht in der Begrenzung der Gewalt insgesamt, sondern in der Eindämmung der gewaltsamen Rechtsverstöße. Mitunter ist es moralisch zulässig oder sogar geboten, mehr Gewalt gegen Übeltäter anzuwenden, um sie daran zu hindern, den Unschuldigen weniger Gewalt zuzufügen. Wenn unser übergeordnetes Ziel darin bestünde, die Gewalt einzudämmen, müssten wir eigentlich einer Doktrin zustimmen, die das Kriegführen ausschließlich gegen solche Feinde gestatten würde, denen es – wie etwa jenen, die auf Völkermord aus sind – um die Gewalt an sich geht. In den meisten Fällen aber bedienen sich die Krieg führenden Parteien, die ungerechten Angreifer eingeschlossen, der Gewalt bloß als eines Mittels. Ihnen geht es darum, sich Grund und Boden, Ressourcen und Vermögen anzueignen oder jenen, mit denen sie sich bekriegen, die gewünschten politischen, wirtschaftlichen oder religiösen Organe und Einrichtungen aufzuzwingen. In diesen Fällen besteht die wirksamste Eindämmung der Gewalt in der schlechthinnigen Unterwerfung unter deren Forderungen bei gleichzeitigem Verzicht auf jeglichen bewaffneten Widerstand. Margalit und Walzer aber treten nicht für eine allgemeine Doktrin der präventiven Kapitulation ein; daher meint ihre einschränkende Wendung „soweit die Realität das zulässt" vermutlich etwas dergleichen wie, „soweit sich dies mit der Erringung des Sieges verträgt".

Angemerkt sei, dass Margalit und Walzer, obgleich das besser und plausibler wäre, nicht sagen können: „soweit sich dies mit der Vollbringung der gerechten Kriegssache verträgt". Denn sie bestreiten, dass es für die Zulässigkeit des Verhaltens im Krieg von Belang ist, ob dieser Krieg gerecht ist. Folglich besteht die instrumentelle Wichtigkeit der Unterscheidung zwischen Kombattanten und Nichtkombattanten ihrer Ansicht nach darin, dass sie dazu dient, das *gesamte* Ausmaß der Gewalt gegen Unschuldige *und* Übeltäter zu reduzieren – *nicht* darin, dass sie dazu dient, das Übel der Gewalt gegen die Unschuldigen zu reduzieren. Dadurch schwindet die moralische Wichtigkeit weiter, die Margalit und Walzer der Unterscheidung zwischen Kombattanten und Nichtkombattanten beimessen. Denn das Ziel, die Gewalt in ihrem Gesamtumfang einzudämmen, ist nicht nur dem Ziel untergeordnet, die *unrechtmäßige* Gewalt einzudämmen, sondern kann mit diesem sogar in Widerspruch stehen.

Margalit und Walzer kennen und benennen ein weiteres Ziel, auf das die Prinzipien, denen der Krieg unterliegt, zugeschnitten sein sollten, damit es erreicht werden kann. Sie behaupten, „dass es in der Lehre vom gerechten Krieg darum geht, Regeln für die Kriegsführung aufzustellen und die Gelegenheiten und Anlässe für einen Krieg zu begrenzen."[18] Es geht anders gesagt nicht nur darum, den Krieg, wenn er ausbricht, zu regeln und zu zügeln, sondern auch darum zu verhindern, dass er ausbricht. Einen Kriegsausbruch zu verhindern ist ganz allgemein jedoch nur dann eine sinnvolle Sache, wenn unter ‚Krieg' die Abfolge von Ereignissen verstanden wird, die die kriegerischen Handlungen all der an dem Konflikt beteiligten Parteien umfasst. So leuchtet etwa ein, dass es besser gewesen wäre, hätte man den Zweiten Weltkrieg verhindert oder abgewendet – jedoch nicht, wenn die Kapitulation vor Deutschland die einzige Alternative gewesen wäre. ‚Krieg' kann sich allerdings auch auf die kriegerischen Handlungen einer Seite in einem Konflikt beziehen. Und allein in diesem Sinne kann ein Krieg gerecht oder ungerecht sein. Der Zweite Weltkrieg beispielsweise war weder gerecht noch ungerecht, wenn auch Großbritanniens Kampf gegen Deutschland gerecht war. Wir könnten sagen, dass der Zweite Weltkrieg ein Krieg im weiteren Sinne war, indes Großbritanniens Krieg gegen Deutschland ein Krieg im engeren Sinne gewesen ist. Während es im Allgemeinen vernünftig und sinnvoll ist, Kriege-im-weiteren-Sinne soweit möglich zu verhindern, wäre es nicht richtig, sich um die Verhinderung aller Kriege-im-engeren-Sinne zu bemühen. Es ist im Allgemeinen wichtig und richtig, ungerechte Kriege soweit möglich zu verhindern, es kann jedoch falsch sein, sich um die Verhinderung gerechter Kriege zu bemühen.[19] Nehmen wir nun an, Margalit und Walzer wollen zu verstehen geben, dass eines der Ziele der Lehre vom gerechten Krieg in der Verhinderung von Kriegen im weiteren Sinne besteht. Um aber dieses Ziel zu erreichen, wäre es wohl das Beste und Wichtigste, es würde verhindert, dass ungerechte Kriege im engeren Sinne vom Zaun gebrochen und geführt werden.

Selbst wenn alle Beteiligten sich in der Regel an Margalits und Walzers Konzeption hielten und dadurch ihr erstes Ziel erreicht würde, im Falle eines Krieges die Gewalt insgesamt kleinzuhalten, wäre sie (die Konzeption) kontraproduktiv im Hinblick auf ihr zweites Ziel, das Ausbrechen von Kriegen-im-weiteren-Sinne zu verhindern. Margalits und Walzers Ansicht

---

18 Margalit/Walzer 2009, 21: "The point of just war theory is to regulate warfare, to limit its occasions, and to regulate its conduct and legitimate scope.".
19 Für eine überzeugende Argumentation, dass es Fälle geben kann, in denen es falsch wäre zu versuchen, einen ungerechten Krieg zu verhindern, siehe Bazargan 2011.

nach stellen alle Kombattanten, einschließlich der gerechten, legitime Ziele im Krieg dar; folglich tun ungerechte Kombattanten nichts Falsches, wenn sie gerechte Kombattanten töten. Sie tun sogar nichts Falsches, wenn sie ungerechte Ziele auf dem Kriegswege verfolgen, sofern sie sich an die *In-bello*-Regeln halten. Trifft das jedoch zu, können sie sich dem Kämpfen nicht mit der Begründung verweigern, dass es unzulässig ist. Es könnte zwar einen moralischen Grund dafür geben, nicht zu kämpfen (beispielsweise könnte ein Soldat seiner Mutter versprochen haben, nicht in einem ungerechten Krieg zu kämpfen), die Gründe aber, die nicht unmittelbar aus der Ungerechtigkeit des Krieges herrühren, würden wohl kaum schwerer wiegen als die vertraglichen und berufsmäßigen Kampfgründe. Margalits und Walzers Ansicht stellt somit eine außerordentliche Schwächung unseres Vermögens dar, ungerechte Kriege zu verhindern, indem wir uns auf das Gewissen der einzelnen Soldaten berufen. Wenn die Lehre vom gerechten Krieg vermitteln würde, dass es völlig falsch ist, in einem Krieg zu kämpfen, dem es an einer gerechten Sache fehlt, und falsch, Menschen zu töten, die sich und andere unschuldige Menschen bloß vor ungerechten Angriffen schützen, könnten sich viele von denen, die in den Kampf befohlen wurden, angespornt fühlen, sich zu widersetzen. Und die Aussicht darauf, dass eine nicht unerhebliche Zahl von Soldaten sich dem Kampf aus Gewissensgründen verweigert, könnte die Regierungen davon abhalten, ihre im Inland empfundene Legitimität aufs Spiel zu setzen, indem sie einen ungerechten Krieg initiieren. Margalits und Walzers Lehre von der Immunität der Zivilisten und der Nichtimmunität [liability] der Kombattanten ist also lediglich zur Erreichung ihres *In-bello*-Zieles hilfreich und wirksam – das sowieso nur als ein nachrangiges Ziel sinnvoll ist – und erschwert oder hemmt in Wirklichkeit die Erreichung ihres sinnvolleren *Ad-bellum*-Zieles.

Wenngleich Margalits und Walzers Gruppenzugehörigkeitsauffassung fehlgeht mit der Behauptung, dass alle Kombattanten angegriffen werden dürfen, weil sie in der Lage sind, Schaden zuzufügen, oder weil sie sich unmittelbar am Kriegsgeschehen beteiligen, und wenngleich der Zweck, dem diese Auffassung dienen soll (die Gewalt insgesamt einzudämmen), ein irriger Zweck ist, entfaltet ihre Auffassung eine starke intuitive Anziehungskraft in einem Punkt: Und zwar in dem, dass sie die Vorstellung verwirft, Nichtkombattanten dürften im Krieg angegriffen werden. Die einzige von ihr akzeptierte Rechtfertigung dafür, Nichtkombattanten Schaden zuzufügen oder zu töten, ist eine Rechtfertigung aus der Not(wendigkeit). Walzer hat an anderer Stelle eingeräumt, dass es im Falle „äußerster Notlagen" zulässig ist, Nichtkombattanten zu töten.[20] Das ist jedoch deshalb so, weil ihr Recht darauf, nicht vorsätzlich getötet zu werden, übergangen wurde, nicht, weil sie es verwirkten. Das Gleiche trifft in Fällen zu, in denen es zulässig ist, Nichtkombattanten als Nebenfolge zu töten: Ihr Recht wurde übergangen, sie haben es nicht verwirkt. Die Einzelpersonenbelangbarkeitsauffassung räumt dagegen ein, dass Nichtkombattanten in manchen Fällen *belangt* werden können, indem man sie als Nebenfolge schädigt oder gar tötet – oder, obgleich seltener, als Mittel zum Zweck. Die Gruppenzugehörigkeitsauffassung scheint die Nichtkombattanten demnach erheblich stärker zu schützen.

Es ist wichtig, dass man zwei ganz unterschiedliche Formen des Schutzes voneinander abgrenzt: den faktischen und den moralischen. Es lässt sich argumentieren, dass die Gruppenzugehörigkeitsauffassung insofern einen größeren faktischen Schutz bietet, als ja dann, wenn sie weithin Zustimmung findet und befolgt wird, weniger Nichtkombattanten im Krieg angegriffen und getötet werden, als das der Fall wäre, wenn stattdessen der Einzelpersonenbelangbarkeitsauffassung zugestimmt und diese befolgt würde. Oder es ließe sich argumentieren, dass die Gruppenzugehörigkeitsauffassung insofern einen größeren moralischen Schutz gewährt, als sie impliziert, dass die *moralische Restriktion* gegen das Schädigen oder Töten von Nichtkombattanten stärker ist, als die Einzelpersonenbelangbarkeitsauffassung anerkennt. Ich werde jedoch vorbringen, dass keine dieser Behauptungen eindeutig zutrifft.

Zunächst ist festzuhalten, dass die Behauptung, die Gruppenzugehörigkeitsauffassung gewähre einen größeren faktischen Schutz, für die Frage irrelevant ist, ob sie als eine Auffassung vom zulässigen Töten im Krieg *zutreffend* ist – es sei denn *vielleicht*, eine pragmatistische, regelkonsequentialistische oder vertragliche Auffassung der Moral und ihres Wesens ist zutreffend. Sie ist jedenfalls mit der richtigen Ansicht der Einzelpersonenbelangbarkeitsauffassung vereinbar, dass wir aus *moralischen* Gründen versuchen sollten, die Menschen von der Richtigkeit der Gruppenzugehörigkeitsauffassung zu überzeugen, sodass sie sich an sie halten, selbst wenn sie nicht zutrifft. Das bräuchten wir jedoch gar nicht. Nehmen wir an, dass, wie ich glaube, die Einzelpersonenbelangbarkeitsauffassung richtig ist. Dann müssten wir gelten lassen, dass manche ungerechte Zivilisten

---

20 Vgl. Walzer 1977, 16. Kap., und Walzer 2004, 33-50 („Supreme Emergency"; Anm. d. Hrsg.).

(aber eben keine gerechten Zivilisten) aus moralischen Gründen zur Rechenschaft gezogen bzw. belangt werden können, indem man ihnen im Krieg Schaden zufügt, entweder als Nebenfolge oder in selteneren Fällen als Mittel zum Zweck. Wir müssen jedoch auch gelten lassen, dass prinzipiell Uneinigkeit darüber herrscht, welche Seite eine gerechte Sache verfolgt, und dass jene, bei denen es sich in Wahrheit um ungerechte Kombattanten handelt, fast immer *glauben*, dass sie gerechte Kombattanten sind und von ihrer Regierung in diesem Glauben bestärkt werden. Sie werden infolgedessen glauben, dass es ihnen erlaubt ist, das zu tun, von dem die Moral sagt, dass es gerechten Kombattanten zu tun erlaubt ist. Wenn sie anerkennen, dass die Einzelpersonenbelangbarkeitsauffassung richtig ist und dass sie geltend macht, dass es gerechten Kombattanten unter bestimmten Voraussetzungen gestattet ist, Nichtkombattanten zu töten, werden sie, die ungerechten Kombattanten, wahrscheinlich glauben, dass die Moral ihnen eine unbeschränkte Vollmacht zum Töten von Zivilisten erteilt hat, und das mit verheerenden Folgen. Diese können jedoch vermieden werden. Wir müssen einsehen, dass dies ein Bereich ist, in dem Menschen tendenziell zu mangelhaften oder falschen Urteilen gelangen, wenn sie in Übereinstimmung mit der Moral zu handeln versuchen, jedoch erheblicher moralischer Ungewissheit ausgesetzt sind. Statt so zu tun, als sei die Moral anders, als sie ist, besteht die sachlich angemessene und richtige Reaktion auf diese Situation vielmehr darin, *Rechtsregeln* durchzusetzen, die die Menschen zu einem Handeln veranlassen, das mit hoher Wahrscheinlichkeit moralisch rechtens ist. Die Lösung in diesem Fall bringt die Durchsetzung eines keine Ausnahmen zulassenden rechtlichen Verbots vorsätzlicher Angriffe auf Nichtkombattanten sowie einer strikten Verhältnismäßigkeitsauflage auf das Töten von Nichtkombattanten als Nebenfolge des militärischen Vorgehens. Das Kriegsrecht muss sich zumindest zurzeit von der Moral des Krieges wegbewegen.[21] Tut es das, müssen sich

---

21 Anders sähe es aus, wenn es eine maßgebende öffentlich erreichbare Einrichtung für die Dinge des *ius ad bellum* gäbe, etwa eine internationale Rechtsinstitution, die beurteilen könnte, ob die gerade ausgetragenen Kriege gerecht oder ungerecht sind. Für die Diskussion siehe McMahan 2013. Aber selbst wenn ungerechte Kombattanten rechtsverbindlich bestimmt und ausfindig gemacht werden könnten, würde ein Recht, das es gerechten Kombattanten gestattete, Nichtkombattanten zu töten, von den wirklich gerechten Kombattanten dennoch missbraucht werden. (Wer meint, dass diejenigen, die gerechte Kriege austragen, vor dem Angreifen unschuldiger Zivilisten zurückschrecken würden, sollte sich einfach das vernich-

mit Blick auf die Zivilisten die Auswirkungen der Anerkennung der Einzelpersonenbelangbarkeitsauffassung nicht sehr von denen unterscheiden, die mit der Übernahme der Gruppenzugehörigkeitsauffassung verbunden sind.

Gewährt die Gruppenzugehörigkeitsauffassung den Nichtkombattanten einen größeren *moralischen* Schutz? Sie schließt *vorsätzliche* Angriffe auf alle Nichtkombattanten aus, es sei denn, solch ein Angriff ist zur Vermeidung von Folgen notwendig, die sehr viel schlimmer wären. Sie erlaubt jedoch ferner gerechten und ungerechten Kombattanten gleichermaßen, ihre Ziele mit militärischen Mitteln zu verfolgen, die Nichtkombattanten, wie sich vorhersehen lässt, *als Nebenfolge* Schaden zufügen oder töten, sofern diese Schäden unvermeidlich und verhältnismäßig sind. Die Einzelpersonenbelangbarkeitsauffassung hingegen dehnt die Befugnis zum Schadenzufügen oder Töten von Nichtkombattanten als unvermeidlicher und verhältnismäßiger Nebenfolge *nur* auf die gerechten Kombattanten aus. Denn ausschließlich sie verfolgen Ziele, die schwerer ins Gewicht fallen können als die Schädigung Unschuldiger. Die von ungerechten Kombattanten verfolgten ungerechten Ziele können moralisch gesehen unmöglich schwerer wiegen als die Schädigung Unschuldiger; in der Realität ist es allerdings mitnichten so, dass ungerechte Kombattanten ihre Ziele mit solchen Schädigungen und den daraus resultierenden möglichen Schäden abwiegen würden. Nach dem Gesagten lässt sich also konstatieren, dass, während der Gruppenzugehörigkeitsauffassung nach *alle* Nichtkombattanten vor vorsätzlichen Angriffen, aus moralischem Blickwinkel jedoch nicht vor dem Geschädigtwerden als Nebenfolge geschützt sind, die Einzelpersonenbelangbarkeitsauffassung dagegen *sowohl* geltend macht, dass *ungerechte* Zivilisten moralisch belangt werden können, indem man ihnen gewollt oder ungewollt Schaden zufügt, *als auch*, dass *gerechte* Zivilisten die volle moralische Immunität genießen, was vorsätzliche Angriffe *und* was das Geschädigtwerden als Nebenfolge des militärischen Vorgehens betrifft. Insgesamt betrachtet scheint keine der Auffassungen den Nichtkombattanten einen größeren moralischen Schutz zu gewähren.

---

tende Bombardement gegen deutsche und japanische Städte durch britische und US-amerikanische Streitkräfte während des Zweiten Weltkriegs in Erinnerung rufen.).

Jeff McMahan

4. Nichtkombattanten-Unbeteiligte und Nichtkombattanten-Nutznießer

Der letzte Einwand gegen die Position von Margalit und Walzer ist in diesem Zusammenhang der wichtigste, weil er unmittelbar das Problem der gerechten Verteilung des Schadens oder der Risiken zwischen Kombattanten und Nichtkombattanten betrifft. Ihrem Verständnis nach beinhaltet die Lehre von der Immunität der Nichtkombattanten mehr als nur die Zurückweisung dessen, dass Nichtkombattanten im Krieg angegriffen oder anderweitig vorsätzlich geschädigt werden können. Während Margalit und Walzer behaupten, dass es Kombattanten abverlangt ist, zusätzliche Risiken und Gefahren auf sich zu nehmen, damit die Nichtkombattanten verschont bleiben, behaupten sie nicht, dass Kombattanten mit jedem Schaden, den sie dabei davontragen könnten, belastet werden dürfen bzw. jeden in Kauf nehmen oder akzeptieren müssen [sie sind den Autoren zufolge *not* liable *to any harms* – A.d.Ü.]. Ihre Immunitätsauffassung geht über Betrachtungen und Abwägungen hinaus, die sich um das Belastenkönnen („liability") und Nichtbelastenkönnen mit bzw. Nichtakzeptierenmüssen von Maßnahmen drehen. Ihrem Dafürhalten nach ist es zur Eindämmung der Kriegsgewalt unerlässlich, dass jeder einsieht und anerkennt, dass sowohl die gewollten als auch die ungewollten Schäden wenn möglich von Kombattanten erlitten werden sollten, wohingegen die Nichtkombattanten, solange das irgend vertretbar und vernünftig ist, vor dem Schadennehmen so weit als möglich geschützt sein sollten. Weil sich der Nichtkombattantenstatus relativ leicht ermitteln lässt und weil sich die Menschen im Allgemeinen einig sind, dass ihm moralische Bedeutung zukommt (ob das stimmt oder nicht), ist es zweck- und sinnvoll, Immunität und Schutz auf der Grundlage dieses Status' zuzuschreiben und zu gewähren. Und weil der Nichtkombattantenstatus eine Sache des Alles oder Nichts ist, ist die Nichtkombattantenimmunität keine Sache von Abstufungen; sie ist eine Invariante und hängt nicht vom Kontext ab.

Das Ganze ist freilich komplizierter, als Margalit und Walzer mit ihrer Sicht einräumen. Ich werde argumentieren, dass die Nichtkombattantenimmunität eine Sache von Abstufungen ist und dass es gerechten Kombattanten in manchen Situationen gestattet ist, so zu kämpfen, dass unschuldige Nichtkombattanten, wie sich vorhersehen lässt, als Nebenfolge Schaden nehmen werden statt auf eine Weise, die für sie selbst mit größeren Risiken verbunden wäre. Es gibt anders gesagt Situationen, da gerechte Kombattanten unschuldigen Nichtkombattanten tatsächlich aufzwingen dürfen, die Kriegsgefahren mit ihnen zu teilen. Bei den Nichtkombattanten, denen gerechte Kombattanten in manchen Fällen manche der Risiken eines Krieges aufbürden dürfen, ohne ungerecht zu sein, handelt es sich um voraussichtliche Nutznießer des Krieges in dem folgenden Sinne: Gerechte Kriege werden oftmals, ja sogar in der Regel, deshalb ausgetragen, um unschuldige Nichtkombattanten vor einer Bedrohung mit ungerechten Schäden zu schützen – beispielsweise einer Bedrohung mit dem Tod, einer Verletzung oder einem beträchtlichen Verlust an politischer Freiheit. Wenn Nichtkombattanten bereits in der Weise bedroht sind und ihr Gesamtrisiko, Schaden zu nehmen (das sowohl die Wahrscheinlichkeit ihres Schadennehmens und den Umfang des Schadens, den sie erleiden könnten, in Rechnung zieht) durch einen Krieg zu ihrer Verteidigung gemindert würde, sind sie voraussichtliche Nutznießer dieses Krieges, wenn auch der Krieg sie wieder neuen und anderen Risiken und Gefahren aussetzen würde. Ein Nichtkombattant wird nicht deshalb als ein voraussichtlicher Nutznießer eines Krieges betrachtet, weil er voraussichtlich einen gewissen Nutzen aus ihm zieht (weil etwa die Kombattanten im Vorfeld des Gefechts Lutscher verteilen) oder weil er erwartungsgemäß sogar einen echten Nutzen aus ihm zieht (weil etwa das verschwindend kleine Risiko, getötet zu werden, dem er zwar ausgesetzt sein wird, durch den Umstand überwogen wird, dass er beträchtlich von diesem Krieg profitieren und danach viel besser gestellt sein wird). Ein Nichtkombattant ist vielmehr nur dann ein voraussichtlicher Nutznießer eines Krieges, wenn der Krieg sein voraussichtliches Schadennehmensrisiko mindern würde. Der Gedanke ist folglich der, dass Kombattanten nichts Falsches tun können, wenn sie auf eine Weise kämpfen, die ein geringeres Risiko für sie bedeutet, Nichtkombattanten aber neuen Gefahren aussetzt, sofern die Nichtkombattanten gleichwohl voraussichtliche Nutznießer der Verteidigungsmaßnahmen sind – das heißt, sofern die durch die Kampfmaßnahmen bewirkte Minderung der mit der ursprünglichen Bedrohung verbundenen Risiken und Gefahren die Risiken, denen die Maßnahmen selbst sie aussetzen, übertrifft.

Nehmen wir einmal an, dass, während ein gerechter Krieg in Form einer humanitären Intervention im Gange ist, die Regierung, gegen die sich die Intervention richtet, hundert unschuldige Zivilisten festsetzt und bekanntgibt, sie habe vor, fünfzig von ihnen aufs Geratewohl herauszugreifen und sie als Vergeltungsmaßnahme zu töten. Den intervenierenden Streitkräften stehen nur zwei Wege offen, die Tötungen abzuwenden. Auf dem einen werden sie, wie sich voraussehen lässt, fünf von diesen hundert potenziellen Opfern als Nebenfolge getötet werden. Fällt die Wahl auf den anderen, werden voraussehbar fünf neutrale Zivilisten, bei denen es sich um Unbeteiligte des Konflikts handelt, getötet werden. Entscheiden sich die Kombattanten für die erste Option, wird niemand jemals wissen können, ob die fünf getöteten Zivilisten zu den fünfzig gehört hätten, die von deren Regierung getötet worden wären, hätten die Kombattanten nichts unternommen. Es kann sein, dass einige der fünf oder sogar alle unter den fünfzig Überlebenden gewesen wären.

Unter diesen Umständen sollten sich die gerechten Kombattanten zum Ergreifen der ersten Option entschließen. Und zwar deshalb, weil die Chance auf das Überleben jedes der hundert potenziellen Opfer, einschließlich der fünf, die dann tatsächlich getötet werden, sich nach den Richtwerten der objektiven Wahrscheinlichkeit beträchtlich erhöhen würde, falls sich die Kombattanten für diese Option entschieden statt nichts zu unternehmen. Die Überlebenswahrscheinlichkeit jedes der potenziellen Opfer stiege von 50 auf 95 Prozent. Folglich sind all die potenziellen Opfer die voraussichtlichen Nutznießer der ersten Option; sie sind sogar die voraussichtlichen Nutznießer *beider* Optionen und sollten darum die Risiken und Gefahren auf sich nehmen, die zur Gesamtminderung ihrer eigenen Risiken unvermeidlich sind. Es wäre ungerecht, würden diese Risiken stattdessen neutralen Zivilisten aufgebürdet. Bei diesen handelt es sich um bloße Unbeteiligte, die aus beiden Optionen keinen Nutzen ziehen, zudem können wir davon ausgehen (das heißt, wir können daraus ein Merkmal des Beispiels machen), dass es keinen besonderen Grund gibt, weshalb es besser sein sollte, wenn fünf von ihnen getötet werden als fünf der potenziellen Opfer.

Dass wenn möglich die Nutznießer, und nicht die Unbeteiligten, die bei ihrer eigenen Verteidigung zwangsläufig anfallenden Kosten tragen sollten, tritt in Fällen deutlicher zutage, die mit tatsächlichen statt mit lediglich voraussichtlichen Nutznießern verbunden sind. Nehmen wir einmal an, dass ein Schurke einem Leidtragenden den Verlust einer Gliedmaße beibringen wird, wenn nicht eine dritte Partei, ein Verteidiger, um des Leidtragenden willen verteidigend eingreift. Der Verteidiger hat die Wahl zwischen zwei gleichermaßen wirksamen Optionen, die jedoch beide die unvermeidliche Nebenfolge haben, dass sich eine unschuldige Person den Arm bricht. In dem einen Fall würde sich der unschuldige Leidtragende den Arm brechen, in dem anderen geschähe das einem unschuldigen Unbeteiligten. Es ist klar, dass der Verteidiger sich zur Ergreifung der ersten Option, bei der der Leidtragende den Armbruch erleiden wird, entschließen sollte. Bei dieser Option würde dem Leidtragenden in eigener Sache Schaden zugefügt; er käme insgesamt gesehen besser davon, auch wenn er infolge seiner Verteidigung einen gebrochenen Arm in Kauf nehmen müsste. Bei der zweiten Option aber würde dem Unbeteiligten in fremder Sache bzw. um jemand anderes willen ein Schaden zugefügt und er wäre schlechtergestellt als vorher. Wenn der Verteidiger dem Leidtragenden den Arm bricht, wird dieser ihm gegenüber keinen Grund zur Klage haben. Dem Leidtragenden steht eine Entschädigung durch den Schurken zu, kann dieser jedoch nicht zu deren Zahlung herangezogen werden, steht dem Leidtragenden keine Entschädigung durch den Verteidiger zu. Wenn aber der Verteidiger dem Unbeteiligten den Arm bricht und nicht dem Leidtragenden, und der Schurke nicht zur Entschädigungszahlung herangezogen werden kann, dann *geht* die Pflicht, den Unbeteiligten zu entschädigen, wie es scheint, auf den Verteidiger *über* (obgleich dem Leidtragenden dann wohl moralisch geboten wäre, die Entschädigung für den Verteidiger zu zahlen, weil die Kosten der Verteidigung dadurch tatsächlich auf den Nutznießer übergehen würden).

Die intuitive Kraft dieses Falles rührt von der Tatsache her, dass der Nutznießer der Verteidigungsmaßnahmen auch dann bessergestellt wäre, wenn er den Preis der Verteidigung zu zahlen hätte. Intuitiv weniger einleuchtend sind Fälle, wie etwa der bereits umrissene Fall der humanitären Intervention, in denen manche der voraussichtlichen Nutznießer nach dem Geschehen nicht besser dastehen als vorher oder sogar schlechter. Die Theorie verliert jedoch nichts dabei und ihre Behauptung bleibt stark – dass nämlich die *Risiken* der Verteidigungsmaßnahmen von denjenigen getragen werden sollten, die den Nutzen von ihnen haben statt dass sie unbeteiligten dritten Parteien aufgebürdet würden, selbst wenn die Risiken Wirklichkeit werden und manche der voraussichtlichen Nutznießer keinen Nutzen aus ihnen ziehen oder am Ende schlechter dastehen.

Ein Einwand gegen diese Behauptung, die Nutznießer und nicht die Unbeteiligten sollten die Risiken oder Kosten ihrer Verteidigung selber tragen, macht geltend, es sei bei vielen Kriegen und zumal bei den humanitären Interventionen so, dass den voraussichtlichen Nutznießern, ohne dass sie sich schuldig gemacht hätten, von ihren Verfolgern bereits viel Leid zugefügt worden sei. Daher sei es ungerecht, diesen ohnehin schon geplagten Menschen im Zuge ihrer Verteidigung weitere Risiken oder Schäden zuzumuten statt zumindest einen Teil der Kosten auf die anderen zu verteilen, die bislang das Glück hatten, dass sie keinen Übeltätern zum Opfer fielen. Die Prinzipien der Gleichbehandlung würden sogar befürworten, dass ein Teil der Risiken oder Kosten auf die Unbeteiligten verteilt wird.

Diese Überlegung hat einiges für sich, vor allem wenn die Opfer bereits schwer gelitten haben und insbesondere wenn den Unbeteiligten moralisch geboten wäre, etwas zur Verteidigung beizutragen, sofern sie dazu in der Lage wären, auch wenn sie dafür einen gewissen Preis zu zahlen hätten. Eine Mindestvoraussetzung der Zulässigkeit des Aufbürdens von Risiken und Kosten auf Unbeteiligte statt auf Nutznießer, scheint jedoch darin zu bestehen, dass dadurch der voraussichtliche Gesamtschaden bei den Unschuldigen beträchtlich abgesenkt würde. Die Lasten bloß zu verteilen, ohne sie auch zu mindern, ist offenkundig nicht zulässig. Nehmen wir einmal an, dass ein Schurke einem Leidtragenden schon zugesetzt und ihm bereits diverse Verletzungen zugefügt hat. Um den Schurken daran zu hindern, dass er ihm eine Gliedmaße abtrennt, stehen dem Leidtragenden zu seiner Verteidigung nur zwei Wege offen. Auf dem einen wird er selbst sich den Arm brechen, auf dem anderen wird er einem Unbeteiligten den seinen brechen. Wenn er sich dazu entschließt, dem Unbeteiligten den Arm zu brechen, wird er nicht in der Lage sein, ihn jemals zu entschädigen, und auch niemand sonst wird ihn entschädigen. Unter diesen Voraussetzungen ist es ihm allem Anschein nach nicht gestattet, dem Unbeteiligten den Arm zu brechen statt sich seinen eigenen. Er könnte die Tat nicht rechtfertigen, indem er ihm sagt, „Ich habe schon genug erlitten. Nun sind Sie an der Reihe, ihren gerechten Anteil zu tragen." Und wenn es dem Leidtragenden nicht gestattet ist, den Schaden auf den Unbeteiligten abzuwälzen, ist es dem Verteidiger nicht gestattet, das für ihn zu tun.

Ein zweiter Einwand gegen die Vorstellung, die Immunität der voraussichtlichen Nutznießer sei gemindert, betrifft die *Zeit*, zu der Menschen voraussichtliche Nutznießer eines Krieges sind. Wenn es von vornherein sicher ist, dass *manche* Nichtkombattanten, die zu diesem Zeitpunkt voraussichtliche Nutznießer sind, letztlich sogar schlechter dastehen werden, muss es einen Moment geben, in dem jene Menschen nicht länger voraussichtliche Nutznießer sind und zu voraussichtlichen Leidtragenden werden, und dann zu wirklichen Leidtragenden. Weshalb sollte der Umstand, dass sie einmal voraussichtliche Nutznießer waren, ihre Immunität mindern, wenn sie am Ende Leidtragende statt Nutznießer sein werden?

Dieser Einwand ist insofern korrekt, als er geltend macht, dass Risiken und Gefahren vom Zeitpunkt abhängen in dem Sinne, dass sie mit den Umständen variieren und zunehmen oder abnehmen können. Selbst die wohl beste Darstellung der objektiven Wahrscheinlichkeit lässt das gelten:

die der relativen Häufigkeit.[22] Die Herausforderung besteht darin zu erklären, weshalb es der zu einem Zeitpunkt bestehende ‚Status' einer Person, voraussichtlicher Nutznießer zu sein, rechtfertigen kann, dass man sie mit Kriegsbeginn Risiken und Gefahren aussetzt und somit, falls diese Risiken später Wirklichkeit werden, wissentlich das tut, was aus ihr ein *wirkliches* Opfer macht. Die Erklärung ergibt sich aus dem, was Krieg ist und was ihn ausmacht; der Krieg verlangt es, dass bestimmte Strategien verfolgt und ausgeführt werden, deren einzelne Handlungen nicht nur durch ihre jeweiligen Auswirkungen gerechtfertigt werden, sondern auch durch das, was sie zur erfolgreichen Umsetzung der Strategie beitragen. Angenommen, dass zu dem Zeitpunkt, da eine Entscheidung darüber gefällt werden muss, ob zur Verteidigung einer Gruppe von Nichtkombattanten ein Krieg geführt wird, all jene Nichtkombattanten voraussichtliche Nutznießer des Krieges sind, selbst wenn der Krieg so ausgetragen würde, dass sie neuen Risiken und Gefahren ausgesetzt wären. Zu diesem Zeitpunkt haben sie alle Grund, sich den Krieg zu wünschen. Sie wissen aber, dass die Strategie späterhin Handlungen nötig macht, die für manche von ihnen mit einer Statusänderung verbunden sind und sie aus voraussichtlichen Nutznießern in voraussichtliche oder wirkliche Leidtragende verwandeln wird. Sie wissen auch, dass – wären der Umsetzung der Strategie solche Schranken auferlegt, dass nichts unternommen und keine einzelne Kriegshandlung ausgeführt werden könnte, wenn nicht all jene Nichtkombattanten, die sie Risiken aussetzen würde, ihre voraussichtlichen Nutznießer wären – die Strategie keine Aussicht hätte, umgesetzt zu werden. Sie wissen folglich, dass, sollten die Dinge sich zu ihren Ungunsten entwickeln, sie nicht damit rechnen dürfen, dass die Strategie fallengelassen wird. Die Strategie lässt sich auf diese Weise sogar im Hinblick auf diejenigen rechtfertigen, die am Ende ihre wirklichen Leidtragenden sein werden. Und dies erklärt, weshalb die Rechtfertigung der Strategie maßgeblich davon abhängt, ob es sich bei denjenigen, denen sie Risiken aufbürden wird, zu dem Zeitpunkt um voraussichtliche Nutznießer handelt, da die Wahl auf sie, die Strategie, fällt, und nicht später, im Laufe ihrer Umsetzung.

Aus dieser längeren Erörterung sollten wir meiner Ansicht nach den Schluss ziehen, dass es, was den Umfang betrifft, in dem die Nichtkombattanten im Krieg moralisch geschützt sind bzw. Immunität genießen, einen Unterschied macht, ob es sich bei ihnen um Unbeteiligte des militä-

---

22 Vgl. Perry 1995, 327–329.

rischen Vorgehens oder um seine voraussichtlichen Nutznießer handelt. Unbeteiligte-Nichtkombattanten sind in einem größeren Umfang geschützt, das heißt das Spektrum der Fälle, in denen gerechten Kombattanten gestattet ist, einige der Risiken und Lasten ihres militärischen Vorgehens an die zivilen Nutznießer desselben weiterzugeben, ist größer als das Spektrum der Fälle, in denen sie den zivilen Unbeteiligten Risiken und Lasten ihres Vorgehens als Nebenfolge aufbürden dürfen. Wenn das zutrifft, liegen Margalit und Walzer falsch mit ihrer Annahme, der Nichtkombattantenstatus an sich bilde die Grundlage der Nichtkombattanten-Immunität im Krieg, so dass deren Umfang keiner Veränderung unterliege. Während sie zweifellos richtig liegen damit, dass ein Grund für den moralischen Vorbehalt gegen das Schädigen von Nichtkombattanten im Krieg in der Gefährdung liegt, die das für das Ziel bedeutet, die Kriegsgewalt insgesamt einzudämmen, ist diese Überlegung lediglich ein Element einer komplizierteren Auffassung von den moralischen Immunitäten und Nichtimmunitäten der Nichtkombattanten im Krieg. Es kann sein, dass das Ziel, die Kriegsgewalt insgesamt einzudämmen, in Widerspruch gerät mit dem Imperativ, den gerechten Kombattanten keinen ungerechtfertigten oder übermäßig großen Anteil an den Risiken und Lasten aufzubürden, doch es spricht nichts dafür, dass Widersprüche dieser Art immer zugunsten des Ziels, die Gewalt insgesamt einzudämmen, aufgelöst werden sollten.

Selbst wenn man gelten lässt, dass es wichtig ist, zwischen Nutznießern und Unbeteiligten zu unterscheiden, könnte man glauben, dass die Behauptung, der zufolge die Unbeteiligten größere Immunität genießen, zumindest ein Mal offensichtlich nicht zutrifft. Angenommen, gerechte Kombattanten sind dabei, ihre Mitbürger gegen einen ungerechtfertigten Angriff in Schutz zu nehmen und zu verteidigen und müssen sich entscheiden zwischen Verteidigungsmaßnahmen, die einige der gerechten Zivilisten, die sie verteidigen, als Nebenfolge töten werden, und alternativen, aber gleich wirkungsvollen Verteidigungshandlungen, denen genauso viele neutrale Zivilisten als Nebenfolge zum Opfer fallen werden. Weil die gerechten Zivilisten in beiden Fällen die voraussichtlichen Nutznießer sind, die neutralen Zivilisten indes bloße Unbeteiligte, impliziert die Ansicht, für die ich eingetreten bin, dass die gerechten Kombattanten sich zu dem Vorgehen entschließen sollten, bei dem einige ihrer Mitbürger getötet werden. Viele Menschen werden diese Überlegung inakzeptabel finden.

Meiner Meinung nach aber ist sie zutreffend. Dass die gerechten Kombattanten mit den gerechten Zivilisten auf besondere Weise verbunden sind und die Pflicht haben, sie zu verteidigen, reicht nicht hin, um ihnen zu erlauben, die Kosten der Verteidigung unschuldigen Dritten aufzubürden – es sei denn im Eventualfall, dass durch ihr Vorgehen die Anzahl aller unschuldig getöteten Menschen sehr viel kleiner würde. Ebenso wie die Bürgerschutzpflicht des Staates seinen Kombattanten nicht die Befugnis verschaffen kann, das zu tun, was ihnen ohne diese Pflicht zu tun nicht gestattet wäre, vermag die Pflicht der gerechten Kombattanten, gerechte Zivilisten zu schützen, ihnen nicht die Befugnis zu verschaffen, unschuldigen Unbeteiligten als Nebenfolge mehr Schaden zuzufügen, als die gerechten Zivilisten selber in Notwehr zufügen dürften. Und für gewöhnlich wird gelten gelassen, dass es unschuldigen Menschen nicht gestattet ist, sich selbst vor dem Getötetwerden zu schützen, wenn sie dabei zwangsläufig genauso viele oder mehr unschuldige Unbeteiligte als Nebenfolge töten würden.

Wenn die moralische Immunität der zivilen Nutznießer in mancher Hinsicht schwächer ist als die der zivilen Unbeteiligten, bekräftigt das die Ansicht, wonach die Kampfhandlungen der NATO im Kosovo zumindest in einer Hinsicht moralisch weniger zu beanstanden waren als Israels Kampfhandlungen in Gaza. Denn im Kosovo waren viele der Leidtragenden oder Opfer der von der NATO zu Verteidigungszwecken durchgeführten Kampfhandlungen ihre voraussichtlichen Nutznießer, wohingegen es sich in Gaza bei den Israels Kampfhandlungen zum Opfer gefallenen Nichtkombattanten um Unbeteiligte handelte, die in dem Kampfgebiet eingeschlossen worden waren.

5. Weswegen die Doktrin vom Vorrang der Kombattanten falsch ist

Ich habe argumentiert, dass der Immunitätsunterschied zwischen zivilen Unbeteiligten und zivilen Nutznießern Margalits und Walzers Begründung, weshalb der Vorrang der Kombattanten falsch ist, untergräbt. Es scheint indes, dass meine Argumentation nicht darauf beschränkt bleibt, ja dass sie sogar die Doktrin vom Vorrang der Kombattanten bekräftigt, zumindest in dem Fall, da die gerechten Kombattanten sich entscheiden müssen und entweder selbst gewisse Risiken auf sich nehmen oder diese Risiken durch Handlungen eindämmen, die die Gefahr in sich bergen, dass Zivilisten geschädigt oder getötet werden, bei denen es sich gleichwohl um die voraussichtlichen Nutznießer ihres militärischen Vorgehens handelt. Angenommen wiederum, die in einem humanitären Interventionskrieg kämpfenden Kombattanten kommen dahinter, dass die Regierung des Gegners einhundert unschuldige Zivilisten festhält und fünfzig von ihnen wahllos herausgreifen wird, um sie zu töten, wenn niemand etwas dagegen unternimmt. Die gerechten Kombattanten können die Tötungen auf zwei unterschiedlichen Wegen abwenden. Auf dem einen würden, wie vorherzusehen ist, fünf von diesen einhundert Zivilisten als Nebenfolge getötet werden; fiele die Wahl auf den anderen Weg, wären die gerechten Kombattanten größeren Risiken und Gefahren ausgesetzt, was mit an Sicherheit grenzender statistischer Wahrscheinlichkeit dazu führen würde, dass fünf von ihnen durch die Hand ungerechter Kombattanten sterben müssten. Wenn, wie ich argumentierte, die voraussichtlichen Nutznießer der Verteidigungsmaßnahmen Grund haben, wenigstens einige der Risiken der um ihretwillen initiierten Verteidigung auf sich zu nehmen, scheint es den Kombattanten gestattet zu sein, den ersten Weg einzuschlagen und fünf unschuldige Zivilisten zu töten als Nebenfolge davon, dass sie fünfundvierzig andere vor dem Getötetwerden bewahren. Es wäre ihnen wohl sogar dann erlaubt, diese Option zu wählen, wenn auf dem anderen Weg weniger als fünf gerechte Kombattanten getötet würden. Obgleich diese Behauptungen, sollten sie zutreffen, den Vorrang der Kombattanten bekräftigen, hält sich diese Bekräftigung doch in Grenzen, denn sie würden nicht zutreffen, wenn es sich bei den Zivilisten um Unbeteiligte handelte statt um Nutznießer.

Es sei in diesem Zusammenhang darauf hingewiesen, dass es einen weiteren, pragmatischen Grund gibt, weshalb es den gerechten Kombattanten zumindest von Rechts wegen gestattet sein sollte, einige der Kosten einer humanitären Intervention den intendierten Nutznießern aufzubürden. Wenn eine Intervention unter moralischem Blickwinkel, und unabhängig von der Kostenverteilung, fakultativ ist oder supererogatorisch [über das Pflichtschuldige hinausgehend], werden die potenziellen Nutznießer Interesse daran haben, dass sie als zulässig betrachtet wird und es den potenziellen Intervenierenden somit gestattet ist, einen Teil der Verteidigungskosten den voraussichtlichen Nutznießern aufzuerlegen. Denn würde die Ansicht vertreten, dass es den Kombattanten eines zur Intervention entschlossenen Staates gemeinhin geboten wäre, die zur Kleinhaltung des Schadens nötigen Risiken einzugehen, den sie den Nichtkombattanten, darunter die zivilen Nutznießer ihres Vorgehens, zufügen würden, dann wäre die Wahrscheinlichkeit staatlichen Eingreifens geringer als in den Fällen, da die Staaten davon ausgehen könnten, dass sie sich mit denen, die sie verteidigen wollen, die Kosten teilen würden. Obwohl dies nicht der eigentliche moralische Grund dafür ist, dass es den gerechten Kombattanten gestattet ist, voraussichtlichen Nutznießern als Nebenfolge ihres Vorgehens größeren Schaden zuzufügen statt selber größere Risiken auf sich zu nehmen, spricht es dafür, der Unterscheidung zwischen Nutznießern und Unbeteiligten zu einer gewissen Anerkennung im Recht zu verhelfen.

Obwohl es stimmt, dass die gerechten Kombattanten die zivilen Nutznießer ihres Handelns in manchen Fällen zwingen dürfen, einen Teil der Verteidigungskosten zu übernehmen, lassen sich verschiedene Gründe namhaft machen, weshalb die gerechten Kombattanten ihre Ziele auf für sie selbst risiko- und gefahrvolle Weise verfolgen müssen und nicht auf einem Wege, auf dem unschuldigen Zivilisten, einschließlich der zivilen Nutznießer, als Nebenfolge ein vermeidbarer Schaden zugefügt wird. Es gibt anders gesagt Gründe, die dem Grund entgegenstehen, von den Nutznießern zu verlangen, einen Teil der Risiken und Lasten ihrer eigenen Verteidigung selbst zu tragen. Diese Gründe rühren von keiner geheimnisvollen Morallehre her, sondern sind vielmehr von einer irritierenden Einfachheit und Plausibilität. Zusammengenommen aber liefern sie die richtige Erklärung dafür, dass die Doktrin vom Vorrang der Kombattanten falsch ist.

Den ersten Teil der Erklärung liefern Margalit und Walzer selbst, wenn sie darauf beharren, dass den Kombattanten der folgende Satz mit auf den Weg gegeben werden sollte: „Mit dem Tragen der Uniform geht ihr ein Risiko ein und nehmt eine Gefahr auf euch." Das stimmt, wenn auch ihre weitergehende Überlegung nicht überzeugt, wonach die Kombattanten dieses Risiko deshalb eingehen, weil sie „dazu ausgebildet wurden, anderen Schaden zuzufügen". Die Kombattanten hätten die nämlichen Pflichten auch dann gehabt, wenn sie unausgebildet in die Schlacht geschickt worden wären. Der Grund, weshalb den Kombattanten geboten ist, im Zuge der Verteidigung derer, die ungerechtfertigterweise Schaden zu nehmen drohen, gewisse Risiken einzugehen, ist schlichtweg der, dass es ihr *Beruf* ist: Es ist das, das zu tun sie sich verpflichtet haben und wofür sie bezahlt werden. Es gehört zu ihrer beruflichen Rolle, die sie auszufüllen haben. So gesehen gleichen sie denen, die andere von Berufs wegen verteidigen oder retten und dafür bezahlt werden, etwa den Polizisten, Feuerwehrleuten, Personenschützern und Rettungsschwimmern. All diese Menschen haben die mit ihrer beruflichen Rolle verbundene Pflicht, Risiken einzugehen und sich sogar in Mitleidenschaft ziehen zu lassen, wenn das zur Erfüllung der an ihre Rolle geknüpften Aufgaben unabdingbar ist.

Um zu verstehen, wie wichtig die berufliche Rolle in den Fällen der Verteidigung durch Dritte ist, ziehen wir ein Beispiel heran und nehmen an, dass einer unschuldigen Person von den Mitgliedern einer Gang schwer zugesetzt wird. Ein Polizeibeamter befindet sich in der Nähe und ihm stehen zwei Wege offen, um der Attacke ein Ende zu machen. Auf dem einen hätte er für die eigene Sicherheit nichts zu befürchten, das Opfer bzw. der Leidtragende aber würde als Nebenfolge einen Schaden davontragen, der weniger gravierend wäre als der, den es zu erleiden hätte, griffe der Beamte gar nicht ein. Entschiede er sich für den anderen Weg, würde das Opfer keinen Schaden davontragen, dem Beamten aber wäre das Hinnehmen eines Schadens abverlangt, der weniger gravierend wäre als der, den er dem Opfer auf dem anderen Wege zufügen würde. Dem intuitiven Eindruck nach sollte der Beamte sich für die zweite Option entscheiden. Doch wenn es sich bei dem potenziellen Retter statt um einen Polizeibeamten um einen bloßen Passanten handeln würde, schiene diesem gestattet zu sein, sich für den ersten Weg zu entscheiden. Das Opfer dürfte sich gewiss nicht darüber beschweren, dass er auf diese Weise verteidigt wurde von jemandem, dem es nicht beruflich obliegt, in Notfällen einzugreifen.

Betrachten wir jetzt ein hypothetisches Beispiel für eine nicht von Kombattanten, sondern von Privatpersonen durchgeführte humanitäre Intervention. Stellen wir uns vor, dass eine Gruppe von Personen ohne offiziellen Status zu der Zeit im Kosovo war, als die Serben versuchten, die ethnischen Albaner aus der Region zu vertreiben, und dass sie die Möglichkeit hatte, sehr viele albanische Zivilisten vor dem Getötetwerden zu bewahren. Angenommen, diesen Personen hätten zwei Wege zur Verteidigung offengestanden; auf dem einen wäre einigen von ihnen abverlangt gewesen, ihr Leben zu opfern, während auf dem anderen eine gleich große Zahl von voraussichtlichen albanischen Nutznießern als Nebenfolge getötet worden wäre. Wäre ihre Intervention eine supererogatorische gewesen, hätten sie die Albaner auf dem zweiten Wege verteidigen dürfen, wodurch eine gewisse Zahl von Albanern als Nebenfolge davon getötet worden wäre, dass sie (die Intervenierenden) eine viel größere Zahl von ihnen (den Albanern) davor bewahrten, von den serbischen Streitkräften getötet zu werden. Als die voraussichtlichen Nutznießer dieser inoffiziellen Verteidigungsmaßnahme hätten die Albaner Grund zur Dankbarkeit gehabt und wären nicht berechtigt gewesen, sich zu beklagen, dass die intervenierenden Personen sich stattdessen hätten opfern sollen.

In vielen Fällen ist der Grund, weshalb Kombattanten die berufliche Pflicht haben, Risiken und Gefahren auf sich zu nehmen, schlichtweg der, dass sie sich entschließen, ihren Beruf auszuüben und sämtlichen Anforderungen nachzukommen, die dieser mit sich bringt. Das trifft auf diejenigen zu, die sich in Friedenszeiten freiwillig verpflichtet haben, in einem stehenden Heer Dienst zu tun. Mit ihrer Verpflichtung willigten sie ein, zu denen zu gehören, die die mit der Berufspflicht eines Kombattanten verbundenen Risiken übernehmen, wenn sie zum Kämpfen in einem gerechten Krieg aufgefordert werden. Doch während viele Kombattanten die mit ihrem Beruf einhergehende Rollenpflicht zur Übernahme von Risiken und Gefahren durch freie Einwilligung annehmen, trifft das auf andere nicht zu. Die Wehrpflichtigen beispielsweise übernehmen ihre berufliche Pflicht nicht, indem sie sich für sie entscheiden oder in sie einwilligen, es sei denn, sie wollten sich ohnehin verpflichten. Wehrpflichtige können aber dennoch die berufliche Pflicht zur Übernahme von Risiken haben. Wenn die Wehrpflicht in einer Gesellschaft gerecht ist – dann etwa, wenn ein stehendes Heer moralisch gesehen unabdingbar ist und die Wehrpflicht, ob nun die allgemeine oder die durch das Los geregelte, die gerechteste Möglichkeit darstellt, ein solches Heer aufrechtzuerhalten –, dann können die Wehrpflichtigen aus moralischen Gründen zum Militärdienst herangezogen werden. In diesem Fall ist es ihnen moralisch geboten, sich eine berufliche Rolle zu eigen zu machen, zu der die Pflicht zählt, Risiken zu übernehmen. Das Nämliche gilt für eine bestimmte Klasse von Einrückenden oder Eingezogenen. Mitunter – etwa wenn ein Staat ohne ein gut genug gerüstetes stehendes Heer jäh angegriffen wird – kann den kampftauglichen Zivilisten aus moralischen Gründen abverlangt werden einzurücken. Wie jene Wehrpflichtigen, die gerechtermaßen zum Dienst herangezogen werden, übernehmen auch sie die Pflicht, Risiken und Gefahren einzugehen: nicht durch freie Einwilligung, sondern durch die Erfüllung einer Pflicht, sich die berufliche Rolle eines Kombattanten zu eigen zu machen. Wenn ein stehendes Heer sich durch genuin freiwillige Armeeeintritte in seinem Fortbestand sichern lässt, entbinden diejenigen, die sich aus freien Stücken verpflichten, dadurch andere von der Pflicht, Soldat zu werden und als solcher Risiken auf sich zu nehmen, wenn es zu einem gerechten Krieg kommt. (Nicht jeder moralisch freigestellte Armeeeintritt ist allerdings „genuin freiwillig". Mitunter verpflichten sich Menschen und schließen sich dem Militär an, weil das faktisch der einzige Weg ist, der ihnen in einer wirtschaftlichen Notlage noch bleibt. Ob diejenigen, die sich nur aufgrund der wirtschaftlichen Not verpflichten, wirklich einwilligen, die Risiken auf sich zu nehmen, die einzugehen man von Kombattanten erwartet, scheint eine ungelöste Frage. Haben sie gleichwohl die Pflicht, diese Risiken einzugehen? Ich bin mir nicht sicher. Es kann sein, dass manche von ihnen sie haben, andere aber nicht, was etwa davon abhängt, wie stark die Menschen unter Druck waren und ob die Zwangslagen aus gesellschaftlicher Ungerechtigkeit resultieren.)

Es gibt natürlich eine weitere Möglichkeit: Die Wehrpflicht kann ungerecht und durch äußerst harte Strafen erzwungen sein, auch wenn es sich bei dem Krieg, in dem die Eingezogenen zu kämpfen genötigt werden, um einen gerechten handelt. Falls das eintritt – das heißt, falls die Menschen nicht die Pflicht haben, sich dem Militär anzuschließen und gegen ihren Willen zum Kampf gezwungen werden –, scheint die Behauptung unbegründet, dass sie eine auf der beruflichen Rolle basierende Pflicht haben, zusätzliche Risiken auf sich zu nehmen, sofern das zur Eindämmung des Schadens, den sie unschuldigen Zivilisten als Nebenfolge ihres militärischen Handelns zufügen, unerlässlich ist. Daran dürfte zumal dann kein Zweifel bestehen, wenn die Menschen zwangsverpflichtet wurden, in einem Krieg zu kämpfen, der gerecht, aber supererogatorisch ist, wie ein humanitärer Interventionskrieg etwa oder eine kollektive Verteidigung (d. i. ein Krieg zur Verteidigung eines Bündnispartners, der ungerechterweise angegriffen worden ist). Das heißt allerdings nicht, dass sie keinen Grund haben, das Leben der Nichtkombattanten über ihr eigenes zu stellen, sondern nur, dass die Gründe, die sie dafür haben mögen, nicht von der Übernahme der Kombattantenrolle herrühren, die in ihrem Fall weder moralisch geboten ist noch freiwillig erfolgt.

Es scheint ganz wenige Fälle zu geben, in denen gerechte Kombattanten die übliche Rollenpflicht zur Risikoübernahme nicht haben. Denn solche Fälle weisen drei charakteristische Merkmale auf, die selten zusammen auftreten: Der Krieg ist gerecht, der Kombattant war nicht zum Eintritt in die Armee verpflichtet, er oder sie wurde jedoch ungerechterweise eingezogen. Wenn der Krieg gerecht ist und das Militär nicht über die zu seiner Austragung nötige Mannstärke verfügt, so dass ein Einberufungsbedarf besteht, scheint es, als bestünde für die fähigsten oder geeignetsten Menschen die Einrückungspflicht. Wenn die Einberufung erfolgen muss, dann vermutlich aus dem Grund, dass die Zivilisten ihrer Einrückungspflicht nicht nachkommen; infolgedessen ist die Einberufung wohl nicht ungerecht. Man scheint sicher sagen zu können, dass die meisten gerechten Kombattanten, einschließlich der Eingezogenen, die Rollenpflicht haben, zusätzliche Risiken einzugehen, um das Schadennehmen der Nichtkombattanten abzuwenden.

Der zweite Teil der Erklärung, weshalb der Vorrang der Kombattanten eine irrige Ansicht darstellt, lautet oder besagt, dass es sich bei der wichtigsten Entscheidung – der von Kombattanten nicht selten zu treffenden Entscheidung, ob sie Nichtkombattanten als Nebeneffekt größeren Schaden zufügen oder sich selbst einem größeren Risiko aussetzen – um eine Entscheidung zwischen dem Schadenzufügen und dem Zulassen des Schadennehmens anderer handelt. Im engeren Sinne ist es häufig eine Entscheidung zwischen dem Töten und dem Sterbenlassen. Fast alle von uns, auch die Konsequentialisten, halten sich an die Annahme, dass in Schadenszusammenhängen die Restriktion gegen das Töten allgemein stärker ist als die Restriktion gegen das Zulassen dessen, dass jemand getötet wird, wenn sämtliche andere relevante Faktoren, wie etwa die Absicht, in beiden Fällen die gleichen sind. Diese moralische Asymmetrie zwischen dem Töten und dem Sterbenlassen liefert unter anderem eine Teilerklärung dafür, dass es unzulässig ist, einen unschuldigen Unbeteiligten zu töten (als Mittel), um mit dem eigenen Leben davonzukommen, und sie liefert womöglich die ganze Erklärung dafür, dass es unzulässig ist, einen unschuldigen Unbeteiligten als Nebenfolge des Schutzes oder der Bewahrung des eigenen Lebens zu töten. Obgleich fast jeder von uns gelten lässt, dass der Einzelne bei Entscheidungen über Leben und Tod bis zu einem gewissen Grad zur Bevorzugung der eigenen Person berechtigt ist, so dass es einem Menschen erlaubt sein kann, sich selbst oder sein Kind zu retten statt zweier Fremder, lassen wir tendenziell auch gelten, dass die Bevorzugung der eigenen Person nicht länger legitim ist, wenn die Bewahrung des eigenen Lebens es erforderlich macht, auch nur einen unschuldigen Menschen zu *töten*, selbst wenn die Tötung nicht Mittel, sondern Nebenfolge ist.

In gerechten humanitären Interventionskriegen tun gerechte Kombattanten nichts Ungerechtes, wenn sie einige der Risiken und Lasten ihres Handelns dessen voraussichtlichen zivilen Nutznießern auferlegen. Doch der Nutznießerstatus der Nichtkombattanten ist keineswegs hinreichend, um den Kombattanten einen allgemeinen Vorrang einzuräumen. Denn er wird durch die berufliche Pflicht der Kombattanten aufgehoben und in der Regel durch die Asymmetrie zwischen dem Töten und dem Sterbenlassen. Genau wie ein Berufsfeuerwehrmann nicht nur deshalb Risiken auf sich nehmen muss, um die durch das Feuer gefährdeten Menschen zu retten, sondern auch, um ihnen dabei keinen Schaden zuzufügen, gehört es zum

Beruf eines Kombattanten, Risiken nicht nur deshalb auf sich zu nehmen, um unschuldige Nichtkombattanten in einem humanitären Interventionskrieg zu retten, sondern auch und vor allem, um zu verhindern, dass eben jene getötet werden, deren Schutz seiner beruflichen Verantwortung obliegt. Wenn er beispielsweise vor der Entscheidung steht, ob er auf eine Weise handelt, die es *zulässt*, dass eine unschuldige Person getötet wird, oder ein Vorgehen wählt, mit dem er verhindert, dass diese Person getötet wird, dabei aber eine andere unschuldige Person als Nebenfolge *töten* wird, darf er nicht töten, auch wenn es sich bei der Person, deren Tötung er zulässt, um ihn selbst handelt. Dies träfe auch dann zu, wenn die Person, die er bei dem Versuch, sich selbst zu retten, töten würde, ein voraussichtlicher Nutznießer seines militärischen Vorgehens wäre.

Die Asymmetrie zwischen dem Töten und dem Sterbenlassen wird von Kasher und Yadlin durchaus anerkannt, doch nur als eine Sache, die zwar potenziell von Belang ist, in der Realität aber nicht. Im Zuge ihrer Erörterung einer Entscheidung, vor die gerechte Kombattanten gestellt sein könnten ob sie es zulassen, dass gerechte Zivilisten getötet werden, oder ob sie ungerechte oder neutrale Zivilisten töten als Nebenfolge ihres Versuchs, die gerechten Zivilisten zu retten, behaupten die Autoren, dass

> der Unterschied unter den gegenwärtigen Bedingungen nicht von ausschlaggebender moralischer Bedeutung ist. [...] Aus der Warte eines demokratischen Staates kommt eine Entscheidung, Bürger sterben zu lassen, obwohl sie wirksam geschützt werden können und auch sollten, der Entscheidung gleich, sie zu töten. Der Staat verhält sich moralisch gesehen ebenso falsch, wenn er seine Bürger unter diesen Umständen sterben lässt, wie wenn er sie tötet. In beiden Fällen entscheidet sich der Staat eindeutig dafür, sich seiner ersten Pflicht zu entledigen, nämlich deren Leben zu schützen, wenn er dazu in der Lage ist und es auch tun sollte.[23]

Diese Äußerungen weichen der eigentlichen Frage bloß aus, sowohl expressis verbis als auch unausgesprochen: expressis verbis an den zwei Stellen, wo es ‚sollten' bzw. ‚sollte' heißt, und unausgesprochen, was die Behauptung angeht, dass es sich bei der „ersten Pflicht" des Staates um die positive Pflicht handelt, seine Bürger zu schützen statt um die negative Pflicht, unschuldige Menschen nicht zu töten. Kashers und Yadlins Zurückweisung der Ansicht, wonach der moralischen Asymmetrie zwischen dem Töten und dem Sterbenlassen tatsächlich Bedeutung zukommt, ist in diesem Zusammenhang folglich durch nichts gestützt.

---

23 Kasher/Yadlin 2005b, 20.

Andere Autoren haben die Bedeutung des Unterschieds zwischen dem Töten und dem Sterbenlassen verschleiert, indem sie die Dinge so darstellten, als handele es sich bei den einschlägigen Entscheidungen um solche zwischen dem *Zulassen*, dass feindliche Zivilisten Schaden nehmen, und einem Vorgehen, bei dem sie *geschützt* werden, das zugleich aber *zulässt*, dass gerechte Kombattanten Schaden nehmen. Als Beispiel sei ein den Vorrang der Kombattanten verteidigender Artikel angeführt, in dem sein Verfasser Eyal Benvenisti sich verschiedentlich so äußert, als ginge es im Kern darum, ob ein Staat seine Kombattanten Risiken aussetzen dürfe, um „feindliche Zivilisten zu schützen".[24] Aber damit wechselt er das Thema: Menschen zu schützen ist etwas ganz anderes, als sie nicht zu töten bzw. das zu unterlassen. Doch diese Art, die Dinge darzustellen, greift um sich. Shlomo Avineri äußert sich zu Margalit und Walzer und behauptet, dass „man sich keinen demokratisch gewählten politischen Führer vorstellen kann, der allen Ernstes behaupten würde, dass seine Regierung beim *Schutz* der feindlichen Zivilisten die gleiche Sorgfalt und Umsicht an den Tag legen und seine Soldaten in gleicher Weise in Gefahr bringen wird, wie wenn es um den Schutz der eigenen Zivilbevölkerung geht."[25] Margalit und Walzer haben dieser Verschiebung der Diskussion auf ein ganz anderes und einfacheres Thema den Weg geebnet, indem sie sich auf die „verständliche, moralisch gesehen aber unangebrachte und irrige Empfindung [bezogen], die sich in Kashers und Yadlins Abhandlung einschleicht, wenn es darin heißt: ,Ein Kombattant ist ein Bürger in Uniform' – weil uns die Autoren auf ihre Seite ziehen und uns davon überzeugen wollen, dass wir von unseren Soldaten nicht verlangen sollten, Risiken einzugehen, um Nichtkombattanten auf der anderen Seite das Leben zu *retten*."[26] Späterhin haben sie in Erwiderung auf Avineri versucht, die Debatte wieder auf das eigentliche Thema zu lenken, wenn auch nicht mit der wünschenswerten Deutlichkeit. Um Avineris Missverständnis zu korrigieren, schreiben sie, dass der Staat „seine eigenen Zivilisten vor jedem Angriff durch wen auch immer schützen muss. Ausländische Zivilisten muss er nur dann schützen, wenn er selbst angreift" – das heißt, sie vor ihm selbst schützen, indem er sie nicht tötet.[27]

---

24 Benvenisti 2006, 90.
25 Avineri 2009, 74 (Hervorhebungen von mir).
26 Margalit/Walzer 2009, 22 (Hervorhebungen von mir).
27 Margalit/Walzer 2009, 74.

All die Teilnehmer an der Debatte über den Vorrang der Kombattanten, die ich herangezogen und zitiert habe, sowohl die Verfechter der Doktrin als auch jene, die sie ablehnen, stimmen zu, dass zwischen dem Töten und dem Sterbenlassen generell eine moralische Asymmetrie besteht. Es ist seltsam, dass sie alle entweder abstreiten, dass jener Asymmetrie in diesem Zusammenhang eine nicht unerhebliche Bedeutung zukommt, oder diesen Umstand zu kaschieren suchen, indem sie dem Thema eine irreführende Neubeschreibung angedeihen lassen.

Bislang habe ich in der Erörterung das Schwergewicht auf humanitäre Interventionskriege gelegt. Es gibt allerdings noch eine weitere, für die Bewertung der Doktrin vom Kombattantenvorrang relevante Überlegung, die in der Regel aber nicht mit humanitären Interventionskriegen in Zusammenhang steht, jedoch bei allen nationalen Verteidigungskriegen eine Rolle spielt und auch, seltener, bei gerechten Kriegen der kollektiven Verteidigung.

Wenn gerechte Kombattanten zur Verteidigung ihrer Mitbürger kämpfen, sind sie für gewöhnlich in mehreren Hinsichten auf besondere Weise mit denen verbunden, die sie verteidigen. Unter diesen befinden sich ihre Verwandten, ihre Freunde und die Menschen, mit denen sie ihre kulturellen Vorlieben teilen und oft auch ein Zusammengehörigkeits- und Gleichheitsgefühl. Und bei allen, die sie verteidigen, handelt es sich um Menschen, mit denen sie in politischen Zusammenhängen stehen. Diese Verbindungen geben den gerechten Kombattanten besondere, unterschiedlich starke Gründe dafür, um der von ihnen verteidigten Nichtkombattanten willen Opfer zu bringen, und was für unsere Zwecke noch wichtiger ist, besondere Gründe dafür, ihnen keinen Schaden zuzufügen. Natürlich sind solche Verbindungen in vielen Fällen symmetrisch, was die moralische Wichtigkeit und Wertigkeit angeht: So haben etwa zwei gute Freunde jeweils gleich viel Grund, den anderen zu verteidigen. Für den Kombattantenberuf (aus)gewählt werden im Allgemeinen jedoch diejenigen, die am besten in der Lage sind, sich erfolgreich am militärischen Handeln zu beteiligen. Sie sind im Allgemeinen jünger und leistungsfähiger und wurden für das Gefecht ausgebildet und bewaffnet. Es ist diese Kombination aus der besonderen Verbindung mit den von ihnen verteidigten Nichtkombattanten und der besseren Beherrschung des Verteidigungskampfes, die ihnen – über ihr berufliches Engagement und die Asymmetrie zwischen dem Schadenzufügen und dem Zulassen des Schadennehmens hinaus – einen weiteren Grund gibt, zusätzliche Risiken und Kosten zu übernehmen statt ihre Landsleute so zu verteidigen, dass diese als Nebenfolge davon Schaden nehmen würden.

6. Implikationen, Einwände und Beschränkungen

Ich habe zwei Faktoren ausgemacht, die die Immunität der Nichtkombattanten abschwächen: den Nutznießer-Status und den Fall, dass sie belangt oder belastet werden können, indem man ihnen entweder ungewollt oder vorsätzlich Schaden zufügt, wenn ich über das Letztere auch wenig gesagt habe. Ferner habe ich drei Faktoren ausgemacht, die Kombattanten Grund geben, zusätzliche Risiken und Gefahren auf sich zu nehmen statt so zu handeln, dass sie den Nichtkombattanten dabei ungewollt Schaden zufügen würden: die auf ihrer Rolle beruhende Pflicht als Berufsverteidiger, die moralische Asymmetrie zwischen dem Tun und dem Zulassen sowie die besonderen Verbindungen, in denen sie zu den Nichtkombattanten, die sie verteidigen, stehen können. Diese verschiedenen Faktoren allerdings kommen in den unterschiedlichen Fällen in unterschiedlichen Kombinationen vor.

In gerechten humanitären Interventionskriegen sind die gerechten Zivilisten selten einem Risiko ausgesetzt oder in Gefahr. Im Gegensatz dazu sind die Nichtkombattanten in dem Staat, der das Ziel der Intervention darstellt, häufig in Gefahr. Diese Nichtkombattanten setzen sich aus den voraussichtlichen Nutznießern und den Unbeteiligten zusammen. In den Fällen, in denen zwischen dem Schädigen von gerechten Kombattanten und dem von Nutznießer-Nichtkombattanten abgewogen werden muss, ist die Immunität der Nichtkombattanten durch ihren Status als Nutznießer abgeschwächt. Es ist nicht ungerecht, dass sie sich mit ihren Beschützern manche der Risiken und Lasten ihrer eigenen Verteidigung teilen müssen. Es sind folglich diese Abwägungen, im Zusammenhang mit denen die Doktrin vom Vorrang der Kombattanten am meisten einleuchtet. Der Einfluss des Nutznießer-Status' der Nichtkombattanten wird jedoch von den Rollenpflichten der gerechten Kombattanten und von der moralischen Asymmetrie zwischen dem Tun und dem Zulassen aufgewogen. Demnach haben gerechte Kombattanten nicht einmal in diesen Fällen Vorrang bzw. die Priorität, die ihr die Verfechter der Doktrin einräumen.

Darum war es nicht richtig, wie die NATO bei ihrer Intervention im Kosovo vorging. Die Gründe, aus denen die NATO-Kombattanten größere Risiken auf sich zu nehmen hatten, wurden durch den Umstand teilweise aufgewogen, dass die albanischen Zivilisten im Kosovo die voraussichtlichen und als Gruppe die tatsächlichen Nutznießer der Intervention waren. Die NATO-Kombattanten waren folglich dazu berechtigt, einige der Kosten der Intervention jenen aufzubürden, die, anders als sie selbst, Nutzen aus ihr ziehen würden. Die von der NATO angewandten Strategien gingen jedoch weit darüber hinaus und räumten der Sicherheit der Kombattanten nahezu absoluten Vorrang ein, die sehr viele der geplanten Nutznießer als Nebenfolge der Bombardierungen töteten, ohne selbst ein einziges Opfer beklagen zu müssen. Während es ihnen gestattet war, den voraussichtlichen Nutznießern *einige* der Kosten aufzubürden, verboten ihnen ihre berufliche Rolle und die Restriktion gegen das Schadenzufügen, dass sie sich *aller* Kosten entledigten.

In gerechten nationalen Verteidigungskriegen stellen die gerechten Zivilisten die voraussichtlichen Nutznießer des militärischen Vorgehens der gerechten Kombattanten dar. Gemäß der von mir vertretenen Auffassung scheint daraus zu folgen, dass ihre Immunität im Hinblick auf jene, die sich um ihre Verteidigung bemühen, abgeschwächt ist. Keiner der Verfechter des Kombattantenvorrangs geht jedoch davon aus, dass die Doktrin für Kombattanten in Bezug auf deren eigene Mitbürger gilt. Sie hält lediglich fest, dass das Leben der Kombattanten einen gewissen Vorrang hat vor dem der *feindlichen* Zivilisten und unter Umständen auch vor dem der neutralen Zivilisten. Falls die von mir vertretene Auffassung impliziert, dass es den gerechten Kombattanten im Allgemeinen gestattet ist, die Risiken und Gefahren für sich selbst zu mindern, indem sie so vorgehen, dass sie als Nebenfolge mehr ihrer zivilen Landsleute *töten* werden als zur Erreichung ihrer militärischen Ziele nötig, wird man sie allseits zurückweisen, und das zurecht.

Das aber impliziert sie nicht, und zwar unter anderem aus dem einleuchtenden Grund, dass die gerechten Kombattanten selber genauso Nutznießer ihres Handelns sind. Wenn sie ihren Staat nicht gegen ungerechte Angriffe verteidigen, würden sie auf die nämliche Weise in Mitleidenschaft gezogen werden wie ihre zivilen Mitbürger und das Gleiche zu erleiden haben wie sie. Folglich heben sich die gerechten Zivilisten nicht durch ihren Nutznießerstatus von den gerechten Kombattanten ab. Diese aber heben sich durch ihre beruflichen Pflichten und ihre Verteidigungsfertigkeiten von jenen ab, und noch dazu ist ihr Handeln aufgrund der Asymmetrie zwischen dem Tun und dem Zulassen durch Restriktionen eingeschränkt. Dies erklärt, weshalb die Kombattanten in einem gerechten Notwehrkrieg nicht bloß Risiken auf sich nehmen müssen, um die gerechten Zivilisten zu verteidigen, sondern auch zusätzliche Risiken eingehen müssen, um zu verhindern, dass sie ihnen Schaden zufügen.

Es sei an dieser Stelle en passant darauf hingewiesen, dass die Entscheidung, vor die sich Kombattanten in gerechten nationalen Verteidigungskriegen häufiger gestellt sehen, nicht die ist, ob sie größere Risiken eingehen oder gerechten Zivilisten als Nebenfolge Schaden zufügen, sondern die, ob sie größere Risiken eingehen oder *zulassen*, dass weitere gerechte Zivilisten durch die feindlichen Streitkräfte Schaden erleiden oder getötet werden. Bei diesen häufigeren Entscheidungen, auf die die Restriktion gegen das Schadenzufügen oder das Töten nicht zutrifft, ist die Immunität, auf die gerechte Zivilisten ein Anrecht haben, entsprechend abgeschwächt.

Ich habe argumentiert, dass den Nutznießern von Verteidigungsmaßnahmen abverlangt werden kann, die Risiken und Lasten ihrer Verteidigung mit ihren Verteidigern zu teilen (außer wenn auch die Verteidiger Nutznießer ihrer eigenen Handlungen sind), und dass die Verteidiger in der Regel zwei und mitunter drei Gründe haben, auf eine Weise zu kämpfen, die mit zusätzlichen Risiken und Gefahren für sie verbunden ist statt sich zu einem Vorgehen zu entschließen, bei dem sie Nichtkombattanten als Nebenfolge weiteren Schaden zufügen. Die unschuldigen zivilen Unbeteiligten haben indes keinen Grund, sich an den Kosten der Verteidigung anderer zu beteiligen. Ihnen darf kein Schaden zugefügt werden, sie sind nicht die voraussichtlichen Nutznießer von Maßnahmen, die sie in Mitleidenschaft ziehen könnten, sind nicht dazu verpflichtet, sich selbst für andere zu opfern, usw. Sie genießen, wie man sagen könnte, die höchste Immunität.

Die einzige Rechtfertigung dafür, ihnen Schaden zuzufügen, und das auch nur als Nebenfolge, ist eine Rechtfertigung aus Notwendigkeit. In den gerechten humanitären Interventionskriegen setzen sich die Unbeteiligten aus den gerechten Zivilisten, den neutralen Zivilisten und manchen ungerechten Zivilisten (die anderen sind Nutznießer) zusammen. In den gerechten nationalen Verteidigungskriegen umfassen die Unbeteiligten die neutralen Zivilisten und die ungerechten Zivilisten (die gerechten Zivilisten sind Nutznießer).

Die Behauptung, dass die Immunität der zivilen Unbeteiligten stärker ausgeprägt ist als die der zivilen Nutznießer, scheint zweierlei zu implizieren, das jeweils intuitiv nicht einleuchten will. Die eine Implikation tritt im Zusammenhang mit humanitären Interventionskriegen zutage. Nehmen wir an, die NATO-Kombattanten im Kosovo hätten zwischen zwei Optionen zu entscheiden gehabt, die beide gleich wirksam gewesen wären darin, den Schaden einzudämmen, den die serbischen Streitkräfte den zivilen Kosovo-Albanern, bei denen es sich um die voraussichtlichen Nutznießer der Intervention handelte, hätten zufügen können. In dem einen Fall wäre eine gewisse Anzahl albanischer Zivilisten als Nebenfolge getötet worden, wenngleich nicht so viele, wie durch die Maßnahmen gerettet worden wären. In dem anderen Fall wären ebenso viele serbische Zivilisten getötet worden, die durch die serbischen Streitkräfte nicht bedroht und somit keine Nutznießer der NATO-Intervention waren. Der von mir vertretenen Ansicht nach hätte sich die NATO – sofern keine anderen Faktoren zu berücksichtigen gewesen wären – zu dem Vorgehen entschließen sollen, bei dem Zivilisten albanischer Volkszugehörigkeit getötet worden wären, weil es sich bei ihnen um die voraussichtlichen Nutznießer, bei den Serben dagegen um Unbeteiligte handelte. Das aber scheint nicht richtig zu sein. Die Albaner waren bereits schikaniert worden. Wie könnte es da gerechtfertigt sein, sie weiter zu benachteiligen, wenn auch im Rahmen ihrer Verteidigung?

Dieses Beispiel vermag die Wichtigkeit der Unterscheidung zwischen Nutznießern und Unbeteiligten allerdings nicht infrage zu stellen, da sich unsere intuitive Reaktion anders begründen und verteidigen lässt. Wenn uns die Intuition sagt, dass sich die NATO-Kombattanten zu dem Vorgehen hätten entschließen sollen, bei dem serbische Zivilisten und nicht Albaner getötet worden wären, so deshalb, weil wir anerkennen, dass sich viele serbische Zivilisten an der Verfolgung der Albaner beteiligt hatten und dafür zur Rechenschaft gezogen werden konnten, indem man sie die Nebenfolgen der berechtigten militärischen Verteidigung der Albaner spüren und erleiden ließ – und diese intuitive Sicht auf die Dinge stellt eine Bekräftigung der Einzelpersonenbelangbarkeitsauffassung dar. Es mag sich bei den serbischen Zivilisten um Unbeteiligte gehandelt haben, unschuldige Unbeteiligte aber waren viele von ihnen nicht. Um zu überprüfen, ob sich diese Betrachtung in irgendeiner Form auf unsere intuitiven Ansichten auswirkt, nehmen wir an, dass die NATO-Kombattanten sich stattdessen zu entscheiden hatten, ob sie entweder eine gewisse Anzahl albanischer voraussichtlicher Nutznießer als Nebenfolge töten oder ob sie ebenso viele neutrale Zivilisten, etwa Griechen oder Bulgaren, als Nebenfolge töten, vielleicht als albanische Flüchtlinge über die Grenze gingen. In einem solchen Fall mit wirklich unschuldigen Unbeteiligten scheint es nicht richtig, wenn man ihnen, den Griechen oder Bulgaren, auferlegt bzw. aufzwingt, die Verteidigung ebenso vieler Albaner mit ihrem Leben zu bezahlen. Die ‚Opferung' unschuldiger um der Albaner willen hätte zwar gerechtfertigt werden können, aber *nur* dann, wenn damit deutlich weniger Tötungen Unschuldiger verbunden gewesen wären als im alternativen Fall.

Eine zweite offenkundige Implikation ist vielleicht noch bedenklicher. In den nationalen Verteidigungskriegen sind die gerechten Zivilisten Nutznießer, während es sich bei den neutralen Zivilisten und den ungerechten Zivilisten um Unbeteiligte handelt. Angenommen, die in einem gerechten Krieg zur Landesverteidigung kämpfenden Kombattanten stehen vor der Entscheidung, ob sie es zulassen, dass eine gewisse Zahl ihrer Mitbürger von ungerechten Kombattanten getötet wird, oder ob sie diese Tötungen durch ein militärisches Vorgehen abwenden, bei dem sie ebenso viele oder vielleicht auch nur ein paar neutrale oder ungerechte Zivilisten weniger als Nebenfolge töten werden. Viele Leute empfinden intuitiv, dass es den gerechten Kombattanten gestattet wäre, ihre Mitbürger unter diesen Umständen zu verteidigen, doch die moralische Asymmetrie zwischen Nutznießern und Unbeteiligten wiegt schwer und spricht gegen die Zulässigkeit eines solchen Handelns. Auch die Asymmetrie zwischen dem Töten und dem Sterbenlassen steht dem Ergreifen von Verteidigungsmaßnahmen unter diesen Umständen entgegen, wäre damit doch verbunden, dass die Kombattanten unschuldige Menschen töten würden, während sie, täten sie nichts, zuließen, dass unschuldige Menschen getötet werden.

Die Unterscheidung zwischen Nutznießern und Unbeteiligten spielt bei dieser Entscheidung allerdings keine Rolle. Denn es gibt keine Option, bei der Schäden, die als Nebenfolge aus Verteidigungsmaßnahmen resultieren, auf deren Nutznießer verteilt werden könnten statt auf die Unbeteiligten – es gibt mithin keine Option, bei der gewissen Zivilisten als Nebenfolge Schaden zugefügt werden könnte, bei der sie jedoch gleichwohl die voraussichtlichen Nutznießer oder als Gruppe die tatsächlichen Nutznießer wären. Es ist allerdings nur bei Entscheidungen mit einer solchen Option so, dass der Nutznießerstatus einen moralischen Unterschied macht.

Die Frage, ob gerechte Kombattanten gerechte Zivilisten verteidigen dürfen, wenn dabei ebenso viele oder auch nur ein paar unschuldige zivile Unbeteiligte weniger als Nebenfolge getötet würden, ist bloß ein Fall der weitergehenden oder umfassenderen Frage, ob einer dritten Partei zu verhindern erlaubt ist, dass eine unschuldige Person, mit der sie in einer besonderen Verbindung steht, zu unrecht getötet wird, wenn ihren Verteidigungsmaßnahmen zwangsläufig ein unschuldiger Unbeteiligter als Nebenfolge zum Opfer fiele. Die Antwort auf diese zweite Frage ist im Allgemeinen ‚Nein'. Wie ich bereits ausgeführt habe, darf eine dritte Partei, die eine andere Person verteidigt, unschuldigen Unbeteiligten im Allgemeinen keinen größeren Schaden zufügen, als die von ihr verteidigte Person in Notwehr verursachen dürfte. Und die meisten Menschen stimmen darin überein, dass es einer Person nicht gestattet ist, ihr Leben zu schützen und zu verteidigen, wenn sie dabei zwangsläufig einen unschuldigen Unbeteiligten als Nebenfolge töten würde. Das erklärt sich grundsätzlich mit der moralischen Asymmetrie zwischen dem Tun und dem Zulassen. Im Allgemeinen dürfen Menschen, die sich selbst oder andere verteidigen, unschuldigen Unbeteiligten nur dann als Nebenfolge Schaden zufügen, wenn der verursachte Schaden deutlich geringer ist als der abgewendete. Hierzu gibt es allerdings eine Ausnahme, die bei bestimmten Fällen der Verteidigung anderer zum Tragen kommt. Vielen Menschen, und auch mir, scheint, dass jemand, der sein Kind rettet und dabei, weil es unvermeidbar ist, einen unschuldigen Unbeteiligten (oder vielleicht sogar zwei unschuldige Unbeteiligte) als Nebenfolge tötet, mehr als bloß entschuldigt ist. Ich bin mir nicht sicher, wie ich mich zu dieser ziemlich starken intuitiven Ansicht äußern soll über die Feststellung hinaus, dass dergleichen Fälle im Krieg selten sind, weil die Verbindungen zwischen den gerechten Kombattanten und den gerechten Zivilisten längst nicht diesen moralischen Stellenwert haben, den die Verbindung zwischen einem Elternteil und seinem Kind kennzeichnet. Es scheint daher, dass diese mögliche Ausnahme von der allgemeinen Verhältnismäßigkeitsbehauptung nahezu irrelevant ist, wenn es um den Krieg geht.

Es scheint daher *zuzutreffen*, dass gerechte Kombattanten gerechte Zivilisten nicht verteidigen dürfen, wenn sie durch ihr Vorgehen ebenso viele oder auch nur ein paar unschuldige Unbeteiligte weniger töten würden, neutrale Zivilisten etwa oder ungerechte Zivilisten. Doch wenn man die Haltungen der Menschen in den Kriegen der Vergangenheit zum Maßstab nimmt, werden es die meisten Menschen vermutlich hochgradig kontraintuitiv finden, der Annahme zu folgen, nach der die gerechten Kombattanten zulassen müssen, dass ihre Mitbürger von Angreifern getötet werden statt Verteidigungsmaßnahmen zu ergreifen, die ebenso viele feindliche Zivilisten als Nebenfolge töten würden. Soweit eine Verteidigung der landläufigen Intuition möglich ist, muss, wer immer sich darum bemüht, meiner Ansicht nach auf eine Theorie der Nichtimmunität von Nichtkombattanten rekurrieren, und somit auf das, was ihnen ‚getan' werden dürfte statt auf die Parteilichkeit bzw. das Parteiergreifen für Land und Leute.

Bevor ich diesen Abschnitt abschließe, sei ausdrücklich auf eine Überlegung hingewiesen, die tatsächlich die Vorstellung bekräftigt, dass den

Kombattanten unter bestimmten Voraussetzungen Vorrang einzuräumen ist; eine Überlegung, die schwer ins Gewicht fallen kann gegenüber den von mir namhaft gemachten Faktoren, die den Kombattanten Grund dazu geben, Risiken auf sich zu nehmen statt Nichtkombattanten als Nebenfolge Schaden zuzufügen. Ihr zufolge ist es in manchen Fällen unerlässlich, dass die Kombattanten am Leben bleiben, wenn anders die Vollbringung ihrer gerechten Sache nicht am Ende scheitern soll, so dass es sich auch dann rechtfertigen lässt, die Risiken, denen sie sich gegenübersehen, zu mindern, wenn sie Nichtkombattanten dadurch als Nebenfolge größeren Schaden zufügen.[28] Viele Menschen werden das einleuchtend finden, sofern es sich bei den Nichtkombattanten, denen unvermeidlich Schaden zugefügt wird, um feindliche oder neutrale Zivilisten handelt. Der angeführte Grund aber gibt es nicht her, den Vorrang in der nämlichen Weise einzuschränken. Er gibt den gerechten Kombattanten genauso Grund, gerechte Zivilisten sterben zu lassen oder sie sogar als Nebenfolge zu töten, wenn die Alternative es zulässt bzw. mit ihr verbunden ist, dass sie selbst dezimiert werden. In allen solchen Fällen ist die Rechtfertigung dafür, den Kombattanten Vorrang einzuräumen, die, dass am Ende weniger unschuldige Menschen unrechtmäßig getötet werden.

7. Abschließende Überlegungen

Man könnte glauben, dass es bei den Streitfragen, die ich in diesem Essay behandelt habe, um die Verhältnismäßigkeit bei der Kriegsführung geht. Bei der einen oder anderen dieser Fragen ist das so, wie etwa, ob gerechte Kombattanten eine gewisse Zahl ungerechter Zivilisten als Nebenfolge ihrer Verteidigung gerechter Zivilisten töten dürfen, oder ob gerechte Kombattanten Verteidigungsmaßnahmen ergreifen sollten, mit denen sie als Nebenfolge eine gewisse Zahl der voraussichtlichen Nutznießer töten würden oder sich stattdessen zu einem alternativen Vorgehen entschließen sollten, im Zuge dessen sie vielmehr eine gewisse Zahl ziviler Unbeteiligter töten würden. Bei der zentralen Frage aber, auf die ich eingegangen bin – ob und in welchem Ausmaß gerechte Kombattanten zusätzliche Gefahren auf sich nehmen sollten, um den Schaden einzudämmen oder kleinzu-

---

28 Vgl. Benvenisti: „Die Sicherheit der angreifenden Streitkräfte kann als eines der militärischen Ziele der angreifenden Armee betrachtet werden" (2006, 90).

halten, den sie Nichtkombattanten ansonsten womöglich zufügen – geht es *nicht* um die Verhältnismäßigkeit. Bei ihr kommt es auch weder auf die Unterscheidung noch auf die Notwendigkeit an, die beiden anderen Prinzipien der *Ius-in-bello*-Tradition. Um das nachvollziehen zu können, nehmen wir einen kriegerischen Akt in den Blick, der unschuldige Nichtkombattanten als Nebenfolge töten wird. Er ist ein unterscheidender Akt im traditionellen Sinne, weil mit ihm keinem unschuldigen Nichtkombattanten vorsätzlich Schaden zugefügt werden soll. Und wir können festlegen, dass er auch verhältnismäßig ist. Er könnte beispielsweise die Tötung von mehreren Tausend Nichtkombattanten verhindern oder anderweitig einen substanziellen Beitrag zur Vollbringung einer äußerst wichtigen gerechten Kriegssache leisten, wiewohl er nur ein paar Nichtkombattanten als Nebenfolge töten wird. Schließlich könnte er in dem Sinne *notwendig* sein, dass sich zur Erreichung seines Zieles sonst nichts tun ließe bzw. kein Mittel zur Verfügung stünde, dessen Anwendung weniger Tötungen Unschuldiger zur Folge hätte. Doch nehmen wir an, es *gibt* einen anderen möglichen Kriegsakt, der gleich große Erfolgsaussichten hätte, aber weniger *Nichtkombattanten* als Nebenfolge töten würde. Weil aber in seinem Fall insgesamt mehr *unschuldige Menschen* getötet würden, heißt das zwangsläufig, dass durch ihn mehr gerechte Kombattanten getötet würden als im Falle der Handlung, die mehr Nichtkombattanten töten würde – sagen wir vier statt keinem. Demnach birgt dieser Fall eine weitere moralische Streitfrage – nämlich die, ob den gerechten Kombattanten so zu handeln erlaubt ist, dass sie im Zuge ihres Vorgehens einige unschuldige Nichtkombattanten töten würden, oder ob sie stattdessen den anderen möglichen Weg des Handelns einschlagen sollten, auf dem zwar weniger oder keine Nichtkombattanten getötet würden, der aber für vier von ihnen den Tod bedeutete statt dass sie alle mit dem Leben davonkommen. Bei dieser Frage kann es nicht auf Unterscheidung, Verhältnismäßigkeit oder Notwendigkeit ankommen, denn der erste der beiden Akte ist der Annahme nach unterscheidend, verhältnismäßig und notwendig in dem für die Erreichung des gerechten Zieles einschlägigen Sinne. Wenn es dennoch fraglich ist, ob der erste Akt zulässig ist – und das ist es –, dann kann man der nämlichen Frage mit keinem der drei traditionellen *Ius-in-bello*-Prinzipien beikommen. Um sie beantworten zu können, brauchen wir ein vollkommen neues Prinzip, auf das wir uns dann zumindest indirekt berufen müssen. Die Lehre vom gerechten Krieg muss um ein neues Prinzip erweitert werden, das die Schadensverteilung zwischen Kombattanten und Nichtkombattanten regelt.

Das Problem der gerechten Schadensverteilung zwischen Kombattanten und Nichtkombattanten ist allerdings nur ein Beispiel- oder Anwendungsfall eines weitergehenden Problems: das der gerechten Verteilung von Risiken und Schäden zwischen Verteidigern, potenziellen Leidtragenden oder Opfern und Unbeteiligten. Und genauso wie es in der traditionellen Theorie des gerechten Krieges kein Prinzip gibt, das sich diesem Problem widmet, gibt es weder in der Literatur über die Moral der Selbstverteidigung und die der Verteidigung anderer noch in der Literatur über das Notwehrrecht und das die Verteidigung anderer betreffende Recht ein entsprechendes Prinzip. Vor diesem Hintergrund verlangen die Argumente in diesem Essay förmlich nach einer Erweiterung nicht nur unseres Verständnisses dessen, was ein gerechter Krieg ist, sondern auch nach einer Erweiterung der Prinzipien, die die individuelle Notwehr und die Verteidigung von anderen durch Dritte regeln.

Literaturverzeichnis:

Avineri, Shlomo (2009): Israel: Civilians and Noncombatants: An Exchange. In: New York Review of Books 56, 13.8.2009.

Bazargan, Saba (2011): The Permissibility of Aiding and Abetting Unjust Wars. In: Journal of Moral Philosophy, 8. 4, 513–529.

Benvenisti, Eyal (2006): Human Dignity in Combat: The Duty to Spare Enemy Civilians. In: Israel Law Review, 39.

Kasher, Asa/Yadlin, Amos (2005a): Assassination and Preventive Killing. In: The SAIS Review of International Affairs 25.

Kasher, Asa/Yadlin, Amos (2005b): Military Ethics of Fighting Terror: An Israeli Perspective. In: Journal of Military Ethics 4.

Margalit, Avishai/Walzer, Michael (2009): Israel: Civilians and Combatants. In: The New York Review of Books 56, 14.5.2009, 21f.

McMahan, Jeff (2013): Individual Responsibility and the Law of Jus ad bellum. [The Prevention of Unjust Wars.] In: Benbaji, Yitzhak/Sussman, Naomi (Hg.): Reading Walzer. London.

McMahan, Jeff (2009): Killing in War. Oxford. [dt. 2010: Kann Töten gerecht sein? Krieg und Ethik. Darmstadt].

Perry, Stephen (1995): Risk, Harm and Responsibility. In: Owen, David G. (Hg.) (1995): Philosophical Foundations of Tort Law. Oxford.

Walzer, Michael (2004): Arguing About War. New Haven [dt. (2003): Erklärte Kriege – Kriegserklärungen. Hamburg].

Walzer, Michael (1977): Just and Unjust Wars. Basic Books. New York [dt. (1982): Gibt es den gerechten Krieg? Stuttgart].

Übernahme von Risiken und Schutz für die Truppe

David Luban

In *Just and Unjust Wars* rekonstruiert Michael Walzer an zentraler Stelle die Doktrin vom Doppeleffekt (DDE) und widmet sich deren Implikationen mit Blick auf die Risiken, die gerechte Krieger übernehmen müssen, um das Schadennehmen von Zivilisten auf ein Minimum zu beschränken. 2009 haben Walzer und sein Ko-Autor Avishai Margalit das Thema im Rahmen einer Auseinandersetzung mit Asa Kasher und Amos Yadlin erneut aufgegriffen.[1] In diesem Beitrag werde ich die Resultate, zu denen Walzer gelangt, in einigen ausgewählten Punkten verteidigen, wobei ich etwas andere Gründe geltend machen werde als er selbst.

In der DDE geht es um die vorhergesehenen, aber ungewollten Effekte oder Auswirkungen vorsätzlichen Handelns, und in ihrer allgemeinsten Form spricht sie die handelnden Personen von der Schuld für die ungewollten schlimmen Auswirkungen von den auf zulässigen Absichten beruhenden Handlungen selbst dann teilweise oder vollständig frei, wenn der Akteur die ungewollten schlimmen Folgen voraussieht. In militärischen Zusammenhängen entlastet sie die Soldaten von der Schuld oder Verantwortung für die ungewollten schlimmen Folgen – vornehmlich Schäden an Zivilisten und zivilen Einrichtungen[2] – an sich zulässiger Gewalt. Soldaten dürfen keine Zivilisten angreifen, doch sie können militärische Ziele ins Visier nehmen, selbst wenn sie wissen, dass dabei zwangsläufig Zivilisten zu Schaden kommen werden, sofern der zivile Schaden in keinem Missverhältnis zum militärischen Nutzen steht. Unter den entsprechenden Voraussetzungen entlastet die DDE Soldaten (moralisch und rechtlich)

---

1 Margalit/Walzer 2009a; Kasher/Yadlin 2009. Diesen Beitrag habe ich referiert auf der am Tikvah Center der Universität von New York abgehaltenen Konferenz über *Das bleibende Vermächtnis* von *Just and Unjust Wars*, an der Wharton School, am politikwissenschaftlichen Institut der Universität von Tel Aviv und im Rahmen des von der Michigan-Universität veranstalteten internationalen Rechtsworkshops. Den Teilnehmern schulde ich Dank für ihre hilfreichen Kommentare.
2 Aber auch die Schäden an der natürlichen Umgebung, an den kulturell und geschichtlich wertvollen Zielen und an Zielen, die potenzielle Gefahrenquellen darstellen, wie etwa Staudämme.

und spricht sie von der Schuld für den ungewollten zivilen Schaden auch dann frei, wenn sie ihn kommen sehen.

Walzers Ansicht nach ist das bloße *Nichtbeabsichtigen* eines zivilen Schadens nicht genug: Soldaten müssen *die Absicht haben*, Zivilisten *nicht* zu schädigen. Ersteres ermöglicht es den Soldaten offenkundig, sich die Schuldlosigkeit auf billige Weise zu verschaffen, indem sie bloß auf ihre Absichten schauen. Weiß ein Soldat, dass ein Angriff sowohl militärische als auch zivile Einrichtungen treffen wird, muss er Sorge tragen, dass er nur das militärische Ziel treffen will, nicht die Zivilisten. Das aber ist offenbar ein absurdes und unehrliches ‚Psychospielchen'. Wie vermeidet man es, Kriegsverbrechen zu begehen? Nun, man schließe seine Augen, atme tief durch, konzentriere sich fest und richte seine Aufmerksamkeit auf die eigenen Absichten. Dann wende man sich wieder seinen Aufgaben zu und tue, was man ohnehin gerade tun wollte. Die Absicht haben, keinem Zivilisten Schaden zuzufügen, verlangt Walzers Erklärung nach ein Handeln – und nicht nur Denken. Um die Zivilisten zu schützen, müssen die Soldaten Vorsichtsmaßnahmen treffen, wenn nötig auch riskante.

Das veranschaulicht er an einem Fall aus dem Ersten Weltkrieg, als der Soldat Frank Richards damit beauftragt war, in Frankreich Kellertüren zu öffnen und Handgranaten in die Keller zu werfen, falls sich darin deutsche Soldaten befanden. Richards trieb die Sorge um, dass sich Zivilisten in den Kellern versteckt halten könnten, und er fasste den Entschluss, den Zivilisten durch das Ausrufen einer Warnung Gelegenheit zu geben, sich vor den Granaten in Sicherheit zu bringen. Denn sonst, so seine Überlegung, würde er einen ‚Mord an Unschuldigen' begehen. Hätten sich deutsche Soldaten in dem Keller verschanzt gehalten, hätten sie natürlich auf die Warnung hin heraustreten und das Feuer eröffnen können – demnach nahm Richards ein zusätzliches Risiko für seine Person auf sich, damit Zivilisten verschont blieben.[3] Aus Walzers Sicht hat Frank Richards „zweifellos das Richtige [getan], als er seine Warnung in den Keller rief. Er handelte so, wie ein Mensch mit moralischen Grundsätzen handeln muss; sein Beispiel ist nicht das eines Soldaten, der heldenhaft kämpft und mehr als seine Pflicht tut, sondern das Beispiel eines Mannes, der einfach sauber kämpft. Er kämpft so, wie wir es von Soldaten erwarten."[4]

---

3 Walzer 1977, 152.
4 Ibid., 154 [Anm. d. Übers.: Übersetzung leicht abgewandelt gegenüber dt. Ausgabe, Stuttgart 1982].

Die Frage des ‚Unschuldigenmords' ist von fundamentaler Bedeutung, zumal in asymmetrischen Konflikten, in denen eine Seite über die technischen Möglichkeiten verfügt, die andere nahezu ohne Risiko für die eigenen Streitkräfte vernichtend zu schlagen, das allerdings um den Preis, dass dabei Zivilisten der feindlichen Bevölkerung umkommen. Der Kürze halber werde ich Zivilisten aus der Gruppe der Widersacher ‚feindliche Zivilisten' nennen. Das heißt ausdrücklich, dass es sich bei ihnen *nicht* um feindliche Kämpfer handelt. Wenn sie kämpfen, werden aus ihnen legitime Ziele. In der für meine Thematik maßgeblichen funktionalen Hinsicht sind Zivilisten, die zu den Waffen greifen, keine Zivilisten im eigentlichen Sinne. Die eigentlichen Zivilisten des Feindes müssen uns dagegen nicht einmal feindlich gesinnt sein: Soweit wir wissen, gibt es unter ihnen Opponenten oder Leidtragende ihrer eigenen Regierung, die mit den Angreifern sympathisieren. Manche der Zivilisten des Feindes sind zu jung, als dass sie tiefer gehende Feindschaften hegen könnten; bei manchen handelt es sich um Kinder. Mit dem Kürzel ‚feindliche Zivilisten' will ich lediglich zu verstehen geben, dass sie Zivilisten sind, die statt zu ‚uns', zu ‚ihnen' gehören.

2005 veröffentlichten Kasher und Yadlin einen Artikel, in dem sie unterschieden zwischen Zivilisten, die Staatsangehörige oder Personen sind, die der „effektiven Kontrolle" des Staates unterstehen, und solchen, auf die das nicht zutrifft.[5] Kasher und Yadlin vertreten die Ansicht, dass Soldaten Risiken auf sich nehmen müssen, um jene zu schonen, aber nicht, damit diese verschont bleiben. Bei den Autoren heißt es, dass das Minimieren des Schadennehmens jener eine höhere moralische Verpflichtung für das Militär darstellt als die Bemühung darum, die Verluste unter den eigenen Streitkräften so klein wie möglich zu halten; das Kleinhalten der Verluste unter den eigenen Streitkräften – kurz der *Schutz der Truppe* – habe jedoch wiederum Vorrang vor dem Bemühen darum, die Verluste unter den Zivilisten, die der effektiven Kontrolle durch das Militär nicht unterstehen, so gering wie möglich zu halten.[6] Kasher und Yadlin finden

---

5 Kasher/Yadlin 2005, 41–57. Hierbei handelt es sich um eine Kurzfassung eines längeren Artikels, die ich heranziehe, weil Margalit und Walzer eben die kritisieren.
6 Ibid., 49. Mit der die effektive Kontrolle betreffenden Einschränkung erkennen Kasher und Yadlin an, dass eine Besatzungsarmee verpflichtet ist, die feindlichen Zivilisten in dem besetzten Gebiet zu schützen; bei der „effektiven Kontrolle"

es „unmoralisch", in dieser Sache anders zu denken, da es sich bei einem Kombattanten ihrer Ansicht nach um „einen Bürger in Uniform [handelt]. In Israel ist er sehr oft ein Wehrpflichtiger [...]". Der Staat ist verpflichtet, seine eigenen Bürger und die in den besetzten Gebieten zu schützen; für andere Zivilisten ist er nicht in gleicher Weise zuständig oder verantwortlich.[7] Und seine Soldaten *sind* seine Bürger.

Margalits und Walzers Erwiderung zufolge kommt es nicht auf die Nationenzugehörigkeit der Zivilisten an; die einzig wichtige Unterscheidung sei die zwischen Kombattanten und Nichtkombattanten. In ihrer Argumentation machen sie von einer Reihe von hypothetischen Beispielen Gebrauch. So nahmen sie etwa an, dass es Kämpfern der Hisbollah gelungen sei, ein mit israelischen Staatsbürgern bewohntes Kibbuz einzunehmen und die Israelischen Streitkräfte (IDF = Israeli Defense Forces) sich vor die Aufgabe gestellt sahen, es zurückzuerobern. Die Truppen mussten Vorsichtsmaßnahmen treffen, um die zivilen Verluste möglichst klein zu halten, und dazu hätten sie persönliche Risiken und Gefahren auf sich nehmen müssen; genau das werde von Soldaten erwartet. Was aber ist, wenn es sich bei den Geiseln nicht um Israelis, sondern um pro-israelische US-amerikanische Juden handeln würde, die zur Unterstützung Israels in den Kibbutz gekommen sind? Kasher und Yadlins Ansatz nach bräuchten die IDF-Truppen *keine* zusätzlichen Risiken übernehmen; gegen diese Einschätzung sträubt sich die Intuition jedoch, weil der Unterschied bloß in dem Zufall der Nationenzugehörigkeit besteht.[8] Intuitiv betrachtet, sollten die Israelischen Streitkräfte in beiden Fällen die gleichen Risiken auf sich nehmen. Von der Richtigkeit dessen ausgehend, betrachten sie nun jedoch einen hypothetischen Fall, in welchem es sich bei den US-amerikanischen Juden nicht um Sympathisanten, sondern um Menschen handelt, die mit der von Israel betriebenen Politik ganz und gar nicht einverstanden sind und gegen sie aufbegehren. Dieser und der vorige hypothetische Fall unterscheiden sich einzig in den weltanschaulichen Überzeugungen der US-

---

    handelt es sich um das rechtliche Besatzungskriterium gemäß Artikel 42 des Anhangs der Haager Konvention von 1907.

7 Ibid., 50f.

8 Kasher und Yadlin weisen die hypothetischen Beispiele zurück, da der Kibbutz sich auf israelischem Gebiet und insofern unter der effektiven Kontrolle der Israelis befindet; darauf erwidern Margalit und Walzer, dass sich die IDF nicht dort hineinkämpfen müssten, befände er sich unter israelischer Kontrolle. Meiner Ansicht nach geht diese Runde des Schlagabtauschs an Margalit und Walzer.

Nichtkombattanten, und diese dürfen für das Militär ihrer Ansicht nach keinen Unterschied machen. Folglich sei der dritte Fall auf der gleichen Ebene anzusiedeln wie der erste und der zweite und muss ebenso wie diese behandelt werden.

Schließlich nehmen sie den Fall an, dass es den Kibbuznik gelang, die Gefahrenzone kurz vor dem Angriff der Hisbollah zu verlassen, und dass die Hisbollah näher an zivile Dorfbewohner aus dem Südlibanon herangerückt war, um sie als menschliche Schutzschilde zu benutzen. Der einzige Unterschied zur vorherigen hypothetischen Annahme besteht darin, dass es sich bei den Zivilisten in diesem Fall um libanesische Staatsbürger handelt und nicht um Staatsangehörige der USA mit einer nichtwohlwollenden Haltung. Dieser Umstand könne an den moralischen Verpflichtungen der Soldaten jedoch unmöglich etwas ändern – in beiden Fällen handelt es sich um ausländische Staatsbürger, die (der Annahme nach) ähnliche weltanschauliche Positionen vertreten. Margalit und Walzer kommen zu dem Schluss, dass die Israelischen Streitkräfte in allen vier Fällen die gleichen Risiken und Gefahren auf sich nehmen müssen (welche das auch immer sein mögen). Trifft das zu, lässt sich die von Kasher und Yadlin vertretene Unterscheidung zwischen ‚unseren' und ‚ihren' Zivilisten nicht halten.

Die Debatte erlebte noch weitere Runden, die Kasher, Yadlin und andere mit Margalit und Walzer in späteren Ausgaben der *New York Review of Books* (worin die englische Fassung von Margalits und Walzers Artikel zuerst veröffentlicht wurde) bestritten. In diesem Beitrag werde ich noch einige der weiteren Argumentationen anführen, zur Einführung aber mag das Gesagte vorerst genügen.

Warum diese Frage wichtig ist

Dass es möglich ist, einen Krieg mit nur wenigen Risiken oder ganz ohne Gefahren zu führen, zeigte sich am 6. August 1945, als die *Enola Gay* die Atombombe auf Hiroshima abwarf. Diese Möglichkeit besteht jedoch auch dann, wenn konventionelle Waffen zum Einsatz kommen. Im ersten Golfkrieg starben im irakischen Feuer 200 Kämpfer der Koalitionsstreitkräfte, was im Vergleich mit den Verlusten auf irakischer Seite, die in die Zehntausende gingen, wenig ist. Im Kosovo-Krieg verlor die NATO keinen einzigen Mann im Gefecht, während ihren Luftschlägen mindestens einige Hundert Soldaten der jugoslawischen Armee zum Opfer fielen und mehr als tausend – womöglich auch mehrere Tausend – Zivilisten. In der

Operation Cast Lead [Gegossenes Blei] verloren die Israelischen Streitkräfte zehn Mann (einige von ihnen starben durch irrtümlichen Beschuss der eigenen Truppen, durch das sogenannte friendly fire), wohingegen sie Hunderte von Hamas-Kämpfern töteten und mehr als tausend Zivilisten aus Gaza.

Der Kosovo-Konflikt war der erste, in dem die dilemmatische Frage, wer die Risiken tragen solle: das Militär oder die Zivilisten, zu einem großen öffentlich diskutierten Thema wurde. Die NATO-Luftwaffe flog ihre Angriffe aus großer Höhe, um sich nicht der Gefahr des Luftabwehrfeuers auszusetzen. Berichten zufolge litt darunter die Zielgenauigkeit – und litten die Zivilisten, unter denen die Verluste größer waren, als sie es im Falle von Tiefliegerangriffen gewesen wären.

Die tödliche Gefahren nach sich ziehende Abwägung zwischen der Risikoübertragung auf das Militär und der auf die Zivilisten tritt sogar noch deutlicher im sogenannten Krieg der vierten Generation zutage, der zwischen technisch überlegenen regulären Streitkräften und ihren nichtstaatlichen Widersachern ausgetragen wird, die unter Zivilisten leben, arbeiten und kämpfen. Die staatlichen Streitkräfte sind in diesem Fall vor eine schreckliche Entscheidung gestellt, die auf jeder Gefechtsebene getroffen werden muss, gesamtstrategisch ebenso wie von den einzelnen Soldaten in all den Situationen des Häuserkampfs.[9] Werden die Streitkräfte eines Staates in einem Stadtviertel von einem Haus aus unter Beschuss genommen, können sie das Gebäude aus sicherer Entfernung durch Artilleriefeuer oder Schläge aus der Luft in Schutt und Asche legen oder sie können ihre eigenen Soldaten dorthin beordern und ihnen Regeln für den Einsatz mit auf den Weg geben, die jeglichen massiven oder ‚leichten' Beschuss, der Zivilisten gefährdet, streng untersagen.

Falls die überstrapazierte Rede vom ‚existenziellen Dilemma' überhaupt je angebracht war, dann in diesem Fall. Sollten sich Soldaten einem größeren Risiko aussetzen – oder sollten ihre Kommandostäbe Einsatzregeln abfassen, die ihnen dies abverlangen –, damit es möglichst wenige zivile Op-

---

9 Die Widersacher des Staates sehen sich natürlich auch mit schrecklichen Entscheidungen im Zusammenhang mit der Frage konfrontiert, welchen Risiken und Gefahren sie ihre Gemeinschaft in ihrem Kampf aussetzen werden. Die damit verbundenen Themen und Probleme werde ich in meinem Beitrag nicht erörtern, womit ich jedoch nicht zu verstehen geben will, dass ich sie für weniger wichtig erachte als die staatlichen Belange.

fer zu beklagen gibt?[10] Fordert das die Moral der Kriegsführung von ihnen? In welchem Umfang?

Das Kriegsrecht wartet mit keiner direkten Antwort auf diese Fragen auf – es widmet sich an keiner Stelle ausdrücklich der Frage, wie viele Risiken Soldaten übernehmen müssen, um die ‚kollateralen' Verluste unter den Zivilisten und den zivilen Einrichtungen auf ein Minimum zu beschränken.[11] Das Völkerrecht fordert von den Soldaten, alle realisierbaren Möglichkeiten auszuschöpfen, um ungewollte zivile Opfer und Verluste zu vermeiden, definiert jedoch an keiner Stelle, was „realisierbare Möglichkeiten" meint. Es widmet sich eher indirekt der Frage, wie viele Risiken Soldaten zur Schonung der Zivilisten auf sich nehmen müssen, indem es sich dazu äußert, welches Gewicht dem Schutz der Truppe als einem „konkreten und unmittelbaren militärischen Vorteil" einer Operation zu-

---

10 Das ist ein wichtiger Unterschied. Intuitiv scheint es, als würde es den einzelnen Soldaten überfordern, die Entscheidung in der Hitze des Gefechts treffen zu müssen – als wäre das zu viel von ihm verlangt. Da ist es schon besser oder vernünftiger, wenn man auf den Verfasser von Einsatzregeln als den Entscheidungsträger setzt – nicht weil es ihm oder ihr leichter fiele, die eigenen Truppen der Gefahr auszusetzen, oder weil das moralisch weniger stark ins Gewicht fiele, sondern weil der Offizier im Kommandostab mehr Ruhe zum Nachdenken hat. Außerdem hat der Soldat selbst, philosophisch gesprochen, „ich-bezogene Gründe" dafür, sich selbst den Vorzug zu geben – was freilich auch für jeden anderen Menschen gilt. Ohne in irgendeiner Form nahelegen zu wollen, dass ich ‚in den Augen Gottes' wichtiger bin als der andere, kann ich mein Leben dennoch über dessen Leben stellen und umgekehrt. Indem die Entscheidung in die Hände eines Dritten gelegt wird, spielt die strukturimmanente Ichbezogenheit keine Rolle mehr in den Überlegungen.
11 Mit ‚kollateralen' Verlusten meine ich das, was man üblicherweise damit meint: die Verluste bzw. Opfer von Angriffen, bei denen es sich nicht um die vorsätzlichen Ziele dieser Angriffe handelt. Ich muss sagen, dass ich den Ausdruck ‚Kollateralschaden' als einen Euphemismus ablehne, der, wie mir scheint, in die Welt gesetzt wurde, um ein tragisches und schreckliches Geschehen zu verharmlosen und antiseptisch, technisch und minderschwer wirken zu lassen. Noch schlimmer ist allerdings der Juristenbegriff ‚incidental' damage (‚beiläufiger' oder ‚zufälliger' Schaden), der in der Verhältnismäßigkeitsformel von Artikel 51 (5)(b) des Zusatzprotokolls zum Genfer Abkommen zur Anwendung gelangt [die offizielle deutsche Fassung enthält diesen Terminus nicht – A.d.Ü.]. Wenn man genau sein und die Sache bei ihrem Namen nennen will, sagt man am besten ‚ungewollter' Schaden, und nicht ‚Kollateral-' oder ‚beiläufiger' Schaden. Für wichtige Diskussionen des Rechts unter dem Aspekt der Risikoübernahme zum Zwecke der Beschränkung der zivilen Verluste auf ein Minimum, siehe Benvenisti 2006, 81–109 und Benvinisti 2010, 931–950.

kommt. Je wichtiger der Truppenschutz genommen wird, desto größer wird der im Rahmen einer Verhältnismäßigkeitsprüfung ermittelte Umfang der zulässigen zivilen Verluste sein. Der Truppenschutz kann allerdings nicht über alles gehen, und den Soldaten ist nicht alles zu tun erlaubt, damit die Risiken für sie selbst auf ein Minimum beschränkt bleiben; wenn der Truppenschutz über alles ginge bzw. absoluten Vorrang hätte, was würde das für die Forderung nach Verhältnismäßigkeit bedeuten? Gary Solis' Ausführungen nach „stünde es einem waffentechnisch überlegenen Angreifer frei, jeden, der sich ihm in den Weg stellt, mit übermächtiger Feuerkraft auszulöschen, und er dürfte jeden zivilen Verlust als Kollateralschaden bezeichnen."[12] Daraus geht hervor, dass die Soldaten nicht alle mit dem Krieg einhergehenden Risiken auf die Zivilisten abwälzen können. Das Recht beziffert nicht, wie viele Risiken Soldaten auf Zivilisten übertragen können. Weil es mir im Kern nicht um die rechtlichen Details geht, nehme ich sie in einen Appendix zu diesem Beitrag auf.

Einfacher ist die rechtliche Frage, ob die Mindestvorkehrungen, die Soldaten zur Schonung der Zivilisten treffen müssen – einschließlich der Risiken, die zu übernehmen ihnen selbst geboten ist –, sich unterscheiden, je nachdem, ob es sich bei den Zivilisten um ihre eigenen oder um die des Feindes handelt. Hier lautet die Antwort unstrittig: Nein. Es gibt im Recht keine Regel, die auf der Grundlage der Nationenzugehörigkeit unterschiedliche Klassen von Nichtkombattanten-Zivilisten namhaft macht und voneinander abgrenzt; und wer so vorgeht, dass er den gleichen Rechtsausdrücken unterschiedliche Bedeutungen gibt, indem er dabei nach Nationenzugehörigkeit unterscheidet, was das Recht eben nicht tut, der versteht es absichtlich falsch bzw. legt es unredlicherweise falsch aus. Ich werde argumentieren, dass diese Antworten oder Positionen des Kriegsrechts die richtigen sind und dass folglich Walzer mit seiner Forderung recht hat und die Soldaten Risiken auf sich nehmen sollten, wenn das zur Minimierung der zivilen Verluste – die Verluste unter den Zivilisten und zivilen Einrichtungen auf beiden Seiten – notwendig ist.

---

12 Solis 2010, 285.

Das Basisszenario

Um unseren Überlegungen ein festes Fundament zu geben, stellen wir uns eine Situation in einer umkämpften Stadt vor, in die Soldaten oder deren Befehlshaber eindringen und in der feindliche irreguläre Kämpfer über die zivilen Wohngegenden verstreut Posten bezogen haben. Die Invasoren entscheiden sich zwischen zwei Strategien oder Vorgehensweisen, die ich als Operieren aus der Nähe und als Operieren aus der Ferne oder auch als Nah- und Fernkampf bezeichnen werde. Wie der Name schon sagt, verlangt der Nahkampf den Soldaten ab, den Feind aus relativ großer Nähe anzugreifen, sich womöglich von Haus zu Haus voranzubewegen, und das in Übereinstimmung mit Einsatzregeln, die ihnen das Feuern untersagen, wenn sich Zivilisten im Schussfeld befinden, es sei denn, es handelt sich eindeutig um einen Fall von Notwehr. Die Operation aus der Ferne erlaubt ihnen, den Feind aus einigem Abstand anzugreifen, mit Geschützen, Flugzeugen, Drohnen und dergleichen Gerät. Gehen wir vom Regelfall aus und nehmen an, dass das Operieren aus der Ferne weniger unterscheidend und also nicht so zielgenau ist wie das aus der Nähe.[13] Wenn die Invasoren sich dazu entschließen, aus der Ferne zu operieren, werden ganze Gebäude ausgelöscht, und sollten sich in den Gebäuden oder um sie herum unschuldige Zivilisten befinden, werden sie Schaden erleiden, wenn das auch unbeabsichtigt geschieht. Nennen wir die eben von mir geschilderte Situation das ‚Basisszenario'. Es gibt offensichtlich weitere Szenarien, die entsprechende Fragen aufwerfen oder aufwarfen, etwa die, ob die Bomberpiloten im Kosovoeinsatz tief (Operieren aus der Nähe) oder hoch (Operieren aus der Ferne) fliegen sollten.

Halten wir an dieser Stelle für einen Moment inne und machen uns ein paar Dinge klar. In unserem Basisszenario stehen die Soldaten oder ihre Offiziere vor der Wahl zwischen zwei Vorgehensweisen. Natürlich stellen diese nicht die einzigen Möglichkeiten dar – die Armee könnte auch abziehen oder standhaft bleiben und Ruhe bewahren. Eine Einheit, die von einem Zivilgebäude aus unter Beschuss genommen wird, kann das Gebäude möglicherweise umfahren, statt den Feind anzugreifen. Wir sollten diese Optionen nicht aus dem Blick verlieren, denn wer vorgibt, Nah- und Fernkampf würden die einzigen Handlungsmöglichkeiten darstellen, be-

---

13 Das Operieren aus der Ferne könnte theoretisch stärker unterscheidend bzw. genauer sein, und das wäre es, wenn die Soldaten über Drohnen mit ‚science fiction'-Funktionen verfügten. Aber lassen wir das mit der Science Fiction.

dient sich einer Vorstellung von der Notwendigkeit und Alternativlosigkeit militärischen Vorgehens, die den realen Verhältnissen so gut wie nie gerecht wird.

Wenn die Armee aber kämpft, muss sie das entweder aus der Nähe oder aus der Ferne tun, wobei wir davon ausgehen, dass sich beide Taktiken einsatztechnisch umsetzen lassen. Wie soll diese Wahl oder Entscheidung beschrieben werden, mit welchen Worten? Man könnte, wie ich es getan habe, sagen, dass eine Entscheidung zugunsten des Operierens aus der Ferne bedeutet, unschuldigen Zivilisten Risiken und Gefahren aufzubürden. Unschuldigen Zivilisten Risiken aufbürden, das klingt jedoch schändlich und feige. Oder man könnte die Entscheidung zugunsten des Operierens aus der Nähe als Tapferkeit der Soldaten darstellen, weil sie zusätzliche Risiken auf sich nehmen, damit unschuldige Zivilisten verschont bleiben – auch diese Formulierung habe ich verwendet. Das klingt nach außerordentlichem Mut. Beide Darstellungen sind freilich derart bedeutungsbefrachtet, dass sie an der moralischen Frage so oder so vorbeigehen. Einmal lässt man die Soldaten wie Feiglinge aussehen, im anderen Fall wie Helden wirken. Sie tun entweder mehr oder weniger, als die Pflicht gebietet. Und doch haben sie nur diese Wahl, steht ihnen nur diese Entscheidung offen. Wie kann das sein?

Das Problem ist eben, dass wir nicht wissen, welche Entscheidung die grundlegende Handlungslinie darstellt. Wüssten wir das, wäre das Eingangsproblem gelöst. Würden wir von Soldaten grundlegend und prinzipiell erwarten, dass sie Risiken auf sich nehmen, käme das Operieren aus der Ferne dem unehrenhaften oder entehrenden Abwälzen der Soldatenrisiken auf die Zivilisten gleich. Wäre jedoch der Schutz der Truppe das, was wir grundsätzlich von den Soldaten erwarten, würde das Operieren aus der Nähe, der Nahkampf, weit über das Pflichtschuldige hinausgehen. Allem Anschein nach lässt sich das Problem nicht einmal beschreiben oder darstellen, wenn man keine Lösung dafür hat.

Ist einem diese Schwierigkeit erst einmal aufgegangen, kann man sich zumindest vor den sprachlichen Fallstricken in Acht nehmen. Wir sollten in unserer Erörterung nicht davon ausgehen, dass eine der beiden Vorgehensweisen die grundlegende Handlungslinie darstellt. Es wird im Folgenden auch weiter von der Übertragung von Risiken auf Zivilisten oder der Übernahme von Risiken zur Schonung von Zivilisten die Rede sein, was aber nicht heißt und womit ich nicht sagen will, dass jenes automatisch schändlich oder unehrenhaft und dieses automatisch heroisch oder heldenhaft wäre. Ich möchte den Leser bitten, in meine Darstellungen keine Wertungen hineinzulesen; einer Wertung möchte ich mich während der Erörterung des Problems der Risikoübertragung und des Truppenschutzes ausdrücklich enthalten.

Ich halte fest, dass zwei Fragen zur Debatte stehen:

1. Müssen Soldaten ein vermeidbares, nichtzwingendes Risiko für ihre eigene Person eingehen, damit die zivilen Verluste auf ein Minimum beschränkt bleiben? Mit Blick auf das Basisszenario hieße das dann, sie müssten den Nahkampf dem Operieren aus der Ferne vorziehen (unter sonst gleichen Bedingungen).
2. Ist es den Soldaten gestattet, zur Minimierung der zivilen Verluste aufseiten des Feindes, weniger Risiken einzugehen, als ihnen die Moral im Falle ‚befreundeter' Zivilisten abverlangt? Das ist die Frage, mit der sich Kasher/Yadlin und Margalit/Walzer auseinandersetzen.

Um die Fragen voneinander abzugrenzen und getrennt zu halten, wird es sich als nützlich erweisen, wenn man über die erste Frage in solchen Fällen nachdenkt, in denen es sich bei den Zivilisten um ‚befreundete Personen(gruppen)' handelt – die Frage lautet dann also, ob Soldaten persönliche Risiken auf sich nehmen müssen, um die Verluste unter *ihren eigenen* Zivilisten auf ein Minimum zu beschränken. Angenommen, die Moral verlangt den Soldaten ab, Risiken eines bestimmten Umfangs auf sich zu nehmen, damit ihre eigenen Zivilisten, die dem Ort des Gefechtsgeschehens aus welchen Gründen auch immer nicht entfliehen können, verschont bleiben. Nennen wir dies das *vertretbare Minimum an Sorge und Mühen, das die Soldaten ihren Zivilisten schulden*. Die zweite Frage lässt sich dann als Frage danach umformulieren, ob sie für die feindlichen Zivilisten das gleiche Minimum an Sorge und Mühen aufbringen müssen, damit diese am Ort des Geschehens verschont bleiben.

Selbstverständlich könnten sich die Soldaten oder ihre Befehlshaber dazu entschließen, sogar noch mehr Mühen und sogar noch größere Risiken auf sich zu nehmen, als dem vertretbaren Mindestmaß an Sorge und Mühen entspricht, das aufzubringen sie ihren Zivilisten schuldig sind. Und diesen Entschluss könnten sie vermutlich nur dann fassen, wenn es sich bei den in Gefahr befindlichen Zivilisten um ihre eigenen Leute handelt. Dadurch kommt es in gewisser Hinsicht zur Bildung eines Doppelstandards: hier die supererogatorische [über das Pflichtschuldige hinausgehende] heroische Risikoübernahme zur Schonung der eigenen Zivilisten und dort lediglich das vertretbare Minimum an Risiken, damit die feindlichen Zivilisten verschont bleiben. Dieser Doppelstandard ähnelt oberflächlich

Kashers und Yadlins Antwort auf die zweite Frage, und nicht der von Margalit und Walzer: Er bestätigt, dass es vertretbar oder zulässig ist, wenn Soldaten zur Vermeidung des Schadennehmens befreundeter Zivilisten größere Risiken eingehen als zum Schutz feindlicher Zivilisten. Hier liegt jedoch ein Missverständnis vor. Bei der zweiten Frage geht es nicht darum, wie viele Risiken die Soldaten über das moralische Mindestmaß hinaus übernehmen *dürfen* – sie dreht sich vielmehr um das Mindestmaß an sich, das heißt, sie fragt danach, wie viele Risiken sie eingehen *müssen*. Sie fragt, ob das vertretbare Mindestmaß davon abhängt, um wen es sich bei den Zivilisten handelt. Meiner Meinung nach ist das auch Margalits und Walzers Frage, und diese Frage ist es, die sie, und auch ich tue das, mit Nein beantworten.[14]

Auf diesen Punkt kommt es entscheidend an. Der stärkste Einwand gegen die von Margalit und Walzer vertretene Ansicht ist keineswegs ein irgendwie philosophischer. Es ist das ‚Bauch-Gefühl', dass sie falsch liegen müssen. *Selbstverständlich* steht es unseren Soldaten frei, größere Risiken für die eigenen Leute einzugehen als für die des Feindes. Jeder, der das anders sieht, lebt in einer Fantasiewelt, in der Bindungen und Loyalitäten nichts mehr zählen.[15] Doch ich wiederhole es: Das Auf-sich-Nehmen heroischer Risiken aus Loyalität zu den eigenen Leuten ist nicht das Thema. Richtig gestellt geht es bei der zweiten Frage darum, ob das für die feindlichen Zivilisten aufzubringende vertretbare Mindestmaß an Sorge und Mühen dem für die eigenen Zivilisten entspricht. Sie fragt nicht danach, ob Soldaten punktuell Risiken auf sich nehmen können, die über das vertretbare Mindestmaß hinausgehen. Wir haben es hier nicht bloß mit einem

---

14 Mein Dank geht an die Adresse von Tami Meisels, die mir diesen entscheidenden Punkt verdeutlichte. Wie sie mir in einer E-Mail schrieb, „werden wir in der Realität für die eigenen Leute natürlich besondere Mühen aufwenden (eher bereit sein, Opfer zu bringen, etc.), wichtig ist nur, dass wir die Zivilisten auf der anderen Seite in einer Weise behandeln, die dem vertretbaren Mindestmaß entspricht, wobei sich dieses wiederum nicht von dem unterscheidet, das wir unseren Zivilisten schuldig sind.".

15 Azar Gat und Marty Lederman haben diese Auffassung nachdrücklich vertreten. Ein anschauliches Beispiel liefert in diesem Zusammenhang ein Gespräch, das ich mit einem Fremden führte, den ich zufällig traf und der, nachdem er erfahren hatte, was ich beruflich mache, mich fragte, worüber ich schreibe. Ich antwortete ihm: ob Soldaten für feindliche Zivilisten die gleichen Risiken eingehen müssen wie für die eigenen. Darauf erwiderte er, noch *bevor ich irgendetwas anderes sagte*: „Ich verstehe, was sie meinen, aber das sehe ich anders." Allem Anschein nach fand er es grotesk, diese Frage auch nur zu stellen.

Unterschied in der Wortwahl zu tun. Rufen wir uns Kashers und Yadlins Rangfolge der militärischen Prioritäten in Erinnerung, der zufolge Soldaten auf ihre eigenen Zivilisten größeren Wert legen müssen als auf sich selbst, sich selbst wiederum aber mehr Wichtigkeit beimessen müssen als den feindlichen Zivilisten. Wenn das vertretbare Mindestmaß an Mühen, das aufzubringen die Soldaten den feindlichen Zivilisten schulden, dem entspricht, was sie ihren eigenen Zivilisten an Sorge schulden, ist diese Rangordnung hinfällig.

Im Folgenden werde ich mich diesen beiden Fragen zuwenden. Die Argumentation führt folgende Hauptgedanken näher aus:

Als Erwiderung auf die erste Frage stelle ich zwei zentrale Punkte heraus. Erstens: Das Leben eines Militärs und das eines Zivilisten sind gleich wertvoll, was die, wie man sagen könnte, „Risikogleichheit' nach sich zieht: dass, selbst wenn die Moral den Menschen häufig gestattet, Risiken von sich auf andere zu übertragen, die Übertragung von großen Risiken auf andere, damit man selbst um kleinere Risiken und Gefahren herumkommt, moralisch falsch ist, weil man sich selbst dadurch mittelbar über den anderen stellt und als wertvoller behandelt. Zweitens gehe ich dem Gedanken nach, dass Soldaten einem Berufsstand angehören, bei dem ihnen die Ehre gebietet, um Zivilisten willen Risiken einzugehen – was insbesondere dann gilt, wenn die Risiken für die Zivilisten vom gewaltsamen Vorgehen der Soldaten selbst herrühren. Kasher und Yadlin selbst sind der Auffassung, dass ehrenhaft handelnde Soldaten die Sicherheit ihrer Zivilisten über ihre eigene Sicherheit stellen müssen.

Als Erwiderung auf die zweite Frage – ob das vertretbare Mindestmaß im Hinblick auf befreundete Zivilisten ein anderes ist als hinsichtlich feindlicher Zivilisten – untersuche ich, ob die spezielle Verpflichtung der Soldaten, ihren eigenen Leuten (nicht denen der anderen) Schutz zu bieten, ein höheres Mindestmaß an aufzuwendenden Mühen zugunsten ihrer eigenen Leute (und nicht denen der anderen) mit sich bringt. Ich sage Nein, denn die spezielle Verpflichtung besteht in dem Schutz ihrer eigenen Leute vor feindlicher Gewalt, während die dilemmatische Frage im Basisszenario lautet, ob die Zivilisten vor der von den Soldaten selbst ausgehenden Gewalt geschützt werden sollen. Die Pflicht, die Unschuldigen vor der von einem selbst ausgehenden Gewalt zu schützen, stellt eine allgemeine Verpflichtung dar, keine spezielle. Demzufolge spielt die Tatsache, dass die für die Zivilisten gefährlich werdende Gewalt von den Soldaten selbst herrührt, in meinen Antworten auf beide Fragen eine entscheidende Rolle.

In den Schlussabschnitten wende ich mich zwei abschließenden Problemen zu. An erster Stelle steht die Frage, ob Soldaten nicht vielleicht doch einen höheren Wert haben als Zivilisten (einschließlich ihrer eigenen Zivilisten), weil es sich bei ihnen nicht bloß um Menschen handelt, sondern noch dazu um ‚militärische Kapitalanlagen' oder Investitionen. Ich sage Nein, da ein solches Denken mit einer unzulässigen doppelten Veranschlagung des Werts von Soldaten einhergeht, gepaart mit der Weigerung, den Wert jedes anderen doppelt zu veranschlagen oder zu zählen. Damit im Zusammenhang steht die zweite Frage, ob das Beschränken der militärischen Verluste auf ein Minimum nicht aus politischem Grund – nämlich weil die Bürger vor Verlusten zurückschrecken und sie ablehnen, der Krieg und die damit verbundenen Anstrengungen jedoch ihre Unterstützung erfordern – zu einer militärischen Notwendigkeit werden könnte. Auch dieses Mal sage ich Nein.

Wer ist befugt, sich zu der Sache zu äußern?

Bevor ich mit meinen Ausführungen fortfahre, muss ich mich der Gretchenfrage stellen, ob ich zu den Befugten gehöre, die sich in der Sache äußern dürfen. Ich bin ein Zivilist, ein ziviler Bürger. Ich habe nie im Militär gedient, habe nie ein Gefecht erlebt; genau genommen war ich einem Gefecht nie näher als tausend Meilen. Über den Krieg und die Kriegsführung zu schreiben, ist für zivile Bürger prinzipiell heikel und gefährlich, und dieses Thema ist eine besonders heikle und gefährliche Sache. Was könnte einem Menschen, der gefahrlos und sicher zuhause sitzt, das Recht geben, seine Stimme zu erheben und sich dazu zu äußern, wie viele Risiken einzugehen die „Moral" von den Soldaten fordert? Wie kann jemand, der nie ein Gefecht erlebt hat, sich anmaßen, darüber zu schreiben oder sich auch nur seine eigenen Gedanken dazu machen? Philosophen könnten den Begriff „epistemisches Privileg" in die Debatte einbringen und von diesem ausgehend darlegen, wer befugt oder legitimiert ist, sich in der Sache zu äußern, und wer nicht. Sie könnten argumentieren, dass einem Zivilisten diese Legitimität abgeht, dass ausschließlich ein Kämpfer das epistemische Privileg beanspruchen kann und folglich nur er etwas zu den Kampfrisiken sagen darf.

In einem berühmten und zornigen Aufsatz mit dem Titel „Thank God for the Atom Bomb" schreibt Paul Fussell mit sarkastischem Grundton über „die Schwierigkeiten, die es den Intellektuellen macht, diesem Ereignis *ex post facto* eine vernünftige und gar eine vornehme Morallehre aufzuerlegen."[16] Niemand von denen, die „die unsägliche Brutalität des Pazifikkrieges"[17] nicht aus eigener Erfahrung kennen, hat das epistemische Privileg, darüber zu debattieren, ob es das wert war, dass man ihm mit der Bombe ein Ende setzte. Lesen Sie, wie Fussell – Infanterist im Pazifikkrieg – J. Glenn Grays angesehenes Buch *The Warriors* abqualifiziert:

> Während des Krieges in Europa gab es einen Vernehmungsoffizier bei der Spionageabwehr des Heeres, und in dieser Funktion erlebte er den Krieg auf der Abteilungsebene. Es lässt sich nicht bestreiten, Grays Stellung als Funktionsträger bescherte ihm eine beneidenswert prächtige und erhabene Sicht auf all das, was vor sich ging. Nach dem Krieg wurde aus ihm ein vielbewunderter Philosophieprofessor am Colorado College und ein angesehener Herausgeber der Werke Heideggers. *The Warriors* aber, seine Betrachtung der moralischen und psychologischen Dimensionen des modernen Soldatentums, ist voll der Fehler und Irrtümer, die aus der Praxisferne resultieren. Das Hauptquartier der Abteilung befindet sich Meilen – *Meilen* – hinter der Linie, wo die Soldaten Bekanntschaft mit Terror und Wahnsinn machen und diesen ungeheuerlichen Druck durch irre Brutalitäten und Sadismus abbauen. Sind sie im Laufe des Krieges mit dem Feind nicht wirklich in Berührung gekommen, haben die meisten ‚Soldaten' fürwahr nur eine sehr schwache Vorstellung davon, was das bedeutete, ein ‚Gefecht'.[18]

Demnach hat nicht einmal ein Angehöriger des Militärs das epistemische Privileg, philosophische Überlegungen zum Gefecht anzustellen, wenn er es nicht am eigenen Leib dort erfahren hat, wo es am schlimmsten war. Aus Fussells Sicht war Gray kaum besser als die unwürdigen „Chateau-Generäle", die Befehle unterzeichneten, mit denen Millionen in den Tod geschickt wurden, ohne dass sie sich dafür jemals ihrer Hausschlappen entledigten.

Fussells Empörung ist sehr berechtigt, und ich lasse voll und ganz gelten, dass, wer wie ich als Zivilist und Bürger über den Krieg schreibt, dazu Respekt und Bescheidenheit braucht. Ich lasse jedoch nicht gelten, dass Nichtkrieger von der Diskussion der moralischen Dilemmas in der Sache der Kriegsführung ausgeschlossen sind. Damit finde ich mich aus mehreren Gründen nicht ab, von denen einige mit der Risikothematik in Zusammenhang stehen und andere allgemeinerer Natur sind:

---

16 Fussell 1988, 21.
17 Ibid., 25.
18 Ibid., 29f.

1. Die Frage, um die es geht, ist, ob Soldaten Risiken, denen sie aus dem Weg gehen könnten, eingehen sollten, damit die zivilen Verluste auf ein Minimum beschränkt bleiben. Offensichtlich ist das eine Frage, die nicht bloß im Hinblick auf die Soldaten von Belang ist. Würden sie sich dafür entscheiden, weniger Risiken einzugehen, werden mehr Zivilisten ihr Dach über dem Kopf verlieren, ihr Hab und Gut, ihnen nahestehende Menschen und werden selbst Schaden an Leib und Leben nehmen. Diese Zivilisten wären genauso berechtigt (oder eben nicht), aufzubegehren und die Forderung zu bekräftigen, dass es niemandem, bei dem es sich nicht um einen am Ort des Gefechtgeschehens gefangenen Zivilisten handelt, zusteht, sich in der Sache zu Wort zu melden. Damit wären die Soldaten ausgeschlossen, weil die sich aus der Sicht der Zivilisten in einem Geschehen, das es ohne sie, die Militärs, gar nicht gäbe, zulasten Unschuldiger zu schützen wissen.
2. Ein epistemisches Privileg auf die (exklusive) Diskussion der Soldatenpflichten lässt sich nur im Zusammenhang mit der Erhebung erfahrungsbedingter moralischer Ansprüche und Forderungen geltend machen. Wenn es etwa um die Frage ginge, welche Handlungen einem Soldaten in einem Feuergefecht zugemutet werden können, müssen zivile Bürger denen respektvoll, ja ehrerbietig zuhören, die die Verhältnisse aus eigenem Erleben kennen. Wie wollte ein Zivilbürger sonst in Erfahrung bringen, was in einem Feuergefecht zumutbar ist?
3. Die auf den Rechten der Zivilisten gründenden Argumente aber richten sich nicht allein auf die Erfahrung derer, die eine Gefahr für jene Rechte darstellen. Wir vollziehen hier einen schwierigen Balanceakt: Welche Rechte Zivilisten haben, entscheiden wir zwar mit dadurch, dass wir prüfen, ob die sich daraus ergebenden Soldatenpflichten zumutbar sind; die Entscheidung jedoch, ob diese Pflichten zumutbar sind – mit anderen Worten, ob die Soldaten ein Recht haben, dass ihnen geltend gemachte Pflichten dieser Art nicht auferlegt werden – treffen wir zum Teil dadurch, dass wir prüfen, ob es die Rechte der unschuldigen Zivilisten über die Maßen in Gefahr bringt, wenn wir die Soldaten von jenen Pflichten befreien.
4. Im Grunde beruht die Geltendmachung des epistemischen Privilegs auf der falschen Annahme, dass wir Menschen uns nicht in die Lage eines anderen hineinzuversetzen vermögen. Von diesem Vermögen aber nimmt die Moral ihren Ausgang, und akzeptiert man die Geltung des epistemischen Privilegs, wird dem moralischen Urteil der Boden entzogen, und es wird faktisch abgeschafft.

Übernahme von Risiken und Schutz für die Truppe

Fussell seinerseits erkennt die Tragweite des Ganzen und akzeptiert sie, und er kommt offenbar zu dem Schluss, dass es sinnlos und absurd ist, einen moralischen Diskurs über das Gefecht führen zu wollen. Es könne sich doch niemand, der das nicht selbst durchgemacht hat, vorstellen, wie es ist, wochenlang auf den Beinen zu sein, wenn man mit drei Stunden Schlaf am Tag auskommen und einen 50 Kilo schweren Rucksack mit sich herumschleppen muss, in ständiger Alarmbereitschaft ist, das Geräusch von Einschlägen im Ohr und den Geruch toter Leiber in der Nase hat. Das seien derart extreme Bedingungen, dass ‚die Sätze der Moral' buchstäblich bedeutungslos sind, bloße Worthülsen.

Würde das aber stimmen, hätte keine Gesellschaft das Recht, in den Krieg zu ziehen. Die Soldaten sind *unsere* Soldaten, und wenn sie sich etwas zuschulden kommen lassen und gegen Regeln verstoßen, tun sie das in unserem Namen. Wir müssen uns selbst klar werden darüber, was die Moral ihnen zu tun gestattet, weil das wiederum darüber entscheidet, welche Handlungen wir ihnen abverlangen dürfen. Wenn die Moral unsere Soldaten nicht in die Schranken zu weisen vermag, muss sie unserer Befugnis, muss sie unserem Recht, sie in den Krieg zu schicken, Schranken auferlegen. Andernfalls könnte niemand – nicht die Soldaten und nicht die zivilen Bürger – für die „irren Brutalitäten und den Sadismus" des Krieges zur Verantwortung gezogen werden. Die Soldaten wären nicht verantwortlich, weil der Krieg ein moralischen Standards entzogener Zeitvertreib ist, und die Bürger wären nicht verantwortlich, weil sie von den Soldaten nicht verlangt haben, irgendetwas zu tun, was die Moral untersagt. Wir dürften die Handlungen der Soldaten noch nicht einmal beim Namen nennen und als Brutalität und Sadismus bezeichnen, weil diese Begriffe moralische Bewertungen sind.

Tatsache ist, dass Soldaten wie Bürger überwiegend gelten lassen, dass sie für ihr Tun moralisch und rechtlich zur Verantwortung gezogen werden können. Wir verfügen über einen in der Moral gründenden Entschuldigungswortschatz – Nötigung oder Zwang, Affekt, Irrtum oder Versehen, Unzurechnungsfähigkeit –, mit dem wir Umständen und Situationen, wie den von Fussell beschriebenen, Rechnung tragen und harte Urteile relativieren und abmildern. Wichtig aber ist, dass wir – Soldaten wie zivile Bürger – uns darüber im Klaren sind, dass keines dieser Worte einen ‚Blankoscheck' darstellt, der alles abdeckt und Soldaten in allen Gefechtslagen pauschal entschuldigt.

David Luban

Eine erste Annäherung an die erste Frage

Es ist ohne Zweifel wichtig zu wissen, welche Meinung die Soldaten zu unseren beiden Fragen bezogen auf das Basisszenario – Operieren aus der Nähe vs. Operieren aus der Ferne – vertreten. Während Israels Gaza-Einsatz (Operation Cast Lead) berichtete die *New York Times*, dass einige israelische Einheiten auf das feindliche Feuer mit „heftigen Reaktionen" geantwortet hätten – das heißt im Klartext, dass sie sich auf das Operieren aus der Ferne verlegten, indem sie mit Schlägen aus der Luft gegen den Mörserbeschuss vorgingen. Ohne davon auszugehen, dass die Berichte wahr sind – das ist umstritten –, fragte ich bei einigen an der Militärakademie in West Point tätigen Militärethikern nach, was sie von dem „heftigen Vorgehen" um des Truppenschutzes willen halten. Ich bekam die folgenden Antworten, die mir sämtlich von Majoren der US-Armee, die im Irak gekämpft haben, gegeben wurden:[19]

1. „Ich neige zu der Auffassung, dass alle Soldaten (insbesondere aber Freiwillige) bereit sein müssen, zum Schutz ihrer Truppe höhere Risiken zu übernehmen, sollten sie mit einer Situation konfrontiert sein, die dem Geschehen in diesem Kampf ähnelt. Wohl fühle ich mich nicht damit, unsere Kämpfer und Kämpferinnen dauernd der Gefahr auszusetzen, ohne ihnen die Freiheit geben zu können, ihren Auftrag auch zu Ende zu bringen. Ich bin jedoch auch einer Politik gegenüber misstrauisch, die ein ‚heftiges Vorgehen' verlangt und die entsprechenden Strategien anordnet, von denen berichtet wird, weil ich weiß, dass dadurch mehr Zivilisten und mehr zivile Einrichtungen in Mitleidenschaft gezogen und Schaden nehmen werden."
2. „Ich meine, wir sitzen einem Irrtum auf, wenn wir dem Truppenschutz eine so hohe Priorität einräumen. Meinem Empfinden nach stellt das eine regelrechte Missachtung des eigentlichen Kerns des Soldatischen dar (oder bloß dessen Nichtbeachtung oder Übergehung?) Moralisch gründet das Soldatsein im Schutz der Unschuldigen. [...] Während das Recht uns auf das amerikanische Volk verweist und uns diesem gegenüber in der Verantwortung sieht, besteht unsere moralische Rechtferti-

---

19 All diese Reaktionen erreichten mich am 9. Februar 2009 per E-Mail. Als ich sie anfragte, sagte ich den Offizieren zu, sie nicht namentlich zu erwähnen, und dabei bleibe ich, auch wenn ich bezweifle, dass irgendeiner von ihnen etwas dagegen hätte, würde ich seinen Namen nennen.

gung für das Schadenzufügen darin, Unschuldige vor dem Schadennehmen zu bewahren. [...] Ich bin nicht gewillt, das Leben eines Militärs über das eines Zivilisten zu stellen. [...] Ich bin nicht sicher, ob es so weit gehen muss, dass der Soldat sein eigenes Leben als weniger wichtig oder wertvoll ansieht als das eines Zivilisten, doch ich poche darauf, dass er dem seinigen nicht mehr Wert beimessen darf."

3. „Meiner Meinung nach ist der Schutz der Truppe ein Faktor in den Verhältnismäßigkeitsberechnungen zum *Ius-in-bello*, sofern die Truppe, die geschützt wird, für eine gerechte Sache kämpft. [...] Ich stimme jedoch mit dem zuvor Befragten darin überein, dass dem Leben eines Soldaten der Israelischen Streitkräfte nicht mehr Gewicht beigemessen werden sollte als dem eines Zivilisten. Wenn das zutrifft, dann scheint es äußerst unwahrscheinlich, dass ein ‚heftiges Vorgehen' je verhältnismäßig sein könnte."

Die Antwort eines Obersten der Armee der Vereinigten Staaten fiel etwas zögerlicher aus, aber nur wegen des gesonderten Aspekts, dass es womöglich Zivilisten der Hamas oder aus Gaza waren, die dafür gesorgt hatten, dass sich Kämpfer und Zivilisten so nah beieinander befanden.

4. Die Soldaten übernehmen dieses Risiko in dem Moment, da sie die Uniform anlegen und sich dem Militär anschließen. Ich glaube aber nicht, dass jemand eine Lösung dafür gefunden hat, was zu tun ist, wenn Zivilisten ihrerseits gewisse Risiken auf sich nehmen, indem sie dem Feind beispringen, oder was zu tun ist, wenn sich nicht ausmachen lässt, wer Soldat und wer Zivilist ist, und der Feind sich diesen Umstand zunutze macht."

Wir haben es hier offenkundig mit einer kleinen und nichtrepräsentativen Auswahl zu tun: Bei all diesen Befragten handelt es sich um Berufsoffiziere mit philosophischer Ausbildung, die Ethik lehren. Obwohl sie Gefechtserfahrung mitbringen, könnte Paul Fussells Sarkasmus auch sie treffen. Sie sind keine Wehrpflichtigen und keine Angeworbenen.

Ich habe jedoch nicht den Eindruck, dass es sich bei dem, worin sie ganz oder teilweise übereinstimmen, um Randpositionen handelt. Sie alle sind der Ansicht, dass Soldaten gewisse Risiken eingehen müssen, um dadurch Zivilisten zu schonen. Zwei von ihnen legen Nachdruck darauf, dass das Leben eines Soldaten weder mehr noch weniger wert ist als das eines Zivilisten. Die ersten beiden Befragten plädieren ganz offensichtlich für Strategien, die riskanter sind als die grundlegende moralische Handlungslinie – der erste von ihnen verweist darauf, dass bei Umsetzung der Strategie des geringeren Risikos „mehr Zivilisten und mehr zivile Einrichtungen in Mitleidenschaft gezogen und Schaden nehmen werden", und der zweite ist der Ansicht, dass die Bevorzugung des Truppenschutzes gegenüber dem Schutz der Nichtkombattanten eine „regelrechte Missachtung des eigentlichen Kerns des Soldatischen" darstellt.

Die entscheidenden Punkte sind aus meiner Sicht: erstens, dass die Menschen gleichgestellt und alle Menschenleben gleich viel wert sind; zweitens, dass die Übernahme *gewisser* zusätzlicher Risiken mit dem Zweck, Zivilisten zu schonen, zum ‚Kerngeschäft' des Soldatenberufs gehört – oder, um es mit den nicht mehr modernen, aber noch immer passenden Worten der alten Schule zu sagen, dass diese Übernahme von Risiken Teil des soldatischen Ehrenkodex ist.

Risikoübertragungsverhältnisse

Lassen Sie mich diese Gedanken näher ausführen. Erinnern wir uns, dass Soldaten bzw. die Verfasser ihrer Einsatzregeln, sich im Basisszenario zwischen dem Nahkampf und dem Fernkampf („heftiges Vorgehen") entscheiden müssen. Jede Taktik birgt Risiken für Soldaten und Zivilisten, die nur zufällig den gleichen Umfang haben werden: Vier Risikograde sind es insgesamt. Wie ich weiter unten darlege, wird das Risiko im Kriegsgebiet für die Zivilisten in der Regel größer sein als für die Soldaten, selbst dann, wenn riskantere Strategien, etwa der Nahkampf, zur Anwendung kommen, weil Soldaten besser als Zivilisten dafür ausgerüstet sind, sich in jedem der strategischen Fälle zu schützen.

Ein Strategiewechsel hat Auswirkungen sowohl auf das Risiko der Zivilisten als auch auf das der Militärs. Lassen wir den absoluten Umfang der Risiken zunächst beiseite und befassen wir uns damit, wie viele Risikoeinheiten Soldaten auf Zivilisten übertragen oder von diesen ‚wegverlagern' – gemessen an jeder Einheit, die sie von sich wegverlagern oder auf sich übertragen. Die Differenz zwischen den Risiken für Soldaten im Vergleich von Nah- und Fernkampf stellt das *Differenzrisiko* für Soldaten dar, die Differenz zwischen den Risiken für Zivilisten im Vergleich beider Strategien das Zivilisten-Differenzrisiko. Das Verhältnis des Zivilisten-Differenzrisikos zum Soldaten-Differenzrisiko bildet das – wie ich es nenne – Risikoübertragungsverhältnis.[20] Dieses scheint für die Wahl zwischen dem Operieren aus der Nähe und dem Operieren aus der Ferne von Bedeutung zu sein.

Wenn das Risikoübertragungsverhältnis größer ist als Eins, heißt das, dass durch das Ergreifen der Fernkampfoption den Zivilisten ein Differenzrisiko aufgebürdet wird in einem Verhältnis, das größer ist als das von Eins zu Eins: Damit sie selbst von Risiken verschont bleiben, bürden Soldaten den Zivilisten Risiken auf, und zwar größere als die, vor denen sie sich selber bewahren. Ein kleines Risikoübertragungsverhältnis bedeutet umgekehrt, dass sich Soldaten, indem sie sich zum Operieren aus der Nähe entschließen, zusätzlichen Risiken aussetzen, um den Zivilisten Risiken zu ersparen. Ein Risikoübertragungsverhältnis von ½ bedeutet, dass in dem Fall, da sich das Militär dazu entschließt, aus der Nähe zu operieren, die Soldaten ein zusätzliches Risiko auf sich nehmen, um den Zivilisten ein halb so großes Differenzrisiko zu ersparen.

Ich bin nicht der Meinung, dass sich solche Zahlen im wahren Leben ermitteln lassen. Wie sich denken lässt, werden die Beurteilungen des mi-

---

20 Seien wir genauer und sagen: Das Operieren aus der Ferne erlegt den Zivilisten das Risiko Z_{OF} auf („Z' für Zivilist, ,OF' für Operieren aus der Ferne), wohingegen das Operieren aus der Nähe ihnen das Risiko Z_{ON} aufbürdet. Weil das Operieren aus der Nähe stärker unterscheidend bzw. genauer ist als das Operieren aus der Ferne, bürdet es den Zivilisten weniger Risiken auf, also ist Z_{ON} kleiner als Z_{OF}. Die Differenz zwischen ihnen, ΔZ, ist das *Differenzrisiko*, das die Soldaten den Zivilisten (zusätzlich) auferlegen, indem sie sich zum Operieren aus der Ferne entschließen statt zu dem aus der Nähe.
In genauer Entsprechung dazu können wir S definieren als das mit dem Operieren aus der Nähe und mit dem Operieren aus der Ferne verbundene Risiko für die Soldaten (und nicht für die Zivilisten). Hier ist S_{ON} größer als S_{OF}, wie eben im Fall der Zivilisten Z_{ON} kleiner ist als Z_{OF}. ΔS ist das Differenzrisiko, das die Soldaten sich ersparen dadurch, dass sie sich für das Operieren aus der Ferne entscheiden. Während ΔZ ein positives Vorzeichen hat, ist das von ΔS negativ: Indem sie aus der Ferne operieren, erhöhen die Soldaten das Risiko für die Zivilisten und senken das eigene. Verwenden wir die Buchstaben ,Z' und ,S' zum Verweis auf die Differenzrisiken für die Zivilisten und die für die Soldaten, ohne dass wir uns wegen des Vorzeichens Gedanken machen. Das heißt, in unserer Diktion stehen Z und S für $|\Delta Z|$ und $|\Delta S|$. Das *Risikoübertragungsverhältnis*, Z/S, ist das Verhältnis von dem Risiko für die Zivilisten zu dem für die Militärs, das die Soldaten übertragen, indem sie sich für das Operieren aus der Ferne entscheiden. Das *Risikoverhältnis* wiederum ist das Verhältnis von Zivilistenrisiko zu Soldatenrisiko bei jeder der Strategien. Das Risikoverhältnis im Falle des Operierens aus der Nähe ist Z_{ON}/S_{ON}. Das Risikoverhältnis im Falle des Operierens aus der Ferne ist Z_{OF}/S_{OF}.

litärischen und des zivilen Risikos in der Realität meist intuitiv, mehr oder weniger treffend und kontextabhängig sein. Mitunter aber sind genaue Daten verfügbar: Eine moderne Armee weiß mit großer Sicherheit genau, wie viele Verluste ihre Truppen in den letzten Wochen im Häuserkampf erlitten haben, wie oft genau sie dabei auf einen Feind gestoßen sind, statt dass sie bloß eine Familie verängstigter Zivilisten angetroffen haben, und sie kennt auch die exakte Zahl der Zivilisten, denen sie ungewollt Schaden zugefügt hat. Demnach ist es mitunter möglich, das Risiko zu beziffern, dem die Truppenteile entgegensehen, wenn sie ein Haus nach dem anderen nach Waffen und feindlichen Kämpfern durchkämmen – etwa, dass das Risiko für US-Marinesoldaten getötet oder schwer verletzt zu werden, bei $x\,\%$ für jedes im November 2004 in Fallujah durchsuchte Haus lag, was bedeutet, dass auf hundert durchsuchte Häuser x Marinesoldaten kamen, die eine Verletzung davontrugen. In anderen Situationen aber werden Risikoabschätzungen unpräzise und mehr oder weniger treffend sein –‚wirklich gefährlich'‚'ziemlich riskant'‚'keine große Gefahr', und in diesen Fällen werden die in Zahlen ausgedrückten Risikoverhältnisse rein expositorischen Wert haben.

Warum sollte man davon ein großes Aufheben machen? Nun, erstens geben die Äußerungen über die Risikoübertragung zu erkennen, dass es sich bei der ethischen Schwierigkeit für das Militär – wie viele Risiken sollten die Soldaten eingehen, damit die zivilen Verluste auf ein Minimum beschränkt bleiben? – um einen Anwendungs- oder Beispielfall einer allgemeineren Frage der Risikoabwägung handelt: Wann muss eine Person Risiken eingehen, um das Risiko für einen anderen zu senken? Zweitens lenken die Risikoübertragungsverhältnisse unsere Aufmerksamkeit nicht bloß auf die Richtung der Risikoübertragung – Soldaten verlegen Risiken von sich auf Zivilisten oder ziehen sie von den Zivilisten weg auf sich –, sondern auch auf die Größenordnung des Verlagerungsgeschehens. Der Intuition nach zu urteilen, kommt es nicht unwesentlich auf das Risikoübertragungsverhältnis an: Ein Soldat tut offenkundig falsch daran, unschuldigen Zivilisten einen quasi sicheren Schaden aufzubürden, um sich selber einem wenig wahrscheinlichen Risiko zu entziehen. Geht eine solche Verlagerung so deutlich zulasten einer Seite, legt das den Schluss nahe, dass das Leben eines feindlichen Zivilisten drastisch und ungerechtfertigt abgewertet wurde. Indem das ganze Problem unter dem Aspekt der Risikoübertragung betrachtet wird, fällt ein erhellendes Licht auf diese zentrale Intuition: die Intuition des Majors der amerikanischen Streitkräfte, der schrieb, „ich bin nicht sicher, ob es so weit gehen muss, dass der

Übernahme von Risiken und Schutz für die Truppe

Soldat sein eigenes Leben als weniger wichtig oder wertvoll ansieht als das eines Zivilisten, doch ich poche darauf, dass er dem seinigen nicht mehr Wert beimessen darf."

Um uns das Denken in Risikoübertragungsverhältnissen zu veranschaulichen, sollten wir noch einmal auf das von Walzer in die Debatte eingebrachte Beispiel von Frank Richards zurückkommen, das uns einige plausible, wenn auch imaginäre und schematische Details liefert. Richards muss sich entscheiden, ob er einen Warnruf abgibt, bevor er eine Handgranate in einen Keller wirft. Halten sich in dem Keller französische Zivilisten auf, stellt sich die Situation so dar: Wenn Richards warnt, werden sie entsprechend reagieren und überleben; macht er das nicht, kommen sie ums Leben oder tragen Verletzungen davon.

Komplizierter liegen die Dinge, wenn sich deutsche Soldaten im Keller aufhalten. Vielleicht ergeben sie sich, wenn sie ihn rufen hören, verängstigt und weil sie nicht wissen, wie viele britische Soldaten sich draußen befinden. Vielleicht erstarren sie auch vor Angst, und dann werden sie durch seine Handgranate umkommen. Kommen sie schießend heraus, kann Richards dennoch als Sieger aus dem Feuergefecht hervorgehen; oder er könnte unverletzt bleiben, weil sie blind um sich feuern und die Flucht ergreifen. Kalkuliert Richards all das ein, muss er zu dem Schluss kommen, dass seine Chancen, wenn er eine Warnung abgibt und sich deutsche Soldaten im Keller versteckt halten, etwa Fünfzig zu Fünfzig stehen. Warnt er nicht, liegt die Wahrscheinlichkeit, dass er umkommt oder verletzt wird, bei (sagen wir der Einfachheit halber) Null: Die Deutschen werden keinen einzigen Schuss auf ihn abgeben und die Granate wird sie außer Gefecht setzen.

Fassen wir zusammen: Mit dem Abgeben eines Warnrufs hat Richards die Wahrscheinlichkeit, dass er nicht unverletzt bleibt, von null auf fünfzig Prozent erhöht, demnach beträgt das Differenzrisiko 0,5. Warnt er nicht, erhöht er die Wahrscheinlichkeit, dass die im Keller befindlichen Zivilisten Verletzungen davontragen, von null auf einhundert Prozent, bei einem Differenzrisiko von 1 und einem Risikoübertragungsverhältnis von 2:1.

Noch nicht betrachtet haben wir allerdings die Wahrscheinlichkeiten für den Fall, dass es sich bei den im Keller befindlichen Menschen um deutsche Soldaten handelt und nicht um französische Zivilisten.[21] Wenn sich nur in einem der zehn besetzten Keller deutsche Soldaten aufhalten und in allen anderen französische Zivilisten, ist es viel unwahrscheinlicher, dass Richards verletzt wird, wenn er eine Warnung abgibt, mithin stehen seine Chancen viel besser als Fünfzig-Fünfzig. Genau besehen liegt die Wahrscheinlichkeit, dass er einen Schaden davonträgt, bei fünf Prozent (50 % x 0,1). Das Differenzrisiko für jeden im Keller befindlichen Zivilisten beträgt jedoch im Fall, dass Richards nicht warnt, auch weiterhin einhundert Prozent. Das tatsächliche Risikoübertragungsverhältnis ist nicht 2:1, sondern 20:1. Wir begehen einen Irrtum, wenn wir uns in punkto Risiko einzig an der Frage orientieren, wie es um unsere Chancen und Wahrscheinlichkeiten bestellt ist, wenn sich der Feind dort befindet, und nicht zugleich fragen, wie oft es der Fall ist, dass sich feindliche Truppen in Kellern verborgen halten. Man kennt den Fehlschluss der Risikoeinschätzung, dass Menschen kleine Risiken überbewerten, weil sie bloß daran denken, was passieren würde, wenn das Risiko eintritt und dabei aus den Augen verlieren bzw. vergessen, wie unwahrscheinlich das ist.

Es könnte sein, dass Richards aus eigenem Erleben weiß, wie wahrscheinlich es ist, dass sich in dem Keller Feinde aufhalten; die Erfahrung und das entsprechende Wissen sind jedoch nicht die einzig möglichen Faktoren. So könnte er etwa informiert worden sein, dass in den Dörfern davor keine Deutschen mehr anzutreffen waren, weil sie bereits die Flucht ergriffen hatten – und sich nur in ein, zwei Kellern ‚verwaiste' Soldaten verborgen hielten. Oder ihm könnte mitgeteilt worden sein, dass die Dörfer davor von fast allen Zivilisten geräumt worden waren – und die wenigen Zurückgebliebenen sich in keinem der Fälle in ihren Kellern versteckt hielten – demnach ist es mit an Sicherheit grenzender Wahrscheinlichkeit so, dass es sich bei jeder Person, die sich in dem Keller verborgen hält, um einen deutschen Soldaten handelt.

Das Beispiel macht zwei Punkte deutlich. Den einen habe ich oben bereits erwähnt: Ein hohes Risikoübertragungsverhältnis legt den Schluss nahe, dass das Leben eines feindlichen Zivilisten drastisch und ungerechtfertigt abgewertet wurde. Dies, scheint mir, bekräftigt Walzers Urteil, dass Frank Richards „handelte, wie ein Mensch mit moralischen Maßstäben handeln muss".

---

21 Um die Sache nicht noch komplizierter zu machen, gehen wir davon aus, dass sich in allen Kellern Menschen befinden. Gäbe es einen Keller ohne ‚Insassen', würde es keine Rolle spielen, ob Richards warnt oder nicht.

Übernahme von Risiken und Schutz für die Truppe

Zum anderen lehrt uns das Beispiel aber auch, dass Risikoübertragungsverhältnisse allein zu wenig Aussagekraft besitzen. Wenn die Wahrscheinlichkeit, dass Frank Richards sterben oder verletzt wird, bei fünfzig Prozent liegt, falls er warnt, dürfte man ihn sicher nicht kritisieren, entschiede er sich dagegen – denn man verlangt zu viel von einem Soldaten, wenn man ihm ein Handeln abfordert, das mit fünfzig Prozent Wahrscheinlichkeit seinen Tod bedeutet oder ihm eine mehr oder minder schwere Verletzung einträgt. Eine fünfprozentige Sterbe- oder Verletzungswahrscheinlichkeit ist, obwohl durchaus nicht unerheblich, einem Soldaten zuzumuten, wenn dadurch unschuldige Zivilisten gerettet werden. Diese Feststellung führt zu einer wichtigen Einschränkung von Walzers Schluss, dass Frank Richards Verhalten „nicht das Beispiel eines Soldaten ist, der heldenhaft kämpft und mehr als seine Pflicht tut, sondern das Beispiel eines Mannes, der einfach sauber kämpft." Ob Richards sauber oder heldenhaft kämpfte, hängt von dem absoluten Umfang des Risikos ab, das er eingegangen ist, sowie vom Risikoübertragungsverhältnis. Walzer wäre nicht recht zu geben, wenn das Risiko überaus groß wäre; Richards täte zweifellos mehr als seine Pflicht, wenn das Diffenrenzrisiko im Warnfalle tatsächlich ganze fünfzig Prozent betragen würde.[22]

Wie viel Risiko?

Wenden wir uns wieder der ersten Frage zu. Welche Risiken müssen Soldaten auf sich nehmen, welchen Risikograd akzeptieren, damit die Verluste unter ihren eigenen Zivilisten auf ein Minimum beschränkt bleiben? Margalit und Walzer räumen ein, dass sie

> auf diese Frage keine genaue Antwort geben können. Gewiss müssen sie keine selbstmörderischen Risiken eingehen; und sie müssen auch keine Risiken eingehen, die die [Erfüllung des Auftrags] zu einem nahezu unmöglichen Unterfangen machen würden. [...] Doch das bloße ‚Nichtbeabsichtigen' des Zu-Tode-Kommens von Zivilisten, während man sich im Klaren darüber ist, dass genau das passieren wird, stellt keine vertretbare Position dar. Anders als ihre Feinde müssen die [Armee-] Soldaten die *Absicht haben*, *keine* Zivilisten zu töten, und dass diese Absicht wirklich besteht, lässt sich nur an den Risiken

---

22 Walzer stimmt zu, dass der Risikograd eine Rolle spielt (privat geäußert) und ergänzt, er sei davon ausgegangen, dass Richards Risiko im vorliegenden Fall minimal gewesen ist.

ablesen, die die Soldaten selber eingehen, damit die Risiken für die Zivilisten auf ein Minimum beschränkt bleiben.[23]

Ich stimme zu, dass sich die Frage nach Grad und Umfang der Risiken nicht genau beantworten lässt, und ich bin gleichfalls der Auffassung, dass es keine selbstmörderischen Risiken sein brauchen oder solche, die es nahezu unmöglich machen, den Auftrag zu erfüllen. Im Basisszenario aber kommt ein solches Extrem meiner Einschätzung nach nicht vor und wird nicht einmal dann erreicht, wenn die Armee sich entschließt, aus der Nähe zu operieren statt aus der Ferne. Wenn das zutrifft, bleibt dann noch irgendetwas zu sagen zur Frage des Risikos?

Im täglichen Leben bestehen wir selten darauf, dass Menschen Risiken für ihre Person übernehmen, um so die Risiken für andere zu reduzieren. Wenn ich den größten angebotenen Geländewagen kaufe, weil ich der (zutreffenden) Ansicht bin, dass er im Falle eines Zusammenstoßes mehr Sicherheit bietet, reduziere ich die Gefahr für mich selbst, erhöhe jedoch die Gefahr für die Menschen in kleinen Autos, die bei einem Zusammenstoß mit meinem Toyota Leviathan mit einer größeren Wahrscheinlichkeit zerquetscht werden, als wenn ich ein kleineres Auto fahren würde. Niemand aber behauptet, dass ich den Leviathan aus diesem Grund nicht kaufen sollte. Es ist den Menschen nicht gestattet, Risiken auf andere zu übertragen, indem sie etwas Unrechtes tun – nach jemandem greifen, um sich bei einer Schießerei auf offener Straße in Deckung zu bringen –, ein Autokauf aber ist nichts Unrechtes.[24] Derartige Überlegungen bringen uns in den militärischen Angelegenheiten leider nicht weiter. Mit Blick auf das Basisszenario stellt sich ja gerade die Frage, ob es unrecht ist, das Operieren aus der Ferne über den Nahkampf zu stellen.

Einen besseren Vergleich bieten da schon Zivilisten, die mit äußerst riskanten Tätigkeiten zu tun haben, mit dem Sprengen etwa oder dem Verschiffen gefährlicher Chemikalien. Falls etwas schiefläuft und die mit den riskanten Arbeiten beschäftigte Person sich entscheiden muss, ob sie Risiken auf sich nimmt, um die Situation unter Kontrolle zu bringen, oder die Flucht ergreift und die Risiken zu einer Gefahr für unschuldige Unbetel-

---

23 Margalit/Walzer 2009a.
24 Eric Orts hat mich darauf hingewiesen, dass diese Auffassung umstritten ist: Es gab Vorschläge, große Autos stärker zu besteuern, um die Menschen vom Kauf solcher Wagen abzuhalten, weil die sich negativ auf die Sicherheit anderer auswirken (und wegen anderer negativer Effekte: Umweltbelastung, Straßenschäden, Verkehrsbeeinträchtigung bzw. Stau). Diese Komplikation lasse ich außen vor.

ligte werden lässt, ist es allem Anschein nach eindeutig unmoralisch, wenn sie die zweite Option wählt. Selbst wenn sie keine Schuld an dem Unfall trägt, hat sie zu verantworten, dass eine Situation eintrat, in der entweder sie selbst oder die Unbeteiligten ein Risiko eingehen müssen. Sie hat die Gefahr heraufbeschworen bzw. verursacht, und darauf, das heißt auf die Verursachung, kommt es an. Diese Intuition hat tiefe Wurzeln in den historischen Fällen der verschuldensunabhängigen Haftung, etwa in der Deliktsache *Rylands vs. Fletcher* von 1868. „Geht jemand seinen Angelegenheiten nach und fügt dabei einem anderen, wenn auch ungewollt, einen Schaden zu, ist es ohne Zweifel nur gerecht, dass er dafür einen (finanziellen) Nachteil erleiden sollte."[25] Wie Oliver Wendell Holmes sagt, „hat der Kläger in den vorliegenden Fällen nichts getan; der Angeklagte dagegen hat seine Angelegenheiten entschlossen verfolgt. Was die Sache der beiden angeht, so sollte die Partei einen Nachteil erleiden, durch deren willentliches Tun der Schaden entstanden ist, und nicht die, die mit seiner Entstehung nichts zu schaffen hat."[26] Dieses Beispiel ist jedoch insofern nicht ganz passend, als wir danach fragen, wer die Risiken tragen muss, und nicht, wer für den entstandenen Schaden aufkommen und mithin dessen Kosten tragen muss. Die Dinge stehen jedoch in engem Zusammenhang: Menschen Risiken aussetzen *ist* eine Art Schaden oder Schädigung. Zu beachten ist, dass Holmes und Lord Cranswell sich in der Sache dazu äußern, wer einen Nachteil erleiden, und nicht bloß, wer zahlen sollte. Auf die Verursachung kommt es vor allem dann an, wenn Körperverletzung im Spiel ist. Es gibt interkulturelle Überblicksstudien zu Aufgabenstellungen, bei denen ein Akteur sich entscheiden muss, ob er fünf Unschuldigen das Leben rettet um den Preis, dass dabei ein anderer zu Tode kommt; diese Studien belegen, dass die Art und Weise, wie der Entscheider den Tod der unschuldigen Person herbeiführt oder verursacht, eine immens große Rolle dabei spielt, wie die Menschen die Entscheidung bewerten: Je mehr Körperverletzungen der Entscheider bei seiner Rettung der Fünf begeht, desto stärker zögern die Befragten mit ihrer Zustimmung, dass sein Handeln un-

---

25 Rylands vs. Fletcher (1868), L.R. 3 H.L. 330 (Cranswell, L.).
26 Holmes 1881, 84. Es ist auch richtig, dass ein Angeklagter im bürgerlichen Recht der Haftung entgeht, wenn er nachweist, dass sein Vorgehen, das den Schaden verursacht hat, gerechtfertigt war. Das berührt jedoch nicht die von mir vertretene Argumentation, denn die eigentliche Frage, um die es dabei geht, ist, ob Soldaten berechtigt sind, militärische Risiken im Kampf auf unschuldige Zivilisten abzuwälzen.

ter moralischen Gesichtspunkten zulässig ist, obgleich die Zahlen (fünf Gerettete, ein Getöteter) in allen Fällen gleich sind. Die Intuition, dass die Verursachung bzw. das verursachende Handeln (samt seiner Resultate) eine große Rolle spielt, scheint den Menschen eigen zu sein, vielleicht von jeher.[27]

Dass jemand die Pflicht hat, Risiken auf sich zu nehmen, statt sie weiterzugeben, muss nicht das Resultat eines bzw. seines Handelns sein. Zu einigen Berufen gehört die Übernahme von Risiken ganz wesentlich dazu – man denke an Polizisten, Feuerwehrmänner und das medizinische Notfallpersonal, das es mit ansteckenden Krankheiten zu tun hat. Niemand muss Polizist oder Feuerwehrmann werden, natürlich nicht, mir scheint aber, dass die Pflichterfüllung der Feuerwehrmänner nicht bloße Einwilligung darein ist. Sie erfüllen ihre Pflicht, weil es das ist, was Feuerwehrmänner tun, und ich bin der Überzeugung, dass sie ihre Motivation aus ihrem Ehrbegriff ziehen und nicht aus dem Vertragsverhältnis mit der Feuerwehr. Ein dramatisches Sinnbild liefert der Heroismus der „50 von Fukushima" – der japanischen Arbeiter in der Atomanlage, die dafür kämpften, den durch den Tsunami geschädigten Nuklearreaktor am Durchschmelzen zu hindern. Die Mutter eines der Arbeiter erzählte den Reportern unter Tränen: „Mein Sohn und seine Kollegen haben lange darüber diskutiert und haben entschieden, dass sie sich opfern und sterben werden, wenn das unvermeidlich ist, um das Land zu retten. Er hat mir gesagt, sie alle hätten akzeptiert, dass sie bald an der Strahlenkrankheit sterben werden oder später an Krebs."[28] Dieser Grad an Heroismus geht fraglos über das moralisch Gebotene hinaus; die Haltung aber, die die Männer an den Tag legen, und ihre Vorstellungen von Berufsehre werden denen vertraut sein, die in einem hochriskanten öffentlichen Beruf arbeiten, Soldaten eingeschlossen.

Wollte man diese Gedanken in die eher antiseptisch klingende Sprache übersetzen, die ich an früherer Stelle in die Abhandlung eingebracht habe, müsste man sich auf die Wahl der Strategie als eine Form der Risikoübertragung zwischen Soldaten und Nichtkombattanten beziehen als eine Art des Abwägens von Leben gegen Leben. Und die Mahnung, dass alle Menschen gleich geschaffen sind, würde in dieser Diktion den Schluss nahelegen, dass sich die Soldaten nicht für Strategien mit einem Risikoübertra-

---

27 Vgl. Mikhail 2011.
28 Di-Natale 2011.

gungsverhältnis größer als Eins entscheiden dürfen, und nicht gezwungen sind, eine Option mit einem Risikoübertragungsverhältnis kleiner als Eins zu akzeptieren. Das wäre die einfachste Fassung der Risikogleichheit.

Der Soldatenberuf an sich aber („der eigentlichen Kern des Soldatischen", wie sich einer der Offiziere ausdrückte, denen ich meine Frage vorlegte) legt etwas anderes nahe: dass die Soldaten, um einen Zivilisten vor der von ihnen selbst ausgehenden Gewalt zu schützen, Risikoübertragungsverhältnisse akzeptieren müssen, die kleiner als Eins sind, womöglich auch erheblich kleiner. Und das trifft hinsichtlich der feindlichen Zivilisten genauso zu wie im Hinblick auf ihre eigenen.

Wie viele zusätzliche Risiken Soldaten schultern müssen, ist Margalits und Walzers Insistieren nach keine Frage, die sich genau beantworten ließe, und ebenso wenig allgemein. Wichtiger noch scheint mir, dass es sich bei ihr *tatsächlich* um eine mit Erfahrung in Zusammenhang stehende Frage handelt, bei der die Kenntnis der Gefechtsbedingungen eine Rolle spielt.[29] Meinem Dafürhalten nach können wir über das Basisszenario dennoch etwas sagen.

So lässt sich konstatieren, dass weder das Operieren aus der Nähe noch das aus der Ferne die grundlegende Handlungslinie oder die Standardposition darstellt. Das Grundrisiko, das dem Umfang an zusätzlichen Risiken entspricht, die auf sich zu nehmen man von den Soldaten eines Landes erwarten darf, damit die Verluste unter ihren eigenen Zivilisten auf ein Minimum beschränkt bleiben, dieses Grundrisiko ist in manchen besonders verzweifelten Lagen unterhalb des Nahkampfs angesiedelt und verlangt den Kämpfern weniger ab, als sich auf diesen einzulassen; man denke etwa an eine eingekesselte und stark bedrängte Einheit, die um ihr Überleben kämpft; das geforderte Grundrisiko wird fast immer mehr umfassen als das Operieren aus der Ferne. Die Armee eines Staates, die zum Schutz seiner bzw. ihrer eigenen Zivilisten da ist, würde nicht ganze Gebäude der ‚eigenen Seite', in denen sich Landsleute aufhalten, aus der Ferne in Schutt und Asche legen, um die eigenen Soldaten zu schützen.

Das Entscheidende ist, dass die Risiken der Soldaten sogar beim Operieren aus der Nähe viel geringer sind als jene der Nichtkombattanten. Berufssoldaten haben mehr und bessere Waffen, auch bessere Schutzbekleidung; sie sind besser ausgebildet, disziplinierter, in besserer körperlicher

---

29 Siehe Rudesill 2007, 531–538 für eine Erörterung des Unterschieds, den die moderne Militärtechnik machen könnte, was die Pflicht angeht, im Gefecht Vorsicht walten zu lassen.

Verfassung, besser in der Lage, ihre Rolle in aufeinander abgestimmten Teams auszufüllen, und sie erfahren eine bessere Unterstützung als ihre Widersacher, auch was den äußerst wichtigen Aspekt der medizinischen Versorgung im Verwundungsfall betrifft. In ihren Einheiten ist jeder verpflichtet, Verletzte unter keinen Umständen auf dem Feld zurückzulassen; jeder wird von jemandem unterstützt. Soldaten können sich einfach in jeder Hinsicht besser verteidigen als Nichtkombattanten (oder auch ihre nichtregulären Widersacher). Das Risikoübertragungsverhältnis ist beim Operieren aus der Ferne mit hoher Wahrscheinlichkeit größer als Eins, viel größer vermutlich, weil die Systemvorteile ausgebildeter moderner Armeen sicherstellen, dass das Differenzrisiko, dass sie eingehen, indem sie sich dazu entschließen, aus der Nähe zu operieren, klein ist im Verhältnis zu den Risiken, die sie Zivilisten ersparen.[30]

Ihre Zivilisten und unsere

Welches auch immer das genaue vertretbare Mindestmaß an Sorge und Mühen ist, das Soldaten zur Schonung ‚befreundeter' Zivilisten aufbringen müssen, wir können es der Frage nach der Risikoübertragung auf feindliche Zivilisten als Basis zugrundelegen. Ist das Risikoübertragungsverhältnis ein anderes, wenn es sich bei den Zivilisten um ‚ihre' handelt, statt um ‚unsere'? Das heißt: Kann eine Armee zur Gewährleistung des Truppenschutzes ‚deren' Zivilisten einer größeren Gefahr aussetzen als ‚ihre' (eigenen)? Margalit und Walzer sagen Nein, das darf sie nicht: Es komme nicht darauf an, um wen es sich bei den Zivilisten handelt, sondern nur darauf, dass sie Zivilisten sind, das heißt Nichtkombattanten. Kasher und Yadlin sehen das anders. Sie vertreten die Ansicht, dass es wichtiger ist, ‚unsere' Zivilisten zu schonen als ‚ihre'.

Diese Auffassung hat ihren Grund offensichtlich darin, dass Bürger ihren Mitbürgern gegenüber spezielle oder besondere Verpflichtungen haben, die sie anderen gegenüber nicht haben – Philosophen sprechen hier von „assoziativen Verpflichtungen". So argumentiert etwa Iddo Porat, dass ich zusätzliche Risiken auf mich nehmen darf, um Menschen, mit denen ich besonders verbunden bin, zu retten: „Menschen, denen man sehr

---

[30] Dass die Systemvorteile ausgebildeter Angehöriger des Militärs von nicht unerheblicher Bedeutung für das Prinzip der Nichtkombattantenimmunität sind, ist Kerngedanke und zentrale Einsicht der jüngsten Abhandlungen von Lazar.

zugeneigt ist, wie etwa den Familienmitgliedern".³¹ Er fragt: „Wie weit lässt sich diese Rechtfertigung ausdehnen? Sollte sie auch im Hinblick auf Verwandte zweiten Grades, Freunde und Landsleute gelten? [...] [E]s scheint, als neigten wir intuitiv der Ansicht zu, dass das Bevorzugen der eigenen Zivilisten nicht einfach ein Unterscheiden aus Spaß an der Freude ist." Porat zitiert Thomas Hurka mit einer ähnlichen Position: „Die Beziehungen zwischen den Bürgern eines Landes sind nicht ebenso eng wie die zwischen Eltern und Kind, und die Parteilichkeit, die sie begründen, ist nicht ebenso zwingend. Der Common Sense aber verlangt dennoch ein gewisses Maß an Parteilichkeit für die Mitbürger und er fordert diese Parteinahme ganz gewiss von den Regierungen."³²

An den Anfang stellt Porat den vertretbaren Vorzug, den wir den „Menschen [geben], denen wir sehr zugeneigt sind", und indem er von diesen von uns intuitiv eingenommenen Haltungen ausgeht, trifft er entsprechende Aussagen in Bezug auf die eigenen Zivilisten bzw. die Mitbürger. So selbstverständlich einem das auch vorkommt, es ist übereilt. Die meisten meiner Mitbürger sind keine Menschen, denen ich sehr zugeneigt bin, und sicher nicht in dem Sinne von Zuneigung, die ich für meine Frau, meinen Sohn und meine Tochter empfinde. Über 99,99 % von ihnen weiß ich nichts; ich bin mir ziemlich sicher, dass ich den meisten von ihnen, auch wenn ich sie kennen würde, nicht sehr zugeneigt wäre, und ich bin mir sogar sicher, dass ich viele nicht mögen oder mich vor ihnen ängstigen würde. Das, was wir mit Blick auf die „Menschen, denen wir sehr zugeneigt sind", sagen könnten, erlaubt keine Rückschlüsse auf die Mitbürger.³³

Wie steht es mit Hurkas Behauptung, dass der „Common Sense [...] ein gewisses Maß an Parteilichkeit für die Mitbürger verlangt"? Hierauf sei erwidert, dass es mit dem Common Sense seine eigene, unsichere Bewandtnis hat. Angenommen, ich stimme zu, dass der Common Sense in manchen Fällen eine Parteinahme für die Mitbürger begründet. Beispielsweise könnte ich als ein amerikanischer Tourist in einer von mir bereisten fremden Stadt den Impuls verspüren, einem amerikanischen Mitbürger, der sich dort in Schwierigkeiten befindet, helfend beizuspringen; oder mein Pflichtgefühl könnte mir sagen, dass der Wiederaufbau New Or-

---

31 Porat 2009, 13.
32 Hurka 2005, 59f.
33 Porat wird selbst auf die Schwierigkeit aufmerksam und ergänzt, dass die Frage, ob es sich hier um eine gute Analogie handelt, „außerhalb des Fragerahmens dieses Beitrags liegt".

leans' wichtiger ist als der von Port au Prince; und besser zu unserem Thema passend, könnte mir mein Pflichtgefühl sagen, dass amerikanische Truppen zur Befreiung von gefangenen Amerikanern ausgesendet werden sollten und nicht, um gefangene Belgier zu befreien.

In vielen anderen Hinsichten wiederum verspüre ich nicht den Wunsch, für meine Mitbürger Partei zu ergreifen. Wenn etwa ein US-Amerikaner und ein Ausländer eine Bank ausrauben, bin ich nicht der Meinung, dass der US-Amerikaner eine geringere Gefängnisstrafe erhalten sollte. Im Falle eines Gerichtsverfahrens zwischen einem US-Amerikaner und einem Ausländer ergreife ich nicht in Gedanken für Ersteren Partei und gebe ihm den Vorzug. Spende ich in meinem örtlichen Krankenhaus Blut, hoffe ich nicht darauf, dass es ein US-Bürger erhält und kein in dem Krankenhaus behandelter Bürger aus dem Ausland – ja mehr noch, *mein* Common Sense sagt mir, dass es sich bei jedem Amerikaner, der Blut spendet und darauf pocht, dass es ausschließlich für einen US-Bürger bestimmt sei und kein in dem Krankenhaus behandelter Bürger aus einem ausländischen Land mit ihm versorgt werden dürfe, um einen Chauvinisten, wenn nicht gar um einen Rassisten handelt. Es würde mich überraschen und enttäuschen, würden Porat und Hurka anders darüber denken. Jede plausible Theorie der assoziativen Verpflichtung muss einräumen, dass Menschen ihren Mitbürgern nicht immer und überall den Vorzug geben. Assoziative Verpflichtungen begründen keinen allgemeinen Nepotismus.

Was auf die Verpflichtungen von Personen zutrifft, trifft auf das gesetzliche Regelwerk genauso zu. Wenn die US-Gesetze beim Strafmaß für Bankraub nach Nationenzugehörigkeit unterschieden oder festsetzen würden, dass die Beweispflicht in einem Zivilverfahren immer US-amerikanische Staatsangehörige begünstigen und Ausländer benachteiligen sollte, oder wenn gesetzlich festgelegt würde, dass Spenderblut ausschließlich für US-amerikanische Staatsangehörige verwendet werden darf, würde *mein* Common Sense all diese Gesetze für unmoralisch erklären und meine intuitive Regung wäre Ekel – Ekel darüber, dass eine solche Gesetzgebung von jemandem befürwortet würde.

Wenn meine intuitiven Ansichten in dieser Sache keine Randpositionen darstellen – wenn mir also Sinn und Verstand [„sense"] etwas nahelegen, was allgemein [„common"] vertreten wird –, befürwortet der Common Sense in manchen Fällen die Parteinahme für die eigenen Zivilisten, in anderen wiederum offenkundig nicht. Um welche handelt es sich dabei jeweils? Die Verfechter der assoziativen Verpflichtungen scheinen davon

Übernahme von Risiken und Schutz für die Truppe

auszugehen, dass das Risiko einen Fall darstellt, welcher die Parteinahme für die eigenen Zivilisten begünstigt. Doch wie kommen sie darauf?

Zunächst einmal ist es so, dass Institutionen wie die, denen die Durchführung der Strafverfolgung, der zivilrechtlichen Verfahren und der medizinischen Versorgung obliegt, die weithin anerkannte Pflicht zur Unparteilichkeit haben; und vielleicht werden auch unsere ‚unparteiischen' Intuitionen in den Beispielen von einer solchen Pflicht angetrieben und nicht von einer irgendwie gearteten Empfindung, dass Landsleute und Fremde gleich seien. Die ordentlichen Gerichte sind aus moralischen Gründen aufgefordert, unparteiisch Recht zu sprechen, und die Krankenhäuser verrichten ihre Arbeit unter einer entsprechenden Verpflichtung, Kranke zu behandeln, ganz gleich, mit wem sie es bei diesen zu tun haben. Bei Armeen aber, so wird eingewendet, liege die Sache komplett anders.[34] Armeen

---

34 Zugegebenermaßen können sich die Intuitionen in militärischen Zusammenhängen ändern. Stellen wir uns vor, dass ein Arzt oder Mediziner sich in einer Notsituation befindet, in der er die Behandlungsreihenfolge bestimmen muss: Ihm steht nur ein Behandlungsset für zwei verwundete Soldaten zur Verfügung, wobei der eine sein Waffengefährte ist und der andere ein Feind oder ein Soldat der alliierten Streitkräfte. Der Ethiker Michael Gross berichtet, dass US-Sanitätsärzte am Walter-Reed-Krankenhaus, denen er die schwierige Frage vorlegte, überwiegend antworteten: Der Amerikaner ist zuerst zu behandeln. Auf die Frage, warum, antworteten sie, weil er „unser Bruder" ist. Gross (unveröffentlicht), 14. Zehn von neunzehn Medizinern gaben die gleiche Antwort auch für den Fall, dass die Verletzung ihres Waffengefährten weniger schwer ist als die des anderen Patienten; ein Drittel der in der Operation Desert Storm eingesetzten US-Sanitätsärzte erklärte sich nicht einverstanden damit, dass das medizinisch Angezeigte und Notwendige das einzige Kriterium für die Behandlungsreihenfolge darstellt; und 22 % aus dieser Gruppe sagten, dass verwundete Kriegsgefangene des Feindes erst nach Behandlung der alliierten Truppen behandelt werden sollten, ganz gleich, wie schwer sie verwundet seien. Andererseits ist jedoch offenkundig, dass zwei Drittel der US-Ärzte der Meinung waren, dass das medizinisch Notwendige das einzige Behandlungskriterium *ist*, während mehr als drei Viertel der Ärzte und fast die Hälfte der israelischen Mediziner den Personen, bei denen es sich nicht um Waffengefährten handelt, die gleiche Aufmerksamkeit schenken. Gerechterweise muss man sagen, dass das Prinzip der medizinischen Unparteilichkeit nach wie vor bemerkenswert robust ist, und das sogar in militärischen Situationen. Bemerkenswert ist auch der Grund, den die Walter-Reed-Offiziere nannten: nicht „weil er unser Mitbürger ist", sondern „weil er unser Bruder [Waffenbruder] ist". Im Zuge der militärischen Ausbildung wird die unerschütterliche Loyalität des Einzelnen zu den Waffengefährten eingeschärft. US-General Stanley McChrystal stellte fest, dass der Eid der Army Ranger, einen verletzten oder gefallenen Gefährten unter keinen Umständen zurückzulassen, stärker und bindender ist als ein Ehegelübde. Das kann

sind dazu da, ihre zivilen Mitbürger zu schützen, und an dieser Pflicht ist nichts Unparteiliches. Wie Porat schreibt, „besteht der Beruf eines Soldaten nicht darin, jeden Zivilisten qua Zivilisten zu schützen, sondern ausschließlich im Schutz seiner eigenen Zivilisten."[35]

Damit weicht er jedoch aus und versäumt es, zwischen den beiden Sinnhinsichten von ‚Schutz' zu unterscheiden: dem Schutz der Zivilisten vor feindlicher Gewalt und dem Schutz der Zivilisten vor der Gewalt, die von den eigenen Soldaten ausgeht. Selbstverständlich ist der Soldat von Berufs wegen dazu da, um seine eigenen Zivilisten, nicht die fremdstaatlichen, gegen ihre Feinde zu schützen (von humanitären Interventionen abgesehen). Wer aber behauptet, dass die Pflicht des Soldaten, Zivilisten vor der von ihm selbst ausgehenden Gewalt zu schützen, nur im Hinblick auf die Mitbürger besteht, geht an der eigentlichen Frage komplett vorbei. Die lautet vielmehr, ob Soldaten zusätzliche Risiken auf sich nehmen müssen, um zu verhindern, dass aus ihnen ‚unschuldige' Mörder von Zivilisten werden. Dass die Pflicht, die Tötung von Landsleuten zu verhindern, stärker und bindender sein soll als die Pflicht, die Tötung von Ausländern zu verhindern, ist eine Vorstellung, die den oben angeführten Beispielen für die moralisch anstößige Bevorzugung der eigenen Staatsbürger zu ähneln scheint – auf der gleichen Ebene könnte jemand behaupten, dass man im Ausland nicht so umsichtig zu fahren braucht wie im Inland, weil die Fußgänger ja nicht die eigenen Landsleute sind.[36]

Der allgemeinen negativen Pflicht, Unschuldigen keine Gewalt anzutun, entspricht die positive Pflicht, Anstrengungen zu unternehmen und mindestens die grundlegenden Schutz- und Vorsichtsmaßnahmen zu ergreifen, um zu verhindern, dass man Unschuldigen ungewollt Gewalt antut, und folglich ist sie ebenso allgemein und unparteilich wie die negative. Wenn zu den grundlegenden Schutz- und Vorsichtsmaßnahmen – dem

---

jedoch nicht der entscheidende moralische Faktor sein, denn ansonsten könnten Armeen die gegenüber Feinden und Zivilisten bestehenden Verpflichtungen bloß dadurch abschwächen, dass sie ihre Kämpfer indoktrinierten, sich zuerst um ihre Kameraden zu kümmern. Vermutlich erkennen die Sanitätsoffiziere an, dass die Medizinethik ein „weil es mein Bruder ist" im Zivilleben nicht als Begründung oder Rechtfertigung dafür gelten lassen würde, einen biologischen Bruder auf der Unfallstation zuerst zu behandeln.

35 Porat, 17.
36 Im Rahmen einer Auseinandersetzung mit Kasher und Yadlin legen Margalit und Walzer eine Version der gleichen Argumentation vor. Margalit/Walzer 2009b. Menahem Yaari arbeitet das Argument deutlicher heraus in Yaari 2009.

vertretbaren Mindestmaß an Mühen, das aufzubringen Soldaten ihren Zivilisten schuldig sind – Risiken zählen, dann ist es eben dieser Grad an Risikobereitschaft, sind es genau diese Risiken, die zu übernehmen sie feindlichen Zivilisten schuldig sind. Man beachte, dass die in der Unparteilichkeit gründende Pflicht, das ungewollte Schädigen von Zivilisten zu vermeiden, das Unterscheidungsprinzip darstellt, sowohl wie es konventionell aufgefasst wird, als auch wie es im Kriegsrecht verankert ist.

Manch einem geht diese Argumentation zu weit. Wenn die allgemeine negative Pflicht zur Vermeidung des Schädigens unschuldiger feindlicher Zivilisten wirklich schwerer wiegt als die spezielle Soldatenpflicht zum Schutz der eigenen Landsleute, könnten diese nicht durch einen Krieg geschützt werden: Denn der Krieg verstößt unweigerlich gegen Rechte und fügt Unschuldigen Schaden zu. Wir sollten vorsichtig und skeptisch sein gegenüber Auffassungen, die – für gerechte Kriege eintretend – den Pazifismus und dessen nichtkriegerische Strategien zur unausweichlichen Konsequenz machen.

Ganz auf dieser Linie setzte sich Seth Lazar mit der Argumentation auseinander und befand, dass sie auf einer fragwürdigen Voraussetzung beruht: dass allgemeine negative Verpflichtungen automatisch schwerer ins Gewicht fallen als spezielle Verpflichtungen. Wenn dem so wäre, müssten wir Lazar zufolge zu viel aufgeben, auf zu viel Verzicht leisten, z. B. auf die humanitäre Intervention zur Beendigung massiver Menschenrechtsverletzungen. Viele Menschen befürworten eine allgemeine Schutzpflicht (oder Schutzverantwortung: „responsibility to protect"; in der gebräuchlichen Fachsprache des Völkerrechts mit „R2P" bezeichnet), die humanitäre Interventionen unter bestimmten Umständen erlaubt. In einem solchen Zulässigkeitsfall wiegt die allgemeine Schutzpflicht schwerer als die negative Pflicht, niemandem Schaden zuzufügen. Und zweifellos könnte eine spezielle Pflicht zum Schutz der eigenen Gefährten eine allgemeine Pflicht zum Schutz Fremder überwiegen. Daraus folgt, dass die spezielle Pflicht zum Schutz der eigenen Gefährten die negativen Pflichten, niemandem Schaden zuzufügen, überwiegen kann.[37] Mithin ist die negative allgemeine Pflicht, Unschuldigen keine Gewalt anzutun, womöglich nicht so stark, wie ich nahegelegt habe. Sie ist vielleicht sogar schwächer als die Pflicht des Soldaten, seine oder ihre Mitbürger zu schützen.

---

37 Lazar 2009, 274–289. Lazar liefert eine Rechtfertigung der assoziativen Pflichten und attestiert ihnen, mitunter stärker zu sein als allgemeine Pflichten (Ibid, 249–270.).

Wir sollten allerdings daran denken, dass wir keine Entscheidung thematisieren, die zwischen der Übernahme von Risiken zum Zwecke des Schonens der feindlichen Zivilisten und der zum Schutz der eigenen Bürger besteht. Im Basisszenario ist die Entscheidung kein reines Entweder-Oder zwischen dem Operieren aus der Ferne und dem Pazifismus als dem Abstandnehmen von kriegerischen Handlungen. Es gibt eine dritte Möglichkeit: aus der Nähe zu operieren. Der Nahkampf stellt, wie man annehmen darf, das vertretbare Mindestmaß an Sorge und Mühen dar, das Soldaten für ihre Zivilisten aufbringen müssen; und keine assoziative Verpflichtung stellt einen Hinderungsgrund dafür dar, dass sie Anstrengungen des gleichen Umfangs zugunsten der feindlichen Zivilisten unternehmen. Lazars Argumentation – so entschieden sie gegen den Pazifismus bzw. das Nichtintervenieren und die Prämissen, die ihn implizieren, auch Stellung bezieht – schlägt sich kaum auf die Frage nieder, ob Soldaten zum Kleinhalten der Verluste unter den feindlichen Zivilisten weniger Risiken eingehen dürfen, als ihnen die Moral um ihrer eigenen Zivilisten willen einzugehen abverlangt. Die Antwort bleibt Nein.

Die ganze Argumentationslinie wird denen verkehrt vorkommen, für die es auf der Hand liegt, dass wir mehr Risiken zum Schutz derer übernehmen können, die wir gern haben, als für den Schutz jener, auf die das nicht zutrifft. Kann es wirklich so sein, dass, wenn Soldaten heroische Risiken für ihre Landsleute eingehen, ihnen dann auch geboten ist, den gleichen Risiken zugunsten feindlicher Zivilisten standzuhalten? Wenn Eltern für ihre eigenen Kinder heroische Risiken auf sich nehmen, müssen sie dann für alle Kinder die gleichen Risiken eingehen?

Natürlich nicht, keine Frage. Frank Richards dürfte sogar noch ungewöhnlichere und ‚nichtalltäglichere' Risiken auf sich nehmen, wenn er fürchten müsste, dass sich seine eigenen Kinder in den Kellern aufhalten. Wie ich aber zuvor schon argumentierte, gilt dieser Doppelstandard ausschließlich für Risiken, die oberhalb der das vertretbare Mindestmaß an Sorge und Mühen kennzeichnenden Linie liegen – für supererogatorische, heldenhafte Risiken. Ich behaupte nicht, dass alle Helden und Heldentaten einer Norm entsprechen müssen. Das wäre albern. Ich will sagen und behaupte, dass der vertretbare Mindestgrad der zum Kleinhalten der zivilen Verluste einzugehenden Risiken – der Risiken, die unter die Walzer'sche Bezeichnung des nicht heldenhaften, sondern sauberen Kämpfens fallen – stets der gleiche ist, um wessen Zivilisten es sich auch handelt.

Übernahme von Risiken und Schutz für die Truppe

Soldaten als ‚Kapitalanlage' und als Staatsbürger

Ein anderer Einwand gegen dieses Denken geht auf die Vorstellung zurück, dass das Leben eines Soldaten in einer wesentlichen Hinsicht wichtiger *ist* als das eines Zivilisten: Ein Soldat hat nicht nur selbst ein ebensolches Überlebensinteresse wie ein Zivilist; dass der Soldat überlebt, ist darüber hinaus von zentraler Wichtigkeit für den Auftrag. Die Soldaten selber reden von sich mitunter als „Kapitalanlage" oder Investition. Militärische Kapitalanlagen oder Aktiva sind sie natürlich bloß für ihre eigene Seite, und ob die einen moralischen Gesamtgewinn abwerfen oder in punkto Moral ein Verlustgeschäft bedeuten, das hängt davon ab, ob es sich bei ihrer Sache um eine gerechte handelt.[38] Doch selbst wenn man ohne viel zu zögern einfach voraussetzt, dass ihr Kampf ein für eine gerechte Sache geführter Kampf ist, greift der Einwand nicht. Er läuft auf eine Art des Doppelzählens hinaus: Ihm zufolge ist das Leben eines Soldaten nicht bloß genauso viel wert wie das eines Zivilisten, der Soldat bekommt automatisch einen größeren Wert dadurch, dass er eine Kapitalanlage darstellt. Eben genau dann aber, wenn ein Soldat eine Kapitalanlage darstellt, kann von ihm verlangt werden, in Ausübung seiner Pflicht zu sterben, wenn das unvermeidlich ist. Wenn etwa eine Entscheidung für den Nahkampf und gegen den Fernkampf der Sache zuträglich wäre (wie im Falle der Doktrin von der ‚counterinsurgency' oder Aufstandbekämpfung, bei der das Kleinhalten der zivilen Verluste des Feindes von zentraler strategischer Bedeutung ist), wäre es dem Soldaten geboten, den Nahkampfbefehlen Folge zu leisten, selbst wenn das die Risiken für ihn als Person erhöhen würde. Genau das heißt es, eine Kapitalanlage zu sein. Umgekehrt heißt, dem Überlebensinteresse des Soldaten selbst vollauf gerecht zu werden, in ihm etwas der Art nach anderes als eine militärische Kapitalanlage zu sehen. Um es mit Kants Worten zu sagen und in Entsprechung zu seiner Unterscheidung: Ein Soldat ist ein menschliches Wesen und als solches ein Zweck an sich selbst, er hat eine Würde, keinen Preis; sein Wert kommt aus ihm selbst. Als eine Kapitalanlage ist ein Soldat ein bloßes Mittel, dessen Leben der für den Sieg gezahlte Preis sein könnte, und dessen Wert ein instrumenteller Wert ist und nicht in ihm selbst entspringt.

Ein Konsequentialist würde wohl unbeeindruckt von der kantischen Unterscheidung erwidern, dass eine Kapitalanlage zu sein konkret bedeu-

---

38 Siehe Hurka 2005, 44f.; und – allgemein – McMahan 2009.

tet, sich in einer Position zu befinden, aus der heraus man sogar mehr Menschen das Leben retten kann, Zivilisten inbegriffen. Macht das den Soldaten nicht wertvoller als einen Zivilisten, ohne dass man den Trugschluss begehen und sagen müsste, dass sein Leben doppelt zählt?[39] Die Antwort ist Nein. Die Annahme selbst ist rettungslos spekulativ, und hat man sich erst einmal auf die Spekulation eingelassen, kann sie nicht auf die Soldaten beschränkt bleiben. Dann muss man auch die Zivilisten in sie einbeziehen, die der Soldat ungewollt tötet oder verletzt. Vielleicht rettet der Soldat jedoch auch Menschenleben – genauso gut aber könnte das auch nicht geschehen. Womöglich kommt es nicht mehr dazu, dass er in einer anderen Schlacht kämpft, wenn der Krieg vorbei ist, oder vielleicht endet auch seine Dienstzeit. In Wahrheit können wenige Soldaten für sich in Anspruch nehmen, dass sie auch nur einem Menschen das Leben gerettet haben. Dem steht entgegen, dass sich unter den zivilen Opfern ein Chirurg befinden könnte, der in den Jahren seiner beruflichen Tätigkeit Tausenden das Leben gerettet hätte. Oder ein Kind, das als Erwachsener Krebs geheilt oder einen dauerhaften Frieden ausgehandelt hätte. Oder eine Mutter, die eine handlungsunfähig machende Hirnverletzung erleidet, wodurch ihre acht Kinder ins Verderben gerissen werden. Oder nichts von alledem trifft zu. Meiner Meinung nach müssen wir uns von dergleichen Spekulationen fernhalten, denn die sind rein fiktiv und bringen uns nicht weiter.

Sieht man in dem Soldaten bloß den Menschen, betrachtet ihn ausschließlich als Zweck an sich selbst und nicht als „Kapitalanlage", ist sein Leben ganz ohne Frage ebenso verteidigenswert wie das jedes anderen. Daraus könnte man ableiten, dass der Truppenschutz im Krieg ein Ziel für sich darstellt. Kasher und Yadlin machen das geltend und verweisen darauf, dass die IDF, die Israelischen Streitkräfte, den Auftrag haben, die Bürger des Staates Israel zu schützen, und dazu zählen die IDF-Soldaten selbst.[40] Dies aber erhebt die Soldaten nicht über die Zivilisten und könnte in einem einschlägigen Kalkül unmöglich Handlungen als verhältnismäßig ausweisen und rechtfertigen, deren Risikoübertragungsverhältnis größer als Eins ist. Natürlich wäre es im Rahmen eines solchen Verhältnismäßigkeitskalküls ebenso unmöglich, die militärische Wichtigkeit des Kapital-

---

39 Ich danke Azar Gat, Yossi Shain und den anderen Teilnehmern des in Tel Aviv veranstalteten Seminars dafür, dass sie mich auf diesen Punkt aufmerksam gemacht haben.
40 Kasher/Yadlin 2005, 49f.

anlagenschutzes um den Schutz der Soldaten, betrachtet als menschliche Wesen, zu ergänzen – damit würde man sich abermals jenen Fehlschluss des Doppeltzählens zuschulden kommen lassen, bei dem der Soldat einmal als eine militärische Kapitalanlage zählt und einmal als ein Staatsbürger.

Diejenigen, die Kashers und Yadlins Meinung teilen, dass es entscheidend auf die Staatsangehörigkeit des Soldaten ankommt, könnten einen neuen Anlauf unternehmen. Wenn ein Soldat mit einer unweigerlich tragischen Entscheidung konfrontiert ist, welcher von zwei Personen er ungewollt Schaden zufügen wird, einem Mitbürger oder einem feindlichen Zivilisten, kann er dann nicht – ja *müsste* er *nicht* auch – diesem Schaden zufügen, statt jenem? Alles andere hieße doch, dass die Mitbürgerschaft nicht ins Gewicht fallen oder zählen würde. Gehen wir also davon aus, dass die Antwort Ja lautet. Erst recht dann, wenn es sich bei dem Staatsbürger, den der Soldat schont, um ihn selbst handelt. Daraus folgt, dass es dem Soldaten gestattet ist, den Schutz der eigenen Person über den des feindlichen Zivilisten zu stellen, und genau aus dem Grund sagen Kasher und Yadlin: der Soldat ist ein Bürger des Staates, und dem Militär sind ihre eigenen Staatsbürger zurecht wichtiger als die Bürger anderer Nationen.

Genauer besehen muss man jedoch sagen, dass die Argumentation nicht standhält. Sie beruht auf einem Beispiel, in dem der einzige Unterschied zwischen den beiden Menschen ihre Nationenzugehörigkeit ist. In einem solchen Fall würde die richtige Formulierung in etwa so lauten: „Wenn ein Soldat mit einer unvermeidlichen Entscheidung konfrontiert ist, welchem von zwei *Zivilisten* er ungewollt Schaden zufügen wird, einem Mitbürger oder einem feindlichen Zivilisten, kann er dann nicht – ja *müsste* er *nicht* auch – diesem Schaden zufügen, statt jenem?" Ausschlaggebend ist hier das Wort ‚Zivilist', das in der ersten Fassung des Arguments ausgelassen ist. Durch diese Auslassung fordert uns die erste Fassung dazu auf, den Soldaten ausschließlich als einen Staatsbürger zu betrachten, ihn genau wie einen zivilen Staatsbürger anzusehen; sie bemäntelt den Umstand, dass es sich bei dem Staatsbürger-Soldaten um einen Soldaten handelt. Damit aber übergeht sie den Unterschied, auf den es ankommt: Der Soldat, nicht der Zivilist, wendet Gewalt an, und die Gewalt des Soldaten ist es, die die todbringende Risikoabwägung erzwingt.

Ein Soldat, der in einem gerechten Krieg auf gerechte Weise kämpft, tut sicherlich nichts Falsches, wer wollte daran zweifeln. Hier geht es aber um die Frage, ob, wer unschuldige feindliche Zivilisten mehr Risiken aussetzt, als das vertretbare Mindestmaß an Mühen zugunsten der befreundeten Zivilisten rechtfertigt, ob der seinen Kampf *tatsächlich* gerecht kämpft. Es hieße der eigentlichen Frage ausweichen, würde man einfach voraussetzen, dass die Antwort Ja lautet, und wenn man das nicht voraussetzt, fällt die Argumentation in sich zusammen.

Kashers und Yadlins Argumentation, dass Soldaten den eigenen Schutz deshalb über den der feindlichen Zivilisten stellen können, weil sie Staatsbürger sind und folglich zur Gruppe derer gehören, die zu beschützen ihnen obliegt, ist jedenfalls gewagt. Sie läuft darauf hinaus, dass Staatsbürger-Soldaten geringere *In-bello*-Pflichten haben als Nichtstaatsbürger in ihrer Armee. Viele Staaten räumen Nichtstaatsbürgern die Möglichkeit ein, in seinem Militär zu dienen; andere werben Söldner oder private Sicherheitsunternehmen an, von denen nicht alle Mitbürger sind. Es wäre allerdings befremdend, wenn der Staatsbürger-Soldat gegenüber den feindlichen Zivilisten geringere Rücksichtnahmepflichten hätte als die Söldner – das aber ist es, was Kashers und Yadlins Argumentation bezüglich der Bevorzugung von Staatsbürgern impliziert.

Nichts von dem oben Gesagten stellt in Abrede, dass das Leben eines Soldaten in Verhältnismäßigkeitskalkülen vollumfänglich zu Buche schlägt; und ich lasse wiederum gelten, dass der Schutz der Truppe einen „konkreten und unmittelbaren militärischen Vorteil" darstellt (um die Wendung des Kriegsvölkerrechts zu verwenden). Was ich in Abrede stelle, ist, dass der Schutz eines Soldaten stärker ins Gewicht fällt bzw. wichtiger ist als der Schutz eines feindlichen Zivilisten.

Politische Notwendigkeit als militärische Notwendigkeit

Es stellen sich noch zwei weitere schwierige Fragen: ob das politische Verlangen nach Schutz für die Truppe aus ihm ein eigenständiges strategisches Ziel machen kann und ob es dem „konkreten und unmittelbaren militärischen Vorteil" der Reduzierung der Verluste auf der eigenen Seite zusätzliches Gewicht verleiht. Regierungen sehen sich manchmal mit einem heftigen Widerstreben der Wählerschaft gegen Verluste konfrontiert. Es dürfte klar sein, dass Präsident Bill Clinton nicht im Kosovo interveniert hätte, wenn das den Einsatz von Bodentruppen erfordert hätte statt den Luftwaffeneinsatz. Nach dem Debakel von „Blackhawk Down" in der US-Operation Gothic Serpent in Somalia gab es schlichtweg kein politisches Fundament für den Einsatz von Bodentruppen, zumal weil die amerikanische Öffentlichkeit nach dem ersten Golfkrieg leichte Siege mit ganz wenigen Verlusten erwartete. Für Clinton war der größtmögliche Truppenschutz nicht bloß ein nebensächlicher Aspekt der Kosovo-Intervention: Er war eines ihrer Ziele. Berichten zufolge galt der Truppenschutz auch als ein wichtiges politisches Ziel in der israelischen Operation Cast Lead, hatte Israel doch mit dem Libanonkrieg im Jahre 2006 und der Entführung von Gilad Shalit zwei Traumen erlebt. Der Truppenschutz wird zu einem Ziel, wenn eine Armee einen Krieg nicht nur gewinnen, sondern auch den Feind am Zuschlagen hindern muss, um eine besorgte Öffentlichkeit zu beruhigen, die dem Krieg andernfalls ihre Unterstützung verweigern könnte. Die Frage ist, ob die Erreichung dieses Ziel mit größeren Schäden bei feindlichen Zivilisten erkauft werden darf.

Rechtlich gesehen ist die Antwort eindeutig Nein: Verhältnismäßigkeitsdoktrinen wägen ungewollte zivile Schäden mit der Wichtigkeit der militärischen Ziele ab und nicht mit der der politischen. Allerdings gibt es da ja noch das klassische Argument, dass politische Ziele obendrein militärische Ziele sein können. Von Clausewitz an verstand man, dass nur die Seite den militärischen Sieg davontragen kann, die den politischen Kampfeswillen des Gegners bricht, und welche Seite ihren Kampfeswillen einbüßt, verliert. Rom gewann den Zweiten Punischen Krieg, weil sich der Senat selbst dann noch hartnäckig gegen Verhandlungen sperrte, als Hannibal den römischen Legionen eine vernichtende Niederlage beigebracht hatte; die Militärgeschichte kennt, was die Zahl der Verluste an einem einzigen Tag betrifft, keine größere. Nordvietnam triumphierte über die Vereinigten Staaten, weil sein Wille ungebrochen blieb, während die US-Öffentlichkeit zunehmend weniger bereit war, den Kampf fortzusetzen. In diesem Sinne *ist* der politische Wille militärisch unverzichtbar, und wenn es zutrifft, dass der politische Wille zwangsläufig erlahmt, falls die Verluste nicht auf ganz wenige Opfer beschränkt bleiben, wird der Parteigänger Clausewitz' den naheliegenden Schluss ziehen, dass das Kleinhalten bzw.,Sehrkleinhalten' der Verlustzahlen militärisch unverzichtbar ist.

Hierauf ließe sich nun wiederum erwidern, dass ein Land, das keine Verluste hinzunehmen bereit ist, auch keinen moralischen Anspruch auf den Sieg geltend machen kann; das stimmt aber nicht, weil die Gerechtigkeit der Sache in keinem notwendigen Zusammenhang mit der Bereitschaft der Menschen steht, für sie in den Tod zu gehen. Die Menschen könnten vielmehr argumentieren, dass sie, weil ihre Sache gerecht ist – sie sind die Angegriffenen, nicht die Angreifer – in jeder Hinsicht Anspruch darauf haben und verlangen dürfen, dass ihre Verluste so gering wie möglich bleiben.

Wer so denkt, vernachlässigt freilich die andere Hälfte des Problems, dass nämlich dem Bemühen um die Aufrechterhaltung des ‚Kampfgeistes' der eigenen Öffentlichkeit in einem gerechten Krieg zwangsläufig nicht wenige feindliche Zivilisten zum Opfer fallen. Darum muss die Antwort auf die Frage, ob das politische Verlangen nach geringen Verlusten sich auf die Moral des Krieges auswirkt, Nein lauten. Denn sonst dürften die Soldaten eines Landes feindlichen Zivilisten mit umso größerer Berechtigung Kollateralschäden zufügen, je mutloser ihre (der Soldaten) Öffentlichkeit würde. Die Gefährdung für die Moral und der Reiz, etwas Unrechtes zu tun, hätten ein nicht vertretbares Maß erreicht; folglich ist die Regel nicht vertretbar. Das ist der Grund, weshalb die rechtliche Verhältnismäßigkeitsprüfung den zivilen Schaden mit dem „konkreten und unmittelbaren Vorteil" ins Verhältnis setzt und gegen ihn abwägt, statt gegen den mittelbaren und nicht greifbaren militärischen Nutzen, der aus dem Kampfgeist der Zivilisten erwächst. Würden das Recht oder die Moral des Krieges zur Geisel des politischen Willens gemacht – sodass sich die moralische und rechtliche Pflicht eines Landes, sauber zu kämpfen, mit dem Abnehmen seines Kampfeswillens abschwächen würde –, wäre das das Ende von Recht und Moral des Krieges.

Appendix:
In welcher Form die Problematik Eingang ins Kriegsrecht gefunden hat

Wie viele Risiken Soldaten eingehen müssen, damit die zivilen Verluste auf ein Minimum beschränkt bleiben, ist keine Frage, zu dem das Kriegsrecht direkt oder unmittelbar Stellung nimmt, sie kommt jedoch im *In-bello*-Verhältnismäßigkeitsrecht indirekt zur Sprache. Zivilisten dürfen von Militärs unter keinen Umständen direkt angegriffen werden, dennoch aber ist es in Kriegszeiten unvermeidlich, dass Zivilisten und zivile Einrichtungen Schaden nehmen, in manchen Fällen versehentlich, manches Mal im vollen Wissen darum, dass sich rechtmäßige militärische Ziele in so großer Nähe zu Zivilisten befinden, dass diese Schaden nehmen werden – dafür hat sich bekanntermaßen der euphemistische Ausdruck ‚Kollateralschaden' eingebürgert. Dem Kriegsrecht zufolge ist das zulässig, wenn der ungewollte Schaden „in keinem Missverhältnis zum konkreten und unmittelbaren Nutzen" des Angriffs steht. Nennen wir diese Wendung die *Ver-*

hältnismäßigkeitsformel. Die speziellen Standards oder Normen sind in zwei Artikeln des ersten Zusatzprotokolls zu den Genfer Konventionen enthalten (die Artikel 51 und 57). Diese Artikel erklären Angriffe, die gegen die Verhältnismäßigkeitsformel verstoßen, zu nicht unterscheidenden bzw. „unterschiedlosen" Angriffen, und sie fordern, dass bei Kriegshandlungen „stets darauf zu achten ist, dass die Zivilbevölkerung, dass Zivilpersonen und zivile Einrichtungen verschont bleiben." Diejenigen, die einen Angriff planen, müssen alles Erdenkliche tun, das heißt „alle realisierbaren Möglichkeiten ausschöpfen",[41] um abzusichern, dass es sich bei den vorgesehenen Angriffszielen tatsächlich um militärische Ziele handelt und nicht versehentlich um zivile. Sie müssen „bei der Wahl der Angriffsmittel und -methoden alle realisierbaren Vorsichtsmaßnahmen treffen, um Verluste unter der Zivilbevölkerung, die Verwundung von Zivilpersonen und die Beschädigung ziviler Objekte, die dadurch mit verursacht werden könnten, zu vermeiden und in jedem Fall auf ein Minimum zu beschränken." Die ‚Angreifenwollenden' bzw. potenziellen Angreifer müssen von jedem Angriff Abstand nehmen, bei dem „damit zu rechnen ist", dass er unverhältnismäßige zivile Schäden mit sich bringt, und sie müssen einen Angriff einstellen, wenn „sich erweist", dass seine Ziele in Wirklichkeit gar keine militärischen Ziele sind oder dass er unverhältnismäßige zivile Schäden zur Folge haben wird. Schließlich müssen die, die vorhaben anzugreifen, den Zivilisten, die durch den Angriff in Mitleidenschaft gezogen werden könnten, eine Warnung zukommen lassen, bevor sie losschlagen, „es sei denn, die gegebenen Umstände erlaubten das nicht."[42]

Zwei Punkte gilt es mit Blick auf diese Standards zu beachten. Erstens verlangt Artikel 57 den Militärs ab, alle „realisierbaren" Vorsichtmaßnahmen zu treffen, um Art und Beschaffenheit der Ziele zu prüfen, und im Anschluss bei der Wahl der Angriffsmittel und -methoden „alle realisier-

---

41 [In der offiziellen deutschen Fassung ist nicht von „realisierbaren Möglichkeiten" bzw. dem „Realisierbaren" die Rede, sondern vom „praktisch Möglichen". Davon abzuweichen, ließ sich aus terminologischen Gründen nicht vermeiden. – A.d.Ü.].
42 ZP I, Artikel 51, 5. Unterpunkt, und Artikel 57, 1. und 2. Unterpunkt. Zu beachten ist, dass die Verhältnismäßigkeitsstandards die zivilen Einrichtungen ebenso unter Schutz stellen wie das Leben der Zivilisten. Das ist ein wichtiger Punkt, den Philosophen im Auge behalten sollten. Mitunter konzentrieren sich ihre Diskussionen der Kriegsführung auf das Töten als das Thema, das als einziges von Belang sei. Der Besitz aber bedeutet uns viel: eine Rakete, die mein Heim zerstört und meinen ganzen persönlichen Besitz, ist auch dann eine Katastrophe, wenn ich den Angriff unverletzt überstehe.

baren Vorsichtsmaßnahmen" zu ergreifen, um die zivilen Schäden auf ein Minimum zu beschränken. Die Forderung nach Beschränkung der zivilen Schäden auf ein Minimum scheint die Anwendung von Strategien zu untersagen, die das Risiko für die Zivilisten erhöht, wenn es realiter möglich ist, das zu vermeiden.

Das Wort „realisierbar" [feasible] ist jedoch nicht eindeutig und lässt Auslegungsspielräume offen, und diese Offenheit bzw. Uneindeutigkeit in diesem Punkt erlaubt es nicht, die Frage des Risikos vom Recht her bestimmt zu beantworten. „Realisierbar" meint mutmaßlich nicht „technisch umsetzbar, unabhängig davon, wie viel Risiko die Vorsichtsmaßnahmen den Soldaten einzugehen abverlangen und wie sehr diese Vorsichtsmaßnahmen ihrem Auftrag schaden." Das Realisierbare [feasibility] kann nicht nur das technisch Umsetzbare meinen, sondern muss etwas mehr bedeuten. Es kann allerdings auch nicht meinen, dass die Vorsichtsmaßnahmen unausführbar, das heißt unzumutbar sind [infeasible], falls ihre Ergreifung eine noch so kleine Erhöhung des Risikos für die Soldaten oder des Risikos für ihren Auftrag mit sich bringen könnte. Eine solche Lesart würde das Verbot aushöhlen und zu einem nahezu sinnentleerten Konstrukt machen. Das Problem ist, dass die Forderungen so weit auseinander liegen: Einerseits ist den Armeen abverlangt, alles, was technisch machbar ist, zu tun, damit der Zivilsektor von Schäden verschont bleibt, andererseits sollen sie alles vermeiden, das selbst mit einer kleinen Erhöhung des Risikos für ihren Auftrag einhergehen könnte.

Während der Vertragsverhandlungen machten manche Delegationen geltend, dass „das ‚Realisierbare' alles das [meint], was machbar oder praktisch möglich ist, wenn man alle zum Zeitpunkt des Angriffs vorherrschenden Bedingungen berücksichtigt, einschließlich der für den Erfolg der militärischen Operationen relevanten Umstände."[43] In seinem Kommentar zu Artikel 57 lehnt das Internationale Komitee vom Roten Kreuz (IKRK) diese Auslegung ab: „Das zuletzt genannte Kriterium scheint zu weit gefasst. [...] Wie zu befürchten steht, könnte die allgemeine Berufung auf den Erfolg militärischer Operationen dazu führen, dass die vorgegebenen Verpflichtungen vernachlässigt werden."[44] Der Realisierbarkeitsstandard sagt nicht konkret, Risiken welchen Grades die Soldaten auf sich nehmen müssen, um zu prüfen, dass es sich bei ihren Zielen nicht um Zi-

---

43 Pictet 1987, 681f. Nr. 2198.
44 Pictet 1987, 682, Nr. 2198.

vilisten handelt, oder um sich auf stärker und besser unterscheidende, aber nicht so bewährte und sichere Angriffsmittel und -methoden zu verlegen. Die Verfasser haben die Dinge vermutlich deshalb im Vagen belassen, weil die Parteien sich nicht annährend darauf einigen konnten, wie realisierbar und also möglich eine Vorsichtsmaßnahme sein muss, das heißt wie sehr sich die Akteure in ihrem Tun dem ‚Unmöglichen' anzunähern haben.

Zweitens machen die Regeln ständigen Gebrauch von der Verhältnismäßigkeitsformel, die Schädigungen untersagt, die „in keinem Verhältnis zu dem erwarteten konkreten und unmittelbaren militärischen Vorteil" stehen. Natürlich heißt es nicht von ungefähr „konkreter und unmittelbarer" Vorteil. Dadurch sind Argumentationen ausgeschlossen, die den zivilen Schaden feindlicherseits mit dem Gesamtnutzen der Kriegsanstrengung ins Verhältnis setzen und gegen ihn abwägen, so dass jener Schaden nicht als unverhältnismäßig eingestuft würde, selbst wenn er enorme Ausmaße hätte. Im Kommentar des IKRK heißt es: „Der Ausdruck ‚konkret und unmittelbar' wurde gewählt, um deutlich zu machen, dass der betreffende Vorteil beträchtlich sein und relativ zeitnah auftreten muss, und dass kaum merkliche Vorteile und solche, die erst nach längerer Zeit sichtbar werden, keine Berücksichtigung finden können."[45]

Und so ist es auch mit dem Adjektiv „militärisch" in „militärischer Vorteil". Wie oben erörtert, könnten Regierungen den größten politischen Wert darauf legen, die Verluste so klein wie möglich zu halten, weil die Öffentlichkeit vor Opfern zurückschreckt und sich womöglich gegen eine militärische Operation mit mehr als einem halben Dutzend Opfern wendet, oder weil sie vielleicht eine Regierung abwählen würde, die einen umstrittenen Krieg in Gang setzt, wenn dieser nicht nahezu ohne Verluste bleibt. Die Berücksichtigung dieser Dinge würde einen beinahe unumschränkten Truppenschutz geboten sein lassen – eine Null-Risiko-Politik –, der dann wiederum als Rechtfertigung für massive Verluste unter den feindlichen Zivilisten dienen könnte. Es geht in solchen Zusammenhängen allerdings um einen politischen Vorteil, den eine Regierung sich zu verschaffen sucht, nicht um einen militärischen.

Diese beiden Punkte bringen mich zu der Frage, wie bzw. in welcher Form sich das Kriegsrecht der dem Zivilistenschutz dienenden Risikoübernahme widmet: Meiner Ansicht nach tut es das, indem es erörtert,

---

45 Pictet 1987, 684, Nr. 2209.

welcher Grad an Truppenschutz im Verhältnismäßigkeitsregister als ein „konkreter und unmittelbarer militärischer Vorteil" betrachtet wird.

Es ist nicht zu übersehen, dass dem Schutz der Truppe ein großer militärischer Stellenwert eingeräumt wurde und das erste Zusatzprotokoll kein Selbstmordabkommen war. Der Vertragstext gibt jedoch zu verstehen (freilich nicht explizit), dass das erwartete Risikoübertragungsverhältnis unter keinen Umständen größer als Eins-zu-Eins sein darf – deshalb stellt es einen Verhältnismäßigkeitsstandard dar. Wenn der zu erwartende konkrete und unmittelbare militärische Vorteil daraus, dass eine Strategie einer anderen vorgezogen wird (etwa das Operieren aus der Ferne dem aus der Nähe), x Soldaten das Leben rettet, kann sie unmöglich verfolgt werden, falls dadurch, wie sich voraussehen lässt, obgleich ungewollt, mehr als x Zivilisten als Zusatzfolge getötet werden. In den Fällen, in denen militärische Organisationen Zivilisten größeren Risiken aussetzen als die, von denen sie sich selbst verschonen oder aussparen, müssen sie ihre Truppen so schützen, dass sie von Operationen absehen, die zwangsläufig existenzielle Abwägungen verlangen; sie dürfen sie nicht zu schützen versuchen, indem sie die Operation vorantreiben und die Einsatzregel ausgeben, dass das Leben eines Militärs höher anzusiedeln ist als das eines Zivilisten.

Ein Risikoübertragungsverhältnis von Eins-zu-Eins ist eindeutig die Obergrenze dessen, was die Verhältnismäßigkeitsformel zulässt. Die anderen oben angeführten Passagen des Vertragstextes – in denen angemahnt wird, ständig darauf zu achten, dass die Zivilisten verschont bleiben, alle realisierbaren Möglichkeiten auszuschöpfen und den Zivilisten eine Warnung zukommen zu lassen – legen eindringlich nahe, ohne es ausdrücklich einzufordern, dass von militärischen Organisationen mehr erwartet werden darf und muss, als sich im Zweifel für geringere, statt höhere Risikoübertragungsverhältnisse zu entscheiden; und die militärische Ehre, der Ehrbegriff des Militärs, verlangt mehr. Das Recht aber verlangt nicht, dass ihr genüge zu tun sei. Es ist sehr zu bedauern, doch die vom Internationalen Strafgerichtshof verfügbar gemachte Fassung der am „konkreten und unmittelbaren" militärischen Nutzen orientierten Genfer-Norm verwässert sie, ja sie schwächt diese Norm dramatisch ab. Das Römer Statut des Internationalen Strafgerichtshofs untersagt das

> vorsätzliche Führen eines Angriffs in der Kenntnis, dass dieser auch Verluste an Menschenleben, die Verwundung von Zivilpersonen, die Beschädigung ziviler Objekte oder weit reichende, langfristige und schwere Schäden an der natürlichen Umwelt verursachen wird, die *eindeutig* in keinem Verhältnis zu

dem *insgesamt* erwarteten konkreten und unmittelbaren militärischen Vorteil stehen.[46]

Ich habe die beiden Wörter hervorgehoben, durch die diese Norm von derjenigen im ersten Zusatzprotokoll (ZP I) abweicht und sie dadurch erheblich verändert. Erstens ersetzt der Internationale Strafgerichtshof (IStG) „in keinem Verhältnis" durch „eindeutig in keinem Verhältnis". Bei der IStG-Fassung handelt es sich keineswegs mehr um eine Verhältnismäßigkeitsrichtlinie: Sie billigt faktisch unverhältnismäßige (in keinem Verhältnis stehende) zivile Schäden, solange sie nicht *„eindeutig* in keinem Verhältnis" stehen. Zweitens schwächt das Wort „insgesamt" in der Wendung „insgesamt erwarteter konkreter und unmittelbarer militärischer Vorteil" die Kraft von „konkret und unmittelbar" ab. Gemäß der nächstliegenden Deutung der am „konkreten und unmittelbaren" militärischen Nutzen orientierten ZP-I-Norm können die mit der Verhältnismäßigkeitsbewertung befassten Personen den zivilen Schaden bei einer Operation einzig gegen den militärischen Nutzen dieser bestimmten Operation abwägen. Bombardiert eine Einheit einen Wohnblock, weil der Feind aus dessen Innenhof eine Mörsergranate abgefeuert hat, können die etwaigen zivilen Verluste einzig gegen den militärischen Vorteil des Unschädlichmachens des Geschützes abgewogen werden. Der Version des IStG zufolge kann der zivile Schaden gegen den militärischen Gesamtnutzen des Vorhabens, von dem die Operation ein Teil ist, abgewogen werden – und damit wird offenbar gebilligt, dass mehr Zivilisten sterben. Demnach hat der Internationale Strafgerichtshof den Schutz der Zivilisten gegen Kollateralschäden zweifach abgeschwächt und die Wertigkeit des Truppenschutzes zweifach gestärkt.

Das Römer Statut änderte die Verhältnismäßigkeitsformel, weil sie eine Straftat definiert und die Verfasser offenbar der Ansicht waren, dass die Fairness gegenüber den Angeklagten eine weniger strenge Norm verlangt.[47] Das allerdings heißt, dass die Vorgabe des Römer Statuts nicht als die Norm des rechtmäßigen Verhaltens aufgefasst werden sollte; denn sonst würde man den, in Henry Shues und meinen Worten, *juristischen Fehlschluss* begehen und die zusätzliche Nichtbelangbarkeitsspanne mit den Rechten der Beschuldigten verwechseln, die die Strafgesetze für die

---

46 Römer Statut des Internationalen Strafgerichtshofs, Art. 8(b)(iv).
47 Beobachter der Verhandlungen haben sich mir gegenüber in der Form geäußert.

genauen Definitionen des richtigen und falschen Verhaltens berücksichtigen müssen.[48]

Derzeit hat diese Diskrepanz zwischen ZP I und dem Römer Statut sehr geringe Auswirkungen auf das Recht. Das erste Zusatzprotokoll haben 160 Staaten unterzeichnet, und zu diesen zählen mit Ausnahme von zwei Ländern alle der über einhundert Mitglieder des Internationalen Strafgerichtshofs – und diese beiden verfügen über keine Streitkräfte.[49] Jeder Staat, der sowohl das ZP I unterzeichnet hat als auch dem IStG angehört, muss sich an die anspruchsvollere und strengere Norm des ZP I halten, es sei denn die IStG-Norm hebt die des ZP I auf. Das ist jedoch nicht der Fall: Dieser Teil des Römer Statuts, das heißt die Bestimmung und Definition von strafbaren Handlungen, ist „nicht so auszulegen, als beschränke oder berühre er [in präjudizierender Absicht] bestehende oder sich entwickelnde Regeln des Völkerrechts für andere Zwecke als diejenigen dieses Statuts."[50] Dass der Verhältnismäßigkeitsstandard des ZP I breite Akzeptanz findet und auch von Staaten anerkannt wird, die das ZP I nicht ratifiziert haben, zeigt, dass er Völkergewohnheitsrecht geworden ist. Man kann also wohl sagen, dass der IStG-Standard nichts daran geändert hat, dass das ZP I in diesem Punkt die Grundnorm im Völkerecht darstellt. Anders liegt der Fall dagegen bei der Strafverfolgung durch den IStG, denn der hält sich nicht an die Norm des ZP I, sondern an seine eigene, und das heißt fraglos, dass das Römer Statut die Rechenschaftspflicht und ineins damit die Belangbarkeit für das Kriegsverbrechen der wissentlichen Herbeiführung eines unverhältnismäßigen zivilen Schadens abschwächt. Und sollte sich die Staatenpraxis irgendwann einmal zu ändern beginnen und eine weniger strenge, permissivere Norm gewünscht und bevorzugt werden, könnte der IStG-Standard nachträglich als Beleg dafür genommen werden, dass sich das Gewohnheitsrecht wandelt.

---

48 Luban/Shue 2011.
49 Die Rede ist von Andorra und den Marshallinseln. Dem CIA Factbook zufolge liegt die Verteidigung Andorras in der Verantwortung Frankreichs und Spaniens, während die Vereinigten Staaten von Amerika für die Verteidigung der Marshallinseln zuständig sind.
50 Römer Statut des IStG, 10. Artikel.

Literaturverzeichnis:

Benvinisti, Eyal (2010): The Law on Asymmetric Warfare. In: Arsanjani, Mahnoush et. al. (Hg.) (2010): Looking to the Future: Essays on the International Law in Honor of W. Michael Riesman (Martinus Nijhoff).

Benvenisti, Eyal (2006): Human Dignity in Combat: The Duty to Spare Civilians. In: Israel Law Review 39.

Di-Natale, Dominic (2011): Japan's Nuclear Rescuers:‚Inevitable Some of Them May Die Within Weeks', http://www.foxnews.com/world/2011/03/31/japans-nuclear-rescuers-inevitable-die-weeks/ [8.9.2013].

Fussell, Paul (1988): Thank God for the Atom Bomb. In: Thank God for the Atom Bomb and other Essays. New York, http://crossroads.alexanderpiela.com/files/Fussell_Thank_God_AB.pdf [8.9.2013].

Gross, Michael (unveröffentlicht, zitiert mit Erlaubnis): The Limits of Medical Neutrality during Armed conflict. [Anm. d. Hrsg.: Vgl. Gross, Michael (2013): The Limits of Impartial Medical Treatment during Armed Conflict. In: Gross, Michael/ Carrick, Don (Hrsg.): Military Medical Ethics in the 21st Century. Farnham, 71-84].

Holmes, Oliver Wendell, Jr. (1881): The Common Law. Boston.

Hurka, Thomas (2005): Proportionality in the Morality of War. In: Philosophy & Public Affairs 33, 34-66.

Kasher, Asa/Yadlin, Amos, Generalmajor (2009): Israel & the Rules of War: An Exchange. Mit einer Erwiderung von Margalit und Walzer. In: New York Review of Books, 11.6.2009.

Kasher, Asa/Yadlin, Amos (2005): Assassination and Preventive Killing. In: SAIS Review 25 (Winter-Spring).

Lazar, Seth (unveröffentlicht): Asymmetric Warfare and Noncombattant Immunity.

Lazar, Seth (2009): War and Associative Duties. Promotionsarbeit. Oxford University.

Luban, David/Shue, Henry: Mental Torture (2011): A Critique of Erasures in U.S. Law. In: Georgetown Law Journal 100.3 (Online verfügbar unter: http://scholarship.law.georgetown.edu/cgi/viewcontent.cgi?article=1619&context=facpub [8.9.2013]).

Margalit, Avishai/Walzer, Michael (2009a): Israel: Civilians and Combatants. In: New York Review of Books, 14.5.2009.

Margalit, Avishai/Walzer, Michael (2009b): Avishai Margalit and Michael Walzer Reply. In:‚Israel and the Rules of War': An Exchange. New York Review of Books, 11.6.2009.

McMahan, Jeff (2009): Killing in War. Oxford [dt. (2010): Kann Töten gerecht sein? Krieg und Ethik. Darmstadt].

Mikhail, John (2011): The Elements of Moral Cognition. Cambridge.

Pictet, Jean (1987): International Committee of the Red Cross (Hrsg.): Commentary on the Additional Protocols of 8 June 1977 of the Geneva Conventions of 12 August 1949. Dordrecht (online verfügbar in der ICRC Database on International Humanitarian Law).

Porat, Iddo (2009): Preferring One's Own Civilians: Can Soldiers Endanger Enemy Civilians More Than They Would Endanger Their Own Civilians? University of San Diego School of Law, Public Law and Legal Theory Working Paper, 7.8.2009, online verfügbar unter: http://papers.ssrn.com/sol3/papers.cfm?abstract_id=1445509 [8.9.2013].

Rudesill, Dakota S. (2007): Precision War and Responsibility: Transformational Military Technology and the Duty of Care Under the Law of War. In: Yale Journal of International Law 32.

Solis, Gary D. (2010): The Law of Armed Conflict: International Humanitarian Law in War. Cambridge.

Walzer, Michael (1977): Just and Unjust Wars. New York [dt. (1982): Gibt es den gerechten Krieg?, Stuttgart].

Yaari, Menahem (2009): Israel: The Code of Combat. Brief an den Herausgeber, New York Review of Books, 8.10.2009.

Zivilisten, Terrorismus und todernste Konventionen

Jeremy Waldron

Am Morgen des 11. September 2001 brachten Mitglieder der Terrororganisation al-Qaida vier mit Zivilisten besetzte Flugzeuge in ihre Gewalt. Zwei der Maschinen steuerten sie in die Twin-Towers des World Trade Centers in Lower Manhattan und ermordeten so um die 2.800 Menschen – mehr als 200 Passagiere und Besatzungsmitglieder, fast 2.200 Männer und Frauen, die im World Trade Center ihrer Arbeit nachgingen, und mehr als 400 Notfalleinsatzkräfte von Polizei und Feuerwehr.

Warum spricht man hier von „Morden"? Warum nicht von „Kriegsverlusten"? Schließlich heißt es, dass wir gegen den Terrorismus Krieg führen, und offenbar hat al-Qaida lange vor dem 11. September öffentlich bekannt gemacht, dass sich die Organisation mit den Vereinigten Staaten im Krieg befindet.[1] Ich kann mir ohne Weiteres jemanden vorstellen, der geltend macht, dass man, wenn es sich bei dem, was hier geschieht, um einen *Krieg* handelt, die Tötungen anders, mit anderen Begriffen beschreiben sollte – mit Begriffen, die eher in den Zusammenhang des Tötens in Kriegszeiten gehören.

Darauf ließe sich unmittelbar erwidern, dass hier 2.800 Menschen von Akteuren ums Leben gebracht wurden, die eindeutig und wissentlich das Recht und die Sitten in bewaffneten Konflikten verletzt haben. Das Recht und die Sitten in bewaffneten Konflikten unterscheiden Tötungen, die in gewissem Sinne als Kriegshandlungen privilegiert[2] sind, von solchen, auf die das nicht zutrifft. Sie verlangen den beteiligten Akteuren ab, sich an das Prinzip der Unterscheidung zu halten und folglich Unterschiede zu machen. Dieses im aktuellen Recht verankerte Prinzip werde ich das *traditionelle* Unterscheidungsprinzip nennen. Darüber hinaus werde ich auf die Wendung „die Zivilisten betreffende Rechtsregel" zurückgreifen [im Folgenden kurz „Zivilistenregel" genannt – A.d.Ü.]. Sie räumt ein (Freiheits-

---

1 Siehe http://www.pbs.org/newshour/terrorism/international/fatwa_1998.html [14.8.2013].
2 Der Ausdruck ‚privilegiert' wird in seinem Hohfeld'schen Sinne eines Freiheitsrechtes verwendet.

rechts-)Recht auf das Töten von Kombattanten beider Seiten ein, untersagt jedoch gezielte Angriffe auf Nichtkombattanten, d. h. auf Zivilisten. Die grundlegenden Rechtsprinzipien sind in den Artikeln 48 und 51 des Ersten Zusatzprotokolls zu den Genfer Konventionen dargelegt.[3] Da es sich bei den Genfer Konventionen um ein Vertragswerk bzw. ein Abkommen handelt, ist es ausschließlich für die Staaten bindend, die es unterzeichnet und ratifiziert haben.[4] Die Immunität der Zivilisten ist allerdings auch ein Prinzip des internationalen Gewohnheitsrechts. Überdies erklärt der Artikel 8(2) (b) und (e) des Römischen Statuts des Internationalen Strafgerichtshofs jeden von einer Organisation oder einem Individuum verübten vorsätzlichen und gezielten Angriff auf die Zivilbevölkerung als solchen zu einem Verbrechen.[5]

Von den speziellen Rechtsvereinbarungen über die Kriegsverbrechen abgesehen, ist das Töten, das keine vom Recht zugelassene Kriegshandlung ist, wie im Zivilrecht als strafbare Tötung zu bewerten – in den meisten Fällen als Mord, d. h. als unrechtmäßige vorsätzliche Tötung. Auch die

---

3 Artikel 48: „Grundregel: Um Schonung und Schutz der Zivilbevölkerung und ziviler Objekte zu gewährleisten, unterscheiden die am Konflikt beteiligten Parteien jederzeit zwischen der Zivilbevölkerung und Kombattanten sowie zwischen zivilen Objekten und militärischen Zielen; sie dürfen daher ihre Kriegshandlungen nur gegen militärische Ziele richten." Artikel 51: „1. Die Zivilbevölkerung und einzelne Zivilpersonen genießen allgemeinen Schutz vor den von Kriegshandlungen ausgehenden Gefahren. Um diesem Schutz Wirksamkeit zu verleihen, sind neben den sonstigen Regeln des anwendbaren Völkerrechts folgende Vorschriften unter allen Umständen zu beachten. 2. Weder die Zivilbevölkerung als solche noch einzelne Zivilpersonen dürfen das Ziel von Angriffen sein. Die Anwendung oder Androhung von Gewalt mit dem hauptsächlichen Ziel, Schrecken unter der Zivilbevölkerung zu verbreiten, ist verboten. 3. Zivilpersonen genießen den durch diesen Abschnitt gewährten Schutz, sofern und solange sie nicht unmittelbar an Feindseligkeiten teilnehmen.

4 Siehe auch die Feststellung in Philip Alston: Report of the Special Rapporteur on Extrajudicial Summary or Arbitrary Executions: Mission to Israel and Lebanon, 2.10.2006 *Report*, 2006, 7 (§ 19): „Obwohl die Hisbollah als nichtstaatlicher Akteur von diesen Menschenrechtsvereinbarungen ausgeschlossen bleibt, unterliegt sie auch weiterhin der zuerst in der Allgemeinen Erklärung der Menschenrechte zum Ausdruck gebrachten Forderung der internationalen Gemeinschaft, dass jedes Mitglied der Gesellschaft die Menschenrechte achtet und befördert". Verfügbar unter: http://www.refworld.org/docid/45c30b660.html [14.8.2013].

5 Römisches Statut des Internationalen Strafgerichtshofs, Artikel 8(2)(b)(i)–(ii) und (e)(i). Verfügbar unter: http://www.un.org/depts/german/internatrecht/roemstat1.html [14.8.2013].

von al-Qaida am 11. September verübten Taten erfüllen diesen Tatbestand insofern, als sie sich vorsätzlich auf genau die Weise gegen Zivilisten richteten, die vom Recht und den Sitten in bewaffneten Konflikten mit einem Verbot belegt ist. Aus diesem Grund waren die Angriffe vom 11. September falsch. (Das ist freilich zu gelinde ausgedrückt: Sie waren mörderische Gräueltaten.) Und deshalb ist der Terrorismus generell falsch; er ist immer und überall die falsche Option, einen Konflikt mit Waffen auszutragen, da er geradezu als der Inbegriff derartiger Angriffe gelten muss.[6] Getreu seiner militärischen Doktrin will der Terrorismus ein Klima der Angst erzeugen und die Bevölkerung in Panik versetzen, indem er möglichst viele Zivilisten umbringt, wenn diese ihrem gewöhnlichen Tagwerk nachgehen und kaum damit rechnen, zum Ziel bewaffneter Angriffe zu werden, da sie sich durch das Kriegsrecht und das normale, den Mord betreffende Recht geschützt wähnen. Recht und Sitten in bewaffneten Konflikten verbieten ein solches Handeln. Vor dem Hintergrund seiner militärischen Doktrin aber missachtet der Terrorismus Recht und Sitten, zumindest verweigert er ihnen in Hinblick auf seine eigenen Handlungen und Strategien die Anerkennung.

Im Folgenden möchte ich den Gründen für dieses Urteil über den Terrorismus nachgehen und seine Voraussetzungen untersuchen. Mir geht es insbesondere darum, die moralische Bedeutung und Tragweite des positiven Rechts, der Konventionen und Sitten zu erörtern, die aus terroristischen Angriffen unerlaubte bzw. verbotene Handlungen machen. Manche Terroristen beharren darauf, dass die Rechtsregeln und Sitten in bewaffneten Konflikten Konventionen gleichkommen und keine tiefen moralischen Einsichten abbilden. Sie könnten anders sein; man kann sie sich anders vorstellen; zu anderen Zeiten, an anderen Orten waren sie anders. Es stellt sich also die Frage: Fällt der Verstoß gegen das Recht und die Sitten in bewaffneten Konflikten irgendwie stärker ins Gewicht als eine Verletzung einer lokalen Konvention? Ist das Falsche des Verstoßes nicht relativ und hängt von den Bedingungen ab, die an dem Ort und in der Zeit zufälligerweise vorherrschen, in der bzw. an dem die Konventionen Anerkennung finden? Wenn dem so ist, warum fällen wir dann so harte Urteile über diese Handlungen und verwenden Ausdrücke der moralischen Ächtung, die in der Regel den Verletzungen der am schwersten wiegenden allgemeingültigen Moralgebote vorbehalten sind?

---

6 Siehe auch die Diskussion in Meisels 2008, 24f.

Ich sollte gleich dazusagen, dass sich meiner Meinung nach überzeugende Antworten auf diese Fragen finden lassen. Meiner Ansicht nach ist es *sehr wohl* angebracht, im Zusammenhang mit den Angriffen vom 11. September von Mord zu sprechen, wie eingangs geschehen. (Ich brachte die Sprache nicht in der Art einer *oratio obliqua* auf den Mord, weil ich die Einschätzung, dass es eben Mord war, anzweifeln oder sie einer anderen Person zuschreiben wollte.) Wenngleich ich das Urteil, mit dem ich in den Text eingestiegen bin, einem prüfenden Blick unterziehen möchte, geht es mir um seinen verstehenden Nachvollzug, nicht darum, es zu ‚unterminieren' oder zu kritisieren. Eines meiner Ziele besteht in der Tat darin, die Auffassung, wonach es sich bei Terrorismus um Mord handelt, gegen die Philosophen zu verteidigen, denen zufolge das generelle Verbot von Angriffen auf Zivilisten ungerechtfertigt, unvernünftig oder hinfällig ist.[7]

1. McMahan über die Immunität der Zivilisten

Eine neuere Abhandlung Jeff McMahans lässt sich für unsere Diskussion insofern fruchtbar machen, als diese von ihr ihren Ausgang nehmen kann. In ‚The Ethics of Killing in War' argumentiert McMahan, dass es für ein generelles Verbot von vorsätzlichen Angriffen auf Zivilisten keine moralische Rechtfertigung gibt. Er meint, es ließe sich moralisch begründen, dass bestimmte Zivilisten auf angemessene Art und Weise vorsätzlich angegriffen werden dürfen – solche Zivilisten etwa, die für einen ungerechten Krieg mitverantwortlich sind. Er glaubt nämlich, dass „es sich bei der moralischen Verantwortung für eine ungerechte Bedrohung um den Hauptgrund dafür handelt, [zum Ziel] von Verteidigungsmaßnahmen (oder Selbstschutzmaßnahmen) werden zu können."[8]

> Die Forderung nach Unterscheidung sollte folglich statuieren, dass Kombattanten einen Unterschied machen müssen zwischen denen, die für eine unge-

---

[7] Ich befasse mich hier nicht mit der Unterscheidung zwischen rechtmäßigen und unrechtmäßigen Kombattanten (die nach ihrem Status und ihrer Stellung unterschieden werden und nicht nach ihrem Tun). Für eine überzeugende Argumentation, dass die Unterscheidung zwischen rechtmäßigen und unrechtmäßigen Kombattanten der Unterscheidung zwischen Kombattanten und Nichtkombattanten dient bzw. zugute kommt, siehe Meisel 2008, 91ff.
[8] McMahan 2004, 693.

rechte Bedrohung oder für ein Übel, das einen gerechten [Kriegs-]Grund darstellt, moralisch verantwortlich sind, und denen, auf die das nicht zutrifft. Festzuhalten ist, dass, während jene angegriffen werden dürfen, es nicht gestattet ist, diese zum Ziel vorsätzlicher Angriffe zu machen.[9]

Aus McMahans Sicht auf die Dinge würde folgen, dass Soldaten, die nicht selbst an einem ungerechten Krieg beteiligt sind – solche beispielsweise, die sich der Teilnahme an einer ungerechten Aggression verweigern –, keine legitimen Ziele darstellen; und Zivilisten, die für eine ungerechte Aggression verantwortlich *sind, könnten* legitime Ziele von tödlichen Gewaltmaßnahmen sein. Ich weiß, dass McMahan nicht der Auffassung ist, dass irgendeines der Opfer vom 11. September unter die letztere Kategorie fällt. Seiner Meinung nach aber war es nicht einfach deshalb falsch, all diese Menschen zu töten, weil es sich bei ihnen um Zivilisten handelte; unsere Aufgabe besteht mithin auch darin zu ergründen, ob sie irgendeine Verantwortung an der ungerechten Aggression hatten, die al-Qaida den eigenen Angaben nach zu einer Reaktion veranlasste.

In manchen Zusammenhängen würde dies einen wichtigen Unterschied machen. McMahan ist etwa davon überzeugt, dass die amerikanischen Kapitalisten, welche die Eisenhower-Regierung in den 50er Jahren dazu brachten, in Guatemala einen Staatsstreich zu lancieren, sodass sie gewisse Ländereien, die verstaatlicht worden waren, wieder in ihren Besitz bringen konnten, legitime Ziele für die guatemalischen Streitkräfte dargestellt hätten, die sich gegen die amerikanische Aggression zur Wehr setzten.[10] Das soll nicht heißen, dass McMahan sich gegen die grundlegende Idee eines Unterscheidungsprinzips wendet. Er beharrt darauf, dass seine Argumentation das Prinzip „in seiner allgemeinsten Fassung [nicht infrage stellt], das lediglich besagt, dass Kombattanten zwischen legitimen und illegitimen Zielen unterscheiden müssen. Sie stellt vielmehr die Annahme infrage, dass die Unterscheidung zwischen legitimen und illegitimen Zielen mit der zwischen Kombattanten und Nichtkombattanten zusammenfällt."[11] McMahan vertritt die Ansicht, dass wir die Kategorien, die wir zur Anwendung bringen, komplizieren müssen, indem wir die Kategorien von schuldigen und unschuldigen Zivilisten und gerechtfertigten und nicht

---

9 Ibid., 722f.
10 Ibid., 725f.
11 Ibid., 718.

gerechtfertigten Kombattanten ins Spiel bringen und uns dazu sensibilisieren, die entsprechenden Unterscheidungen zu treffen.[12]

Ich hoffe, McMahan sieht mir nach, wenn ich hinzusetze, dass viele Terroristen eine ganz ähnliche Ansicht vertreten. So behaupten etwa einige Al-Qaida-Offizielle, dass die Zivilistenregel insofern falsch ist, als sie die Leute schützt, die in einer Demokratie den Angriffskriegen ihre Stimme geben und diese mitfinanzieren.[13] Man kann unmöglich wissen, ob das aufrichtig oder in gutem Glauben vorgebracht wurde; man würde eher Hintergedanken vermuten. Manche intellektuelle Fürsprecher des Terrorismus wiederum haben sich ähnlich geäußert: Ihrer Ansicht nach sollten die eigentlichen Verbrecher – imperialistische Politiker im Westen und jene, von denen sie unterstützt werden – nicht durch die Anwendung eines überholten Kriegsrechts begünstigt werden, das hauptsächlich zum Schutz ihrer Interessen konzipiert worden sei. Ich sage das nicht, um damit McMahans kritische Abhandlung in Misskredit zu bringen. An anderer Stelle führe ich aus, dass er sich gegen die Verletzung des bestehenden Rechts und der geltenden Sitten in bewaffneten Konflikten ausspricht und sie verurteilt. Ich erwähne den Umstand, dass Terroristen und ihre Fürsprecher ähnliche Argumente in Anschlag bringen, nur um zu verdeutlichen, dass wir es hier mit einer aus dem Leben gegriffenen Auseinandersetzung zu tun haben, und nicht mit einem von Philosophen ausgedachten Dilemma.

2. *Unterscheidung von Rechtsfragen und ‚tiefen moralischen' Fragen*

Es geht McMahan nicht darum, terroristische Angriffe zu verteidigen. Doch wir sollten sie seiner Meinung nach nicht naiv oder einfach so ächten und verdammen, sondern auf der Grundlage vielschichtiger moralischer Überlegungen. Und was das betrifft, ist ihm zweifellos Recht zu geben. Ich werde mich in den folgenden Abschnitten darum bemühen, auch von unserem Gegenstand komplex zu denken und vielschichtig zu erörtern, was das im Hinblick auf das Handeln in diesem Feld bedeutet, dass es dem positiven Recht unterliegt.

---

12 Für ein Beispiel dafür, wie eine komplexere Taxonomie aussehen würde, siehe Honderich 2003, 159, der Nichtkombattanten, sich nicht beteiligende Kombattanten, halb Schuldlose, zweifelsfrei Unschuldige etc. voneinander abgrenzt.
13 Siehe Holmes 2006, 52, wo ein Interview mit Osama bin Laden zitiert wird.

Im Speziellen will ich mich mit dem Gedanken auseinandersetzen, dass das Verletzen der Zivilistenregel nicht in derselben Weise falsch oder unrecht getan ist wie der Mord, sondern eher unter ‚technischen Gesichtspunkten', ganz ähnlich dem Verstoß gegen eine Konvention. Einer anderen, aber ähnlich gelagerten Vorstellung nach ist die Verletzung der Zivilistenregel falsch in dem Sinne der *mala prohibita*, nicht falsch in dem Sinne der *mala in se* – falsch, weil sie verboten ist; nicht verboten, weil sie falsch ist.[14] Ich werde argumentieren, dass, auch wenn man das Töten von Zivilisten als Verstoß gegen eine Konvention kategorisiert oder als *malum prohibitum*, die Schwere solcher Verletzungen dadurch nicht gemindert wird. Ich werde ferner argumentieren, dass eine Bewegung weg von den moralischen Einfältigkeiten der *mala in se* hin zu den Komplexitäten der konventionalen Regeln nicht unbedingt einer Bewegung weg von den verpflichtenden oder sollensethischen Verboten hin zu konsequentialistischen Beurteilungen entspricht. Die Verletzung einer Konvention oder einer bloßen technischen Regel kann von einem moralischen Standpunkt aus strengstens verboten sein, und unter bestimmten Bedingungen ist sie das.

Außerdem gilt es die komplexen Verhältnisse zu berücksichtigen, die mit der Unterscheidung zwischen dem idealisierten moralischen Denken und der Art von Beurteilungen, die es zur Ausgestaltung des Rechts braucht, verknüpft sind. Dass es wichtig ist, diese Unterscheidung zu treffen, legen einige Bemerkungen nahe, mit denen McMahan seinen Artikel abschließt. Ihm zufolge ist es vermutlich gut so – obgleich er für sich in Anspruch nimmt, eine erfolgreiche moralische Attacke auf die Zivilistenregel geritten zu haben –, wenn das Kriegsrecht vorsätzliche Angriffe auf Zivilisten (alle Zivilisten) auch weiterhin mit Verbot belegt.

> Die von mir vorgelegte Darstellung der tiefen Moral des Krieges ist keine Darstellung des Kriegsrechts. Die Ausformulierung des Kriegsrechts und seiner Regeln ist eine ganz andere Aufgabe, eine, mit der ich mich nicht befasst habe und die mit Blick auf die Folgen der Verabschiedung und Durchsetzung der Rechtsregeln oder Konventionen ausgeführt werden muss. Es ist freilich völlig klar, dass das Kriegsrecht und die Tiefenmoral des Krieges, wie ich sie dargelegt habe, erheblich voneinander abweichen müssen.[15]

Wenngleich McMahan selbst seine Tiefenmoral-Darstellung um das Prinzip der Verantwortung herumbaut, ist er der Meinung, dass das Kriegs-

---

14 Für diese Diskussion siehe Blackstone 1979 [Orig. 1860; vgl. unten S. 171, Anm. 12].
15 McMahan 2004, 730.

recht und seine Regeln an anderen Werten ausgerichtet sind: „Bei den Regeln des Kriegsrechts handelt es sich um Konventionen, die festgeschrieben wurden, um dem Krieg seine grausame Schärfe zu nehmen."[16] McMahan legt Wert auf die Feststellung, dass wir den Bereich der Moral nicht verlassen, wenn wir uns von dem, was er die tiefe Moral der Kriegsführung nennt, weg- und auf diese Konventionen zubewegen.

> Es ist im Interesse aller, dass solche Konventionen anerkannt und befolgt werden. [...] Da das Festhalten an gewissen Konventionen die bessere Option für alle ist, haben alle einen moralischen Grund, diese Konventionen anzuerkennen und sich an sie zu halten. Denn es ist für jede Seite in einem Konflikt nur dann sinnvoll, an ihnen festzuhalten, wenn das auch die jeweils andere Seite tut. Wenn eine Seite die Übereinkunft, dass die Konventionen eingehalten werden, bricht, kann es demnach für die andere Seite nicht mehr sinnvoll und moralisch geboten sein, auch weiterhin an ihnen festzuhalten. Eine wertvolle Einrichtung zur Begrenzung der Gewalt ginge so verloren und das wäre für alle schlimmer.[17]

Diese Behauptung, dass man die Zivilistenregel am besten als eine nützliche Konvention begreift, findet sich in der Literatur häufig.[18] Einer ihrer bekanntesten Vertreter ist George Mavrodes.[19] Ihm zufolge kommt man der Immunität der Nichtkombattanten am nächsten, wenn man dabei an „eine Konvention [denkt], die dafür sorgt, dass die Kriegsführung Schranken unterliegt."[20] Man könnte das Kriegsgeschehen auf ein einziges Gefecht beschränken, es ist freilich unwahrscheinlich, dass diese Konvention Geltung erlangen würde. Also grenzt man das Geschehen auf beschränkte Kampfhandlungen zwischen designierten Teilnehmern ein – eine große Zahl von Teilnehmern, doch nicht so viele, wie an einem totalen Krieg zwischen sämtlichen Mitgliedern der rivalisierenden Gemeinschaften beteiligt wären. Mavrodes hält fest, dass man sich zu der Konvention, die wir haben, eine andere realisierbare Konvention denken kann, die ihr moralisch überlegen ist. Das heiße aber nicht, dass wir nunmehr gezwungen wären, die weiterentwickelte Konvention, die wir uns vorstellen, einzuhalten. „Handelt man in Übereinstimmung mit einer vorzugswürdigen Konvention, die jedoch nicht weithin Beachtung findet, kann das schlimmere

---

16 Ibid.
17 Ibid.
18 Siehe auch die Diskussion in Meisel, 119.
19 Mavrodes 1975.
20 Ibid., 127.

Folgen haben, als wenn man in Einklang mit einer weniger wünschenswerten, aber weithin beachteten Konvention handelt."[21]

Dennoch geht kein Denker davon aus, dass die Wichtigkeit, geltende und beachtete Konventionen einzuhalten, moralische Kritik überflüssig macht. Sollte sich tatsächlich irgendwie die Möglichkeit bieten, die Kampfhandlungen auf ein Gefecht einzugrenzen, sind wir Mavrodes zufolge „moralisch verpflichtet, auf deren Realisierung hinzuarbeiten."[22] Und McMahan ist der Ansicht, dass wir Kriegsrechtsregeln festschreiben und Kriegssitten etablieren sollten, „die am ehesten gewährleisten, dass die Kombattanten beider Seiten ihr Handeln an ihnen ausrichten und sich so eng wie nur möglich an die von der tiefen Moral des Krieges auferlegten Beschränkungen halten." Er zeigt sich überzeugt, dass es auf der Grundlage der von ihm verfügbar gemachten moralischen Argumente und Einwände möglich sei, „die Regeln, die wir ererbt haben, einer Neubewertung zu unterziehen."[23] In einigen andeutenden Passagen am Ende seines Artikels räumt er ein, dass es womöglich „gefährlich [ist], wenn man sich an den Regeln, die bereits in hohem Maße Zustimmung erfahren, zu schaffen macht." Aus seiner Sicht „steht zu viel auf dem Spiel, als dass man umfangreiche Experimente mit alternativen Möglichkeiten anstellen dürfte."[24] Ferner gesteht er zu, dass die konventionalen Regeln, auch wenn sie von einem strengen moralphilosophischen Standpunkt aus unvollkommen sind, „sich durchaus als Kriegsführungsregulative in Situationen eignen, die nur wenigen institutionellen Schranken unterliegen, so dass der beschränkende Einfluss von den Regeln selbst kommen muss, statt von den Institutionen, in denen sie verankert sind."[25] McMahan sagt:

---

21 Ibid.
22 Ibid.
23 McMahan 2004, 731.
24 Ibid. – McMahan fragt sich sogar, ob es nicht vielleicht angebracht wäre, seine Kritik und die von anderen zu unterdrücken: „Denn wenn die Soldaten tatsächlich Grund haben sollen, ihr Handeln im Kampf an gewissen Regeln auszurichten, werden sie glauben müssen, dass diese Regeln wirklich der tiefen Moral des Krieges entsprechen. Wenn wir unbedingt wollen, dass sie bestimmte Regeln respektieren, müssen wir sie ihnen dann als die tiefe Moral des Krieges näherbringen und ihnen die wirklich tiefen Prinzipien vorenthalten? Löscht sich die Moral des Krieges auf diese Weise nicht zwangsläufig selbst aus? Ich gestehe, dass ich darauf nicht zu antworten weiß". (Ibid., 732).
25 Ibid., 731.

> Es kann sein, dass die Regeln des *ius in bello* dem bestmöglichen Recht zur Regelung von Kampfhandlungen ziemlich nahekommen. Diese Regeln haben sich über Jahrhunderte hin herausgebildet, sie wurden weiterentwickelt, erprobt und sind den Erfahrungen, die man mit dem Krieg und seinen Eigenarten gemacht hat, angepasst worden.[26]

Das alles ist außerordentlich interessant zu lesen, und es macht deutlich, mit welcher Ernsthaftigkeit sich McMahan mit dem Recht und den Sitten in bewaffneten Konflikten befasst, selbst wenn er eines ihrer Leitprinzipien einer tiefgründigen moralischen Kritik unterzieht. Ich werde in meinem Beitrag nicht viel mehr zu dieser Kritik sagen, werde jedoch versuchen, die Gründe zu erforschen, die McMahan und andere Moralphilosophen dazu bewegen sollten – und meiner Meinung nach tun sie das in den meisten Fällen auch –, das positive Recht in der Sache sehr ernst zu nehmen.

3. *Kommt die Frage nach der Moral vor den Rechtsfragen?*

Manch ein Philosoph vertritt die Ansicht, dass es sich bei der Einengung auf rechtliche Fragen – das Recht und die Sitten in bewaffneten Konflikten – um ein Ablenkungsmanöver handelt.[27] Natürlich stellten die Taten al-Qaidas und anderer terroristischer Gruppen ein Unrecht dar, seien unter Rechtsgesichtspunkten falsch; das rechtlich Falsche aber lasse die Frage nach dem moralisch Falschen offen, und es sei das moralisch Falsche, für das wir uns interessieren sollten. Ich stimme zu, dass die schiere Rechtswidrigkeit nicht das ist, worüber die Menschen sich verständigen wollen. Hierin liegt keine Schwierigkeit: Niemand zieht in Zweifel, dass die terroristischen Angriffe rechtswidrig waren. Die moralische Frage ist viel eher nach dem Geschmack des Philosophen: Ist Terrorismus jemals moralisch zulässig oder moralisch gerechtfertigt? Wenn man sich dieser Frage zuwendet, sollte man all die Umstände der zu untersuchenden Taten in den Blick nehmen, und das Verhältnis, in dem die Taten zum geltenden positiven Recht stehen, ist einer jener Umstände. Ich kann mir vorstellen, wie jemand hierauf erwidert, dass die Rechtssicht auf den Terrorismus nur dann einer der Umstände sein kann, die im Zusammenhang mit einem terroristischen Akt eine Rolle spielen, wenn das Recht sich eine Meinung vom Terrorismus gebildet hat, und dafür muss das Recht die Frage nach

---

26 Ibid.
27 Siehe Honderich 2003, 94 und 104.

richtig oder falsch im Hinblick auf den Terrorismus bereits aufgeworfen und erörtert haben. Und es muss, und zwar zwingend – so könnte unsere Person weiter argumentieren – *diese* Frage abgesondert von den rechtlichen Belangen erörtert haben. Die Frage nach der Moral scheint vordringlich bzw. vorrangig und unausweichlich zu sein.

Ich bin allerdings nicht der Auffassung, dass wir es hier mit der zwangsläufigen Rang- oder Abfolge zu tun haben, und das aus ganz unterschiedlichen Gründen. Erstens ist es häufig so, dass sich das Recht auf die normative Untersuchung eines Gebietes verlegt, bevor eine ernsthafte moralische Untersuchung, wie wir sie kennen, in Gang kommt. Wie Dinge unter moralischem Aspekt zu betrachten sind, finden wir in vielen Fällen dadurch heraus, dass wir lernen, wie man rein rechtliche Fragen aufwirft und beantwortet: Ich bin der festen Überzeugung, dass das Recht eine Schule der Moralphilosophie ist. Mit Blick auf die Geschichte trifft das zumal auf das Recht und die Sitten in bewaffneten Konflikten zu. In diesem Feld fragten die Menschen nach dem rechtmäßigen Tun lange bevor sie – in irgendeinem präzisen Sinne – die Frage nach dem Richtigen und Falschen aufwarfen. Wir wissen, dass das moderne Kriegsrecht im Geiste des ‚Naturrechts' und im Zusammenhang mit Naturrechtsfragen seinen Anfang nahm, und obwohl man meinen könnte, dass gerade die Untersuchung des Naturrechts hochgradig moralisch war (auf diffus katholische Art), ist diese Vermutung nicht haltbar angesichts der tatsächlichen Überlegungen zum Naturrecht, wie sie von frühen wegweisenden Persönlichkeiten wie etwa Gentili und Grotius angestellt wurden.[28]

Zweitens werden selbst die entschiedensten Moralphilosophen einräumen, dass es einige Dinge gibt, die durch das Recht abgehandelt werden müssen, auch wenn sie sich unter Moralgesichtspunkten gar nicht abhandeln ließen. Da wären beispielsweise Koordinationsprobleme zu nennen, die gelöst werden müssen: die Verkehrvorschriften, Währungsfragen und so weiter. Wie schon mehrfach erwähnt, sind viele der Theoretiker, die sich mit dem Recht und den Sitten in bewaffneten Konflikten befassen, der Ansicht, dass sich manche von deren Hauptprinzipien, einschließlich der Zivilistenregel, am besten in diesem Licht begreifen lassen. Möglicherweise liegen sie damit falsch – oder es ist, wie ich im siebten Abschnitt argumentieren werde, nur die halbe Wahrheit. Dennoch aber ist diese Einschätzung ernst zu nehmen. Wenn man ihr zustimmt, dann muss

---

28 Siehe Gentili 2010, 8 und Grotius 2005, 42–50.

man sich damit beschäftigen, welche moralische Bedeutung oder Tragweite, welchen moralischen Stellenwert diese im Kern rein rechtlichen Lösungen haben.

Drittens ist es selbst dann, wenn alle Seiten mit dem besten Willen an die Dinge herangehen, ziemlich unwahrscheinlich, dass am Ende aller Überlegung ein moralischer Konsens gefunden wird (geschweige denn ein Konsens, in dem alle eine objektive moralische Wahrheit sehen). Ich will keine Skepsis verbreiten; ich will lediglich zu verstehen geben, dass „die Bürden des Urteilens", wie es bei John Rawls heißt, besonders schwer auf diesem Feld lasten.[29] Das Feld, das uns hier interessiert und das untersucht werden soll, ist das des Konflikts und der Gewalt zwischen Gemeinschaften. Weil die Dinge schlecht ausgehen können ohne eine Regelung, wie allein das Recht sie möglich macht, und weil das Recht selbst dann eine Regelung verfügbar machen kann, wenn es an dem fehlt, was McMahan als die „tiefe Moral des Krieges" bezeichnet – darum ist eine hochmütige oder abschätzige Haltung der moralischen Tragweite des Rechts gegenüber nicht hinnehmbar.

Die beiden letzten Gesichtspunkte lassen darauf schließen, dass ein in einem Bereich wie diesem verankertes und funktionierendes Recht selbst als eine moralisch wichtige Institution betrachtet werden muss. Seine Wichtigkeit mag von Kontext zu Kontext variieren: Sie besteht in dem, was es vermöge seiner Regeln in einem bestimmten Gebiet des menschlichen Tuns und Lassens zu leisten vermag, zu was es beitragen kann, welchen Nutzen es mit sich bringt und welche Übel es abzuwenden oder abzumildern vermag (wobei man freilich die Unwahrscheinlichkeit mit einkalkulieren muss, dass es genau die Auswirkung hat, auf die es abzielt oder für die man es schätzt und hochhält). In dem Bereich des bewaffneten Konflikts verfolgt das Recht – vornehmlich das Völkerrecht und das humanitäre Völkerrecht – bescheidene wie hochgesteckte Ziele. Seit 1945 bemühte sich das Völkerrecht – mit nur mäßigem Erfolg – um die vollständige Abschaffung von bewaffneten Konflikten zwischen Nationen. Mit bescheidenerem Anspruch geht es dem humanitären Völkerrecht um die Eindämmung der Kriegsgräuel im Falle bewaffneter Konflikte. Dabei handelt es sich um ein außerordentlich wichtiges Ziel. Solange das Recht dieses Ziel auch weiterhin erreichen kann, müssen wir prinzipiell bereit sein, seiner moralischen Bedeutung großes Gewicht beizumessen.

---

29 Rawls 1986, 54–58.

Wie hoch die moralische Bedeutung des Rechts zu veranschlagen ist, hängt auch davon ab, inwieweit sich unsere Handlungen – oder die Handlungen derer, die wir beurteilen – auf die Funktionsfähigkeit des Rechts in diesem Bereich und auf die Wahrscheinlichkeit, dass es seine Ziele erreicht, auswirken. In manchen Bereichen des menschlichen Lebens ist das Recht so robust und derart gut mit Zwangsmitteln und -instrumenten ausgestattet, dass die Auswirkungen unserer Handlungen auf es zu vernachlässigen sind – und folglich nicht berücksichtigt werden brauchen. (Wir können uns getrost damit befassen, wie es sich auf uns auswirkt.) Das war nicht immer so. Als Sokrates sich vorstellte, dass die Gesetze bzw. das Recht die Frage an ihn richten würden:

> Gehst du nicht geradezu darauf aus, durch dieses dein Beginnen uns, die Gesetze, sowie das ganze Gemeinwesen zugrunde zu richten, soweit es auf dich ankommt? Oder glaubst du an die Möglichkeit, dass ein Staat noch Bestand habe oder vor dem Untergange bewahrt sei, in welchem die einmal gefällten gerichtlichen Urteile keine Kraft haben, sondern von Unberufenen wirkungslos gemacht und vernichtet werden?[30],

fragte er danach, welche Auswirkungen es hat, wenn die Bürger die in regelmäßig anfallenden Strafsachen gefällten Urteile missachten. Da dem Athener Recht keine weitreichenden Zwangsmittel zur Verfügung standen, stützte es sich in erster Linie auf die Selbstanwendung als das Hauptverfahren zu seiner Durchsetzung. Das ist nicht mehr so oft der Fall: Damit Bürger ihre Strafe verbüßen, treffen wir Zwangsanordnungen, statt dass wir sie auffordern, diese ihre Urteile selbst zu vollstrecken.

Im Unterschied zum Strafrecht aber stützt sich das Kriegsrecht außerordentlich stark auf die Selbstanwendung. Hin und wieder werden Kriegsverbrechen *post facto* strafrechtlich verfolgt, und vielleicht geschieht dergleichen in Zukunft häufiger mit der Institution des Internationalen Strafgerichtshofs. Was jedoch die unmittelbare Anwendung der die Zivilisten schützenden Regeln angeht, so stützen und verlassen wir uns auf die Disziplin und die militärischen Doktrinen der Streitkräfte in der Welt. Es ist bekannt, dass die einschlägigen Verbote in der jüngeren Vergangenheit ernstlich verletzt worden sind, selbst von den zivilisiertesten und am besten organisierten Streitkräften: Das Bombardement und der Einsatz von Massenvernichtungswaffen gegen zivile Gebiete in Deutschland und Ja-

---

30 Plato: The Crito. In: Plato: The Last Days of Socrates. London 1954, 71 [dt.: Kriton. In: Platon. Sämtliche Dialoge Bd. I. Hamburg 1998, 95].

pan durch Großbritannien und die Vereinigten Staaten sind schreckliche Beispiele. Glücklicherweise haben die Nationen, die sich diese Gräueltaten zuschulden kommen ließen, das Unterscheidungsprinzip nicht vollends verworfen. Seit 1945 haben sie es in ihrem Handeln (in gewissen Grenzen), in ihren internationalen Verpflichtungen und in ihrer Militärdoktrin wieder bekräftigt. Die Geschehnisse zwischen 1943 und 1945 sind jedoch ein Beleg dafür, wie fragil das Recht in diesem Bereich ist. Es wird zweifelsohne immer zu Verletzungen kommen, auch dann, wenn die Doktrin fest verankert ist. Es fällt allerdings auf, dass nicht nur der internationale Terrorismus zunimmt, sondern dass es darüber hinaus auch immer mehr bewaffnete Gruppen gibt, die die Rechtsregeln zur Eindämmung von Waffenkonflikten nicht bloß auf der Ebene von Einzelfällen zurückweisen, sondern auf der Grundlage ihrer Doktrin. Welche Folgen das haben wird, muss sich erst noch zeigen. Keine große Schwierigkeit bereitet es dagegen, sich vorzustellen, wie sich die Darstellung des Rechts und der Gesetze, die Sokrates in seinem Entwurf zur Abwendung des Übels im *Kriton* gibt, an die Handlungen und Doktrinen dieser terroristischer Organisationen anpassen ließe:

> Geht ihr nicht geradezu darauf aus, durch euer Tun, das Recht und die Sitten in bewaffneten Konflikten zugrunde zu richten, soweit es auf euch ankommt? Oder glaubt ihr an die Möglichkeit, dass ein System des humanitären Völkerrechts noch Bestand habe oder vor dem Untergange bewahrt sei, in welchem die wichtigsten Prinzipien keine Kraft haben, sondern von bewaffneten Gruppen wie der euren wirkungslos gemacht und vernichtet werden?

Die Terroristen haben in dem Kampf um die Nichtanerkennung des Rechts und der Sitten in bewaffneten Konflikten ganze Arbeit geleistet; sie haben sich ein Handeln auf ihre Fahnen bzw. in ihre Doktrin geschrieben und haben das Heft des Handelns an sich gerissen, als sei es gleichgültig, ob das Recht in diesem Feld seine Funktionsfähigkeit behält oder nicht. Weil aber das nämliche Recht, der Korpus aus Regeln, so wichtig wie fragil ist, ist dieser eingeschlagene Kurs unglaublich verantwortungslos.

4. Dissens und Kompromiss

Ich wende mich nun dem formalen Charakter des Rechts in diesem Bereich zu. Wie müssten die bestehenden Rechtsregeln und Sitten in bewaffneten Konflikten begrifflich gefasst werden? McMahan und Mavrodes zufolge ist die Zivilistenregel eher als eine Konvention denn als eine Rechtsnorm zu begreifen, die unmittelbar darauf abzielt, sich in puncto Wirkkraft und Inhalt als ein moralisches Prinzip geltend zu machen. Damit könnten sie zur Hälfte richtig liegen, wie ich im sechsten Abschnitt ausführen werde. Unwohl fühle ich mich mit dem Weg, auf dem sie zu diesem Ergebnis gelangen und den ich für fragwürdig halte.

Sie argumentieren in etwa so:[31] Professor X beginnt irgendwann damit, über die Idee von einem Unterscheidungsprinzip, das im Krieg gelten soll, nachzudenken. Er fragt, worauf sich ein solches Prinzip gründen ließe. Und wartet mit der *Unschulds*idee auf: Viele der Menschen, die Angriffen gegenüber am schutzlosesten sind, tragen keine Schuld an den Verbrechen, gegen die die Angreifer vorgehen und die sie bestrafen wollen. Also zieht er in Erwägung, dass ein guter Ansatz für die Unterscheidung im Krieg zentral mit der Vorstellung von Schuld und Unschuld operieren könnte – mit dem, was McMahan als Verantwortlichkeit bzw. als Verantwortungsprinzip namhaft macht. Dann aber wendet sich Professor X dem Unterscheidungsprinzip zu, das derzeit im humanitären Völkerrecht gilt (der Zivilistenregel), und er erkennt, dass es sich nicht mit dem Unschuldsansatz deckt. Es stimmt zwar, dass es manche Unschuldige schützt, kleine Kinder etwa. Doch es schützt auch manche schuldige Personen, beispielsweise Politiker und einflussreiche Bürger, die für ungerechte Aggressionen stimmten und sich für sie stark machten. Und in anderen Fällen erlaubt es, Unschuldige anzugreifen, etwa junge Wehrpflichtige, die unter Befehl handeln und die in keinem moralischen Sinne ‚Schuld' tragen an den Verbrechen gegen den Frieden, die ihre Vorgesetzten verüben. Angesichts dieses Missverhältnisses überlegt Professor X, ob man die Zivilistenregel nicht überhaupt aufgeben sollte, bis sie durch eine Regelung ersetzt würde, die konsequenter mit der Unschuldsidee operiert. Er scheut diesen Gedanken jedoch; die Aussicht darauf, dass bewaffnete Konflikte bis dahin keinen Regeln unterliegen würden, gefällt ihm nicht. Er kommt also zu dem Schluss, dass die Zivilistenregel bis dahin zwingend gerechtfertigt ist, aber nicht aufgrund der ihr eigenen Vorzüge. Daraus leitet er ab, dass der Regel der moralische Status einer Konvention zukommen muss. Sie widerspiegelt zwar keine moralische Wahrheit an sich. (Wäre sie die Widerspiegelung einer Wahrheit an sich, so Professor X, wäre diese mit

---

31 Das Folgende hat etwas von einer Karikatur an sich, doch ich möchte in der Sache vorankommen.

seinen moralischen Prinzipien identisch.) Dadurch dass sie ein Koordinationsproblem löst, hat sie dennoch aber den Stellenwert einer Konvention.

Nun ist Professor X freilich nicht der einzige Moralphilosoph, der über diese Dinge nachdenkt und dabei einen Weg wie diesen zurücklegt. Auch Professor Y hat sich über die Idee von einem Unterscheidungsprinzip, das im Krieg gelten soll, Gedanken gemacht. Seiner Ansicht nach sollte es an zentraler Stelle mit der Notwehr- oder Selbstschutzidee operieren: Eine Person darf die, aber nur die, zu töten versuchen, die versuchen, ihn zu töten oder die für ihn und andere eine tödliche Bedrohung darstellen. Er räumt ein, dass manche von diesen im moralischen Sinne unschuldig sein könnten; er akzeptiert den Gedanken von einer Bedrohung durch Unschuldige; seiner Ansicht nach aber ist einem in Notwehr sogar erlaubt, einen unschuldigen Bedroher zu töten. Das Problem ist, dass sich auch Professor Ys Ansatz nicht mit der die Zivilisten betreffenden Rechtsregel deckt: Diese erlaubt es, uniformierte Mitglieder der Lebensmittel liefernden Heeresabteilung zu bombardieren, doch keine Zivilisten, die sich als Wissenschaftler damit befassen, todbringende und für den Einsatz gegen uns einsetzbare Waffen zu entwickeln. Professor Y folgt mithin ganz ähnlichen Gedankengängen wie Professor X. Falls die Zivilistenregel unseren Rückhalt verdient, dann nicht wegen der moralischen Vorzüge, sondern bestenfalls als eine Konvention.

Ich hoffe, es bestehen keine Unklarheiten darüber, weshalb Xs oder Ys Weg zur Konventionsfolgerung nicht frei von Gefahren ist. Die Regel, die sie beide als eine Konvention bezeichnen, könnte in Wahrheit ein Sieg für die moralischen Lager in der rechtsetzenden Gemeinschaft sein, die Professor Xs (oder Professor Ys) Vorstellung nicht teilen. X bezeichnet womöglich das als eine Konvention, was in Wahrheit ein Sieg für Ys moralische Vorstellungen ist und umgekehrt.

Noch wahrscheinlicher sogar ist, dass das geltende Recht keinen eindeutigen Sieg für irgendeine der Seiten darstellt – denn wie wir gesehen haben, erkennt weder Professor X noch Professor Y in ihm einen Sieg –, sondern einen Kompromiss zwischen Menschen wie X und Menschen wie Y und vielleicht noch anderen. Die Kompromisse mögen von einem moralischen Standpunkt aus lumpig und unbefriedigend aussehen. Doch wie der Ausgang einer Wahl richten sie dennoch Fairness- und Verfahrens-Forderungen an uns. Demnach handelt es sich bei *einem Kompromiss* oder *einer moralischen Position, die wir nicht teilen*, um zwei Alternativen zur Konventionshypothese.

Ich glaube, die Kompromissdarstellung hat eine ganze Menge für sich. Das traditionelle Unterscheidungsprinzip umfasst Elemente, die unter moralischem Blickwinkel zu begrüßen sind. Es bemüht sich allemal darum, eine große Gruppe von Einzelpersonen zu schützen, deren Unschuld unbestritten ist. Zudem gibt es denen, die sich in einem realen Kampfgeschehen befinden, das Recht, ihr Leben gegen diejenigen zu verteidigen, die sie zu töten versuchen. Indem es Schutz gewähren und zugleich das Notwehrrecht einräumen will, ist es letztlich in beiden Hinsichten sowohl über- als auch unter-inklusiv, und das ist ein Kennzeichen der rechtlichen Kompromissbildung. Ein großer Teil des positiven Rechts ist so. An anderer Stelle habe ich Hobbes' Standpunkt herausgestellt, demzufolge das Recht seine Arbeit tun und sich die Loyalität der Menschen sichern muss, die, was die moralischen Prioritäten angeht, in ihren Ansichten nicht übereinstimmen. Mitunter vermag es das auf moralisch kohärente Weise zu leisten, indem es nach einem fairen politischen Verfahren ausschließlich für eine Reihe von Prioritäten optiert. Öfter jedoch besteht die Strategie darin, so viele Vertreter wie nur möglich aus allen miteinander rivalisierenden moralischen Lagern für sich einzunehmen, selbst wenn das Ergebnis aus der Perspektive der Theorie einen inkohärenten Eindruck macht. Einige Juristen beklagen das.[32] Meiner Ansicht nach zu Unrecht. Wie dem auch sei, man kann behaupten, dass die Kompromisshypothese eine bessere Erklärung liefert für das, was manche als die moralische Beliebigkeit der Zivilistenregel betrachten, als die Konventionshypothese.

5. Formalia und technische Belange

An dieser Stelle müssen auch die technischen Details des Rechts und seiner Verankerung zur Sprache kommen; sie sind es, die eine positive Regel, jede beliebige positive Regel, in den Augen eines nach strengen Maßstäben urteilenden Moralphilosophen zu etwas Befremdlichem machen können. In diesem Zusammenhang gilt es verschiedenen Punkten Rechnung zu tragen.

Erstens muss den einschlägigen Rechtsregeln bei Menschen Geltung verschafft werden, die mit an Sicherheit grenzender Wahrscheinlichkeit

---

32 Siehe etwa die Erörterung der „integrierenden Gesetzgebung/einbeziehenden Rechtssetzung" in: Dworkin 1986, 167–184.

unterschiedliche Ansichten vertreten, was die Gerechtigkeit und die Schuld in dem fraglichen bewaffneten Konflikt angeht. Es könnte sich als schwierig erweisen, Normen Geltung zu verschaffen und dabei Worte wie ‚gerecht' und ‚schuldig' in ihrem herkömmlichen moralischen Sinn zu verwenden, oder zu prüfen, welche Norm in der praktischen Anwendung wohl zu einem unauflöslichen Dissens führt. Mc Mahan räumt dies ein.

> Vielleicht führt die Tatsache, dass die meisten Kombattanten glauben, dass ihre Sache eine gerechte Sache ist, am offensichtlichsten vor Augen, dass das Kriegsrecht eine neutrale Position zwischen den gerechten und den ungerechten Kombattanten beziehen muss, wie es der traditionellen Theorie zufolge die Forderungen des *ius in bello* tun.[33]

Das *In-Bello*-Recht muss einfache Kategorien wie die Unterscheidung zwischen Mitgliedern der ordentlichen Streitkräfte und Zivilisten zur Anwendung bringen, wenngleich diese Kategorien nach moralischen Standards sicherlich über- und unter-inklusiv sind. Doch die moralischen Standards, anhand derer wir sie so bewerten, könnten unter diesen Dissensverhältnissen unmöglich erfolgreich durchgesetzt werden. Das beweist jedoch nicht, dass die von uns angewendeten *In-bello*-Normen bloße Konventionen sind. Bei ihnen handelt es sich vielmehr um Annäherungen an die moralische Wahrheit – um die größtmögliche, die uns in diesen Dissensverhältnissen möglich ist.

Vielleicht kann es sich das *Ad-bellum*-Recht erlauben, mit Kriterien zu operieren, deren Anwendung strittiger ist; vielleicht muss es das. Doch es ist auch in seiner modernen Form bestrebt, die von uns erörterte Schwierigkeit zu vermeiden, indem es sich nicht an strittigen Gerechtigkeitsfragen ausrichtet, sondern entweder an verbindlichen politischen Bestimmungen (denen des UN-Sicherheitsrates beispielsweise) oder an Situationen, die als eindeutig und unstrittig gelten (wie die unmittelbare Bedrohung durch einen Angriff). Der Krieg von 1967 im Nahen Osten und der amerikanische Einmarsch in den Irak im Jahre 2003 sind Belege dafür, dass das nicht vollkommen gelungen ist: Um die Auslegung einer Reihe von Resolutionen des Sicherheitsrates kann es zu Auseinandersetzungen kommen, und die unmittelbare Bedrohung durch einen Angriff, die es rechtfertigt, ohne Autorisierung Notwehrmaßnahmen zu ergreifen, kann bestritten werden und umstritten sein. Es ergibt sich also manch unauflöslicher Dissens in der Sache des *ius ad bellum*, der die Durchsetzung dieser Normen zu

---

33 McMahan 2004, 730.

einem ziemlichen Problem werden lässt. Man stelle sich vor, zu welch verheerendem Chaos es käme, wenn die Durchsetzung der *In-Bello*-Normen zu einer ebensolchen Streitsache würde; das aber könnte durchaus der Preis der moralischen Weiterentwicklung der Normen sein.

Ein zweiter Grundzug der Durchsetzbarkeit des Rechts bzw. der Möglichkeit, ihm zu seiner Geltung zu verhelfen, steht in Zusammenhang mit der Zumutbarkeit der Lasten, die das Recht und die Sitten in bewaffneten Konflikten den Kombattanten aufbürden. Das Kriegsrecht (speziell das *ius in bello*) soll nicht nur im Falle von moralischem Dissens durchgesetzt werden, sondern auch dann, wenn Panik und Zorn herrschen und große Gefahr im Verzug ist. Die von ihm auferlegten Lasten müssen von denen geschultert werden, die ihr regelkonformes Verhalten womöglich in unmittelbare Lebensgefahr bringt. Schaut man sich manche der Kriegsregeln an, nehmen wir genau das hin: Wir sagen zum Beispiel, dass Gefangene auch dann nicht hingerichtet werden sollen, wenn das für diejenigen, die sie gefangen halten, die einzige Möglichkeit ist, die Niederlage und den Tod abzuwenden. Aber zu viel dergleichen und das Kriegsrecht gerät utopisch und lässt sich nicht mehr vollstrecken – zumal in dem Maße, in dem es sich darauf stützt bzw. darauf angewiesen ist, dass die betreffenden Streitkräfte selbst ihm Geltung verschaffen. Was auf die Gefahr zutrifft, stimmt auch für den Zorn. Es werden gewisse ausnahmslose Verbote verhängt, die den schlimmsten Exzessen des Zorns und der Feindseligkeit, die der Kampf mit sich bringt, widerstehen und sie eindämmen müssen: Beispielsweise darf eine Militäreinheit unter keinen Umständen vorrücken, wenn sie sich nicht dazu bereitfindet, ihren Kontrahenten Schonung einzuräumen. Mitunter also hält das Kriegsrecht dem Zorn stand, so wie es in manchen Beziehungen der Angst standhält. Doch wieder muss ein schwieriger Mittelweg gefunden werden; denn das Kriegsrecht muss zumeist in größter Nähe zu den typischen Kriegsemotionen wie Angst und Zorn funktionieren, und man sollte nicht so tun, als existierten sie nicht (weil es sie unter moralischen Gesichtspunkten nicht geben sollte).

Überdies sollte man nicht meinen, dass sich dieser Mittelweg, diese Balance, im Philosophensessel ausgrübeln lässt. Die Regeln müssen aus der Erfahrung des Krieges selbst hervorgehen. Darauf fußt eines von McMahans Zugeständnissen im Hinblick auf das bestehende Recht (dessen Tiefenmoral er missbilligt):

> Es ist möglich, dass die Regeln des *ius in bello* dem bestmöglichen Recht zur Regelung von Kampfhandlungen ziemlich nahekommen. Diese Regeln haben sich über viele Jahrhunderte hin herausgebildet, sie wurden weiterentwickelt,

erprobt und sind den Erfahrungen, die man mit dem Krieg und seinen Eigenarten gemacht hat, angepasst worden.[34]

Drittens wird das Recht, das dazu da ist, um das Verhalten im Nebel, in der Ungewissheit des Krieges zu regeln, nicht jedem Detail einer tiefen Moraltheorie gerecht werden können. Einem großen Teil des *ius in bello* wird von den einzelnen Soldaten und den Befehlshabern ihrer Einheit selbst Geltung verschafft. Ein weiterentwickeltes moralisches Prinzip würde unseren Kombattanten unter Umständen abverlangen, schwierige und heikle Nachforschungen anzustellen über die Schuld und den moralischen Status jeder Person oder Einheit, die unter Feuer genommen werden soll. Das allerdings wäre ein ganz und gar unmögliches Unterfangen. Stattdessen muss irgendein Kriterium, etwa das Tragen der Uniform, angewendet werden, auch wenn das nach moralischen Standards nicht ausgereift und grob ist. Diese Kriterien haben zweifellos Konventionscharakter. Sie legen den – aus der Sicht eines Philosophen vermutlich unzulässigen – Nachdruck auf ‚Äußerlichkeiten' wie Uniformen oder Rangabzeichen und das offene (sichtbare) Tragen von Waffen, und sie verurteilen den hinterhältigen Einsatz von Flaggen und Erkennungszeichen anderer Art mit einer aus Philosophenperspektive wiederum nicht gerechtfertigten Vehemenz. Dennoch aber sind diese konventionalen Kriterien unverzichtbar für die Durchsetzung jeder der Zivilistenregel ähnelnden Norm in den Situationen, in denen sie ihren Zweck erreichen müssen.

Viertens gibt es neben der Zumutbarkeit und der Durchsetzbarkeit nun einmal die technischen Aspekte der Positivierung. Das positive Recht ist durchaus keine bloße Anwendung des Naturrechts oder von moralischen Vorstellungen; es erfordert die Spezifizierung oder die *determinatio*, wie es bei den Vertretern des Naturrechts hieß. Moralische Vorstellungen haben zunächst keine rechtsartige Form, wenn mit rechtsartig etwas gemeint ist, das tatsächlich wie eine Rechtsregel oder ein Gesetz funktionieren kann. Die wirklichen Rechtsregeln aber sind komplexe Gebilde aus klar formulierten Doktrinen und systematisch zum Tragen kommenden Kriterien, und ihre Ausgestaltung und Struktur können Moralphilosophen kaum überblicken oder nachvollziehen.[35] Der Laie beklagt sich mitunter, dass Rechtsfälle aufgrund von ‚Formsachen' bzw. technischen Details gewonnen oder verloren werden. Die Rechtsetzung ist aber weitgehend eine

---

34 Ibid., 731.
35 Die beste moderne Darstellung dessen liefert Finnis 1980, 10. Kap.

technische Angelegenheit, bei der alle möglichen Mittel und Verfahren Anwendung finden, die dem empfindlichen Gewissen intuitiv nicht einleuchten, die es aber braucht, um die Durchsetzbarkeit sicherzustellen (z. B. in den besonderen und selbst wiederum äußerst reglementierten Verhältnissen vor Gericht), um anderen, moralischen Belangen, die für die Rechtssprechung wichtig sind (etwa die verfahrensrechtliche Fairness), Rechung tragen zu können und um zu ermöglichen, dass eine bestimmte Norm ihren Platz in einem einheitlichen und komplexen *corpus juris* einnimmt.

Es ist schon richtig, dass diese technischen Elemente Konventionscharakter haben und nicht unmittelbar mit der Moral in Zusammenhang stehen. Das aber macht aus den Regeln selbst nicht unbedingt Konventionen. Die technischen Aspekte der Positivierung müssten auch dann zur Anwendung kommen, wenn es sich bei der fragliche Rechtsnorm angeblich nur um eine ausgestaltete moralische Norm handelte. Deshalb hält John Finnis sogar im Hinblick auf Normen, bei denen es sich nicht um Konventionen handelt – die Regel beispielsweise, die das Töten untersagt –, fest, dass „es Sache des Konstrukteurs ist, die Dinge zu spezifizieren; er muss präzise festlegen, wo er eine Tötung-unter-den-und-den-Umständen,verortet', in welchen Zusammenhang er sie einordnet. Aus diesem Grund ist „*Niemand darf töten...* " aus dem Blickwinkel von Recht und Gesetz eine so unzulängliche Formulierung."[36] Es müssen die Einzelheiten festgelegt werden; Beweisregeln, Rechtsvermutungen, Beweispflichten müssen aufgestellt werden; die Dinge müssen klar voneinander abgegrenzt werden; operationalisierte Kriterien müssen eingeführt werden; und so weiter.

6. Die Idee von einer Konvention

Ich wollte mit meinen bisherigen Ausführungen nicht darauf hinaus, dass die Hypothese, wonach es sich bei der Zivilistenregel um eine ‚bloße Konvention' handelt, vollkommen unzutreffend ist. Ich habe vielmehr deutlich machen wollen, dass die Sache vielschichtiger ist und sich alternative oder ergänzende Erklärungen dafür anführen lassen, weshalb die Regel moralischen Ansprüchen nicht zu genügen scheint. Im Folgenden aber will ich dem ‚Konventions'-Gedanken direkt entgegentreten.

---

36 Ibid., 283.

Jeremy Waldron

Das Wort ‚Konvention' kann Verschiedenes bedeuten; in der Philosophie wird es in einem technischen Sinne benutzt – und entspricht in etwa der sogenannten ‚Lewis-Konvention'; darüber hinaus hat es eine Reihe unbestimmterer Bedeutungen, von denen einige nicht in dem technischen Sinne aufzufassen sind. Eine Bedeutung, die wir an dieser Stelle beiseite lassen können, ist jene, die in der Wendung ‚Genfer Konvention' zum Tragen kommt, als eine multi-laterale Übereinkunft bzw. Abmachung, die zwischen Nationen ausgehandelt wird und die für eine Partei dadurch bindend ist, dass sie kraft Unterzeichnung und Ratifizierung in sie einwilligt. Wie dargelegt statten die Genfer Konventionen das Völkerrecht mit enorm wichtigen modernen Prinzipien aus, die die Zivilisten in Kriegszeiten unter Schutz stellen. Das aber ist nicht die Bedeutung von Konvention, um die es mir geht. Die Genfer Konventionen umfassen bestimmte Regeln, die durchaus nicht in dem Sinne Konventionen sind, den ich meine und erörtern will: beispielsweise die im Gemeinsamen Artikel 3 niedergelegte Regel, welche die Folter untersagt.

In einem anderen, viel unbestimmteren Sinn von ‚Konvention' bildet *das Konventionale* den Gegensatz zum *Natürlichen*. Eine Version dessen findet sich bei David Hume, der die natürlichen Tugenden den Tugenden gegenüberstellt, die von einer „künstlichen Veranstaltung" oder Einrichtung herrühren.[37] Hume zufolge sind der Rechtssinn und die Achtung vor dem Eigentum künstliche Tugenden.[38] Mit Blick auf die Vorteile, die sich unserer Auffassung nach mit bestimmten Abmachungen verbinden – wie etwa die gegenseitige Achtung vor dem, was dem anderen gehört –, reagieren wir auf Handlungen und Situationen mit einer künstlichen und häufig ziemlich vielschichtigen Bewertung und Einordnung; und das ist etwas ganz anderes als die Reaktionen natürlicher und unverbesserlicher Leidenschaft. Bei dem ‚Kunstgriff' muss es sich nicht um eine wohlüberlegte Abmachung handeln. Eine künstliche Tugend rührt vielmehr von einer Konvention her, bei der es sich Hume zufolge in vielen Fällen um einen Inbegriff des Gemeininteresses handelt:

> Ich sehe, es liegt in meinem Interesse, einen anderen im Besitz seiner Güter zu lassen, vorausgesetzt, dass er in gleicher Weise gegen mich verfährt. Er

---

37 Hume 1978, 474 und 477 [dt. 1978, 216 und 219].
38 Hume räumt ein, dass die Hervorbringungen des menschlichen Beurteilens und Auffassens gewissermaßen ebenso ‚natürlich' sind wie unsere unmittelbaren Empfindungen: Sie erwachsen auf vielschichtige Weise aus unserer Natur; siehe ibid., 474 und 484 [dt., 216 und 227].

seinerseits ist sich eines gleichen Interesses bei der Regelung seines Verhaltens bewusst. Wird dies Bewusstsein eines gleichartigen Interesses wechselseitig kundgegeben, ist es also beiden bekannt, so erzeugt es ein entsprechendes Wollen und Verhalten. Und dies kann füglich eine Konvention oder ein wechselseitiges Einverständnis genannt werden. Das Zwischenglied eines Versprechens ist dazu nicht notwendig. Die Handlungen eines jeden von uns beiden sind bedingt durch die Handlungen des anderen und geschehen unter der Voraussetzung, dass auch von der anderen Seite etwas Bestimmtes geschieht. [...] In ähnlicher Weise entstehen auch allmählich durch menschliche Konventionen, ohne Versprechungen, die Sprachen.[39]

Wir müssen indes aufpassen, dass wir die in Humes Darstellung namhaft gemachten Vorstellungen – dass es sich hier um etwas Artifizielles und um einen Vorgang der Koordination handelt – auseinanderhalten. Manche der Tugenden, die bei Hume artifizielle oder künstliche Tugenden heißen, haben diesen koordinativen Charakter, die die von ihm angeführten Beispiele aufweisen (Besitz und Sprache), nicht. Die mit dem Regieren in Zusammenhang stehenden Tugenden – Untertanenpflicht und Loyalität etwa – fallen unter diese Kategorie, ebenso wie die, die mit der Keuschheit und der Schamhaftigkeit zusammenhängen.[40] Das ist insofern ein wichtiger Punkt, als sich manche Theoretiker, denen zufolge unser traditionelles Unterscheidungsprinzip ein künstliches Gebilde ist, mitunter bemüßigt fühlten – meiner Ansicht nach zu Unrecht –, es als so etwas wie eine aus dem Gemeininteresse hervorgehende Lösung für ein Koordinationsproblem darzustellen.

Die bekannteste philosophische Erklärung von Konventionen stammt von David Lewis.[41] Lewis' Interesse richtet sich auf Konventionen, die Koordinationsprobleme zwischen zwei oder mehr Akteuren lösen. Bei einem einfachen Koordinationsproblem zwischen zwei Personen stehen jeder der beiden zwei Entscheidungsmöglichkeiten offen, und jede muss ihre Wahl unabhängig von der anderen treffen. Wenn jeder der beiden Akteure zwei Wahlmöglichkeiten hat, gibt es vier mögliche Entscheidungspaare. Es besteht zwar kein Interessenskonflikt, doch zwei der Entscheidungspaare werden von den handelnden Personen jeweils als vorteilhaft oder günstig angesehen, die beiden anderen jeweils als unvorteilhaft oder

---

39 Ibid., 490 [dt., 233f.].
40 Siehe Humes Ausführungen „Über die Quelle der Untertanenpflicht", ibid., 539 ff. [dt., 289 ff.] und die Passagen über „Keuschheit und Schamhaftigkeit", ibid., 57 ff. [dt., 322 ff.].
41 Siehe Lewis 1986.

abträglich. Zwei Autos kommen auf einer engen Straße aus entgegengesetzten Richtungen aufeinander zu: Jeder der beiden Fahrer könnte von ihm aus gesehen entweder nach links oder nach rechts ausweichen. Wenn jeder auf die von ihm aus gesehen linke Seite ausweicht, können sie aneinander vorbeifahren, ohne dass sie sich in die Quere kommen, und das vermeiden sie auch, wenn jeder auf die von ihm aus gesehen rechte Seite ausweicht. Aber wenn einer von ihnen auf die von ihm aus gesehen linke Seite ausweicht und der andere auf die von ihm aus gesehen rechte Seite, dann werden sie zusammenprallen oder günstigstenfalls einander den Weg versperren. Wenn derartige Situationen immer wiederkehren, kann eine Konvention Abhilfe schaffen. Bei einer Konvention in Lewis' Sinne haben wir es mit einem Verhaltensregelwerk bzw. einem geregelten Handlungsablauf zu tun, der, wenn beide Parteien sich daran halten, solche Koordinationsprobleme tendenziell zu lösen vermag. In Amerika wird auf der rechten Straßenseite gefahren. Es könnten auch alle links fahren wie in Großbritannien. Diese Regel wäre genauso gut, wenn jedermann bereit wäre, sie einzuhalten. Freilich haben wir in den Vereinigten Staaten unsere eigenen festen Regeln; und niemand, der einigermaßen bei Trost ist, fährt hier auf der linken Seite umher. Die Konvention besagt, dass immer dann, wenn derartige Situationen eintreten, jeder von uns mit den gleichen Erwartungen an sie herangeht, was die wahrscheinliche Entscheidung des anderen betrifft. Dadurch sind wir in der Lage, uns in diesen Situationen nahezu oder ganz ohne Schwierigkeiten zurechtzufinden.

Lewis macht eine hilfreiche Allgemeindefinition einer Konvention verfügbar, die in etwa folgende Struktur hat.[42] (Die Darstellung entspricht nicht genau der Lewis'schen, sondern ist eine vereinfachte Version von ihr.)

> Ein Regelwerk R für das Verhalten der Mitglieder einer Population P, während diese sich als Akteure in einer wiederkehrenden Situation S befinden, ist genau dann eine Konvention, wenn es zutrifft und wenn in P jedermann gesichert davon ausgeht, dass nahezu jedes Mal, da S eintritt, bezogen auf die Mitglieder von P gilt, dass (1) nahezu jedes Mitglied R befolgt; (2) nahezu jedes fest damit rechnet, dass nahezu jedes andere R befolgt; (3) nahezu jedes hinsichtlich aller möglichen Handlungskombinationen annähernd die gleichen Präferenzen hat; (4) nahezu jedes dafür ist, dass jede andere Person R befolgt, sofern nahezu alle R befolgen; (5) nahezu jedes es begrüßen würde, wenn jede andere Person ein anderes Regelwerk, R', befolgte, sofern nahezu alle R'

---

42 Ibid., 78 [dt., 79].

befolgen (wobei R und R' alternative miteinander unvereinbare Handlungen oder Handlungsabläufe in S bezeichnen).

Die Verkehrsregeln erfüllen diese Definition offensichtlich: S bezeichnet die Situation, in der zwei Fahrer aus entgegengesetzten Richtungen aufeinander zukommen; in Amerika steht R für ‚Jedermann bleibt auf seiner rechten Fahrbahnseite' und R' für ‚Jedermann bleibt auf seiner linken Fahrbahnseite'. Jeder von uns möchte, dass die anderen das gleiche Regelwerk befolgen, das wir selbst befolgen; es ist im Grunde egal, ob wir uns an R oder an R' halten; doch weil R sich bei uns etabliert hat, ist es die Konvention, die wir einhalten.

Man kann sich leicht vorstellen, dass jemand die Zivilistenregel als ein Beispiel für R in diesem Schema auffasst, wobei S die periodisch wiederkehrende Situation eines bewaffneten Konflikts ist. Erinnern wir uns, dass diese Konvention McMahan zufolge dazu da ist, die Schrecken des Krieges zu mildern.[43] Jedes Mitglied der internationalen Gemeinschaft möchte die Schrecken des Krieges abgemildert sehen. R ist eine Möglichkeit, diese Schrecken abzumildern. Es schränkt die Kategorie derer, die angegriffen oder getötet werden dürfen, auf die Mitglieder der bewaffneten und uniformierten Streitkräfte ein. Es gibt aber noch andere Möglichkeiten, die Klasse der zulässigerweise angreifbaren und tötbaren Personen einzugrenzen: Wir könnten etwa eine Regel haben, die besagt, dass weder Frauen noch Kinder angegriffen werden sollen (nennen wir sie R'). Doch wenn die meisten anderen Nationen R befolgen und nicht R', dann hat jede Nation ein Interesse daran, sich an R, das traditionelle Prinzip zu halten und es zu befolgen. Demnach ist es eine Konvention. Der Grund dafür, R zu befolgen, hat nichts mit den Vorzügen von R zu tun, die es von R' abheben; der Grund ist vielmehr der, dass es die meisten anderen einhalten und davon ausgehen, dass das auch die anderen (einschließlich uns) tun.

Falls die Zivilistenregel als eine Lewis-Konvention aufzufassen wäre, dann hätte das ein paar bedeutsame Konsequenzen. Erstens schiene daraus zu folgen, dass, wenn andere Armeen die Zivilistenregel nicht befolgen, es für meine Armee nicht vernünftig wäre, an ihr festzuhalten. Das wäre in etwas so, als führe ich in Großbritannien links, nachdem alle aus irgendeinem Grund mit dem Rechtsfahren begonnen hätten.[44] Zweitens schiene es wegen der Interessen der sich bekriegenden Parteien äußerst ungewiss,

---

43 McMahan 2004, 730.
44 Siehe Mavrodes 1975, 86f.

was aus der Zivilistenregel wird. Selbst wenn jede Seite ein Interesse an der Begrenzung der Schrecken des Krieges hätte, könnte es sein, dass dieses Interesse andere Interessen, die eine Nation verfolgt, nicht jedes Mal übertrumpfte. Oder es könnte von einem Interesse an einer anderweitigen Begrenzung der Kriegsschrecken übertrumpft werden: 1945 sahen die Vereinigten Staaten in der vorsätzlichen Tötung von Hunderttausenden Zivilisten in Hiroshima und Nagasaki eine bessere Möglichkeit, die Schrecken am Ende des Zweiten Weltkrieges in gewissen Grenzen zu halten, als in fortgesetzten Gefechten, die das traditionelle Unterscheidungsprinzip beachteten.

So gesehen scheint der Lewis-Ansatz[45] die Vorstellung zu untergraben, nach der es sich bei der Zivilistenregel um ein moralisches Absolutum handelt. Er zeigt auf, dass es unter bestimmten Umständen vernünftig ist, gegen die Regel zu verstoßen, und er bietet nichts, was sich dem entgegenstellen ließe. Natürlich vertreten nicht alle Terroristen genau die gleiche Ansicht in der Sache. Manchen kommt es entgegen, dass Lewis' Ansatz diese Konsequenzen hat. Für andere lassen diese Punkte erkennen, dass er nicht zutreffen kann und also falsch sein muss. Dieser Meinung bin auch ich. Meiner Auffassung nach ist der Lewis-Ansatz als eine Erklärung der Zivilistenregel mangelhaft und letztlich unbrauchbar. Wenn die Zivilistenregel eine Konvention ist, dann muss es sich bei ihr um eine Konvention in einem vageren Sinne als diesem handeln. Erlauben Sie mir zu erläutern, warum.

Lewis-Konventionen weisen zwei auffällige Grundzüge oder Merkmale auf. Das erste betrifft die Übereinstimmung der Interessen: Es ist für alle Beteiligten besser, wenn alle oder die meisten anderen sich nach R richten, und wenn alle oder die meisten anderen sich nach R richten, ist es für einen selbst besser, man hält sich an R. Dieses Merkmal bezeichne ich als die *Konvergenz der Interessen*. Das zweite auffällige Merkmal von Lewis-Konventionen hat mit dem Verhältnis zwischen R und R' zu tun. Bei diesen handelt es sich um beliebige Alternativen oder Varianten in dem Sinne, dass alle Unterschiede zwischen ihnen unbedeutend sind, verglichen mit der Wichtigkeit, die es hat, sich nach der einen oder der anderen von beiden zu richten, gegenüber dem Fehlen eines solchen Regelwerks. Das

---

45 Mit ‚Lewis-Ansatz' meine ich genau jene Herangehensweise, die die Zivilistenregel zu einer Lewis-Konvention erklärt. Ich wüsste nicht, dass der mittlerweile verstorbene David Lewis die Zivilistenregel als eine Lewis-Konvention auffasste.

heißt bei mir das Merkmal der *beliebigen Alternative oder Wahlmöglichkeit*. Lewis' Konzeption verlangt beide Merkmale.

Meiner Auffassung nach ist es zumindest fraglich, ob die Zivilistenregel und ihre Varianten das Merkmal der beliebigen Alternative erfüllen; ich werde mich gleich näher dazu äußern. Doch ich glaube nicht, dass sie das Konvergenz-der-Interessen-Merkmal erfüllen. Wie man sich an dem Beispielfall, da zwei Gruppen sich inmitten eines bewaffneten Konflikts befinden, leicht klarmachen kann, würde es irgendeine der beiden am liebsten sehen, wenn die andere R einhält, während sie das nicht tut. R einzuhalten, verlangt schließlich einiges ab. Was käme da von einem eigennützigen Standpunkt aus so gelegen, wie dass die andere Seite den Preis für das Verschonen seiner eigenen Zivilisten zahlt, während man selbst wahllos, d. h. ohne Unterschiede zu machen, Krieg führt? In einem klassischen Koordinationsspiel ist es nicht sinnvoll, gegen das Regelwerk zu verstoßen, von dessen Einhaltung durch die anderen man selbst fest ausgeht. Im Krieg aber ist das häufig anders und macht durchaus Sinn. Und diese Einschätzung teilen meiner Meinung nach auch häufig die terroristischen Gruppierungen und handeln entsprechend. Sie beschweren sich, wenn *ihnen* die Vorzüge des Rechts in bewaffneten Konflikten nicht gewährt werden; sie selbst aber verstoßen regelmäßig dagegen. Was sie tun, ist nicht richtig; doch sie wären nicht so ‚unklug', die Regeln in einem Koordinationsspiel zu verletzen.[46]

Und was noch wichtiger ist: Es kann für eine Seite auch dann Sinn machen oder vernünftig sein, die Zivilistenregel zu befolgen, wenn die andere Seite das nicht tut. Schließlich wird die Regel (auf beiden Seiten) zum Teil altruistisch begründet statt mit eigennützigen Interessen. Man hält sich aus Sorge um die betreffenden Zivilisten an die Regel, um die Zivilisten auf der anderen Seite genauso wie um die auf der eigenen.[47] Die land-

---

46 Es ist richtig, dass X, wenn es gegen R verstößt, mit Vergeltungsmaßnahmen rechnen müsste. Oder X müsste davon ausgehen, dass die andere Seite R nicht länger einhalten wird, sobald klar geworden ist, dass X sich nicht daran hält. Und diese Merkmale der Wechselseitigkeit und der Vergeltung könnten X dazu bringen, sich wieder den Regeln konform zu verhalten. Das sind jedoch zweitrangige Dinge, und sie selbst bilden nicht die Art von essenziell koordinativem Hintergrund, den es für die Lewis-Konventionen allem Anschein nach braucht.

47 Mag sein, dass man für die eigenen größere Sorge empfindet. Doch wenn man davon Abstand nimmt, Zivilisten auf der Gegenseite anzugreifen, heißt das nicht, dass es sich dabei bloß um eine Strategie zum Schutz der Zivilisten auf der eigenen Seite handelt. Siehe auch die Diskussion in Margalit/Walzer 2009.

läufige Begründung der Regel – sie halte die Kriegsschrecken in Grenzen – erkennt das an. Indem ich davon ablasse, Zivilisten ins Visier zu nehmen, tue ich auch dann etwas für die Eindämmung der Schrecken des Krieges, wenn die anderen sie nicht verschonen. Ich will damit nicht sagen, dass Lewis-Konventionen und altruistische Zusammenhänge einander zwingend ausschließen. Es kann durchaus Fälle von altruistischer Koordination geben, in denen es für mich nicht sinnvoll ist, meine Rolle in einem bestimmten altruistischen Szenario zu spielen, wenn die anderen nicht auch ihre spielen.[48] Doch die Regel, Zivilisten nicht zur Zielscheibe zu machen, entspricht dem nicht.[49]

Aus diesen Gründen glaube ich nicht, dass sich die Zivilistenregel schlüssig als eine Lewis-Konvention im strengen Sinne begreifen lässt. Ihr fehlt das entscheidende Element der wechselseitigen Abhängigkeit der Interessen (selbst wenn man moralische Interessen mit einbezieht).

Kommt die wechselseitige Abhängigkeit vielleicht in einem unbestimmteren Sinn in der Zivilistenregel zum Tragen? Ich kann mir jemanden vorstellen, der sagt, dass das Einhalten der Regel für eine Krieg führende Armee ein gewisses Handicap darstellt, weshalb man von ihr nicht erwarten kann, dass sie sich unter diesen erschwerten Bedingungen abmüht, wenn die gegnerischen Streitkräfte das nicht auch tun. Das Handicap braucht zwar nicht unbedingt auf beiden Seiten genauso stark ins Gewicht zu fallen, gleichwohl aber würde es als *unfair* empfunden werden, wenn eine Partei zügellos Krieg führte, während die andere sich an die rechtlichen Auflagen hielte. In diesem Sinn – und das ist wahrlich ein sehr unbestimmter Sinn von wechselseitiger Abhängigkeit – kann man nicht erwarten, dass ein Unterscheidungsprinzip Bestand hat, wenn sich nicht beide Seiten in den meisten Konflikten tendenziell daran halten.[50]

---

48 Parfit äußerte sich dazu in *Reason and Persons* (Parfit 1984, 95 ff.). Siehe auch Finnis' schöne Darstellung der Koordination im Hinblick auf das Gemeinwohl (Finnis 1980, 7. Kap.).

49 Also irrt sich McMahan meiner Meinung nach, wenn er schreibt (McMahan 2004, 730), dass es für jede Seite in einem bewaffneten Konflikt nur dann vernünftig ist, am Kriegsrecht festzuhalten, wenn das auch die andere Seite macht: „Wenn eine Seite gegen die Übereinkunft, die Konventionen einzuhalten, verstößt, ist es für die andere Seite nicht mehr vernünftig oder moralisch geboten, auch weiterhin an ihr festzuhalten.".

50 Daniel Statman bringt die ‚moralische' Kraft der Konvention in Zusammenhang mit der wechselseitigen Abhängigkeit: „Die moralische Kraft dieser Konvention

Was gibt es nun über das Merkmal der *beliebigen Alternative* zu sagen? In diesem Punkt ist der Lewis-Ansatz aufschlussreicher. Man kann sich die Zivilistenregel in unterschiedlichen alternativen Versionen vorstellen. Jeff McMahan stellt sich offenkundig eine alternative Version vor. Und man kann sich andere denken. In der Vergangenheit haben einige palästinensische Terrororganisationen bekanntgegeben, dass sie sich an ein alternatives Unterscheidungsprinzip halten werden, das Angriffe auf israelische Bürger, die innerhalb der israelischen Grenzen von vor 1967 leben, verbietet, Angriffe auf Siedler innerhalb der besetzten Gebieten jedoch erlaubt. Oder nehmen wir Nordirland zuzeiten der Unruhen: Dort haben nationalistische Gruppen verlautbart, sie würden Zivilisten ins Visier nehmen, die mit der Versorgung von Polizei und Militär mit Waren und Dienstleistungen zu tun haben, aber keine Zivilisten (selbst solche der Gegenseite nicht), die nicht in Verbindung mit den Sicherheitskräften stehen. Wir wissen, dass sich die Zivilistenregel im Laufe der Zeit verändert hat. Dereinst war sie dazu da, um die zivilen Einwohner einer belagerten Stadt als auch ihre militärischen Verteidiger dem Schwert zu übergeben, wenn die Belagerung zum Erfolg geführt hatte. Wir lassen das nicht mehr zu. Der Grundzug der historischen Relativität scheint allerdings darauf hinzudeuten, dass wir es mit etwas von der Art einer Konvention zu tun haben.

Können wir also in unserer Betrachtung vorankommen und eine unbestimmter gefasste Konvention in Anschlag bringen, die – obwohl ihr das Merkmal der *Konvergenz der Interessen* abgeht – auf eine Weise artifiziell oder künstlich ist, die mit dem Gedanken von den *beliebigen Alternativen* in Zusammenhang steht? Ich bin mir nicht sicher, ob sich die beiden Merkmale ganz trennen lassen. Die durch Andrei Marmor entwickelte Konventionsauffassung scheint von der Idee der *beliebigen Alternativen* dominiert zu sein.[51]

> Eine Regel R ist dann und nur dann eine Konvention, wenn sämtliche folgende Voraussetzungen erfüllt sind: 1. Es gibt eine Gruppe von Menschen, eine Gemeinschaft G, die sich unter den Bedingungen B für gewöhnlich an R hält und sie befolgt. 2. Die Mitglieder von G haben einen Hauptgrund dafür, oder

---

hängt daran, dass sie von allen Seiten eingehalten wird. Denn wenn eine Seite gegen sie verstößt, braucht die andere sich nicht mehr an sie zu halten." (Statman 2004, 179). Doch die moralische Kraft kann genau jenes Gute sein, das daraus erwächst, dass eine Seite – irgendeine – sich an die Regel hält, unabhängig davon, was die anderen tun. Für eine weitere Diskussion siehe Meisels 2008, 119 ff.

51 Marmor 1975, 117.

einen vorrangigen Grund (oder eine Kombination von Gründen) – sagen wir A –, R unter den Bedingungen B zu befolgen. 3. Es gibt mindestens eine andere potenzielle Regel [R'] derart, dass, wenn die Mitglieder von G in Wirklichkeit ihr unter den Bedingungen B Folge geleistet hätten, A für die Mitglieder von G ein hinreichender Grund gewesen wäre, [R'] unter den Bedingungen B zu befolgen und nicht R.[52]

Die zweite der von Marmor benannten Voraussetzungen ersetzt die wechselseitige Interessensabhängigkeit durch die Vorstellung von einem gemeinsamen Grund. Dennoch aber gibt es ein Element der wechselseitigen Abhängigkeit in Marmors Darstellung der Beliebigkeit.

Beliebigkeit ist ein wesentliches Definitionsmerkmal von Regeln, bei denen es sich um Konventionen handelt. Genau genommen haben wir es hier mit einer zweifachen Bedingung zu tun. Erstens ist eine Regel dann beliebig, wenn sie eine denkbare Alternative hat. Hat eine Regel keine Alternative, die man befolgen könnte, ohne dass es zu einem signifikanten Verlust käme, was ihre Funktion oder ihren Zweck angeht, dann handelt es sich bei ihr nicht um eine Konvention. Die moralischen Grundnormen etwa sind keine Konventionen. Definiert und beschreibt man sie korrekt, lassen sie keine Alternativen (in dem obigen Sinne) zu. [...] Zweitens stützt sich der Grund für das Befolgen einer Regel, bei der es sich um eine Konvention handelt, auf die Tatsache, dass auch die anderen sie befolgen. [...] Der Grund für das Befolgen einer Konvention stützt sich mit auf die Tatsache, dass sie die Regel ist, die die Menschen der betreffenden Gemeinschaft wirklich befolgen. Hätten sie sich nach einer alternativen Regel gerichtet und sie befolgt, hätte der gleiche Grund A für die alternative Regel gegolten, also für die, welche die Menschen tatsächlich befolgen.[53]

Womit ließe sich diese wechselseitige Abhängigkeit bei Fehlen der Interessenskonvergenz erklären? Damit zum Beispiel, dass der Krieg, soll er überhaupt irgendwelchen Beschränkungen unterliegen, durch Regeln beschränkt werden muss, die von allen oder den meisten Mitgliedern der internationalen Gemeinschaft im Vorfeld eines bestimmten Konfliktes festzusetzen und zu akzeptieren sind. Die Regeln müssen ein gemeinsames Rechtsmittel bilden, das zur Verwendung ‚bereitsteht' und der Konflikte harrt, die da kommen. Legt man die Regeln nicht vorab fest, wird es, wenn ein Konflikt erst einmal ausgebrochen ist, zur Ergreifung solcher Maßnahmen zu spät sein. Vielleicht also ließe sich Marmors dritte Voraussetzung, nämlich:

---

52 Ich habe Marmors Algebra geringfügig abgewandelt, sodass sie mit der von Lewis in Einklang steht.
53 Marmor 1975, 590 f.

Zivilisten, Terrorismus und todernste Konventionen

> Es gibt mindestens eine andere potenzielle Regel [R'] derart, dass, wenn die Mitglieder von G in Wirklichkeit ihr unter den Bedingungen B Folge geleistet hätten, A für die Mitglieder von G ein hinreichender Grund gewesen wäre, [R'] zu befolgen und nicht R unter den Bedingungen B erklären, indem man sagt, dass, hätte man sich auf R' festgelegt gehabt statt auf R, und hätte R' und nicht R im Vorfeld dieses Konfliktes (oder irgendeines bestimmten Konflikts) bereitgestanden (gleichsam), R' die Regel gewesen wäre, welche die Parteien auf Grund A hin befolgt hätten (wenn sie überhaupt irgendeine solche Regel befolgen sollten).

Dann aber wäre der Rede von der Beliebigkeit kaum noch Sinn abzugewinnen. Dass R' statt R bereitsteht, mag Beleg für einen moralischen Fortschritt sein. Zum Beispiel denken wir, dass unsere Sicht auf das Töten von Zivilisten den Vorstellungen der Belagerungskriegsführung überlegen ist. Oder nehmen wir ein anderes Beispiel: Grotius hielt fest, dass es lange ganz selbstverständlich erlaubt war, Gefangene zu töten, zumindest unter bestimmten Umständen, dass aber die zivilisierten Länder sich heutzutage nicht mehr nach dieser Regel richten.[54] Und doch: Hätte die frühere Regel noch bereitgestanden, wäre *sie* diejenige gewesen, die man befolgt hätte. Das aber zeigt nicht, dass die zwei Regeln *beliebige* Alternativen sind. Gäbe es die frühere Regel noch und würde sie als das einzige Rechtsmittel zum Umgang mit derartigen Situationen gelten, ließe das vielmehr erkennen, dass der moralische Fortschritt, den es für eine bessere Regel braucht, noch ausstünde.

Im vierten Abschnitt habe ich mich den moralischen Kontroversen zugewendet. Da ist beispielsweise die Auseinandersetzung zwischen Jeff McMahan und anderen über die Frage, welches Unterscheidungsprinzip das beste sei. Die Traditionalisten verteidigen, was ich die Zivilistenregel nenne; McMahan schlägt eine bessere Regel vor (die auf seinem ‚Verantwortungs-prinzip' beruht). Zugleich sieht er die Gefahr, die von einer ungeklärten Kontroverse zwischen Kombattanten über die Frage ausgeht, welche Regel die zur Befolgung wichtige und richtige sei: Wenn *beide* Regeln verfügbar sind, besteht die Gefahr, dass keine Regel befolgt wird, weil sich in der Hitze des beginnenden Gefechts den Kombattanten keine von beiden als *die* Regel aufdrängen wird, die sie einhalten sollen. Daher gesteht McMahan zu, dass es zumindest bis auf Weiteres besser ist, wenn alle Kombattanten die traditionelle Regel einhalten. Was allerdings nicht heißt, dass er in den Regeln beliebige Alternativen sieht. Sein Zugeständ-

---

54 Grotius 2005, 1364.

nis ähnelt der Haltung eines Spielers im ‚Kampf der Geschlechter'-Spiel[55]: Die Eheleute haben vor, am Abend auszugehen; er würde gern in die Oper gehen, sie dagegen lieber ins Ballett; vor allem aber wollen sie den Abend gemeinsam verbringen, statt dass jeder seine oder ihre Lieblingsveranstaltung allein besucht.[56]

7. Todernste Konventionen

Ich habe zu Beginn meiner Ausführungen angedeutet, dass es mir weniger um die Zurückweisung der These geht, wonach es sich bei dem traditionellen Unterscheidungsprinzip um eine Konvention handelt, als um den Nachweis, dass das, was an ihm Konvention ist (worum auch immer es sich dabei genau handelt), nicht als etwas betrachtet werden sollte, das seine moralische Wichtigkeit herabsetzt. Ich habe mir vorgestellt, dass jemand mit der Frage hervortritt „Was soll am Töten von Zivilisten so Verwerfliches sein, wenn doch die Regel, die es verbietet, bloß eine Konvention ist oder ein künstliches technisches Hilfsmittel?' So gestellt, ist die Frage unlauter und unverantwortlich. Dennoch gibt es hier ein schwerwiegendes Problem, dem man sich zuwenden muss: Wenn wir gelten lassen, dass die Zivilistenregel wesentliche Elemente einer Konvention sowie wichtige technische Elemente umfasst, die sie zwangsläufig von den geläufigen moralischen Normen abheben, wie sollten wir dann auf den Gedanken kommen, dass das Verstoßen gegen sie eine ernste Sache ist?

Zunächst muss gesagt werden, dass, selbst wenn die Wahl einer Konventionsregel beliebig ist, das nicht zutrifft, was das Haben einer Konvention anbelangt. Nehmen wir das Beispiel der Verkehrsregeln. Nichts scheint trivialer als die Wahl des Linksfahrens oder des Rechtsfahrens. Doch ohne Koordination und Festlegung auf das eine oder das andere endet alles im Chaos, bestenfalls im Stillstand, sehr wahrscheinlich im Ge-

---

55 Eine exzellente Darstellung findet sich in Hampton 1988, 150–161.
56 Marmor erkennt das, wenn er festhält (Marmor 1975, 590), dass „Beliebigkeit [...] nicht mit Gleichgültigkeit durcheinandergebracht werden sollte. [...] [D]ie dritte Voraussetzung meint nicht, dass den Menschen, die die Konvention einhalten, die Entscheidung zwischen R und R' gleichgültig sein sollte. Die Regel ist auch dann beliebig im Sinne der Voraussetzung, wenn man einen Grund hat, eine der anderen vorzuziehen, aber doch nur, sofern der Grund für die Bevorzugung einer der Regeln nicht stärker ist als der Grund dafür, die Regel zu befolgen, welche die anderen tatsächlich befolgen.

metzel. Man erreicht nichts von dem, was man erreichen wollte, wenn man sich nicht auf eine Konvention festlegt und an ihr festhält. Und der entscheidende Punkt ist, dass der Grund dafür, eine Konvention zu haben, einen Grund dafür liefert, sie einzuhalten. Ein Verstoß gegen die Regel wird in vielen Fällen zu Tod und Chaos führen. Diese (Verkehrs-)Regel ist eine beliebige Konvention; allerdings eine äußerst ernste, ja *todernste* beliebige Konvention.[57] Wenn die Zivilistenregel eine Konvention ist, dann eine solche. Sie ist eine todernste Konvention: Ernst insofern, als sie eine Reaktion auf ein wichtiges zugrundeliegendes Motiv darstellt, nämlich die Eindämmung der Grausamkeiten des Krieges, und todernst, was die Konsequenzen dieses Verstoßes gegen sie angeht.

Auf manche Konventionen trifft zu, dass einzelne Verstöße gegen sie ihnen kaum etwas anhaben können. So schwächen etwa meine grammatischen Schnitzer die Sprache nicht. Daraus folgt jedoch nicht, dass Verletzungen und Verstöße harmlos sind. Fahre ich in England auf der rechten Seite, so ist das extrem gefährlich, wenn die geltende Konvention dadurch auch nicht erschüttert wird. In manchen Fällen aber ist es auch so, dass die Verstöße die Konvention untergraben oder dem Wohl der Allgemeinheit schaden, das zu sichern und zu befördern sie eingeführt wurde. Meiner Ansicht nach lässt sich das auch von der Zivilistenregel sagen. Diese zielt sowohl auf die schiere Eindämmung der Grausamkeiten als auch auf die Schaffung einer Atmosphäre sittlicher Zurückhaltung als gemeinsames Gut aller, und das selbst noch unter den schrecklichsten Kriegsbedingungen. Eines der Dinge, die gegen den vorsätzlichen Verstoß gegen die Immunität der Zivilisten sprechen – und zweifellos (um wieder auf unser eigentliches Thema zu sprechen zu kommen) eines der Dinge, die gegen den Terrorismus sprechen –, ist mithin, dass er die Bewahrung dieses gemeinsamen Guts zu einem Unternehmen macht, das nun viel leichter scheitern und in sich zusammenfallen kann. Solche Verstöße sind nicht mit den einzelnen Beiträgen zur Umweltverschmutzung zu vergleichen: Ein Tropfen im Ozean, das macht, wenn man so will, kaum einen wahrnehmbaren Unterschied. Dagegen aber können uns dauernde Verstöße, mit denen mächtige Organisationen Politik machen, schnell und nah an den kritischen Punkt bringen, an dem die Konvention einfach kollabiert. Wir sollten nicht vergessen, dass trotz der großen Zahl von Menschen, die wirklich in Gefechte verwickelt waren und sind, die Zahl der einzelnen Staaten und

---

57 Siehe auch Finnis 1980, 232.

bewaffneten Organisationen mit militärischen Doktrinen ziemlich klein ist (sie geht,gerade einmal' in die Hunderte).[58] Ferner lösen die erkannten Verstöße, zumal wenn sie politisch motiviert scheinen, Kettenreaktionen aus, die mit hoher Wahrscheinlichkeit beträchtliche Ausmaße haben. (Der Terrorismus verstärkt diese Dominoeffekte noch – oder versucht das zumindest, so dass die einzelnen Vorfälle negativ auf die allgemeine Zuversicht durchschlagen.) Wegen all dem, was für jede Gruppe in einem bewaffneten Konflikt auf dem Spiel steht, wegen des Problems, dass die Regelkonformität ihren Preis hat, wegen der Versuchungen, sich einen Positionsvorteil zu verschaffen und wegen der Angst, ausgenutzt zu werden, wird jedes Gefühl, dass andere sich im bewaffneten Konflikt einen Vorteil sichern, indem sie gegen diese Normen verstoßen, wieder andere voraussichtlich dazu veranlassen, gleichfalls gegen sie zu verstoßen.

Jede Konvention kann ein gewisses Ausmaß an Zuwiderhandlungen aushalten und diesen zum Trotz fortbestehen; doch mitunter ist ihr Ende schneller gekommen als gedacht.[59] Was das Kriegsrecht betrifft, so gelangt es in einem Umfeld zur Anwendung, das zwangsläufig dazu angetan ist, dass es die meiste Zeit über in der Nähe dieser,Schwelle zum Verschwinden' operiert. Seine Regeln werden im günstigsten Fall nicht genau eingehalten und manchmal gar nicht. Wiederholte Verstöße bzw. die Entwicklung und Durchsetzung von Doktrinen, die das Kriegsrecht missachten, erhöhen daher die Wahrscheinlichkeit, dass irgendwann der Punkt erreicht ist, an dem auch und wesentlich aufgrund der Vielzahl der Verstöße das ganze Unternehmen scheitert.

8. Mord

Den allerwichtigsten Punkt habe ich für den Schluss aufgehoben, und er wird uns schließlich so über Konventionen denken lassen, dass die Passagen vom Anfang begründet und gerechtfertigt erscheinen. Die artifiziellen Kriegsrechtsregeln (soweit sie artifiziell sind) einschließlich des konventionalen Prinzips der Unterscheidung zwischen Soldaten und Zivilisten (soweit es sich dabei um eine Konvention handelt) verrichten ihre Arbeit

---

58 Ich meine nicht bloß die Zahlen bezogen auf irgendeinen bestimmten Krieg, sondern sogar bezogen auf die Kriege im Allgemeinen.
59 Vgl. die Argumentation in Kraut 1987, 131–134.

nicht bloß vor einem Hintergrund aus Gefahr, Zerstörung und Tod – zu diesem Szenario gehört auch der *Mord*.

Die Norm, mit der wir uns auseinandersetzen – die Zivilistenregel – mag künstlich sein und einer Konvention gleichkommen, sie verbietet jedoch nichts, was außerhalb ihres Operationsbereichs vollkommen zulässig wäre. Sie hat nichts von einer Parkregelung an sich, die dort ein Verbot einführt, wo vorher keines war.[60] Im Gegenteil, die konventionale Regel, die Angriffe auf Zivilisten verbietet, belegt etwas mit einem Verbot, das – abseits vom Kriegsrecht – bereits ein schwerwiegendes moralisches Vergehen darstellen würde. Die Standardmeinung ist, unabhängig von jeder Konvention, dass das vorsätzliche Töten oder Angreifen eines Menschen als Mord einem Verbot unterliegt. Das Recht in bewaffneten Konflikten kennt eine Ausnahmeregel dazu; es begründet ein in Fachkreisen sogenanntes Hohfeld'sches Privileg auf etwas ansonsten Untersagtes. Und die Zivilistenregel sollte als eine Einschränkung des Geltungsbereichs dieses Privilegs aufgefasst werden.

Gäbe es das Recht und die Sitten in bewaffneten Konflikten nicht, wäre *jedes* Töten im Krieg Mord.[61] (Es ist entschieden *nicht* die Standardmeinung, dass man im Krieg jeden Beliebigen töten darf und dass die Zivilistenregel *dies* immer mehr überlagert hat.) Es ist so, dass das Kriegsrecht eine künstliche Linie gezogen hat, um eine bestimmte Klasse der Tötungen von dem auf dem Mord liegenden Verbot auszunehmen. Die Zivilis-

---

60 Vgl. die Darstellung der Haltung der Bush-Administration zu den Genfer Konventionen in Waldron 2010, 7. Kap., 196 ff.
61 Ein großer Teil dessen, was wir als ‚Kollateralschaden' bezeichnen, wäre gleichfalls Mord, denn rechtlich und moralisch ist die Gattung der Morde nicht auf vorsätzliche Tötungen eingegrenzt. (Ohne das Kriegsrecht wäre die von jemandem verübte Sprengung eines Gebäudes mit dem Ziel, eine Person zu töten, die dieser Jemand töten wollte, wobei dabei vorhersehbarerweise auch andere Personen starben, die er nicht zu töten beabsichtigte, eindeutig Mord an diesen Personen. Philosophen begehen einen schädlichen Irrtum, wenn sie glauben, dass die Lehre vom Doppeleffekt manche Tötungen, wie eben diese, zulässig macht. Die meisten Rechtssysteme stellen ein solches rücksichtsloses Töten als Mord unter Strafe.) Das Kriegsrecht modifiziert den Sachverhalt, indem es das absichtliche Töten erlaubt (wenn es sich um das eines feindlichen Kombattanten handelt) und mitunter das unabsichtliche Töten als zulässig erklärt, sofern das zur Erreichung eines legitimen militärischen Zieles notwendig ist und die Verhältnismäßigkeit dabei gewahrt wird. Wenn aber diese Bedingungen (Notwendigkeit und Verhältnismäßigkeit) nicht erfüllt sind, bleibt das unabsichtliche Töten Mord oder (im günstigsten Fall) eine schwere Form von strafbarer Tötung wie etwa Totschlag.

tenregel widerspiegelt den Standpunkt, dass es sich bei diesem Ausnehmen bestimmter Tötungen von dem auf dem Mord liegenden Verbot um ein teilweises und nicht um ein totales Ausnehmen handelt. In dieser Hinsicht ist die *Malum-prohibitum*-Auffassung, mit der hier und da in dieser Abhandlung gespielt wurde – mitunter aus der Perspektive anderer Autoren, mitunter habe ich selbst sie erwogen – irreführend. Die grundlegende Prämisse jeder angemessenen Darstellung muss lauten, dass das Töten von Zivilisten prinzipiell *malum in se* ist. Das Element des Künstlichen oder Konventionalen ändert daran nichts.

Diese Behauptung ist vielleicht ein bisschen übereilt. Die meisten Darstellungen des Hintergrunds, d. h. der grundlegenden moralischen Normen, die das Töten zu etwas Falschem machen, führen verschiedene Einschränkungen an. Die Angesehenste nennt den Selbstschutz oder den Schutz anderer, und vielleicht allgemeiner noch den Widerstand gegen ungerechte Angriffe und deren Abwehr. Und es ließe sich die Meinung vertreten, dass die konventionalen Elemente – wie etwa die Regel gegen das Nichttöten von Zivilisten – *diesen Teil* des Hintergrundes betreffen, statt dass sie die Regel gegen das Töten *an sich* einschränken. Dieser Ansicht nach behält man, wenn man das konventionale Element wegnimmt (oder worum auch immer es sich bei der Regel über den Schutz bzw. die Immunität der Zivilisten handelt), nicht die blanke Regel gegen den Mord zurück, sondern eine eingeschränkte Regel gegen den Mord. Das ist richtig gesehen. Die Einschränkung aber darf nicht überhand nehmen und zu viel zulassen. Einerseits ist die Notwehr eine rechtlich wie moralisch sehr streng begrenzte Rechtfertigung für das Töten. Es räumt einer Person gewiss nicht das Recht ein, jeden Beliebigen zu töten, falls das ihrer Verteidigung und der anderer dient; lediglich die unmittelbarsten tödlichen Bedrohungen machen eine solche Reaktion statthaft. Andererseits umfasst auch die Zivilistenregel einige solcher Einschränkungen: Ein Zivilist, der ein Gewehr angelegt hat und zielt, darf getötet werden.[62] Selbst wenn man gelten lässt, dass der moralische Hintergrund – die Standardmeinung – in dieser Weise komplex oder vielschichtig ist: Eine Betrachtung der Zivilistenregel wird zutage bringen, dass sie diese Vielschichtigkeit widerspiegelt. Und die Schlussfolgerung, für die ich hier eingetreten bin, ergibt sich daraus: Das absichtliche Töten von Zivilisten ist Mord, selbst dann, wenn

---

62 Siehe beispielsweise Artikel 51(3) des Ersten Zusatzprotokolls zu den Genfer Konventionen.

es militärisch geboten scheint. Um Mord handelt es sich nicht auf der Grundlage der Geltung der Zivilistenregel, sondern auf der Grundlage der von ihr vertretenen Beschränkung des künstlichen Privilegs auf das Töten von Kombattanten.

Man sollte überdies zur Kenntnis nehmen, dass eine einleuchtende Darstellung der Vielschichtigkeit und Komplexität des Hintergrunds keine irgendwie geartete Rechtfertigung dafür liefert, diejenigen zu töten, die für einen ungerechten Angriff oder andere Formen der Ungerechtigkeit verantwortlich sind. Jemand, der McMahans Vorschlag nachgehen will, könnte sich auf diesen Standpunkt stellen und vorbringen, dass die Zivilistenregel das künstlich verbietet (mag sein aus guten Gründen), was ansonsten das gerechtfertigte Töten der Schuldigen wäre. Das stimmt so aber nicht. Es gibt keine allgemeine moralische Erlaubnis, diejenigen zu töten, die sich einer Ungerechtigkeit schuldig gemacht haben.

Damit dürfte unmittelbar klar sein, dass die zu Beginn vertretene Position berechtigt ist. Die Tötungen vom 11. September waren Morde, und sie waren Morde im eigentlichen Sinne. Sie waren keine berechtigten Notwehrhandlungen; und sie konnten unmöglich deshalb gerechtfertigt gewesen sein, weil die im World Trade Center arbeitenden Menschen in die Ungerechtigkeiten des Kapitalismus der amerikanischen Außenpolitik verstrickt gewesen wären und eine Mitschuld an ihnen getragen hätten. Es waren Morde, Punkt; keine Morde in einem speziellen oder künstlichen Sinn von ,Mord'. Die Zivilistenregel, obwohl sie in gewissen Hinsichten einer Konvention gleichkommt, stiftet keinen speziellen oder künstlichen Sinn von Mord. Sie gemahnt uns vielmehr an die strengen Beschränkungen, denen das spezielle und künstliche Privileg auf das Töten von Kombattanten in Kriegszeiten unterliegt.[63]

---

63 Diese Schlussfolgerung trifft im Übrigen nicht bloß auf das absichtliche Töten von Zivilisten durch Terroristen zu, sondern auch auf das absichtliche Töten von Zivilisten durch organisierte Streitkräfte. Das Töten der Zivilisten in Hiroshima und Nagasaki war Mord im eigentlichen Sinne. (Ich sage nicht, dass Hiroshima und der 11. September moralisch gleich stark ins Gewicht fallen; das tun sie definitiv nicht, obgleich die Leser anderer Meinung sein könnten, was die unterschiedliche Gewichtung anbelangt; ich sage lediglich, die Ereignisse haben das gemeinsam, dass sie beide mit einer großen Zahl an Morden in dem von mir erläuterten Sinne einhergingen.) Auf das vorhersehbare, aber unbeabsichtigte Töten treffen die Ausführungen in Anmerkung 61 zu. Wenn es nicht durch die Normen Notwendigkeit und Verhältnismäßigkeit gerechtfertigt ist, handelt es sich auch dabei um ein schuldhaftes Töten und in vielen Fällen um Mord im eigentlichen Sinne.

Aus dem Dargestellten folgt noch einiges mehr; darunter ist manches, das aus philosophischem Blickwinkel ziemlich interessant ist. Wenn es sich bei einer Regel um eine Konvention handelt, dann, so möchte man meinen, muss sie durch konsequentialistische Kalküle bekräftigt werden – der Nutzen davon, eine Konvention zu begründen und zu haben – und kann genauso gut auch durch konsequentialistische Kalküle angegriffen werden, wenn die Vorteile des Verstoßens gegen sie oder des sie Fallenlassens die guten Auswirkungen, die mit ihrer Geltung einhergehen, zu überwiegen scheinen. Im besten Fall hält man Konventionen für regelutilitaristische und indirekt utilitaristische Normen in einer Zweiebenentheorie.[64] Womöglich lassen sie sich in gewissem Umfang vor direkten konsequentialistischen Kalkülen in Schutz nehmen, auf Dauer aber können und sollen sie keinen Bestand haben, wenn ihre Zwecke von anderen Regeln wirksamer durchgesetzt werden könnten.

Nun aber zeigt sich, dass das, auch wenn es auf manche konventionale Regeln zutrifft, nicht für die Zivilistenregel gilt. Mehrmals schon habe ich in meinem Beitrag der Auffassung beigepflichtet, dass es bei der Regel entscheidend darum geht, die Schrecken des Krieges in Grenzen zu halten, und es wurden verschiedene Möglichkeiten erörtert, wie die Regel von dieser Zielvorgabe her eine Schwächung erleiden könnte: Zum Beispiel ließen sich die Schrecken des Krieges vielleicht eher durch den Einsatz von Terrorwaffen auf große Städte in Grenzen halten, der für ein schnelles Ende des Krieges sorgen würde. In Wahrheit aber ist das eine irreführende Darstellung der normativen Kraft der Regel. Die normative Kraft der Regel ist deontologisch: ‚Du sollst nicht töten'. Dass es falsch ist, Zivilisten zu töten, gilt unabhängig von dem Ziel, die Kriegsschrecken zu begrenzen: Das Töten von Zivilisten ist Mord.[65]

Das Ziel, die Kriegsschrecken in Grenzen zu halten, kommt folgendermaßen ins Spiel. Das Völkerrecht hat – aus Gründen, die hier nicht zur Debatte stehen – anerkannt, dass es mit dem Krieg eine eigene Bewandtnis hat, und privilegierte bzw. erlaubte Tötungen, bei denen es sich ansonsten um Morde handeln würde. Dadurch drohen, wie wir alle wissen, schreckliche moralische Verhältnisse: nämlich Schlachtfelder als rechtsfreie Räume. Um *diesem* Horror zu begegnen, beharrte man darauf, das

---

64 Siehe Hare 1982, 25–64.
65 Es kann natürlich sein, dass jemand eine utilitaristische Auffassung von der Falschheit des Mordes vertritt, deren Prinzipien dann eben auch durch konsequentialistische Kalküle angreifbar sind.

Töten in Kriegszeiten nicht völlig‚freizugeben'; manche Tötungen sind zulässig, andere wiederum bleiben Mord. Es mag sein, dass die Entscheidungen, welche Tötungen erlaubt werden sollten, wie viel Raum auch weiterhin der Mord einnehmen und wie dieser Raum abgegrenzt werden sollte – dass diese Entscheidungen unter dem Zeichen konsequentialistischen Nachdenkens stehen. Sollensethisch bzw. deontologisch ließen sie sich kaum angehen (zumindest nicht ohne vorzugeben, man verfüge über bestimmte deontologische Prinzipien, die einem in Wahrheit jedoch nicht zur Verfügung stehen – wie etwa McMahans‚Verantwortungsprinzip': es ist richtig, diejenigen zu töten, die für Aggressionen und Ungerechtigkeiten verantwortlich sind).

Die Schwierigkeit besteht jedoch darin, dass uns in der Moral- oder Rechtstheorie eine klare Ansicht dazu fehlt, was es rechtfertigt, bestimmte Tötungen in Kriegszeiten zu erlauben (zumindest eine, die ernsthaft zu ermessen versucht, was es heißt, ein Töten zu erlauben, bei dem es sich ansonsten um Mord handeln würde). Wir haben zu lange mit einem Modell operiert, demzufolge es Standardmeinung sei, dass man in Kriegszeiten jeden Beliebigen töten dürfe und dass man den Menschen *das* ausreden müsse, wenn man die Zivilisten unter Schutz stellen bzw. ihnen Immunität verleihen will. (Und das ist vielleicht das praktische oder politische Problem; für eine Moraltheorie ist das allerdings nicht der richtige Ansatz.) Wir haben uns so lange nach diesem Modell gerichtet, dass wir nicht mehr klar – und sorgfältig und mit der nötigen moralischen Strenge – nachzudenken wissen darüber, wie legitim es ist, Menschen im Krieg das Leben zu nehmen. Dieser Frage müsste man sich als nächstes zuwenden; bedauerlicherweise kann sie in diesem Beitrag jedoch nicht mehr erörtert werden.

Literaturverzeichnis:

Blackstone, William (1979): Commentaries on the Laws of England. Bd. I, Einführung, 2. Teil. Chicago.
Dworkin, Ronald (1986): Law's Empire. Cambridge.
Finnis, John (1980): Natural Law and Natural Rights. Oxford.
Gentili, Alberico (2010): On the Law of War. Buch I, 1. Kap., 8 (Hein online, 5.1.2010).
Grotius, Hugo (2005): The Rights of War and Peace. Indianapolis.
Hampton, Jean (1988): Hobbes and the Social Contract Tradition. Cambridge.

Hare, Richard M. (1982): Moral Thinking: Its Levels, Method, and Point. Oxford.

Holmes, Stephen (2006): The Matador's Cape: America's Reckless Response to Terror. Cambridge.

Honderich, Ted (2003): After the Terror. In: McGill-Queen's University Press [dt. (2004): Nach dem Terror: ein Traktat. Neu-Isenburg].

Hume, David (1978): A Treatise of Human Nature. Oxford [dt. (1978): Ein Traktat über die menschliche Natur. Bd. II. Hamburg].

Kraut, Richard (1987): Socrates and the State. Princeton.

Lewis, David (1986): Convention. Hoboken [dt. (1975): Konventionen. Berlin].

Margalit, Avishai/Walzer, Michael (2009): Israel: Civilians and Combattants. In: New York Review of Books, 14.5.2009.

Marmor, Andrei (1975): Deep Conventions. In: Philosophy and Phenomenological Research, 74.

Mavrodes, George I. (1975): Conventions and the Morality of War. In: Philosophy & Public Affairs, 4.

McMahan, Jeff (2004): The Ethics of Killing in War. In: Ethics.

Meisels, Tamar (2008): The Trouble with Terror: Liberty, Security and the Response to Terrorism. Cambridge.

Parfit, Derek (1984): Reason and Persons. Oxford.

Rawls, John (1986): Political Liberalism. New York, [dt. (2003): Politischer Liberalismus].

Statman, Daniel (2004): Targeted Killing. In: Theoretical Inquiries in Law. 5.

Waldron, Jeremy (2010): Torture, Terror, and Trade-Offs. Oxford.

Personenrechte und die Kriegsrechtsbestimmungen

David Rodin

Im letzten Jahrzehnt hat sich innerhalb der analytischen Moralphilosophie ein einflussreicher neuer Denkansatz herausgebildet.[1] Im Zuge dessen wurden die für große Teile der Theorie vom gerechten Krieg kennzeichnenden kollektivistischen Grundannahmen fallengelassen oder in beträchtlichem Umfang zurückgenommen und stattdessen die Menschenrechte in den Vordergrund gerückt. Die in diesem Rahmen entfaltete Ethik des Krieges richtet sich an der Frage aus, wann und unter welchen Bedingungen eine Person angreifbar wird und unter tödlichen Beschuss genommen werden darf. Dabei werden nicht vorrangig die für die Kriegspraxis geltenden geschichtlichen und juristischen Normen in den Blick genommen, sondern vielmehr der Stellenwert und die Art der Rechte des Einzelnen [*individual rights*], häufig im Rückgriff auf theoretische Überlegungen, Argumente und Analogien, die nicht mit dem Krieg in Zusammenhang stehen.

Seine Kraft bezieht der Ansatz daraus, dass er von einem fest umrissenen minimalen Punkt seinen Ausgang nimmt: Personen haben moralische Rechte [*moral rights*], und wer eine Person tötet oder verstümmelt, ohne dass diese Person sich etwas zuschulden kommen ließ, das eine solche Behandlung rechtfertigen würde, der begeht ein schweres moralisches Verbrechen. Diese Grundidee wurde herangezogen, um die Theorie vom gerechten Krieg in maßgeblichen Hinsichten zu überarbeiten und neu zu regeln. Dabei geriet auch die Lehre von der „moralischen Gleichstellung der Soldaten" infrage. Diesem von Michael Walzer eindringlich verteidigten Kernstück der modernen Theorie vom gerechten Krieg zufolge haben Kombattanten auf beiden Seiten jedes Konflikts die gleichen Rechte und Pflichten (die Symmetrie- oder Gleichstellungsthese) und hängen die *In-bello*-Rechte und -Pflichten von Kombattanten nicht vom *Ad-bellum-*

---

[1] Zu den Schlüsseltexten dieses neuen Ansatzes zählen: Coady 2008; Fabre 2012; Hurka 2005; McMahan 2004 und 2009; Rodin 2002.

Status ihres Konflikts ab (die Unabhängigkeitsthese).² Diese traditionelle Lehre lässt sich jedoch sehr schwer mit der Konzeption von den individuellen Menschenrechten in Einklang bringen. Wenn alle Menschen das Recht auf Leben besitzen, welche Rechtfertigung hätten die für eine ungerechte Sache kämpfenden Kombattanten dann für das Töten feindlicher Kombattanten, die nichts weiter tun, als sich mit zulässigen Mitteln gegen eine ungerechte Aggression zur Wehr zu setzen?

Nach der auf den Rechten basierenden Auffassung hingegen dürfen ungerechte Kombattanten (jene, die sich an einem militärischen Einsatz beteiligen, der unter *Ad-bellum*-Gesichtspunkten ungerecht ist) generell keine feindlichen Kombattanten töten.³ Ich nenne diese Sicht die „beschränkende Nichtgleichstellung" (Asymmetrie).⁴ Einige Theoretiker des auf den Rechten basierenden Ansatzes behaupten ferner, dass manche Nichtkombattanten angreifbar sind und also unter Beschuss genommen werden dürfen, wenn sie die Verantwortung für die ungerechten Kriegsakte anderer tragen.⁵ Diese Ansicht bezeichne ich als die „zulassende Nichtgleichstellung".⁶ Diese beiden Auffassungen sind voneinander unabhängig, und wie ich an anderer Stelle dargelegt habe, spricht viel dafür, dass die beschränkende Nichtgleichstellung auf der Ebene der grundlegenden moralischen Haftbarkeit zutreffend und richtig ist, die zulassende Nichtgleichstellung oder Ungleichbehandlung hingegen nicht.⁷

Mit diesen neuen Arbeiten hat es jedoch eine merkwürdige Bewandtnis. Obwohl die in den Rechten gründende Sicht innerhalb der analytischen Philosophie großen Zuspruch gefunden hat und im Ansehen einer „neuen Orthodoxie"⁸ gleichkommt, findet sie im Zusammenhang mit der Anwendung und Weiterentwicklung des Völkerrechts und der Völkerrechtswissenschaft kaum Berücksichtigung. Nicht überraschen dürfte vielleicht, dass Juristen sich nicht mit dieser philosophischen Literatur befasst haben – die Fachgrenzen sind fest und undurchlässig. Schon erstaunlicher ist al-

---

2 Walzer 2000, 3. Kap.
3 Außer in den in der ersten Anmerkung genannten Texten wird diese Position erörtert in: McPherson 2004, 485; Øverland 2006, 455. Für Kritik an dieser Sicht siehe Benbaji 2008, 464; Kutz 2005, 148; Lazar 2010, 180.
4 Rodin 2008, 55.
5 Siehe insbesondere McMahan 2009, 5. Kap.
6 Rodin 2008, 55.
7 Rodin 2008, 56ff.
8 Der Ausdruck stammt von Seth Lazar, einem bedeutenden Kritiker der in den Rechten gründenden Auffassung.

lerdings, dass manche der herausragenden Verfechter der auf den Rechten basierenden Sicht, allen voran Jeff McMahan, sich nach Kräften gezügelt haben, eine Neuregelung des Völkerrechts zu fordern.[9] Somit sind sich die Verfechter der moralischen Nichtgleichstellung und ihre Widersacher bemerkenswert einig darin, dass das Kriegsrecht keiner umfassenden Korrektur bedarf – die von ihnen vertretene Position ließe sich als „Rechtskonservativismus" bezeichnen.

Dagegen werde ich argumentieren, dass diese geteilte Position einen Irrtum darstellt. Wenn die in den Rechten gründende Sicht richtig ist, sind wir verpflichtet, uns um eine einschneidende Korrektur zentraler Aspekte des staatlicherseits vollstreckbaren Kriegsrechts zu bemühen; nicht nur des Rechts bewaffneter Konflikte, sondern auch entsprechender Aspekte des inländischen Rechts und des operativen Vorgehens der Streitkräfte. Speziell werde ich argumentieren, dass, wenn die beschränkende Nichtgleichstellung unter moralischen Gesichtspunkten zutreffend ist, ungerechten Kombattanten nicht das Rechtsprivileg [*legal privilege*] auf das Töten feindlicher Kombattanten oder der Schutz vor der Haftbarmachung für die Beteiligung an einem ungerechten Krieg gewährt bzw. eingeräumt werden sollte. Im letzten Abschnitt entfalte ich einige der konkreten möglichen Auswirkungen im Zusammenhang mit dem Recht. Worum es mir jedoch vorrangig geht, ist, eine Reihe von Argumenten zu entkräften, die die moralische Tragfähigkeit gleichstellender Kombattantenrechte vom Recht her zu begründen und abzusichern suchen. Zunächst werde ich auf die Argumente von Jeff McMahan eingehen, denenzufolge die Einräumung des Rechtsprivilegs auf Feindestötung an die ungerechten Kombattanten mit der Bekräftigung der moralischen Nichtgleichstellung vereinbar ist. Im Anschluss wende ich mich den Argumenten Henry Shues und Michael Walzers zu, die sich gegen die rechtliche wie die moralische Ungleichbehandlung aussprechen. Diesen Theoretikern zufolge gibt es eine Spaltung, die jedoch nicht zwischen Recht und Moral verlaufe, wie McMahan glaubt, sondern vielmehr zwischen dem Moralkodex, der für den Krieg gilt, und der Alltagsmoral, bei der ein starkes individuelles Recht auf Leben eine solch herausragende Stellung innehat. Ich behaupte, dass beide Positionen einem ähnlichen Irrtum unterliegen, einem Irrtum, was Wesen und Ursprung der zugrundeliegenden moralischen Normen und auch was die Schranken betrifft, die diese dem Recht auferlegen.

---

9 McMahan 2008, 19.

David Rodin

Moralische Einschränkungen des Rechts

Dieser Artikel befasst sich mit der Frage, wie die Prinzipien des Völkerrechts unter Moralgesichtspunkten zu bewerten sind. Selbstverständlich sollte diese Frage nicht mit der Debatte darüber vermengt werden, ob moralische Erwägungen über die Rechtssetzung mitentscheiden. Selbst wenn man mit Rechtspositivisten gelten lässt, dass es sich bei den Verordnungen der Nationalsozialisten um originäres Recht handelte, können jene gesetzlichen Bestimmungen dennoch einer moralischen Bewertung unterzogen werden. Wenn Gesetze oder Rechtsgrundsätze der Moral zuwiderlaufen, wie die der Nazis es taten, ist das ein Kritik- und Ablehnungsgrund, der Anlass gibt, auf ihre Außerkraftsetzung oder Abänderung hinzuwirken.

Wann verstößt das Recht auf anstößige oder kritikwürdige Weise gegen die Moral? Sind die Argumente zugunsten der beschränkenden moralischen Nichtgleichstellung zutreffend, dann weichen das Kriegsrecht (das das Töten gerechter Kombattanten erlaubt) und die Ethik des Tötens (nach der dies nicht zulässig ist) beträchtlich voneinander ab. Das bloße Voneinanderabweichen von Recht und Moral ist jedoch noch kein zureichender Beleg für die moralische Kritikwürdigkeit des Völkerrechts.

Inhaltlich unterscheidet sich das Recht in der Regel von der Moral, und das hat auch aus moralischem Blickwinkel seine Richtigkeit. Recht und Moral können auf etliche geläufige und begründbare Weisen voneinander abweichen. Zunächst einmal gibt es moralische Aspekte, die kein entsprechendes Gegenstück im Recht haben. Das gilt ausdrücklich für die auf Perfektion und auf die Tugenden gerichteten Aspekte der Moral. Ein Regelwerk, das perfektionistischen Werten oder Tugenden zur Durchsetzung zu verhelfen suchte, müsste als Zudringlichkeit gelten, doch was noch wichtiger ist, es wäre kontraproduktiv: denn als Wert gilt einem eine Tugend in erster Linie deshalb, weil sie das Resultat des eigenen unerzwungenen Tuns darstellt. Die Nötigung durch das Recht würde das zunichte machen, was unserem Dafürhalten nach das Wertvollste an der Verwirklichung moralischer Werte und Tugenden ist.

Zweitens sind einige moralische Rechte und Güter zu banal und unerheblich, als dass man sie durch ein Regelwerk schützen sollte, weswegen ihre Installierung erheblich mehr Aufwand bedeuten als Nutzen bringen würde. So ist es zwar beispielsweise falsch, jemanden grundlos zu beleidigen, der Schaden solcher Beleidigungen rechtfertigt allerdings noch nicht Aufwand und Kosten eines vollumfänglichen gesetzlichen Schutzes (als

Ausnahmen sind hier Volksverhetzung, Aufwiegelung und Fälle erheblicher Unrechtshaftung zu nennen).

Drittens handelt es sich bei einigen Rechtsbestimmungen um reine Konventionen, die zwar eine moralisch wichtige Koordinierungsfunktion haben, bei denen aber die speziellen Koordinationsmodalitäten moralisch nicht vorgegeben sind und daher im freien Ermessen liegen. Der *locus classicus* ist die rechtsverbindliche Pflicht, auf einer bestimmten Seite der Straße zu fahren. Es macht moralisch keinen Unterschied, auf welcher Straßenseite wir fahren, solange wir alle dieselbe benutzen.

Viertens besteht ein wichtiger moralischer Zweck eines Rechtssystems in der Beförderung des Gemeinwohls, dem es dient. Aus diesem Grund sollte das Recht so ausgearbeitet und durchgesetzt werden, dass die Folgen und externen Kosten, die es selbst verursacht (einschließlich der ungewollten Auswirkungen und verkehrten Anreize), dabei Berücksichtigung finden. Derartige Auswirkungen lassen es unter Umständen angeraten sein, Inhalte, die von der Moral abweichen, in das Recht aufzunehmen. Dann etwa, wenn sich eine bestimmte Form der rechtlichen Regulierung zerstörerisch auf genau die Rechte und Werte auswirken würde, zu deren Schutz sie eigentlich gedacht war.

Von den ersten drei Überlegungen lässt sich keine auf die Bestimmungen des *ius in bello* anwenden, zu denen auch die gleichstellenden Kombattantenrechte zählen. Die *In-bello*-Bestimmungen handeln von Rechten und nicht von perfekt gedachten Werten, und die nämlichen Rechte sind von zentraler Bedeutung und dabei moralisch nicht beliebig.

Die vierte Überlegung allerdings gehört zur Sache und ist hier von Belang. Etliche Autoren haben geltend gemacht, dass genau solche Gemeinwohlerwägungen die juristische Beibehaltung gleichstellender Rechte für Kombattanten im Krieg rechtfertigen. Welche Gründe werden dafür angeführt? Erstens würde es die Ablehnung der rechtlichen Gleichstellung weniger wahrscheinlich machen, dass ungerechte Kombattanten sich an andere wichtige *In-bello*-Verbote halten wie etwa die Immunität von Nichtkombattanten und die Forderungen nach Notwendigkeit und Verhältnismäßigkeit. Denn wenn man ihnen die gleichen Kombattantenrechte einzuräumen verweigert, werde ihnen ein Anreiz fehlen, die geltenden *In-bello*-Verbote zu befolgen. Falls zwischen dem Angreifen gerechter Kombattanten und dem Angreifen von Nichtkombattanten moralisch nicht unterschieden würde, hätten ungerechte Kombattanten kaum Grund, im Zuge ihrer Angriffe auf gerechte Kombattanten Rücksicht auf Zivilisten zu nehmen und sie zu verschonen. Zweitens würde sich das Haftbarmachen von

Soldaten für die Beteiligung an einem ungerechten Krieg ungünstig auf die Fähigkeit der Staaten auswirken, eine leistungsfähige Verteidigungsarmee aufzustellen und aufrechtzuerhalten. Die Ablehnung der rechtlichen Gleichstellung berge demnach das Risiko, dass gerechte Staaten sich angreifbarer machen und verwundbarer werden. Drittens könnten sich Kombattanten in einem ungerechten Krieg zum Weiterkämpfen veranlasst sehen, wenn sie fürchten müssten, für diesen Krieg haftbar gemacht und zur Verantwortung gezogen zu werden, wodurch wiederum Kriege verlängert und Leiden vergrößert würden.

Jedes dieser Argumente ist problematisch, und es gibt meiner Ansicht nach gute Gründe, ihre Folgerungen in Zweifel zu ziehen. Doch einen solchen Nachweis will ich hier nicht führen. Ich möchte vielmehr der Frage nachgehen, welche Rückschlüsse sich aus diesen Argumenten auf den moralischen Zustand des Rechts ziehen ließen, wenn sie zutreffen würden und eine rechtliche Verankerung der beschränkenden Nichtgleichstellung tatsächlich größere zerstörerische Folgen für das Gemeinwohl hätte. Vor allem interessiert mich, wie man sich das Verhältnis von Recht und Moral vorstellen müsste, um in diesen Erwägungen hinreichende Gründe dafür zu sehen, die Gleichstellung der Soldaten in rechtlicher Hinsicht zu befürworten, während man sie gleichzeitig aus moralischer Perspektive zurückweist. McMahan gibt die Annahmen treffend wieder:

> Die Moral des Krieges ist nichts, das wir uns ausgedacht hätten. Man hat keinen Einfluss auf sie; sie ist, was sie ist. Und die Rechte und der Schutz, den sie ungerechten Kombattanten einräumt und gewährt, unterscheiden sich stark von denen, die sie gerechten Kombattanten zuspricht. Bei den Kriegsrechtsbestimmungen aber handelt es sich um Konventionen oder Vereinbarungen, die wir treffen, um dem Zusammenbruch der Moral, der zum Krieg geführt hat, entgegenzuwirken und um die Grausamkeiten des Krieges abzumildern, damit es im Ergebnis dieser Bemühungen moralischer zugeht und Zustände herrschen, die gerechter sind als zuvor. Aus den genannten Gründen [...] muss das Kriegsrecht mit Blick auf gerechte und ungerechte Kombattanten größtenteils oder ausnahmslos Neutralität wahren.[10]

Einige der Rechtsgebilde entsprechen dieser Beschreibung ganz ohne Frage und haben eine solche Stellung inne. Man denke an jene Klauseln, die von Juristen sogenannte *Mala-prohibita*-Straftatbestände festsetzen.[11] Es handelt sich hierbei um Rechtsbestimmungen, die in einen Bereich, in

---

10 McMahan 2008, 35.
11 Zur Unterscheidung zwischen *malum prohibitum* und *malum in se* siehe Waldron 2005, 1691 [und in diesem Band oben Seite 131; Anm. d. Hg.].

dem zuvor (Handlungs-)Freiheit herrschte, ein Verbot einführen. Bei Parkregelungen haben wir es mit typischen *Mala-prohibita*-Vorschriften zu tun. Wäre das Parken nicht geregelt, bräuchte man nicht achtgeben, dass man auf eine bestimmte Weise parkt und nicht anders. Die Verbote erfüllen eine gesellschaftlich nützliche Funktion dadurch, dass sie das Verhalten koordinieren, wobei Ausgestaltung und Inhalt des Verbots ganz dem gesellschaftlichen Nutzen und dem Beitrag, den es zu ihm leistet, untergeordnet sind. Es gibt keine zugrundeliegende „Moral des Parkens", von der man erwarten dürfte, dass der Gesetzgeber ihr durch das Recht zu Geltung und Befolgung verhilft oder verhelfen muss.

In anderen seiner Erscheinungsformen verhält es sich mit dem Recht jedoch nicht so. Die Straftatbestände des *mala in se*, wie etwa die meisten Strafrechtsklauseln, gewährleisten die gesetzliche Regelung des Handelns, das unabhängig vom Recht ohnehin verkehrt ist. In solchen Fällen führt das Recht nicht einfach ein gesellschaftlich nützliches Verbot oder eine Koordinierungsfunktion ein, wo zuvor Handlungsfreiheit war. Vielmehr macht es eine zugrundeliegende Norm geltend und verhilft ihr so zur Durchsetzbarkeit. William Blackstone gemahnt uns daran, dass *Mala-in-se*-Verstöße, wie beispielsweise die gegen Rechte und die elementare Gerechtigkeit, „an ein übergeordnetes Recht und seine Bestimmungen gebunden sind und waren, bevor Menschen jene Gesetze erlassen haben."[12] Das bedeutet, dass es dem Gesetzgeber moralisch nicht freisteht, sich auf irgendeine Konfiguration zu verlegen, die den maximalen Nutzen verspricht; er ist mit Blick auf das Recht und seine Inhalte den zugrundeliegenden Normen verpflichtet.

Betrachten wir das folgende Beispiel, um nachvollziehen zu können, in welcher Form der Gesetzgeber beim *Mala-in-se*-Recht den zugrundeliegenden Normen inhaltlich verpflichtet ist. Stellen wir uns eine Gesellschaft vor, in der eine verachtete ethnische Minderheit Beleidigungen und Schikanen ausgesetzt ist. Diese Unsitte gelangt in einer grausigen Tradition an ihren Tiefpunkt, bei der an jedem Nationalfeiertag ein einzelner Mann aus dieser Minderheit gefangen gesetzt und dann auf dem zentralen Hauptstadtplatz rituell erhängt wird. In den Jahren, in denen das Sündenbock-Ritual nicht stattfindet oder fehlschlägt, nehmen die verbalen und tätlichen Übergriffe gegen die Minderheit dramatisch zu, wodurch einige Dutzend Menschen mehr getötet werden, als das normalerweise der Fall

---

12 Blackstone 1860, 56.

ist. Nehmen wir nun an, es sei ein Vorschlag zur Festsetzung einer Reihe von Rechtsregelungen für den Umgang mit der Minderheit in dieser Gesellschaft eingebracht worden. Die Gesetzgeber lassen sich von humanitären Gedanken leiten und sie haben guten Grund zu der Annahme, dass die bestmögliche Regelung zum Schutz der Rechte der ethnischen Minderheit als ganzer eine wäre, die die Hängung des rituellen Sündenbocks unter streng kontrollierten Auflagen billigen würde, während es den Mitgliedern der Gemeinschaft außerhalb dieses ganz speziellen Kontextes umfassende Immunität gewährt.

Wäre eine solche gesetzliche Regelung aus moralischer Sicht zulässig? Sicher nicht, das scheint klar, da ein solches Gesetz gegen die zugrundeliegenden moralischen Rechte verstoßen würde. Es ist wichtig, dass man sich wirklich klarmacht, worin dieser Konflikt besteht. Es ist nämlich keineswegs so, dass das vorgeschlagene Gesetz die Rechte der Minderheit nicht *sichern* oder *schützen* würde, zumindest in einem bestimmten Verständnis der Sicherung von Rechten. Wir könnten um der Argumentation willen gelten lassen, dass das Sündenbock-Gesetz die kleinstmögliche Zahl an Rechtsverstößen quer durch die ganze Gesellschaft zur Folge hätte. Der entscheidende moralische Einwand ist vielmehr der, dass das Gesetz den Verstoß gegen die moralischen Rechte des Opfers in bestimmter Weise instrumentalisiert. Das Gesetz hat den Tod des Sündenbocks zwar nicht verfügt, es hat jedoch ein juristisches Recht auf die Verletzung seines moralischen Rechts auf Leben begründet, und zwar als *ein Mittel* zum Schutz eines anderen Gutes. Als solches verstößt das Gesetz an sich gegen die zugrundeliegenden moralischen Rechte der potentiellen Opfer.

Die Ähnlichkeit zu McMahans Position gegenüber dem Kriegsrecht ist augenfällig. McMahans Ansicht nach räumen die Kriegsrechtsbestimmungen ungerechten Kombattanten ein Rechtsprivileg auf das Töten moralisch unschuldiger gerechter Kombattanten ein, um dadurch, durch dieses Mittel, sicherzustellen, dass das Kriegsrecht insgesamt befolgt wird und ungerechte Schädigungen in der Folge auf ein Minimum beschränkt bleiben. Festzuhalten ist in diesem Zusammenhang außerdem, dass das Töten gerechter Kombattanten durch ungerechte Kombattanten nicht einfach ein Gegenstand ist, auf den das Recht nicht explizit eingeht. Das Rechtsprivileg fungiert oder wirkt als ein positives Recht auf Töten, ganz ähnlich wie beim nationalen Strafrecht die Freiheit zum Töten in Notwehr ein Recht darstellt.[13] Es bildet eine kodifizierte Ausnahme zu einem festgeschriebenen Verbot, auf die man sich in normativen und juristischen Argumentationszusammenhängen dezidiert berufen und stützen kann. Entsprechend äußert sich etwa das britische *Manual of the Law of Armed Conflict* summarisch über das Recht bewaffneter Konflikte: „Kombattanten haben *das Recht [the right]* anzugreifen und dem Feind mit allen Mitteln Widerstand zu leisten, die durch das Recht bewaffneter Konflikte mit keinem Verbot belegt sind."[14]

Von Seth Lazar stammt der Einwand, dass zwischen dem Sündenbock und Soldaten im Krieg zwei wesentliche Unterschiede bestehen. Erstens wisse man im Falle des Sündenbocks schon vorher, wer Opfer und wer Täter sein wird, im Krieg aber lasse sich nicht *ex ante* sagen, wer auf der gerechten und wer auf der ungerechten Seite stehen wird. Zweitens sei die Tötung des Sündenbocks ein außerordentlich schweres Verbrechen, schwerer noch sogar als das Töten von Soldaten, die sich nichts haben zuschulden kommen lassen: Der Betroffene des Opferungsrituals sei vollkommen schutz- und wehrlos, und außerdem habe er sich ganz bestimmt nicht freiwillig in diese schlimme Lage gebracht.[15]

Keine dieser Überlegungen aber hilft uns in diesem Fall bei der Urteilsbildung weiter. Wenn der Sündenbock in einer vom Opferkult geprägten Gesellschaft getötet würde, in der Gewalt sich nur dadurch verhindern ließe, dass die rituelle Tötung eines zufällig ausgewählten Mitglieds eben dieser Gemeinschaft erlaubt würde, wäre das Gesetz dadurch nicht annehmbarer. Vergleichbar liegt der Fall bei vielen Kombattanten im Krieg, die wie der Sündenbock auch dem Geschehen völlig wehr- und schutzlos ausgeliefert sind oder waren: Man denke an einen sowjetischen Soldaten, der sich unter dem fürchterlichen Sperrfeuer der deutschen Artillerie in seinem Schützengraben zusammenkauerte. Würde das Recht indes erlauben, dass der Sündenbock in eine Art Gladiatorenkampf genötigt werden könnte, in dem er Waffen tragen dürfte und eine 50-prozentige Siegchance hätte, stünde es darum nicht minder im Widerspruch zu den zugrundeliegenden moralischen Rechten dieses Menschen. Seine Kraft bezieht dieses Beispiel nicht aus den schulderschwerenden Umständen (der Herbeiführung) des Todes, sondern aus seinen Strukturmerkmalen: Denn was das

---

13 Siehe hierzu Rodin 2002, 30f.
14 UK Ministry of Defense: The Manual of the Law of Armed Conflict, Oxford 2005, 38 (Hervorhebung hinzugefügt).
15 Vgl. Lazar 2012.

Recht [*the law*] tut, ist, den Verstoß gegen moralische Rechte [*moral rights*] für politische Zwecke zu instrumentalisieren.

Vielleicht aber ergibt sich das kritisierbare Resultat bloß aus dem Umstand, dass das Recht [*the law*] ungerechten Soldaten ein positives Recht [*positive right*] auf das Töten nichtbelangbarer gerechter Soldaten einräumt. Lazar vertritt die These, dass ein modifiziertes Recht, das das Töten gerechter Kombattanten einfach überginge – und es weder mit einem Verbot belegen noch ausdrücklich gestatten würde –, moralisch annehmbar wäre. Dabei aber blendet er aus, dass eine zentrale moralische Funktion des *Mala-in-se*-Rechts darin besteht, zugrundeliegende moralische Rechte zur Geltung zu bringen und ihnen zur Durchsetzbarkeit zu verhelfen. Das Recht kann diese Funktion genauso durch stillschweigendes Übergehen verfehlen wie durch entschiedene Bejahung oder ausdrückliches Verbot.

Nehmen wir (als nicht ganz passendes Beispiel) einen Befehlshaber, der ein gewisses moralisch wichtiges Ziel erreichen könnte, wenn einige Zivilisten in dem durch ihn kontrollierten Gebiet getötet würden. Er befehligt einen Zug, der wegen des Todes eines geliebten Waffengefährten darauf brennt zu töten, und bevor er sie in das Gebiet auf Patrouille schickt, erteilt er ihnen weder Vorschriften, noch gestattet er ihnen das Töten von Zivilisten – er übergeht diesen Punkt einfach stillschweigend. Ein solches Vorgehen würde eine schwere Verfehlung darstellen: Ein Befehlshaber ist verpflichtet, seine Männer davon abzuhalten, Zivilisten zu töten. Ganz ähnlich besteht ein elementarer Zweck des Rechts in der Ächtung von Verstößen gegen Grundrechte. Wie sich denken lässt, ist das Recht nicht immer in der Lage, dies wirksam oder zufriedenstellend zu gewährleisten. Was viele Gründe haben kann: Dem Recht könnten die geeigneten Mittel fehlen oder es könnte als Institution oder rechtlich unterentwickelt sein. Eine Rechtssystem, das es aus welchen Gründen auch immer versäumt, die Verletzung elementarer moralischer Rechte faktisch zu verbieten, offenbart darin seine grundsätzlichen moralischen Mängel und es muss nach moralischen Gesichtspunkten überarbeitet und weiterentwickelt werden.

Es gibt noch einen anderen sehr interessanten Einwand, den Lazar gegen meine Position in Stellung bringt. Er behauptet, dass viele Kombattanten, deren Kampf kein gerechter ist, nicht getötet werden dürfen, weil ihre Verantwortung für die Straftat, die die ungerechte Sache darstellt, nicht groß genug ist. Wenn das stimmt, dann instrumentalisiert selbst eine Position beschränkender Nichtgleichstellung, die das Recht auf Töten ausschließlich gerechten Kombattanten einräumt, eine juristische Bewilligung, jene zu töten, die nicht haftbar gemacht oder belangt werden können. Auch wenn hier nicht der Ort ist, sich diesem Einwand zuzuwenden, glaube ich, dass Lazar die Voraussetzungen für die moralische Haftbarkeit missversteht. Kombattanten operieren im Krieg weisungsgebunden im Rahmen einer Befehlskette. Richtet sich ihr kollektives Handeln auf ein ungerechtes Ziel, sind sie Teil einer, wie man im innerstaatlichen Zusammenhang sagen würde, kriminellen Verschwörung. Es leuchtet ein, dass der Betroffene einer innerstaatlichen Verschwörung das Recht hat, jeden an der Verschwörung Beteiligten in Notwehr zu töten, wenn das unvermeidlich ist. Das schließt selbst Beteiligte an der Verschwörung ein, die keine direkte Bedrohung darstellen (zum Beispiel den Fahrer, den Kundschafter) oder unter Zwang agieren oder der verständlichen, wenn auch falschen Überzeugung sind, ihr Tun sei berechtigt. Der zur Rechtfertigung von Verteidigungsmaßnahmen notwendige Grad der Verantwortung ist noch geringer als der zur Strafbarkeit notwendige, weshalb manche Verschwörer selbst dann zur Verteidigung getötet werden können, wenn sie sich nichts haben zuschulden kommen lassen, was eine Bestrafung rechtfertigen würde. Ich darf vielleicht auch daran erinnern, dass *Ad-bellum-*Straftaten, die militärische Verteidigungsmaßnahmen rechtfertigen, in meiner Darstellung viel enger und präziser gefasst sind als in der Theorie vom gerechten Krieg oder im Völkerrecht. Wenngleich manche Kombattanten, die weisungs- und befehlsgebunden im Dienste solcher ungerechten Zielsetzungen operieren, eine Entschuldigung haben, die sie vor Strafe schützt, ist es doch äußerst unwahrscheinlich, dass diese Entschuldigungsbedingungen sie unangreifbar machen und also gegenüber Selbstverteidigungsangriffen der anderen Seite immunisieren bzw. in Schutz nehmen.

Daraus scheint sich zwingend der Schluss zu ergeben, dass, wenn die beschränkende Nichtgleichstellung auf der moralischen Ebene zutrifft, das auf der Gleichstellung beruhende derzeitige Kriegsrecht aus genau dem gleichen Grund wie das Sündenbockgesetz unhaltbar ist. Es räumt bestimmten Personen ein Rechtsprivileg auf Verstoß gegen die moralischen Rechte anderer ein, um dadurch jenseits davon liegende Ziele zu erreichen. Rechtsbestimmungen, die diese Form aufweisen, verstoßen als solche eindeutig gegen wichtige moralische Rechte.

Dass solche Bestimmungen gegen moralische Rechte verstoßen, bedeutet freilich nicht unbedingt, dass sie an sich und überhaupt moralisch unzulässig sind. Es ist denkbar, dass sich diese rechtlichen Bestimmungen (obgleich sie zugegebenermaßen gegen Rechte verstoßen) als das geringere Übel rechtfertigen ließen, wenn jede andere alternative Rechtsregelung hinreichend schlechte Folgen nach sich ziehen würde. Sobald einem jedoch aufgeht, dass hier zugrundeliegende moralische Rechte auf dem Spiel stehen – es nicht bloß darum geht, gute und schlechte Folgen von Regelungen insgesamt auszutarieren wie im Falle der *Mala-prohibita*-Straftaten – wird deutlich, dass zur Rechtfertigung solcher Rechtsbestimmungen sehr viel mehr erforderlich ist. Gibt es Fälle, in denen das *Mala-in-se*-Recht gerechtfertigtermaßen billigt, was moralisch untersagt ist?

Ein geeigneteres Beispiel ist die Straffreiheit, in deren Genuss Diplomaten im Dienst und deren Mitarbeiterstab kommen. Die Rechtfertigung für diese Immunität ist fraglos von der Form des geringeren Übels. Weil der Wahrung offener diplomatischer Beziehungen eine solche Bedeutung zukommt, wäre es zu gefährlich, Diplomaten in ihren Dienstländern strafrechtlich zu verfolgen, weil die rechtlichen Schikanen und Störmanöver, zu denen es in der Folge nach dem Prinzip „Auge um Auge, Zahn um Zahn" leicht kommen könnte, die diplomatischen Beziehungen rasch völlig zum Erliegen bringen könnten.

Die von dem Grundsatz der diplomatischen Immunität umfasste Freistellung von strafrechtlicher Verfolgung begründet jedoch kein Rechtsprivileg auf Zuwiderhandlung gegen moralische oder innerstaatliche Rechtsnormen. So betont das Wiener Übereinkommen über konsularische Beziehungen, das den modernen Grundsatz festschreibt, denn auch ausdrücklich, dass „[a]lle Personen, die Vorrechte und Immunitäten genießen, [...] unbeschadet derselben verpflichtet [sind], die Gesetze und sonstigen Rechtsvorschriften des Empfangsstaats zu beachten."[16] Und weil wir eine Rechtfertigung diskutieren, die ein potenziell geringeres Übel darstellt, kommt es entscheidend auf die Zahlen an. Die Gesamtzahl des diplomatischen Personals geht in die Zehntausende und übersteigt vielleicht die Hunderttausendermarke, indes die Mitgliederzahl der bewaffneten Streitkräfte im Millionenbereich angesiedelt ist. Außerdem gehört es nicht in den Aufgabenbereich von Diplomaten, Gewalt anzuwenden oder sich an Aktivitäten zu beteiligen, bei denen der Verstoß gegen innerstaatliches Recht die Norm ist. Ich kenne nur ein modernes Beispiel für einen Mord, der von einer Person begangen wurde, die sich der Vorrechte diplomatischer Immunität erfreute (1984 wurde die Polizistin Yvonne Fletcher von einer in der libyschen Botschaft in London tätigen Person erschossen). Da-

---

16 Wiener Übereinkommen über konsularische Beziehungen 1963, Art. 55.1. (Dt. Text verfügbar unter: http://www.admin.ch/opc/de/classified-compilation/19630069/201304100000/0.191.02.pdf [26.8.2013].

gegen gehört die Gewaltanwendung zum Handwerk der Soldaten, und der altbekannten Maxime entsprechend, dass ein Krieg unmöglich auf beiden Seiten gerecht sein kann, vollzieht sich ein beträchtlicher Teil des militärischen Handelns von Soldaten im Zusammenhang ungerechter Kriege. Wenn es sich, wie die Verfechter der beschränkenden Nichtgleichstellung nicht müde werden zu betonen, bei Tod und Zerstörung, die ungerechte Soldaten über gerechte Kombattanten bringen, um schwere moralische Verbrechen handelt, dann begründet das Recht [the law] in der Tat ein juristisches Freiheitsrecht auf Beteiligung an massiven Verstößen gegen moralische Grundrechte, damit in Ausübung desselben andere gute Zwecke erreicht werden können (wobei die Tauglichkeit des Mittels vollkommen unerwiesen ist). Man kann sich kaum vorstellen, wie sich eine solche Rechtsregelung unter elementaren moralischen Gesichtspunkten vertreten lässt.

Loslösung und Trennung der Kriegsmoral von der Alltagsmoral

Im letzten Abschnitt wurde der Fall einer moralisch zulässigen Abweichung der inhaltlichen Bestimmungen des Rechts von der Moral des Krieges untersucht, wobei davon ausgegangen wurde, dass die beschränkende Nichtgleichstellung auf der elementaren moralischen Ebene zutreffend und richtig ist. Etliche Autoren argumentieren anders herum. Zwar müssen sich Recht und Moral des Krieges auch ihrer Auffassung nach decken, für sie aber steht die Nichtgleichstellung in einem regelrechten Gegensatz zum geltenden Kriegsrecht, und das wiederum liefert ihnen einen starken Grund, diese Position auf der moralischen Ebene genauso abzulehnen wie auf der rechtlichen.

Henry Shue und Michael Walzer vertraten beide die Ansicht, dass die moralische Nichtgleichstellung deshalb falsch ist, weil der Krieg seine eigenen Gesetze hat, und darum müsse in ihm ein Moralkodex gelten, der sich von dem des Alltagslebens außerhalb von Kriegszusammenhängen grundlegend unterscheidet.[17] Shue und Walzer zufolge gehen die Verfechter der Nichtgleichstellung von der nicht gesicherten, aber als zutreffend unterstellten, letztlich jedoch falschen Annahme oder Voraussetzung aus, dass die angemessenen Regelungen für den Krieg und jene, die für die an-

---

17 Shue 2008, 44; Walzer 2011.

deren Aspekte des Alltagslebens zutreffend oder passend sind, sich entsprechen bzw. zusammengehören und ein Ganzes bilden. Krieg sei grundverschieden vom Alltagsleben. Und darum sei die Kriegspraxis mit vielen der Alltagsregeln zwangsläufig unvereinbar.

Shue zufolge besteht das Problem mit der Nichtgleichstellung darin, dass ihre Verfechter sich auf die Behauptung versteifen, nach der das Kriterium der Angreifbarkeit im Krieg die moralische Belangbarkeit des *Einzelnen* ist. Doch angesichts dessen, was Krieg bedeutet, wäre kein Kombattant in der Lage zu ermitteln, ob der feindliche Kombattant, den er ins Visier nimmt, die Bedingungen der individuellen moralischen Belangbarkeit erfüllt. Darum müssten wir uns hinsichtlich einer normativen Regelung, die im Krieg Anwendung finden soll, auf ein Belangbarkeitskriterium festlegen, das sich von dem in Nichtkriegszusammenhängen geltenden deutlich unterscheidet, und das sei bei dem im Kombattantenstatus gründenden Kriterium gewährleistet.

Walzer verweist auf die universellen Kennzeichen des Soldatenseins: Krieg ist seiner Ansicht nach eine grundlegend auf Zwang beruhende kollektivierende Erfahrung, welche die Berücksichtigung und Durchsetzung von moralischen Rechten Einzelner auf dem Schlachtfeld unmöglich macht.

Shue und Walzer vertreten beide die Auffassung, dass die Kritik an der Moral (oder den rechtlichen Bestimmungen) des Krieges, die sich auf ihre Abweichung von den moralischen Geboten des Alltagslebens richtet, von nicht gesicherten Voraussetzungen ausgeht. Denn zunächst müsse erst einmal bewiesen werden, dass Kriegsmoral und Alltagsmoral ein zusammengehörendes Sinnganzes bildeten und dass die Kriegsmoral mit der Alltagsmoral übereinstimmen sollte. In einer früheren Arbeit (auf die Shue sich zustimmend bezieht) äußert Walzer scharfe Kritik an McMahans Position:

> Was Jeff McMahan vorlegen will […], ist eine sorgfältige und genaue Darstellung der Verantwortlichkeit der Einzelnen in Kriegszeiten. Was er tatsächlich vorlegt, ist aus meiner Sicht eine sorgfältige und genaue Darstellung dessen, worin die Einzelpersonen-Verantwortlichkeit im Krieg bestehen würde, wäre der Krieg ein Geschehen in Friedenszeiten.[18]

Aus dieser Argumentation ergeben sich zwei fundamentale Fragen. Erstens: Stimmt es, dass nichtgleichstellende Rechtsbestimmungen unmöglich eine moralisch annehmbare Anwendung finden können? Es gibt ge-

---

18 Walzer 2006, 43.

wichtige Gründe, Zweifel an dieser Behauptung anzumelden, denen ich mich im letzten Abschnitt zuwenden werde. Zweitens gehen beide Autoren davon aus, dass die moralisch angemessene Reaktion auf eine Handlungspraxis, bei der es zwangsläufig zu Verstößen gegen elementare alltagsmoralische Positionen kommt, eine, wie man sagen könnte, „zulassende Regelung" sein kann – die der Praxis stattgibt und sie gleichzeitig unter Regulierungsaufsicht stellt –, und kein uneingeschränktes Verbot sein muss.[19] Stimmt das?

Um zu verstehen, worum es hier geht und was dabei auf dem Spiel steht, können wir überlegen, was sich den Äußerungen eines Befürworters der Sklaverei entgegenhalten ließe, der 1806 den für ein Verbot eintretenden Kritikern Folgendes erwidert hätte: „Ich höre von Ihnen immer, dass die Sklaverei moralisch unzulässig ist, weil sie sich mit der Menschenwürde und dem elementaren Gebot, wonach niemand einem anderen gehören soll, nicht vereinbaren lässt. Doch wenn man die für das alltägliche Leben geltenden moralischen Regeln auf das ganz andere Feld der Sklavenhaltung überträgt, geht man einfach von nicht gesicherten Voraussetzungen aus. An keinem Punkt haben Sie den Beweis erbracht, dass die für das Alltagsleben angemessenen moralischen Regeln mit den für die Sklavenhaltung angemessenen Regeln ein zusammengehörendes Sinnganzes bilden. In Wahrheit unterscheidet sich die Sklavenhaltung so sehr vom Alltagsleben, dass sie völlig undurchführbar wäre, müsste man sich an die herkömmlichen moralischen Regeln halten wie zum Beispiel das Verbot des Eigentumsbesitzes von Personen – dies ist wirklich einer der tragischen Aspekte der Sklaverei. Wenn wir die Sklavenhaltung Regeln unterwerfen wollen mit dem Ziel, ihre Übel abzumildern, sind wir gezwungen anzuerkennen, dass sich diese Regeln von denen der herkömmlichen Moral grundlegend unterscheiden und den Besitz anderer Personen zulassen müssen."

Natürlich sollte man sich von solchen Rechtfertigungsbemühungen nicht beeindrucken lassen. Der entscheidende Punkt ist hier selbstverständlich der, dass aus der Tatsache, dass eine spezielle Handlungspraxis moralische oder rechtliche Regeln verlangt, die von der Alltagsmoral abweichen, weder die moralische Zulässigkeit der Regeln noch die des Han-

---

19 Aus diesem Grund ist Shue darauf bedacht, seine Argumentation durchweg an Bedingungen zu knüpfen: Eine eigenständige Moral des Krieges braucht es nur dann, „wenn Kriege vertretbar sind" (Shue 2008, 95) und später, „falls sich Kriege nicht abschaffen lassen" (Ibid., 96).

delns selbst folgt. Jede Praxis, die abweichende Regeln verlangt, muss selbst nach moralischen Maßstäben beurteilt werden. Wie sollte das geschehen? Auf zwei Dinge kommt es dabei besonders an. Erstens darauf, dass ein solches Prozedere seinen Ausgang nimmt von einer gegen derartige Praktiken gerichteten nichtapodiktischen und mithin anfechtbaren Annahme. Der Umstand, dass eine Praxis einen Moralkodex verlangt, der nicht mit den Geboten der Alltagsmoral übereinstimmt, spricht gegen sie und folglich bedarf sie einer stichhaltigen Rechtfertigung. Diese wiederum lässt sich zweitens nicht anders als durch Rückgriff auf die Werte und Prinzipien der Alltagsmoral selbst erreichen.

Nehmen wir etwa die eigenständigen und abweichenden Regeln, die es den Staatsanwälten erlauben, Zeugen in scharfer Form ins Kreuzverhör zu nehmen, oder die Regeln, die es den Psychiatern gestatten, potenziell belastende Informationen über ihre Klienten nicht preiszugeben (im Rahmen des Vernünftigen). In jedem dieser Fälle ist zu fragen, ob sich das Zulassen einer lokal begrenzten Abweichung von den herkömmlichen Regeln der Moral durch den umfangreicheren Beitrag rechtfertigen lässt, der in diesen Bereichen mit ihren speziellen Kodexen für eben jene zugrundeliegenden Werte der Alltagsmoral erbracht wird. In beiden Fällen lautet die Antwort „Ja", wenngleich auch klar ist, dass diejenigen, die die Zulässigkeit des abweichenden Moralkodexes behaupten, auch die Beweislast dafür tragen.

Shue beklagt, die Verfechter der Nichtgleichstellung würden, ohne den nötigen Beweis zu erbringen, einfach voraussetzen, dass die moralischen Normen des Alltagslebens genauso im Krieg gelten. Es ist uns jedoch überhaupt nur durch Rückgriff auf die herkömmlichen Normen – die herkömmliche Moral des alltäglichen Lebens – möglich festzustellen, ob eine vorgeschlagene Praxis oder Vorgehensweise und ihre abweichenden Normen die Mindestanforderungen an die moralische Akzeptabilität erfüllen. Ein solcher Rückgriff beschreibt jedoch keinen Zirkel; ein Zirkel, bei dem sich die Argumentation völlig im Kreis bewegen würde, läge ohne Frage dann vor, wenn die Moral von Praktiken wie Krieg, Sklavenhaltung oder Kreuzverhör nach Maßgabe bestimmter moralischer Kodexe bewertet würde, die die fraglichen Sonderrechte und -freiheiten bereits enthielten. An der herkömmlichen Alltagsmoral führt demzufolge kein Weg vorbei.

Genauso könnte jedoch vorgebracht werden, dass auch am Krieg kein Weg vorbeiführt. Er wird nie abgeschafft werden, und genau weil es sich bei ihm um eine Sache mit großem moralischen Gewicht handelt, müssen wir seine bestmögliche Regelung anstreben, was auch heißt, seine Übel so weit als irgend möglich einzudämmen. Dazu bedürfe es zwingend einer zulassenden Rechtsregelung, die auf einer gewissen Ebene anerkennt, dass ungerechte Kombattanten zum Kriegführen berechtigt sind. Eine andere Möglichkeit hätten wir nicht, weil wir uns nicht in der luxuriösen Lage befinden, Kriege kraft des moralischen Willens aus der Welt zu schaffen.

Diese Überlegungen haben sicherlich ihren Reiz, richtig können sie allerdings nicht sein. Zwar ist es so, dass zweihundert Jahre nach Abschaffung des Sklavenhandels in Großbritannien die Zahl der in Knechtschaft lebenden Sklaven heute größer ist als vor Inkrafttreten des Verbots. Die Sklavenhaltung ist genau wie der Krieg tief in der Gesellschaft und in den Sitten verwurzelt. Und genau wie der Krieg wird auch die Sklaverei aller Voraussicht nach niemals ausgerottet werden. Auf sie trifft zu, was für Diebstahl, Vergewaltigung, Mord und andere kriminelle Praktiken gilt: Obwohl sie geächtet sind und einem moralischen Verbot unterliegen, lassen sie sich nicht aus der Welt schaffen. Dennoch geht niemand davon aus, dass die Unausrottbarkeit dieser Praktiken dafür spricht, sie durch entsprechende Regelungen anzuerkennen und zu legitimieren.

Doch vielleicht gibt es einen Unterschied: Obschon Sklavenhaltung, Vergewaltigung, Mord und dergleichen nicht ausgerottet werden können, lassen sie sich durch Verbotsregeln wirksam eindämmen. Das Verbot dieser Praktiken schützt die Rechte der potenziell Betroffenen wirksamer als ein System aus zulassenden Regelungen. Und genau das ist der Grund, weshalb wir solche Praktiken verbieten, statt sie zu legitimieren und Regeln zu unterwerfen. Im Unterschied dazu aber sei im Falle des Krieges mit eben jener Wirkung nicht zu rechnen. Wenn vorausgesetzt oder damit gerechnet werden könnte, dass ein vollständiges Verbot des Krieges einen besseren Schutz gewähren würde als seine zulassende Regelung, dann sollte die Beteiligung an einem Krieg (oder zumindest die Beteiligung an einem ungerechten Krieg) unter Verbot gestellt werden; bis dahin aber sei man gezwungen, eine bestimmte „Moral des Krieges" mit ihren nicht gern gesehenen Abweichungen von der herkömmlichen Moral zu billigen.

Diese Reaktion aber, die auf die Folgen des Verbots im Vergleich mit denen der zulassenden Regelung rekurriert, missversteht den moralischen Einwand gegen eine zulassende Rechtsregelung der Sklavenhaltung oder anderer krimineller Handlungspraktiken völlig. Nehmen wir einmal an, im Jahr 1806 hätte vieles darauf hingedeutet, dass eine strenge Regulierung des Sklavenhandels den Betroffenen einen besseren Schutz gewährt hätte als dessen grundsätzliches Verbot. (Was insofern nicht ganz unplausibel ist, als der Sklavenhandel ein tief verwurzeltes und hochprofitables internationales System bildete. Es war durchaus zu bezweifeln, dass sich ein Verbot erfolgreich durchsetzen ließ, und selbst wenn, hätte sich der Handel einfach auf andere Staaten verlagert, die sich sogar noch weniger um das Wohlergehen der „Fracht" gesorgt hätten.) Wäre das ein guter Grund zur Implementierung eines „humanitären" Regulierungssystems der Sklaverei und zur Anerkennung einer speziellen „Sklavenhaltungsmoral" (die leider nicht mit der „Alltagsmoral" übereinstimmen würde)? Nein, das wäre kein guter Grund. Wenn es um Rechte von fundamentaler Bedeutung geht – wie etwa die Rechte darauf, nicht vergewaltigt, nicht gefoltert und nicht getötet zu werden –, können die moralischen und die rechtlichen Festlegungen nicht einfach anhand von Folgen getroffen werden. Rechte [rights] und ihre Inhalte schränken das potenziell mögliche Recht [law] von Grund auf ein und entscheiden darüber, ob eine zulassende Regelung der Handlungspraktik moralisch überhaupt nachvollziehbar und einleuchtend (und einem Verbot vorzuziehen) ist.

Wie bei den im letzten Teil betrachteten Argumenten zugunsten einer Trennung des Rechts von der Moral scheiden sich die Geister auch hier an dem Recht auf Leben [*the right to life*] und daran, wie es aufzufassen sei. Shue charakterisiert das Gebot, niemals vorsätzlich Personen zu töten, die sich moralisch nicht entsprechend haftbar machen lassen, als ein Gebot „der Alltagsmoral", womit er gleichzeitig zu verstehen gibt, dass es sich dabei um eine Vorschrift für das Zivilleben handelt – das Leben, das den Krieg ausschließt und von ihm unbehelligt bleibt. Diese Darstellung führt jedoch in die Irre. Das Gebot ist genauso wenig ein Kennzeichen der Moral des „Alltagslebens", das die Kriegspraxis ausschließt, wie das Verbot des Besitzes einer anderen Person ein Gebot der Moral des „Alltagslebens" ist, das die Sklavenhaltung ausschließt. Es ist vielmehr ein zentraler Bestandteil der Alltagsmoral des Lebens von Menschen – einer Lebensform, die so unterschiedliche Handlungspraktiken umfasst wie Sklaverei, Mord, Notwehr, Aggression, Kriegführen und so weiter.

Zum Vergleich ließe sich ein suggestives Beispiel aus dem Feld der Erkenntnistheorie heranziehen. Es war bekanntlich G. E. Moore, der 1939 vor den Zuhörern in der British Academy seine Hände in die Höhe hob und vorgab, auf diese Weise die Existenz der Außenwelt zu beweisen.[20] Die Vorführung hatte ungeachtet ihrer Theatralik etwas durchaus Ernstzunehmendes und Überzeugendes. Aussagen über die Existenz gewöhnlicher

---

20 Moore 1939.

Dinge wie etwa Moores Hände lassen sich mit größerer Gewissheit für wahr halten und leuchten stärker ein als die Prämissen all der raffinierten skeptischen Argumente, die gegen sie ins Feld geführt wurden. Meiner Ansicht nach verhält es sich mit moralischen Tatsachen einer bestimmten Kategorie ganz ähnlich. Dass man unter keinen oder fast keinen Umständen einen Menschen töten soll, der sich nichts hat zuschulden kommen lassen, was eine solche Tötung rechtfertigen könnte, bildet eine Art Elementarposition in unserer Moral. Ähnlich wie unter erkenntnistheoretischen Vorzeichen in Bezug auf die Existenz von Moores Händen, ist es offenbar zutreffend, dass wir diese Dinge unabhängig von möglichen anderen moralischen Kenntnissen wissen können. Außerdem können wir uns dieser Aussagen sicherer sein und sie mit einer größeren Gewissheit für wahr halten, als uns das jemals mit Blick auf die größtenteils konsequentialistischen Prämissen der Argumente möglich wäre, mit denen ein abweichendes Rechts- oder Moralsystem als tragfähig und belastbar erwiesen werden soll. Dieser ganz elementare Charakter oder Grundzug des Rechts auf Leben ist der eigentliche Knackpunkt, an dem die Geister sich scheiden. Die Annahme einer tragfähigen, für sich stehenden und abweichenden Kriegsmoral oder eines ebensolchen Kriegsrechts mag eine beruhigende Wirkung (auf ihre Verfechter) haben, letztlich aber lässt sie sich nicht aufrechterhalten.

Praktische Auswirkungen

In den vorhergehenden Teilen der Arbeit wurde argumentiert, dass, wenn die beschränkende Nichtgleichstellung unter moralischen Gesichtspunkten zutrifft, es starke moralische Gründe dafür gibt, die Kriegsrechtsbestimmungen, einschließlich des Völkerrechts und des Rechts bewaffneter Konflikte, mit dieser zugrundeliegenden moralischen Wirklichkeit zur Deckung zu bringen. Wie aber sollte dabei vorgegangen werden? Welche praktischen Schritte könnten zur rechtlichen Verankerung einer Konzeption der Verantwortlichkeit des Einzelnen für einen ungerechten Krieg unternommen werden?

Zunächst und zuvorderst muss die Richtigkeit eines Punktes eingeräumt werden, der von den Verfechtern der Gleichstellung häufig herausgestellt wurde und wird: dass, was als die gerechte Durchsetzung des Kriegsrechts gelten darf, beträchtlichen moralischen Beschränkungen unterliegt. So sind insbesondere die Sieger nicht berechtigt, die unterlegenen Kombattanten für ihre Beteiligung an einem ungerechten Krieg zu bestrafen (ungeachtet der Präzedenzfälle von Nürnberg und Tokio), was nicht einfach mit der Wahrscheinlichkeit zusammenhängt, dass sich eine solche Praxis mit der Zeit schlecht auswirken würde. Selbst in den Fällen, in denen sich ungerechte Kombattanten aufgrund ihrer Beteiligung an einem ungerechten Krieg objektiv strafbar gemacht haben, verfügen die militärischen Sieger nicht über die erforderliche Legitimation, um sie vor Gericht stellen oder bestrafen zu können. Die an einem Konflikt beteiligten Parteien lassen nämlich genau das vermissen, was für eine gerechte Verfahrenslegitimation absolut unverzichtbar ist: die Unparteilichkeit.

Rechtskonservative merken des Öfteren an, dass das Kriegsrecht zu seiner Durchsetzung auf die Selbstanwendung durch Militärs und Kombattanten angewiesen ist. Geschichtlich betrachtet ist das zwar richtig, trifft heute aber nicht mehr uneingeschränkt zu. Die von Fall zu Fall gebildeten internationalen Strafgerichte und in jüngerer Zeit der Internationale Strafgerichtshof (das erste dauerhaft eingerichtete internationale Strafgericht) wirken als unabhängige Instanzen an der Durchsetzung des Rechts mit. Obwohl sie noch jung sind, erfüllen diese Einrichtungen ohne Frage die elementaren Anforderungen an eine Institution der Strafgerichtsbarkeit, einschließlich der unverzichtbaren Eigenschaft der Unparteilichkeit. Obwohl das Verbrechen der Aggression ursprünglich nicht in seinen Aufgabenbereich fiel, wird der IStGH von 2017 an juristisch dafür zuständig sein.

Folglich bestünde eine Möglichkeit der juristischen Geltendmachung von Rechten und Pflichten einzelner Kombattanten einfach darin, die Vollmacht des IStGH zur strafrechtlichen Verfolgung des Verbrechens der Aggression auf alle Beteiligten an einem Aggressionskrieg auszuweiten – einfache Kombattanten eingeschlossen –, statt bloß auf die höheren Ränge.

Dieser Vorschlag bringt allerdings erhebliche Probleme mit sich. Zunächst die praktische Schwierigkeit der Umsetzung und der Bereitstellung der dafür nötigen Mittel. In den ersten neun Jahren seiner Existenz hat der IStGH gerade einmal 26 Einzelpersonen wegen Kriegsverbrechen angeklagt und konnte noch nicht eine der Klagen zu einem erfolgreichen Abschluss bringen.[21] Der Gerichtshof ist in seiner jetzigen Gestalt schlicht-

---

21 Anm. d. Hg.: Mittlerweile hat am 14.3.2012 der Internationale Strafgerichtshof (IStGH) den kongolesischen Milizenführer Thomas Lubanga schuldig gesprochen,

weg nicht in der Lage, die Aufgabe zu übernehmen, das Aggressionsverbot gegenüber den vielen ungerechten Kombattanten, die sich in der Regel an einem ungerechten Krieg beteiligen, geltend zu machen und durchzusetzen. Eine faire Strafverfolgung einfacher Kombattanten müsste zweitens anerkennen, dass diese ihre Arbeit häufig unter Bedingungen begrenzten Wissens verrichten, was es ihnen sehr schwermacht festzustellen, ob sie sich in Übereinstimmung mit dem *Ad-bellum*-Recht befinden oder nicht.

Beide Schwierigkeiten ließen sich jedoch in einem entsprechend gestalteten Rechtsrahmen bewältigen. Erstens dürfte man hoffen, dass die Effizienz des IStGH in Sachen Mitteleinsatz und in verfahrenstechnischen Fragen mit der Zeit zunimmt. Ein noch wichtigerer Punkt ist der, dass das Recht, obwohl es das Töten von (mangels Vergehen) nicht „tötbaren" Personen nicht erlaubt, sich auf die Fälle eklatanter Nichtbeachtung verwiesen sieht und auf deren strafrechtliche Verfolgung dringen muss. Als Analogie ließe sich die Forderung des *ius in bello* heranziehen, nach der Kombattanten *de jure* abverlangt ist, *offenkundig* unrechtmäßigen Befehlen den Gehorsam zu verweigern. In Entsprechung dazu sollten diejenigen strafrechtlich verfolgt werden, die sich an *offenkundig* ungerechten Kriegen beteiligt haben. Auf diese Weise werden sich beide Schwierigkeiten leichter bewältigen lassen, das des Mittel- und Kräfteeinsatzes (es gibt weniger offenkundig ungerechte Kriege als ungerechte Kriege) und das des Wissens (es ist nicht unangemessen, Kombattanten für die Beteiligung an offenkundig ungerechten militärischen Aktionen haftbar zu machen und zur Verantwortung zu ziehen).

Welche Kriege sollten der Kategorie der „offenkundig ungerechten" Kriege zugerechnet werden? Es liegt auf der Hand, dass der oben angeführte Vorschlag, der beschränkenden Nichtgleichstellung durch die Ausweitung der rechtlichen Verantwortung für das Verbrechen der Aggression auf die einfachen Kombattanten Wirkung zu verleihen, zu kurz greift. Die Kategorie der offenkundig ungerechten Kriege wird zweifelsohne Fälle offenkundiger und gravierender Aggression umfassen (der Einmarsch des Irak in Kuwait wäre ein Beispiel, der deutsche Einmarsch in Polen ein anderes). Sie muss jedoch auch Fälle ungerechter Bürgerkriege umfassen, insbesondere solche, die auf Völkermord oder Massengräuel zielen, bei

---

Kindersoldaten rekrutiert und eingesetzt zu haben. Es handelt sich um das erste Urteil des IStGH.

denen es sich gleichwohl nicht um Fälle zwischenstaatlicher Aggression handelt.

Dagegen ließe sich einwenden, dass die Beteiligung an Völkermord oder Massengräuel bereits einen unrechtmäßigen Akt darstellt, der in die Zuständigkeit des IStGH fällt und durch diesen strafrechtlich verfolgt werden kann. Was wäre gewonnen, würde die rechtliche Verantwortung für die Beteiligung an Militäraktionen zur Unterstützung dieser ungerechten Praktiken auf die einfachen Kombattanten ausgeweitet? Der Punkt ist, dass ein Kombattant zu Völkermord oder Massengräuel beitragen kann, nicht indem er sich am Töten von Zivilisten beteiligt, sondern indem er den kriminellen Machenschaften des Staates in Ausübung seiner vertraglichen Pflichten militärischen Schutz gewährt. Als Beispiel könnte man in diesem Zusammenhang die Soldaten und Söldner anführen, die 2011 für das Gaddafi-Regime kämpften, als dieses ein Massaker an seinen eigenen Bürgern verübte. Solche Soldaten beteiligen sich an keinem Akt der Aggression und sie müssen auch nicht unbedingt direkt in die Tötungen von Zivilisten verwickelt sein. Dennoch ist das Kriegführen zur Unterstützung eines in völkermörderischer Absicht handelnden Regimes oder von Verbrechen gegen die Menschlichkeit sicherlich ein Paradebeispiel für die Beteiligung an einem ungerechten Krieg.

Dies aber, könnte erwidert werden, erledigt das Problem der begrenzten juristischen Mittel nicht. Selbst wenn der Rechtsauftrag auf die Beteiligung an offenkundig ungerechten Kriegen eingegrenzt würde, ginge die Zahl der in solche Kriege verwickelten einfachen Kombattanten dennoch in die Zehn- oder Hunderttausende. Solche Zahlen wären für jeden juristischen Apparat eine Überforderung und würden ihn entweder zusammenbrechen lassen oder eine Verminderung der Rechtsstandards zur Folge haben.

Solchen Schwierigkeiten begegnet man hier wie auch in jedem innerstaatlichen juristischen Zusammenhang am besten durch die Ermessensausübung bei der strafrechtlichen Verfolgung. Wo die Mittel und Ressourcen der Justiz begrenzt sind, muss das getan werden, was zu tun möglich ist. Das heißt konkret, die Konzentration muss zuerst den schlimmsten Fällen gelten – und den Akteuren, die die meiste Verantwortung tragen. Somit würde sich der Fokus bei der strafrechtlichen Verfolgung zwangsläufig auf ranghohe Mitglieder der Regierung und des Militärs richten, deren Verantwortung für den ungerechten Krieg am größten ist.

Dadurch aber scheint sich ein anderes Problem zu ergeben, dass nämlich genau diese Personen bereits im gegenwärtigen Rechtssystem strafrechtlich verfolgt werden können. Warum sollten diese einschneidenden inhaltlichen Veränderungen am Völkerrecht vorgenommen werden, wenn das nur marginale Konsequenzen für die Frage hat, wer am Ende tatsächlich strafrechtlich verfolgt wird? Wozu sollte es gut sein, wenn man das Völkerrecht seinen eigenen Möglichkeiten zur Strafverfolgung inhaltlich so weit voraussein ließe?

Aus dem Grund, weil ein ganz wichtiger Unterschied besteht zwischen einem Rechtsprivileg einerseits und einem juristischen Verbot, das sich mit den bestehenden Rechtsinstitutionen nicht in vollem Umfang bzw. nicht erfolgreich durchsetzen lässt, andererseits. Jenes begründet eine normbildende Erlaubnis zu einer Handlungspraxis; dieses erkennt einfach an, dass sich eine verbotene Praxis im Rahmen einer bestehenden Ordnung (noch) nicht erfolgreich durchsetzen lässt. Es gibt wichtige Gründe – sowohl praktische als auch theoretische –, weshalb das Recht deutlich machen sollte, dass die Beteiligung an einem unter *Ad-bellum*-Gesichtspunkten ungerechten Krieg selbst dann widerrechtlich ist, wenn die internationale Gemeinschaft nicht über die institutionellen Möglichkeiten zur strafrechtlichen Verfolgung aller Personen verfügt, die gegen diese rechtliche Bestimmung verstoßen.

Betrachten wir zunächst die praktischen Gründe. Einer von ihnen hängt wieder mit der Ermessensausübung bei der Strafverfolgung zusammen. Wenn die Beteiligung an einem ungerechten Krieg kriminalisiert – wenn auch nur in seltenen Fällen strafrechtlich tatsächlich verfolgt – wird, lässt sich die Drohung mit strafrechtlichen Konsequenzen in der internationalen Friedensdiplomatie als Instrument benutzen. Kombattanten, die sich an einem ungerechten Krieg beteiligen und in ihrer Loyalität schwankend sind, könnte man mit strafrechtlichen Konsequenzen drohen für den Fall, dass sie weiterkämpfen. Im umgekehrten Fall könnte Kombattanten, die sich zum Überlaufen bereitfänden oder ihre Unterstützung für die Beendigung des ungerechten Krieges in Aussicht gestellt haben, Straffreiheit angeboten werden (wenngleich, und das ist ganz wichtig, keine juristische Rechtfertigung für die Beteiligung an dem ungerechten Krieg). Vergleichbare Formen des Ermessens werden üblicherweise in den meisten innerstaatlichen Rechtsbereichen zu politischen Zwecken angewandt, das Völkerrecht aber verzichtet vollständig auf solche Instrumente und gewährt Kombattanten stattdessen ein universelles Recht auf Feindestötung.

Zweitens kann ein juristisches Verbot selbst dann, wenn es nur in seltenen Fällen formell durchgesetzt wird, zur Einhaltung der Rechtsbestimmungen beitragen, indem es die Geltendmachung der Norm in benachbarten Zusammenhängen stützt. Wir sollten aufpassen, dass wir das subtile Zusammenspiel der Rechtsnormen miteinander und mit breiteren moralischen und politischen Überlegungen nicht vernachlässigen. Die Ausweitung des Verbots bei nach *Ad-bellum*-Gesichtspunkten ungerechten Kriegen auf die Beteiligung einfacher Kombattanten könnte Veränderungen im innerstaatlichen Recht, in der Regierungspolitik oder in den breiteren moralischen Auffassungen anstoßen oder von positiven Rückkopplungseffekten profitieren, die von einem Wandel in diesen Bereichen ausgehen. Im Folgenden seien ein paar Möglichkeiten dazu angedeutet.

Die Kriminalisierung der Beteiligung an einem ungerechten Krieg kann Veränderungen im innerstaatlichen Recht bewirken. Nahezu sicher würde es den Staaten, die eine solche völkerrechtliche Vereinbarung ratifiziert haben, die formelle Anerkennung eines Rechts ihrer aktiven Soldaten auf punktuelle Verweigerung aus Gewissensgründen abverlangen (wie es in Australien *de jure* und in Israel *de facto* anerkannt ist). Dies kann sich positiv auf die Befolgung der beschränkenden Nichtgleichstellung auf der *Inbello*-Ebene auswirken und weiter auch auf die Befolgung der *Ad-bellum*-Regeln, indem es die Staaten in der Möglichkeit einschränkt, Truppen für den Einsatz in einem offenkundig ungerechten Krieg aufzustellen.

Außerdem könnte es sein, dass innovative Gesetzgeber auf Veränderungen beim Völkerrecht mit Änderungen am inländischen Recht und bei der Innenpolitik reagieren, die dem militärischen Zusammenhang ganz fern stehen. Bei einem solchen Feld könnte es sich um die Einwanderungs- und Asylpolitik handeln. Denkbar wäre etwa eine Politik, bei der die Beamten der amerikanischen Einwanderungsbehörde keiner Person eine Green Card bewilligen dürften, die sich an offenkundig ungerechten Militäroperationen bestimmter Kategorien beteiligt hat. Die von politischen Strategien dieser Art ausgehenden Impulse zu regelkonformem Verhalten könnten beträchtlich sein, wenn sie sich zugegebenermaßen auch weit vom traditionellen Modell der internationalen Strafverfolgung entfernen.

Die Militärorganisationen könnten solch ein Verbot selbst auf innovative Weise nutzen. Rechtskonservative bringen häufig das Argument, dass die rechtliche Umsetzung der beschränkenden Nichtgleichstellung eine Gefährdung gerade für Staaten bedeuten würde, weil sie unmöglich eine einsatz- und leistungsfähige Streitmacht aufrechterhalten könnten, wenn die Soldaten *de facto* das Recht hätten, den Gehorsam aus Gewissensgründen in bestimmten Fällen zu verweigern. Ich habe Zweifel an der Richtigkeit dieser Behauptung. Selbst wenn die Ausweitung der *Ad-bellum*-Belangbarkeit auf einfache Soldaten die militärische Leistungsfähigkeit herabsetzen würde (was selbst eine anfechtbare Behauptung ist), wird die Leistungsfähigkeit möglicher ungerechter Bedroher vermutlich stärker betroffen und vermindert sein als die der gerechten Verteidiger. Folglich dürfte die Sicherheitsbilanz gerechter Staaten positiv ausfallen. Wie dem auch sei, richtig ist natürlich, dass die Streitkräfte des Westens mittlerweile Probleme haben, fähige und tüchtige Männer und Frauen für den Militärdienst zu finden und an das Militär zu binden. Diese Rekrutierungs- und Bindungskrise hat viele Gründe, es spricht jedoch manches dafür, dass die weitverbreitete Meinung, bei den jüngsten Kriegen der westlichen Staaten – zumal jenen des Vereinigten Königreichs und der Vereinigten Staaten – habe es sich um ungerechte Kriege gehandelt, einer dieser Gründe ist.

Darauf könnten militärische Organisationen mit dem Angebot flexibler oder eingeschränkter Aufträge reagieren. So könnte einem potenziellen Rekruten beispielsweise die Option eingeräumt werden, dass ihn seine Unterschrift ausschließlich zum Kampf in Operationen verpflichtet, die eindeutig der Verteidigung dienen oder die in bestimmter festgelegter Form zugelassen bzw. autorisiert sind. Dies hätte gleich zwei Vorteile, den, das Reservoir potenzieller Rekruten zu vergrößern, und den, dass die westlichen Staaten stark dazu angehalten wären, keine ungerechten Kriege zu führen. Wenngleich diese Entwicklungen selbst unter den Bedingungen des geltenden Rechts durch nichts aufzuhalten sind, könnte ein Völkerrecht, das die Beteiligung an ungerechten Kriegen kriminalisiert, eine beflügelnde Wirkung auf diese Art der innovativen Politik und Rechtssetzung haben. Womit ich durchaus nicht behaupten will, dass die völkerrechtliche Verankerung der beschränkenden Nichtgleichstellung diese Entwicklungen (oder irgendwelche davon) nun zwangsläufig zur Folge hätte. Worauf es ankommt, ist, dass einer Norm, die die Beteiligung an einem ungerechten Krieg mit Verbot belegt, selbst wenn sie sich nur schwer formell durchsetzen lässt und selten durchgesetzt wird, auf zahlreiche Weisen Wirkung verliehen werden kann.

Rechtskonservative werden nun ohne Frage entsetzt sein über das, was in ihren Augen eine gefährlich nonchalante Haltung gegenüber Neuerungen beim Kriegsrecht darstellt. Jeremy Waldron hat dies energisch vertreten: Das Kriegsrecht sei zu wichtig und ein zu zerbrechliches Gebilde, als dass man viel daran herumbasteln dürfte. Seiner Ansicht nach umfassen die Kriegsrechtsbestimmungen zwar konventionelle Elemente, die von den zugrundeliegenden Normen abweichen, bei ihnen handele es sich allerdings um „todernste Konventionen".²² Sie haben sich über einen langen Zeitraum herausgebildet, in dem Juristen wie Praktiker immer wieder über diese Fragen nachdachten. Der im Recht geschaffene Ausgleich zwischen humanitären Auflagen und militärischen Notwendigkeiten mag ein *Faustian pact*, ein Pakt mit dem Teufel sein, dennoch aber sei davon auszugehen, dass er das bestmögliche erreichbare Resultat darstellt.²³ Dagegen könnten Kritik und Abänderungsvorschläge vonseiten wohlmeinender Idealisten das ganze Gebäude zum Erodieren bringen oder destabilisieren, mit potenziell verheerenden Folgen.

Dieser Mahnung lässt sich ein schwerwiegendes Argument entgegenhalten, an dem vorbeizugehen oder das zu vernachlässigen töricht wäre. Dass hier viel auf dem Spiel steht, wird sicher niemand bestreiten wollen. Andererseits können wir das aktuell geltende Recht nicht einfach in Stein meißeln oder zum Fetisch erklären. Im Gegenteil müssen wir insbesondere deutlich machen können, wie sich unsere Rechtsauffassung mit der Möglichkeit moralischen (und rechtlichen) Fortschritts vereinbaren lässt. Warum sollten wir davon ausgehen, dass der aktuelle Stand des Rechts sein Optimum darstellt? Und wenn die Innovationsrisiken so groß sind, wie kam es dann, dass wir den aktuellen Entwicklungsstand wohlbehalten erreichten? Diese Fragen sollten zu denken geben und Anlass zu ernsthaften Überlegungen sein.

Sie sind jedoch nicht leicht zu beantworten, wenn davon ausgegangen wird, dass es sich bei den Kriegsrechtsbestimmungen lediglich bzw. in erster Linie um Konventionen handelt. Der klassischen, von David Lewis vorgelegten Darstellung von Konventionen zufolge fungiert eine Regel R dann als Konvention für eine Gemeinschaft, wenn eine Reihe von Bedingungen erfüllt ist, darunter die folgende, dass „(1) nahezu jedes Mitglied [dieser Gemeinschaft] R befolgt; (2) nahezu jedes fest damit rechnet, dass nahezu jedes andere R befolgt."²⁴ Das trifft jedoch schwerlich auf die geltenden Kriegsrechtsbestimmungen zu. Bei diesen handelt es sich nicht um Regeln, an die sich jeder oder fast jeder hält, sondern vielmehr um brüchige Normvorgaben, die um Legitimierung und Einhaltung ringen. Die Weiterentwicklung des Kriegsrechts im letzten Jahrhundert stellt eine wahrlich bemerkenswerte Errungenschaft dar (für viele Leser werden die Personen und Einrichtungen, denen diese Weiterentwicklung zu verdanken ist,

---

22 Waldron 2010, 104 [dt. in diesem Band Seite 156ff.].
23 Charles Garraway hat diesen Ausdruck verwendet.
24 Waldron 2010, 98 [dt. in diesem Band Seite 148].

Personenrechte und die Kriegsrechtsbestimmungen

ebenso Heldenstatus haben wie für mich). Dennoch sind die Kriegsrechtsbestimmungen in vielerlei Hinsicht immer noch macht- und wirkungslos, marginal und unvollständig. Und weil das so ist und das Kriegsrecht nicht von jedermann befolgt wird, bleibt seine allgemeine Einhaltung ein Fernziel des moralischen Diskurses.

Deutlicher noch wird das Verbesserungspotenzial des Rechts, wenn man sich klarmacht, wie es seine normative Kraft erlangt. Diese speist sich in der Regel aus zwei Quellen. Erstens halten sich Menschen an das Recht, weil das in ihrem eigenen Interesse ist. Die auf die Vernunft wirkende Kraft des Rechts kennzeichnen zwei ineinandergreifende Aspekte: Es ist für alle besser, wenn sich die meisten Menschen an gerechte Bestimmungen halten, und die entsprechenden Durchsetzungssanktionen machen das Ausscheren oder Abweichen zu etwas nicht Erstrebenswertem. Normative Kraft bezieht das Recht zweitens aus seiner moralischen Legitimität (denn es bildet eine Einheit mit Blackstones „übergeordnetem Recht" [*superior law*]).

Der jüngste Gestaltwandel der kriegerischen Auseinandersetzungen hat der Normativität des Rechts allerdings beträchtlichen Abbruch getan, weil Akteure auf den Plan traten, die sich dem verschließen, was die Rechtsbefolgung klug und vernünftig erscheinen lässt. Die Hauptwidersacher westlicher Staaten sind nicht länger andere Staaten, sondern das sind jetzt terroristische Gruppierungen, die sich unabhängig vom Verhalten ihrer Feinde nicht an das Kriegsrecht halten wollen. Die Wechselseitigkeit, die lange Zeit eine Quelle der Stabilität und ein Grund zur Einhaltung der Kriegsrechtsbestimmungen war, ist im Prinzip zusammengebrochen. Parallel dazu sind die Sanktionen zur Durchsetzung des Kriegsrechts nach wie vor äußerst schwach und unklar. Beide Faktoren zusammengenommen heißt das, wir können mit Blick auf das Völkerrecht nicht länger darauf vertrauen, dass es durch Appell an die Vernunft oder durch das Ansprechen des Eigeninteresses normbildend wirkt (falls wir das jemals konnten). Wenn das Recht normbildend wirken bzw. normative Kraft haben soll, kommt es somit entscheidend auf die moralische Legitimität an: Ohne sie ist das Recht bloß und ungesichert.[25]

---

25 Die Streitkräfte des Westens verstehen sehr genau, warum es ratsam und vernünftig ist, das Recht einzuhalten. Ihre Bevölkerung zuhause würde nicht dulden, sollten sie mit ihren Operationen fortgesetzt in beträchtlichem Umfang gegen geltendes Recht verstoßen. Dass ihre *licence to operate*, ihre Lizenz zum Handeln, zu

Wenn das zutrifft, sind Integrität und Kohärenz des Rechts von allerhöchster Wichtigkeit. Das von den Rechtskonservativen in Schutz genommene geltende Recht ist jedoch eben genau das, nämlich inkohärent. Einerseits bekräftigt es die Unrechtmäßigkeit des Einsatzes kriegerischer Mittel (es sei denn in Notwehr gegen einen bewaffneten Angriff oder wenn der Einsatz die Zustimmung des Sicherheitsrates der Vereinten Nationen hat), zugleich aber räumt es der überwiegenden Mehrzahl der für die Ausführung dieser unrechtmäßigen Akte verantwortlichen Personen das Rechtsprivileg dafür ein. Das ist in etwa so, als hätte der Inlandsgesetzgeber das organisierte Verbrechen unter Verbot gestellt und dann (angesichts der Umsetzungsschwierigkeiten) detaillierte Festlegungen getroffen, um das organisierte Verbrechen im Einzelnen zu regeln – hätte mithin festgelegt, wer bei Attacken getötet werden darf und auf welche Weise, unter Verwendung welcher Waffen, und so weiter. Der letzte Schritt erfolgt, wenn der Gesetzgeber erkennt, wie schwer organisierte Banden zum Befolgen dieser Regelungen zu bewegen sind, und daraufhin dann den Bandenmitgliedern, von den meisten ranghohen abgesehen, ein Rechtsprivileg auf kriminelles Handeln zubilligt (wenn die Regelungen dabei nicht verletzt werden). Wie verrückt diese Art des Vorgehens ist, bleibt nur deshalb im Dunkeln, weil unser moralisches Denken über den Krieg seit langem schon pervertiert ist, wie Waldron treffend und schön formuliert:

> Wir haben zu lange mit einem Modell operiert, dem zufolge es Standardmeinung sei, dass man in Kriegszeiten jeden Beliebigen töten dürfe und dass man den Menschen *das* ausreden müsse [...] Wir haben uns so lange nach diesem Modell gerichtet, dass wir nicht mehr klar – und sorgfältig und mit der nötigen moralischen Strenge – nachzudenken wissen darüber, wie legitim es ist, Menschen im Krieg das Leben zu nehmen.[26]

Ein kohärentes, in sich stimmiges Recht muss einräumen und anerkennen, dass die aus freien Stücken erfolgte Beteiligung an einem verbrecherischen Tun (wie einem ungerechten Krieg beispielsweise) selbst ein Verbrechen ist. Dies ist ohne Frage vereinbar mit der Anerkennung dessen, dass bestimmte der sich beteiligenden Personen eine triftige Entschuldigung für ihr Handeln haben können. Es ist allerdings unvereinbar mit der

---

einem Teil auf der Rechtskonformität beruht, ist jedoch wiederum ein Umstand, der voll und ganz an der wahrgenommenen moralischen Legitimität des Rechts hängt. Eben weil die Allgemeinheit das Recht als legitim wahrnimmt und empfindet, legt es dem Vorgehen des Militärs diese Schranken auf.
26 Waldron 2010 [dt. in diesem Band 125-164, hier 163].

juristischen Einräumung eines allgemeinen gleichstellenden Privilegs auf das Töten feindlicher Kombattanten.

Mit nichts von alledem soll bedeutet werden, dass wir uns auf irgendeine moralische Wunschfantasie zurückziehen können, in der sich alle wichtigen moralischen Schlüsse aus *a priori* gültigen Prämissen ergeben und in der sich die Schwierigkeiten mit der Umsetzung des Rechts in der realen Welt ausblenden lassen. Wir müssen die Realität vielmehr im Blick behalten und dabei zunächst einmal unser Vermögen realistisch einschätzen, die Folgen unterschiedlicher Rechtssetzungen vorauszusagen. Häufig genug sind wir dabei auf die bloße Spekulation verwiesen und haben mithin nur eine ganz ungefähre Vorstellung davon, wie sich die Dinge auswirken werden. Zweitens brauchen wir einen realistischen, realitätsnahen Blick auf die normative Kraft des Völkerrechts und darauf, wie sie von dessen moralischen Fundamenten mitbedingt und mitbewirkt wird – wobei es das einzubeziehen gilt, was ich die Integrität und Kohärenz des Rechts genannt habe. Drittens müssen wir uns kreativere Gedanken darüber machen, wie sich die Befolgung der Regeln durch die Verschränkung rechtlicher und nichtrechtlicher Normen stärken lässt. Vor allen Dingen aber dürfen wir nicht zulassen, dass die legitimen Befürchtungen bezüglich möglicher moralischer Rückschritte die dringende Notwendigkeit, zu moralischen Verbesserungen zu gelangen, in den Hintergrund treten lassen.

Literaturverzeichnis:

Benbaji, Yitzhak (2008): A Defense of the Traditional War Convention. In: Ethics 118, 464-495.

Blackstone, William (1860): Commentaries of the Laws of England. Bd. I, Einführung, 2. Teil.

Coady, C. A. J. (2008): Morality and Political Violence. Cambridge.

Fabre, Cécile (2012): Cosmopolitian War. Oxford.

Hurka, Thomas (2005): Proportionality in the Morality of War. In: Philosophy & Public Affairs 33.

Kutz, Christopher C. (2005): The Difference Uniforms Make. Collective Violence in Criminal Law and War. In: Philosophy & Public Affairs 33.

Lazar, Seth (2012): The Morality of War and the Laws of War. In: Andrei Marmor (Hg.): The Routledge Companion to Philosophy of Law. New York, 364-379.

Lazar, Seth (2010): The Responsibility Dilemma for Killing in War. In: Philosophy & Public Affairs 38.

McMahan, Jeff (2009): Killing in War, Oxford. [dt. (2010): Kann Töten gerecht sein? Krieg und Ethik. Darmstadt].

McMahan, Jeff (2008): The Morality of War and the Law of War. In: Rodin, David/Shue, Henry (Hg.) (2008): Just and Unjust Warriors. The Moral and Legal Status of Soldiers. Oxford, 19-43.

McMahan, Jeff (2004): The Ethics of Killing in War. Ethics. Oxford.

McPherson, Lionel K. (2004): Innocence and Responsibility in War. In: Canadian Journal of Philosophy 34, 485-506.

Moore, George E. (1939): Proof of an External World. In: Proceedings of the British Academy 25, 273–300.

Øverland, Gerhard (2006): Killing Soldiers. In: Ethics & International Affairs 20, 455-475.

Rodin, David (2008): The Moral Inequality of Soldiers: Why *Jus in Bello* Asymmetry is Half Right. In: Rodin, David/Shue, Henry (Hg.) (2008): Just and Unjust Warriors: the Moral and Legal Status of Soldiers. Oxford, 44–68.

Shue, Henry (2008): Do We Need a ‚Morality of War'? In: Rodin, David/Shue, Henry (Hg.) (2008): Just and Unjust Warriors: the Moral and Legal Status of Soldiers. Oxford, 87-111.

Rodin, David (2002): War and Self-Defense. Oxford.

Waldron, Jeremy (2010): Civilians, Terrorism, and Deadly Serious Conventions. In: Torture, Terror, and Trade-Offs. Philosophy for the White House. Oxford, 80–110 [dt. 2010: Zivilisten, Terrorismus und todernste Konventionen, in diesem Band 125-164].

Waldron, Jeremy (2005): Torture and Positive Law: Jurisprudence for the White House. In: Columbia Law Review 105/6, 1681–1750.

Walzer, Michael (2011): What is Just War Theory About?, nicht veröffentlichtes Referat, vorgetragen am 11.7.2011 im Israel Institute for Advanced Study.

Walzer, Michael (2006): Response to McMahan's Paper. In: Philosophia 34, 43-45.

Walzer, Michael (1977; ^{3}2000): Just and Unjust Wars. New York [dt. (1982): Gibt es den gerechten Krieg? Stuttgart].

Rechte, gerechte Angreifbarkeit und die moralische Gleichheit von Kombattanten

Uwe Steinhoff

1. Einleitung

Die dominante Position in der Tradition des gerechten Krieges, von Augustinus über Thomas zu Grotius[1] und sogar noch bis zu Gertrude Elizabeth Margaret Anscombe sowie darüber hinaus, besagt, dass es keine „moralische Gleichheit der Kombattanten" gibt. Das heißt, nach der traditionellen Sichtweise (die jedoch gelegentlich angefochten wird) können die Kämpfer, die an einem gerechtfertigten Krieg teilnehmen, die Kämpfenden, die an einem ungerechtfertigten Krieg teilnehmen, töten. Umgekehrt gilt dies jedoch nicht, zumindest wenn die Letztgenannten wissen oder es für höchst wahrscheinlich halten, dass ihr eigener Krieg ungerechtfertigt ist (Augustinus' Auffassung ist etwas nachsichtiger, erkennt jedoch die moralische Gleichheit der Kombattanten auch nicht vollkommen an).

Derjenige Philosoph, der in der letzten Zeit das Konzept der moralischen Gleichheit der Kombattanten wohl am nachhaltigsten attackiert hat, ist Jeff McMahan.[2] Ihm zufolge sind nicht beide Parteien, d. h. die Kombattanten auf der „gerechten" und die auf der „ungerechten" Seite, gerechterweise angreifbar [*liable to attack*], es haben nicht beide Seiten ein Freiheitsrecht,[3] sich gegenseitig zu töten. Die „ungerechten" Kombattanten haben vielmehr *kein* Recht, die „gerechten" zu töten, wohingegen die „ge-

---

1 Vgl. Reichberg 2008.
2 Andere wären z. B. C. A. J. „Tony" Coady, David Rodin, Lionel K. McPherson, Gerhard Øverland und ich selbst.
3 McMahan spricht nicht von Freiheitsrechten. Für meinen Ansatz ist die Unterscheidung zwischen Anspruchsrechten und Freiheitsrechten jedoch wichtig. Dass eine Person A ein *Freiheitsrecht* gegenüber einer anderen Person B besitzt, x zu tun, bedeutet, dass sie B gegenüber nicht verpflichtet ist, x nicht zu tun. Wenn sie ein *Anspruchsrecht* B gegenüber besitzt, x zu tun, bedeutet dies, dass B ihr gegenüber verpflichtet ist, nicht einzugreifen, wenn sie x tut. B ist dazu nicht verpflichtet, wenn die infrage kommende Person nur das Freiheitsrecht besitzt, x zu tun. Zur Unterscheidung zwischen Freiheitsrechten und Erlaubnissen siehe Fußnote 36.

rechten" ein Anspruchsrecht haben, die „ungerechten" zu töten.[4] Der Grund ist folgender:

> Menschen verlieren ihre moralischen Rechte nicht, indem sie sich selbst oder andere unschuldige Menschen gegen ungerechte Angriffe verteidigen; daher sind gerechte Kombattanten im relevanten Sinne unschuldig, es sei denn, sie verlieren Rechte aus einem anderen Grund als durch den Erwerb des Kombattantenstatus. Selbst wenn ungerechte Kombattanten sich darauf beschränken, militärische Ziele anzugreifen, töten sie unschuldige Menschen. Die meisten von uns glauben, dass es moralisch falsch ist, unschuldige Menschen zu töten, selbst wenn dies ein Mittel darstellt, ein *gerechtes* Ziel zu verfolgen. Wie könnte es dann erlaubt sein, unschuldige Menschen zu töten, um auf diese Weise *ungerechte* Ziele zu erreichen?

McMahan ist der Ansicht, dass Argumente dieser Art „schlüssig die moralische *Ungleichheit* von Kombattanten auf der Ebene der grundlegenden Moral demonstrieren"[5].

Wir sollten uns darüber klar sein, was diese moralische Ungleichheit bedeutet. Es geht nicht darum, dass „gerechte" Soldaten „nett" sind und „ungerechte" Soldaten nicht. Behauptet wird vielmehr, dass ungerechte Soldaten, indem sie absichtlich gerechte Soldaten ins Fadenkreuz nehmen und töten, damit absichtlich *unschuldige Menschen* ins Fadenkreuz nehmen und töten. Und in der Regel bedeutet das absichtliche Töten Unschuldiger (ohne deren Einwilligung), von denen keine ungerechte Gefahr ausgeht, für uns selbstverständlich, dass es sich um Mord oder Totschlag handelt – in jedem Fall um eines der schwerwiegendsten moralischen Verbrechen, die jemand begehen kann. Wenn dies zutrifft, so hat es den Anschein, dass Soldaten dazu aufgerufen sind, sehr genau zu überdenken, welche Verpflichtungen sie haben; und Zivilisten, die es als ihre Pflicht ansehen, ihre Truppen zu unterstützen, müssten sich der Tatsache stellen, dass dies nicht weniger denn die Unterstützung von Mördern oder Totschlägern bedeuten mag. Damit ist der hier verhandelte Gegenstand wohl kaum trivial.

Hat McMahan Recht? Ich denke, dass *er im Prinzip Recht hat* (und Michael Walzer somit nicht); damit meine ich, dass es nicht wahr ist, dass in *allen* Kriegen die Kombattanten beider Seiten das gleiche Freiheitsrecht haben, ihre Gegner zu töten, vorausgesetzt, dass sie den traditionellen *ius-in-bello*-Beschränkungen treu bleiben. Allerdings *übertreibt* McMahan

---

4 McMahan 2009, 64.
5 McMahan 2006, 379.

(wie auch andere Autoren) in großem Maße *die Reichweite seines Arguments*.[6] Für viele, wenn nicht sogar für die meisten modernen Kriege hat es kaum eine Bedeutung, da in ihnen „gerechte" Soldaten unschuldige und nicht-bedrohliche Menschen töten bzw. nicht-unschuldigerweise dazu beitragen, dass sie getötet werden.[7] Der militärische Euphemismus hierfür ist „Kollateralschaden"; ich selbst ziehe den Ausdruck „beiläufiges Abschlachten" vor. Durch die Teilnahme an der Tötung unschuldiger und nicht-bedrohlicher Menschen oder die nicht-unschuldige Unterstützung des Tötens solcher Menschen tut man diesen Unrecht (unschuldige und nicht-bedrohliche Menschen – und McMahan stimmt dem zu – haben ein *Recht*, nicht getötet zu werden), und jemand, der anderen *Unrecht tut* und *deren Rechte verletzt*,[8] kann nicht *gerecht* sein. So sind die Handlungen der Soldaten im besten Falle gerechtfertigt, doch das macht die Soldaten nicht unschuldig im relevanten Sinne (in demjenigen, anderen kein Unrecht anzutun). Sie bleiben gerechterweise angreifbar.

Bei der Entwicklung dieses Arguments werde ich folgendermaßen vorgehen. In Abschnitt 2 werde ich den historischen Hintergrund klarstellen und zeigen, dass im Gegensatz zu einem weitverbreiteten Glauben unter zeitgenössischen Theoretikern des gerechten Krieges die These der moralischen *Un*gleichheit die traditionelle und orthodoxe ist. In Abschnitt 3 werde ich kurz eine Konzeption der gerechten Tötbarkeit in Notwehr [*liability to self-defensive killing*] entwerfen, die von Judith Jarvis Thomsons Ansatz inspiriert ist, diesen aber in einer Art und Weise revidiert, welche die resultierende Konzeption gegen bestimmte Kritiken immunisiert, welche gegen die ursprüngliche Theorie gerichtet werden können (3.1). An-

---

6 Ich habe diesen Einwand in Steinhoff 2011, 96–99, und in Steinhoff 2008, 220–226, entwickelt. Auf meine Kritik hat Jeff McMahan in McMahan 2008b, 227–244, und in McMahan 2009, 38–51, geantwortet.

7 Ein weiterer Grund, warum McMahans Argument für die Praxis wenig relevant ist, ist die Tatsache, dass es, wenn überhaupt, nur wenige gerechtfertigte Kriege gibt. Siehe zu diesem Punkt Steinhoff 2007b und 2012.

8 Übrigens unterscheide ich zwischen gerechtfertigten Rechteverletzungen auf der einen Seite und ungerechtfertigten Rechteverletzungen auf der anderen, indem ich die Begriffe „gerechtfertigte Rechteverletzung" und „ungerechtfertigte Rechteverletzung" verwende. Damit weigere ich mich, jenen zu folgen, die das erstere „Verstoß" [„*infringement*"] und das letztere „Verletzung" [„*violation*"] nennen. Für die Opfer macht es schließlich keinen Unterschied, und die Unterscheidung zwischen „Verstoß" und „Verletzung" könnte fälschlich etwas anderes suggerieren.

schließend werde ich diese Konzeption auf den Krieg als kollektive Handlung anwenden (3.2).

In Abschnitt 4 werde ich mich mit McMahans Einwänden gegen den hier vorgestellten Ansatz auseinandersetzen. McMahan argumentiert erstens, dass dieser kontraintuitive Implikationen hat und behauptet zweitens, dass Rechtfertigung gerechte Angreifbarkeit *aufhebt* [*that justification defeats liability*], so dass „gerechte Kombattanten" nicht gerechterweise von „ungerechten" angegriffen werden können. Demgegenüber werde ich argumentieren, dass die Behauptung, dass „ungerechte Kombattanten" gerechterweise von „gerechten" angegriffen werden können, jedoch nicht umgekehrt, durch definitorische Setzung wahr und daher für die hier wesentliche Frage irrelevant ist (4.1); dass es nicht der hier präsentierte, sondern McMahans Ansatz ist, der mit kontraintuitiven Implikationen einhergeht (4.2 und 4.3); und vor allem, dass Rechtfertigung gerechte Angreifbarkeit *nicht* aufhebt (4.4).[9]

In Abschnitt 5 werde ich McMahans Behauptung entgegentreten, dass das beste Mittel, seine Mitbürger zu schützen, für den Teilnehmer an einem ungerechtfertigten Krieg jenes sei, seine Waffen niederzulegen. Selbst wenn diese Behauptung richtig wäre, so mein erster Einwand, würde dies den Punkt, dass beide Seiten ein Freiheitsrecht zum gegenseitigen Töten haben, nicht untergraben: welche *Freiheitsrechte* jemand gegenüber einer Person P hat und was er P im Lichte aller Umstände antun *darf*, sind nicht dieselben Dinge. Zweitens liegt McMahan darüber hinaus falsch: er ignoriert Probleme kollektiven Handelns und gewisse Realitäten des Krieges.

2. Die These der moralischen Ungleichheit in der Theoriegeschichte: Über imaginierte und tatsächliche Orthodoxien

McMahan präsentiert die These von der moralischen Gleichheit der Kombattanten als die traditionelle These und seinen eigenen Ansatz als revisio-

---

9 Selbst wenn übrigens Rechtfertigung gerechte Angreifbarkeit aufhöbe, würde dies nicht einmal einen Unterschied machen. Für eine diesbezügliche Argumentation siehe Steinhoff 2008, 223. McMahans ausführliche Erwiderung auf diese findet sich in McMahan 2008b, 236–244. Für eine nicht weniger ausführliche Antwort darauf siehe Steinhoff, „McMahan, Symmetrical Defense, and the Moral Equality of Combatans", unveröffentlichtes Manuskript.

när. Wie so viele andere zeitgenössische Theoretiker des gerechten Krieges irrt er sich jedoch über die Theorietradition. Um diesen Fehler nicht unkorrigiert zu lassen, möchte ich die historischen Tatsachen klarstellen.

Zunächst einmal ist festzustellen, dass McMahan, als er damit begann, die, wie er es nennt, „orthodoxe Auffassung" zu kritisieren, niemals tatsächlich irgendwelche Textbelege dafür anführte, dass die These der moralischen Gleichheit orthodox oder traditionell ist. Er erwähnt zwar (etwas selektiv) einige Autoren des 20. Jahrhunderts, doch die Frage ist eben, ob diese wirklich die Tradition repräsentieren – welche sich *durch* die Jahrhunderte zieht.

Tatsächlich war McMahans Hauptangriffsziel immer die Theorie Michael Walzers; schließlich hat Walzer den Ausdruck „die moralische Gleichheit von Soldaten" überhaupt erst geprägt.[10] Die Ironie dabei ist jedoch, dass Walzer selbst ausdrücklich erklärte (und zwar in einer Passage, die von denjenigen, die ihn als Repräsentanten „der Tradition" ansehen, gern übersehen wird), dass seine weitreichende These der moralischen Gleichheit von Kombattanten nicht von traditionellen Autoren geteilt wird:

> Katholische Autoren argumentieren schon lange, dass [Menschen] sich nicht freiwillig melden sollten, überhaupt nicht dienen sollten, wenn sie wissen, dass der Krieg ungerecht ist.[11]

Tatsächlich haben diese Autoren behauptet, dass es unter diesen Umständen eine Sünde sei, sich dem Kampf anzuschließen – während Walzer mit seiner These der moralischen Gleichheit abstreitet, dass es moralisch unzulässig ist.

Kürzlich hat McMahan zugegeben, dass seine frühere Interpretation der Tradition falsch ist und dass ihn Francisco de Vitoria und Francisco Suárez „bei der Veröffentlichung um mehr als ein halbes Jahrtausend geschlagen" haben.[12] Auf diesen und anderen Seiten seines Buches liefert er daher den Textbeleg dafür, dass zwei zentrale Autoren, die in der Traditi-

---

10 Walzer 1977, 34-41. „Demzufolge kann die moralische Realität des Krieges folgendermaßen zusammengefasst werden: Wenn Soldaten frei kämpfen, sich einander als Feinde aussuchen und ihre eigenen Schlachten entwerfen, ist ihr Krieg kein Verbrechen; wenn sie ohne Freiheit kämpfen, ist ihr Krieg nicht ihr Verbrechen." (Ibid., 37).
11 Walzer 1977, 39.
12 McMahan 2009, 237–238, Endnote 26; siehe auch den Text auf Seite 33, auf den sich diese Endnote bezieht.

on des gerechten Krieges stehen, die These der moralischen Gleichheit *zurückweisen*, während er jedoch nach wie vor keine Zitate irgendeines traditionellen Autors anführt, der diese These tatsächlich *unterstützen* würde. Dennoch fährt er fort, sie „traditionell" zu nennen. Warum?

Vielleicht denkt McMahan, dass Suárez und Vitoria die einzigen der älteren Autoren sind, die ihn „geschlagen" haben. Da irrt er sich jedoch. Ebenso klar haben ihn beispielsweise Domingo de Soto, Melchor Cano, Luis de Molina und Thomas Cajetan geschlagen.[13] Darüber hinaus aber selbstverständlich auch Thomas von Aquin (bereits einige Jahrhunderte früher), den Suárez und Victoria genau in diesem Sinne interpretieren. Sicherlich behandelt Thomas dieses Thema nicht ausdrücklich in Summa Theologiae II-II, q. 40 („Über den Krieg"), aber an anderer Stelle sagt er explizit, dass Menschen „verpflichtet sind ... den gottlosen Befehlen der Tyrannen nicht zu gehorchen"[14]. Diese Aussage beseitigt die Entschuldigung, die Augustinus für bestimmte Kombattanten der ungerechtfertigten Seite einst möglich gemacht zu haben schien und ist somit kaum mit einer generellen moralischen Gleichheit von Kombattanten vereinbar.

Und schließlich geht sogar Augustinus selbst – einige Jahrhunderte früher – nicht von einer generellen Gleichheit von Kombattanten aus. Sicherlich sagt er, wie bereits erwähnt, in *Contra Faustum* 22.75, dass ein Soldat unschuldigerweise dem Befehl eines „gottlosen Königs"[15] gehorchen kann. (Im Übrigen ist dies nicht das Gleiche, wie von „einem gottlosen Befehl" zu sprechen; davon abgesehen dachte Augustinus bei dieser Aussage aller Wahrscheinlichkeit nach an einen gottlosen *christlichen* König). Einer der Gründe jedoch, warum dies nicht auf eine Befürwortung einer generellen moralischen Gleichheit von Kombattanten hinausläuft, ist, dass bestimmte Kriege nicht auf beiden Seiten unter dem Kommando von Königen (oder ihren Äquivalenten) geführt werden. Beispiele dafür sind gewisse Bürgerkriege oder Sklavenrevolten. (Es sollte dabei auch nicht vergessen werden, dass mit der Ausnahme vielleicht von Thomas von Aquin

---

13 De Soto, "Questio XL 'De Bello'", Articulus Primus, Dubium Septimum (120); Cano, "Questio XL 'De Bello'", An Christianis sit licitum bella gerere, Secunda Quaestio (152); Molina, "Questio XL 'De Bello,'" Articulus Primus, Disputatio Tercera, 1–3 (273); Cajetan, "Summula, bellum", Bellum, quando dicatur iustum vel injustum, licitum vel illicitum (420). Alle diese Texte sind (auf Latein und Deutsch) in Justenhoven/Stüben 2006 zu finden; die Seitenangaben beziehen sich auf diese Edition.
14 Thomas in Reichberg/Syse/Begby 2006, 195.
15 Augustinus in Reichberg/Syse/Begby 2006, 82. Vgl. Augustinus 1891, 673.

keiner der im letzten Paragraphen genannten Autoren davon ausging, dass Augustinus glaubte, Kombattanten sei es gestattet, an einem Krieg teilzunehmen, von dem sie wissen, dass er ungerecht ist.)

Wenn somit erst einmal die tatsächliche Tradition der Theorie des gerechten Krieges vom interessierten Publikum verstanden wird, wird es sehr schwierig, die These der moralischen Gleichheit noch „orthodox" zu nennen, ohne damit den Anschein des Etikettenschwindels zu erwecken. Dennoch beharrt beispielsweise Helen Frowe, McMahan nacheifernd, auf dieser Terminologie. Nochmals: warum? Sie scheint durchaus eingesehen zu haben, dass auf Suárez oder noch weiter hinter ihn zurückzugreifen nicht funktioniert. Also geht sie stattdessen nur bis auf Grotius zurück und behauptet, dass die „Idee, dass gewöhnliche Bürger – seien es nun Kombattanten oder andere – für die Aggression ihres Landes moralisch verantwortlich sein könnten, von Grotius rigoros zurückgewiesen wurde" und dass das, was sie „die orthodoxe Auffassung der Theorie des gerechten Krieges" nennt, „seit Grotius die vorherrschende Ansicht darüber ist, wie wir die Beziehung zwischen *ius ad bellum* und *ius in bello* verstehen sollten"[16]. Ich weiß nicht, woher Frowe diese Ideen über Grotius nimmt.[17] Schließlich sagt Grotius, in völliger Übereinstimmung mit Suárez, Vitoria und den anderen älteren bereits genannten Theoretikern des Gerechten Krieges:

> Aber wenn [freien Menschen genauso wie Sklaven und Untertanen] der Befehl gegeben wird, die Waffen zu ergreifen, wie es gewöhnlich geschieht, dann ist, wenn klar vor Augen steht, dass der Krieg rechtswidrig ist, es ihre Pflicht, sich nicht in ihn einzumischen.[18]

Dementsprechend sagt Grotius auch:

> Noch kann ich zugeben, ... dass diejenigen, die einen gerechten Grund geliefert haben, die Waffen gegen sie zu ergreifen, sich rechtmäßig [er bezieht sich auf das Naturrecht, d. h. auf einen Teil der Moralität] verteidigen können; ... [denn] niemand [hat] das Recht, sich einem gerechten Angriff entgegenzusetzen, sowenig wie ein Krimineller sich auf ein Selbstverteidigungsrecht gegen

---

16 Frowe 2011, 161 und 118.
17 Offenbar stammen sie nicht aus Grotius' Text. Obwohl sie ihn einige Male erwähnt, zitiert sie ihn nie, noch findet sich sein Buch in ihrem Literaturverzeichnis. Für eine konzise Grotius-Interpretation, die meine eigene stützt, siehe Forde 1998. Für detaillierte Analysen siehe die Beiträge in Onuma 1993.
18 Grotius 2005, 1167 (II.26.II.1).

die öffentlichen Diener des Gesetzes berufen kann, die ihn im Auftrag des Magistrats ergreifen würden ...[19]

Das ist ein klares Argument für die moralische Ungleichheit von Kombattanten, nicht weniger klar als McMahans oben bereits zitiertes Argument, das fast 400 Jahre später McMahan zufolge „schlüssig die moralische *Ungleichheit* von Kombattanten auf der Ebene der grundlegenden Moral demonstriert"[20].

Grotius macht sogar dieselbe Einschränkung, die McMahan vornimmt,[21] und McMahan bestätigt dies und zitiert die entsprechenden Aussagen von Grotius.[22] Indes verweist er weder auf die von mir zitierte Stelle, noch erkennt er an, dass Grotius ein glühender Anhänger der These der moralischen Ungleichheit von Kombattanten ist. Dies ist eigenartig, denn da McMahan sagt, dass Grotius der „wohl größte Autor in der Tradition des gerechten Krieges" sei,[23] sollte man meinen, dass McMahan daran gelegen wäre, darauf hinzuweisen, dass er ihn auf seiner Seite hat. Der Nachteil daran mag freilich sein, dass sobald man eingesteht, dass der „wohl größte Autor in der Tradition des gerechten Krieges" die eigene, angeblich unorthodoxe und revisionäre These der moralischen Ungleichheit vertritt, diese nicht mehr ganz so unorthodox und revisionär erscheint.

Die traditionelle Ungleichheitsthese überlebte bis in das 20. Jahrhundert und wurde bereits lange vor McMahan von Elizabeth Anscombe vertreten. McMahan behauptet jedoch, Anscombe sei „inkonsistent"[24] und weist darauf hin, dass sie an einer Stelle argumentiert, dass die nicht-unschuldigen Menschen, die zu Recht attackiert werden können, solche sind, die „in einem objektiv ungerechten Handeln begriffen sind" („*engaged in an objectively unjust proceeding"*), während sie an anderer Stelle sagt, dass es diejenigen sind, welche Schaden [*harm*] verursachen. Vermeintlich würde die erste Idee die These der moralischen Ungleichheit implizieren, die zweite hingegen nicht. Als Erwiderung lassen Sie mich zunächst darauf hinweisen, dass vor dem Hintergrund des hier präsentierten Arguments – nämlich dass Kombattanten auf der gerechtfertigten Seite *auch* an einem ungerechten Vorgang beteiligt sind (nämlich an der Schädigung unschul-

---

19 Grotius 2005, 417 (II.1.XVIII.1).
20 McMahan 2006, 379.
21 Grotius 2005, 1181-1183 ([II.26.VI).
22 McMahan 2009, 16–17.
23 McMahan 2009, 16.
24 McMahan 2005a, Fußnote 17, woher alle Zitate dieses Paragraphen stammen.

diger Dritter [*innocent bystanders*]) – die erste Aussage Anscombes nicht wirklich diejenige Implikation besitzt, die McMahan ihr zuschreibt. Vielleicht weil er sich dessen bewusst ist, optiert er dafür, jene erste Aussage Anscombes nachsichtig dahingehend zu interpretieren, dass sie „in einem objektiv *ungerechtfertigten* [*wrongful*] Handeln begriffen sind" meint (meine Hervorhebung). Um selbst konsistent zu sein, sollte McMahan dann jedoch gleichfalls nachsichtig gegenüber ihrer zweiten Formulierung sein, beispielsweise indem er hier „schädigen" vernünftigerweise als „*ungerechtfertigt* schädigen" interpretiert. (Dies ist umso vernünftiger angesichts der Tatsache, dass Anscombe sich hier auf die am Zweiten Weltkrieg beteiligten deutschen Soldaten zu beziehen scheint und somit bereits davon ausgeht, dass diese sich auf einer ungerechtfertigten Seite befinden. Meiner Meinung nach reißt McMahan das Zitat einfach aus dem Zusammenhang).

Zweitens ist diesen isolierten Fehltritt Anscombes als Beleg für ihre „Inkonsistenz" in der Sache anzuführen so, als führte man die Tatsache, dass McMahan manchmal davon spricht, dass gerechte Angreifbarkeit in Notwehr [*liability to defensive attack*] in der moralischen Verantwortung für eine *ungerechtfertigte* Bedrohung besteht, und manchmal davon, dass sie in der moralischen Verantwortung für eine *ungerechte* Bedrohung besteht, als Beleg für *seine* Inkonsistenz in der Sache an. Dies wäre unfair und etwas seltsam, da McMahan explizit die These der moralischen Ungleichheit vertritt. Das tut Anscombe allerdings auch; unmissverständlich sagt sie im völligen Einklang mit der Tradition: „Noch dürfen wir, wenn wir wissen, dass ein Krieg falsch ist, ohne Sünde an ihm teilnehmen, wie schmerzlich es auch scheinen mag, abseits unserer Landsleute zu stehen".[25]

Drittens versäumt McMahan auch zu erwähnen, dass Anscombe nur wenige Sätze nach dem Zitat über „schädigen", welchem er eine solche Bedeutung beimisst, Folgendes schreibt:

> Auch gibt es keinen Grund, ihnen [den Kombattanten auf der deutschen Seite, wie man sicher annehmen darf] aufgrund eines Verbrechens den Prozess zu

---

25 Anscombe 1981, 73. Mit der gebotenen Verlegenheit muss ich zugeben, dass ich in Steinhoff 2007a, 62, richtigerweise behauptet habe, dass ihre Ideen die moralische Ungleichheit von Kombattanten implizieren würden und unkorrekterweise mutmaßte, dass sie dies nicht bemerkt haben mag. Wie das soeben angeführte Anscombezitat zeigt (welches ich ebenfalls übersehen hatte und welches McMahan übrigens nicht erwähnt), hat sie es definitiv bemerkt.

machen; allerdings nicht, weil ein Mensch keine persönliche Verantwortung für das Kämpfen hat, sondern weil sie keine Subjekte des Staates waren, dessen Gefangene sie sind.[26]

Die Aussage nach dem Semikolon ist nichts weniger denn eine Bekräftigung der traditionellen These der moralischen Ungleichheit in Verbindung mit Grotius' These der legalen Straflosigkeit. Die Tatsachen liegen also so, dass Anscombe in Bezug auf moralische Ungleichheit von Kombattanten nicht ambivalenter ist als McMahan.

McMahan behauptet darüber hinaus, dass die These der moralischen Gleichheit „das internationale Kriegsrecht durchdringt [*informs*]"[27]. Doch wieder liefert er dafür keinen Beleg.[28] Woher weiß er es also? Schließlich gibt er selbst zu, dass das „Kriegsrecht nicht die *moralische* Gleichheit von Kombattanten behauptet, sondern ... die *legale* Gleichheit von Kombattanten"[29]. Und in der Tat hat er selbst dafür argumentiert, dass *aus moralischen Gründen* das internationale Recht nicht einfach moralische Ungleichheit in legale übersetzen darf.[30] Warum also ist dann nicht *dies* die dem internationalen Kriegsrecht zugrunde liegende Idee?

Die Frage drängt sich besonders deshalb auf, da Grotius der entschiedenen Meinung war, dass das Völkerrecht sich vom Naturrecht unterscheiden muss und „entworfen und akzeptiert wird, um bestimmten Zwecken zu dienen, insbesondere moralischen Zwecken"[31]. Aber da Grotius nicht nur der „wohl größte Autor in der Tradition des gerechten Krieges" ist, sondern darüber hinaus auch von vielen als der Begründer des modernen internationalen Rechts angesehen wird, scheint es nur natürlich anzunehmen, dass das, was tatsächlich dem modernen Gesetz bewaffneter Konflikte zugrunde liegt, die Grotianische Kombination der These der moralischen Ungleichheit mit der These der legalen Straflosigkeit ist. Weit davon entfernt also, irgendetwas zu „revidieren", wiederholt McMahan im Wesentlichen eine Sichtweise, die Grotius bereits vor 400 Jahren formuliert hat und die im modernen internationalen Recht verkörpert zu sein scheint.

---

26 Anscombe 1981, 67.
27 McMahan 2009.
28 Frowe 2011, 124 folgt McMahan auch hier: sowohl im Aufstellen der Behauptung als auch darin, keinen Beleg für sie zu liefern.
29 McMahan 2009.
30 McMahan 2008a.
31 McMahan 2008a, 34.

Schließlich sollte noch erwähnt werden, dass sich McMahan zwar in einer Hinsicht von Walzer unterscheidet – nämlich in der These der moralischen Gleichheit –, aber seine Ansichten über, zum Beispiel, *gerechten Grund*, *Proportionalität* und *doppelte Wirkung* sind, von Spitzfindigkeiten im Detail abgesehen, verhältnismäßig konservativ und von Walzers und traditionellen Vorstellungen nicht sehr verschieden. Er hat auch wenig bis gar nichts über die Kriterien des gerechten Krieges *Erfolgsaussichten*, *letztes Mittel* und *gerechte Absicht* zu sagen. Daher, so scheint es, muss man an anderem Orte nach einer wirklich revisionären und unorthodoxen Version der Theorie des gerechten Krieges suchen.[32]

Nachdem wir so den historischen Hintergrund klargestellt haben, wenden wir uns nun den substanziellen Fragen zu.

3. Gerechte Angreifbarkeit: Ein rechtebasierter Ansatz

Warum sind selbst Kombattanten in einem gerechtfertigten Krieg[33] gerechterweise angreifbar [*liable to attack*]; das heißt, warum können sie angegriffen werden, ohne dass ihnen damit ein Unrecht angetan wird, ohne dass damit ihre Rechte verletzt werden? Ich habe diese Frage bereits in der Einleitung beantwortet, doch lassen Sie mich die Antwort präzisieren.

---

32 Der Leser wird nicht überrascht sein und mag mir vergeben, wenn ich bescheiden für die in *Zur Ethik des Krieges und des Terrorismus* (Steinhoff 2011) und an anderen Orten präsentierte Konzeption plädiere: Ich liefere ein nachhaltiges Argument gegen legitime Autorität, argumentiere für die Möglichkeit und Zulässigkeit von individuellem Krieg, subsummiere Proportionalität vollständig unter den gerechten Grund, bin sehr nachsichtig in Bezug auf die gerechte Absicht, lehne letztes Mittel und Erfolgsaussichten als Kriterien des gerechten Krieges ab, verwerfe das Prinzip der doppelten Wirkung, glaube nicht, dass die *ius in bello*-Prinzipien der Diskrimination und Proportionalität voneinander unabhängig sind, verteidige Terrorismus bis zu einem bestimmten Grade und schränke die jahrhundertealte Orthodoxie der moralischen Ungleichheit von Kombattanten radikal ein. Was auch immer sonst diese Konzeption sein mag, sie ist auf jeden Fall nicht „orthodox".

33 Wenn ich von einem „gerechtfertigten Krieg" spreche, meine ich einen Krieg als eine komplexe *Handlung* und nicht als ein historisches Ereignis. Der Zweite Weltkrieg ist ein historisches Ereignis, Großbritanniens Krieg gegen Deutschland ist eine Handlung und Deutschlands Krieg gegen Großbritannien ist eine andere Handlung. Siehe Steinhoff 2009a, 135–136, und auch McMahan 2009, 5.

3.1 Gerechte Angreifbarkeit im Allgemeinen

Die hier präsentierte Konzeption der legitimen Angreifbarkeit ist eine revidierte Version der Konzeption von Judith Jarvis Thomson.[34] Ich stimme mit Thomson darin überein, dass man durch die Verletzung der Rechte einer Person selbst gerechterweise angreifbar wird. Ich bin jedoch in zwei wichtigen Punkten anderer Meinung als sie. Zum einen sind meiner Auffassung nach Rechteverletzungen nicht die *einzigen* Dinge, welche eine Person gerechterweise angreifbar machen können. Zum anderen stimme ich mit Thomson nicht darin überein, was als Rechteverletzung gelten kann. Ihrer Auffassung zufolge verletzt selbst eine unschuldige Bedrohung (d. h. ein Unschuldiger, welcher eine Bedrohung darstellt), zum Beispiel ein unschuldiger Mann, der von einem Verbrecher von einem Kliff gestoßen wird und die am Fuße des Kliffs stehende unschuldige Person zu erschlagen droht, die Rechte der bedrohten Person.

Viele Menschen haben diese Sichtweise Thomsons kontraintuitiv gefunden. Es scheint schließlich, dass man die Rechte einer Person nur durch *Handlungen* verletzen kann. Ich neige dazu, dem zuzustimmen. Dennoch denke ich, dass der fallende unschuldige Mann gerechterweise angreifbar ist. Warum?

Gemäß der hier vorgestellten Konzeption haben Menschen ein allgemeines Recht, sich gegen ungerechte Bedrohungen aller Art zu verteidigen (eine *ungerechte Bedrohung* ist eine solche, welche kein Recht besitzt, eine Bedrohung darzustellen, und nicht durch jemanden in Bewegung gesetzt wurde, der ein Recht dazu hatte). Das heißt, dieses Recht verweist nicht nur auf Bedrohungen, die von Personen ausgehen, sondern auf alle Bedrohungen, inklusive solcher, die von unbelebten Objekten ausgehen. Dass es solch ein Recht gibt, zeigt zum Beispiel die Ungerechtigkeit eines Gesetzes, welches die Zerstörung eines Felsbrockens verbietet, der mich zu zerschmettern droht.[35]

---

34 Thomson 1991. Siehe auch Steinhoff 2011, 74–100, speziell 83–95.
35 In einer persönlichen Mitteilung hat McMahan gegen dieses Beispiel eingewandt, dass der Grund, warum es zulässig ist, den Felsen zu zerstören, nicht der ist, dass er gerechterweise angreifbar [liable] ist, sondern der, dass es einfach keinen moralischen Einwand dagegen gibt, ihn zu zerstören. Jedoch mache ich hier keine Behauptungen über die gerechte Angreifbarkeit von Felsen. Ich behaupte – und mein Beispiel zeigt, dass diese Behauptung korrekt ist –, dass Menschen ein generelles

Während der Felsen jedoch keine Rechte hat, hat sie der fallende Mann. Er hat ein Recht auf Leben und auf Selbstverteidigung. Er hat jedoch kein Recht, unschuldige Menschen zu zertrümmern, weshalb von ihm eine ungerechte Bedrohung ausgeht. Wenn nun die Rechte der zwei an dieser Situation beteiligten Personen nicht kompatibel sind – das heißt, wenn die unten stehende unschuldige Person sich nur verteidigen und ihr Leben retten kann, indem sie die ungerechte Bedrohung tötet, z. B. mittels einer Strahlenpistole verdampft –, dann können entsprechend dem hier vorgestellten Ansatz die unvereinbaren (Anspruchs-) Rechte nicht länger als solche aufrechterhalten werden (da sie als Anspruchsrechte nicht kompatibel sind), vielmehr weichen sie Freiheitsrechten.[36] Während ein *Recht*, verstanden als Anspruchsrecht, impliziert, dass diejenige Person, der gegenüber ich das Recht habe, nicht in dessen Ausübung eingreifen kann, ohne mir dabei Unrecht zu tun, impliziert meine *Freiheit* (d. h. mein Freiheitsrecht) gegenüber einer Person nur, dass ich dieser gegenüber nicht verpflichtet bin, diese Freiheit nicht auszuüben, und impliziert somit, dass ich der Person durch die Ausübung der fraglichen Freiheit kein Unrecht tun würde. Dies bedeutet nicht, dass die andere Person mir Unrecht antun würde, wenn sie mich davon abhielte, meine Freiheit auszuüben. Daher haben in meinem Ansatz beide Parteien ihre *Anspruchs*rechte zu leben *und* zur Selbstverteidigung verloren, aber ihre *Freiheits*rechte auf Leben und Selbstverteidigung *behalten*.

Diese Konzeption ist ungeachtet der Zweifel von Seth Lazar völlig konsistent. Er hingegen meint, dass „wenn man das Anspruchsrecht, nicht getötet zu werden, nur verlieren kann, indem man eine ungerechte Bedrohung darstellt – das heißt, eine Bedrohung, die das Anspruchsrecht einer anderen Person, nicht getötet zu werden, verletzt –, dann kann es nicht der

---

Recht (das in Situationen, in denen es zur Kollision von Rechten kommt, in eine spezifische Freiheit transformiert werden kann) darauf haben, Objekte, die sie ungerechterweise bedrohen, zu zerstören, ganz gleich, ob diese Objekte ihre Rechte verletzen oder nicht.

36 Steinhoff 2011, 87–88 und 90. Dort habe ich manchmal den Begriff „Erlaubnis" verwendet, wo ich ein Freiheitsrecht meinte. Tatsächlich ist es jedoch notwendig, zwischen Erlaubnissen und Freiheitsrechten zu unterscheiden. So mag beispielsweise eine Person A das Freiheitsrecht gegen eine Person B haben, diese zu töten, ohne dass ihr *erlaubt* ist, B zu töten. Mit anderen Worten: so wie Anspruchsrechte manchmal berechtigterweise zugunsten überragender Interessen [greater good] verletzt werden können, dürfen aufgrund überragender Interessen Freiheiten manchmal nicht ausgeübt werden.

Fall sein, dass zwei Parteien kraft der Bedrohung, die sie füreinander darstellen, von der jeweils anderen gerechterweise getötet werden können" (persönliche Mitteilung). Der „das heißt"-Teil seiner Aussage ignoriert jedoch sowohl meinen tatsächlichen Gebrauch von „ungerechte Bedrohung" als auch die Tatsache, dass ich ausdrücklich die Ansicht zurückweise, dass jemand sein Anspruchsrecht, nicht getötet zu werden, allein durch die Verletzung der Rechte einer anderen Person verlieren kann.

Somit ist die Situation der unschuldigen Bedrohung und des unschuldigen (potentiellen) Opfers ein symmetrischer Verteidigungsfall, in dem beide Parteien gerechterweise angreifbar sind. Die Tatsache, dass der fallende Mann moralisch unschuldig ist, ist nicht hinreichend dafür, dass er in dieser Situation sein spezifisches Lebensrecht behält: unschuldige Menschen, die eine Bedrohung für jemanden darstellen, der nicht seinerseits für die Initiierung einer Bedrohung einer anderen unschuldigen und unbedrohlichen Person verantwortlich ist, haben kein Recht auf Leben (zumindest dann, wenn ihre Tötung der einzige Weg ist, sie aufzuhalten).[37] Somit darf der unschuldige Mann unten den fallenden Mann verdampfen, aber der fallende unschuldige Mann darf auch versuchen, dies zu verhindern, indem er den unschuldigen Mann unten tötet (der fallende Mann ist vielleicht bewaffnet).

3.2 Rechteverletzungen im Krieg

Wie nun verletzen Menschen auf der „gerechten" Seite des Krieges die Rechte Unschuldiger und machen sich damit selbst gerechterweise angreifbar?

Eine offensichtliche Weise, dies zu tun, besteht darin, unschuldige Menschen persönlich zu töten oder zu verstümmeln oder ihnen ein erhebliches Risiko der Tötung oder Verstümmelung aufzuerlegen.[38] Viele „ge-

---

37 Dies unterscheidet diesen symmetrischen Verteidigungsfall von den weiter unten aufgezeigten asymmetrischen Soldat/Zivilist-Fällen.
38 Wenn dies jedoch zum Schutz der Zivilisten selbst geschieht, beispielsweise in einer humanitären Intervention, welche die Zivilisten gefährdet, während sie diese zugleich vor einem Genozid zu bewahren sucht, mag dies die Kombattanten ausnahmsweise nicht gerechterweise angreifbar machen. Für eine diesbezügliche Argumentation siehe McMahan 2010, 342–379.

rechte" Soldaten tun klarerweise genau dies, indem sie schießen oder Bomben werfen.

Viele andere „gerechte" Soldaten töten oder verstümmeln jedoch nicht *selbst* unschuldige Menschen oder erlegen ihnen erhebliche Risiken auf. Sie *nehmen* nur an solchen Handlungen *teil* oder *tragen* zu ihrer Ausführung *bei*. Mindestens drei verschiedene Typen der Teilnahme oder des Beitrags müssen dabei unterschieden werden: (a) tatsächliche *Teilnahme* an einem (kollektiven) ungerechten Angriff oder einer (kollektiven) ungerechten Auferlegung eines Risikos; (b) nicht-teilnehmender schuldiger Beitrag; und (c) nicht-teilnehmender unschuldiger Beitrag.

Lassen Sie mich zunächst für jeden Typus ein Beispiel geben, das nicht aus dem Kontext des Krieges stammt. Der Schakal will eine unschuldige Person töten. Alex hat in dem Bewusstsein, dass dies dem Schakal helfen wird, den Unschuldigen zu ermorden, das Ziel markiert. Dies ist eine Teilnahme bzw. Beihilfe und wird in der westlichen Rechtsprechung auch so genannt. Nebenbei bemerkt macht es keinen Unterschied, ob die Markierung wirklich notwendig war, damit der Plan des Schakals aufgeht; das heißt, es macht keinen Unterschied, ob Alex *ursächlich* zum Erfolg beigetragen hat.

Bob hat dem Schakal das Gewehr verkauft, das dieser braucht, um sein Ziel umzusetzen, und zwar im vollen Bewusstsein, dass der Schakal damit versuchen wird, einen Unschuldigen zu töten. Dies ist eine nicht-teilnehmende schuldige Unterstützung, die in den meisten westlichen Rechtsprechungen auch Beihilfe [*aiding and abetting*] genannt wird.[39]

Cecilia ist eine Köchin in einem Restaurant und hat dem Schakal eine Mahlzeit bereitet, sehr wohl wissend, dass dieser bald eine unschuldige Person töten wird; sie hat keine Möglichkeit, die Polizei zu rufen oder den Schakal auf einem anderen Wege zu stoppen, wäre aber in der Lage gewesen, ihm das Essen zu verweigern. Ihr Sohn, nicht wissend, dass der Schakal damit einen Unschuldigen umbringen wird, hat diesem die Munition verkauft. Sowohl bei Cecilia als auch bei ihrem Sohn handelt es sich um Fälle eines nicht-teilnehmenden unschuldigen Beitrags. Für das Gesetz sind sie beide unschuldige Dritte.

---

39 Für eine juristische Betrachtungsweise der Komplizenschaft siehe Smith 1991, für eine überwiegend philosophische dagegen Kutz 2000 und Miller 2001.

In der Rechtsprechung (der meisten westlichen Staaten) könnten Alex und Bob mit haftbar für den Versuch des Schakals gemacht werden, eine unschuldige Person zu töten, Cecilia und ihr Sohn dagegen nicht.

Lassen Sie mich nun Beispiele aus dem Kontext des Krieges geben. Die „gerechte" Armee A fällt in das Land B ein und tötet „kollateral" viele unschuldige Menschen. Viele der Soldaten schießen dabei nicht selbst oder werfen selbst Bomben auf Unschuldige, aber sie helfen anderen Soldaten dabei, indem sie die Waffen warten, Munition bereitstellen und Ziele markieren. Sie *nehmen* an kollektiven Handlungen *teil* (egal ob sie tatsächlich *ursächlich* zu Tötungen und Verstümmlungen beitragen oder nicht), die, gerechtfertigt oder nicht, nichtsdestotrotz ungerecht sind, weil sie unschuldige Menschen töten, verstümmeln oder gefährden. Die teilnehmenden Soldaten sind damit gerechterweise angreifbar. (Beachten Sie, dass ich nicht behaupte, dass *alle* Soldaten der Armee A an ungerechten kollektiven Handlungen teilnehmen. Tatsächlich denke ich, dass viele Soldaten auf *beiden* Seiten – auf der gerechtfertigten wie auf der ungerechtfertigten – womöglich *nicht* gerechterweise angreifbar sind).[40]

Der Unternehmer U hat vor Ausbruch des Krieges der Armee A Waffen geliefert (seitdem jedoch nicht mehr), dabei wissend, dass diese für ungerechte kollektive Kriegshandlungen benutzt werden würden. Er wäre gerechterweise angreifbar (wenn dies die Gefahr verringern würde, was natürlich sehr unwahrscheinlich ist).

Der Farmer F liefert der Armee Lebensmittel. Er trägt damit nicht-teilnehmend unschuldig bei und ist nicht gerechterweise angreifbar.[41] Dassel-

---

40 Siehe auch Lazar 2009 und 2010. Lazar scheint jedoch McMahans Konzeption der gerechten Angreifbarkeit zu akzeptieren, nach welcher jemand dann gerechterweise angreifbar ist, wenn er moralisch verantwortlich für eine objektiv ungerechtfertigte Bedrohung ist. Siehe beispielsweise McMahan 2009, 35. Wie wir jedoch noch sehen werden, ist diese Konzeption nicht korrekt. Lazar scheint auch zu glauben, dass ein ursächlicher Beitrag für legitime Angreifbarkeit notwendig ist, was aber ebenfalls nicht richtig ist, wie ich gerade argumentiert habe.

41 Die Idee, dass man zwischen Menschen unterscheiden muss, die „dem Soldaten als Menschen" helfen, und solchen, die „dem Soldaten als Soldaten oder Kämpfer helfen", um Jeffrie G. Murphys (Murphy 1973, 534) Worte zu verwenden, war zu Recht immer sehr populär. Fabre 2009 hat kürzlich argumentiert, dass es nicht korrekt ist, dass Zivilisten, die Soldaten nur mit Lebensmitteln unterstützen, nicht gerechterweise angreifbar sind. Ich stimme mit ihr darin überein, denn wie sie richtig sagt, gibt es *einige* Möglichkeiten, Soldaten mit Lebensmitteln zu unterstüt-

be gilt für den ausländischen Unternehmer AU, der vor Kriegsbeginn Schrauben an das Land der Armee A geliefert hat, welche nun von den Streitkräften in einigen ihrer Waffensysteme verwendet werden.

Ich behaupte, dass diese Konzeption gerechter Angreifbarkeit intuitiv ausgesprochen zwingend, kohärent und den rechtlichen Realitäten in westlichen Rechtsprechungen gut angepasst ist, nicht zuletzt deshalb, weil sie sich vertrauter Unterscheidungen bedient, die in diesen Rechtsprechungen gängig sind. Zugegebenermaßen werden diese Unterscheidungen nicht immer ganz klar und eindeutig getroffen, es gibt unklare Fälle und Grauzonen. Jedoch sind wir in vielen Fällen sehr wohl in der Lage, zwischen einer tatsächlichen *Teilnahme* an einer Handlung und zwischen schuldiger bzw. unschuldiger Unterstützung zu unterscheiden. Die Rechtsprechung und das Moralempfinden des gesunden Menschenverstandes (die beide diese Unterscheidungen nicht unbedingt *in diesen Begriffen* treffen, sie aber nichtsdestoweniger treffen) fahren mit dem Treffen dieser Unterscheidungen recht gut, wenn es um eine Zuschreibung von Haftbarkeit [liability] geht.

Entsprechend der hier präsentierten Konzeption verletzen also Kombattanten, die an ungerechten kollektiven Handlungen teilnehmen, welche unschuldige Menschen töten und verstümmeln oder erheblichen Risiken aussetzen,[42] die Rechte dieser Menschen und sind damit gerechterweise angreifbar, selbst wenn sie *gerechtfertigterweise [justifiably]* an diesen kollektiven Handlungen teilnehmen, die (zum Teil) den Krieg ausmachen.

Diese Kombattanten sind daher auch nicht im relevanten Sinne unschuldig. McMahan widerspricht dem (in einer persönlichen Mitteilung) und behauptet, dass etwas, das gerechtfertigt ist, nicht schuldhaft oder nicht-unschuldig [*culpable or non-innocent*] sein kann. Jedoch werden im Deutschen die Begriffe „guilt" und „culpability" mit *Schuld* übersetzt, welches zugleich die Übersetzung von „debt" ist. Da, wie wir noch sehen werden, Rechtfertigung gerechte Angreifbarkeit nicht aufhebt, ist eine

---

zen, die ihnen als Soldaten helfen. Das bekräftigt jedoch nur die Unterscheidung, die ich gerade unterstützt habe, statt sie zu unterminieren. Offensichtlich müsste hierzu mehr gesagt werden (aber nicht im gegenwärtigen Zusammenhang).

42 Auch dies muss wieder etwas qualifiziert werden, wie in Fußnote 38 bemerkt. Eine weitere Einschränkung – wie weiter unten noch deutlich werden wird –, ist jene, dass Kombattanten, die an einem gerechtfertigten Krieg teilnehmen, nicht gerechterweise von *denjenigen* Soldaten (sollte es welche geben) angegriffen werden können, die an der aggressiven Handlung teilgenommen haben, welche den gerechtfertigten Krieg überhaupt erst provoziert hat.

Person, die gerechtfertigterweise einer anderen Unrecht tut, dieser normalerweise eine Entschädigung [*compensation*] schuldig und *steht somit in deren Schuld*. Im Gegensatz zu McMahan (so scheint es) finde ich die Idee, dass jemand Schuld nicht nur gegenüber dem Gesetz oder der Moral auf sich ziehen kann, sondern auch gegenüber anderen Menschen, nicht im mindesten merkwürdig. Ich finde es aber sehr wohl merkwürdig zu glauben, dass die Verletzung der Rechte anderer Personen – sei es gerechtfertigterweise oder nicht – nicht den moralischen Status des Rechteverletzers verändert. Wie kann das sein? Sind Rechte so trivial? McMahan führt die Möglichkeit ins Feld, vielleicht das Gefühl von „Reue oder Bedauern aus Sicht des Handelnden" [*agent-regret*] zu empfinden; allerdings ist es schlicht irrational zu bereuen, wenn man nicht schuldig ist; und „Bedauern" wird auch nicht dadurch besser, dass man es mit dem Zusatz „aus Sicht des Handelnden" versieht. Ich kann auch bedauern, dass eine *andere* Person die Rechte anderer verletzt, aber wenn ich selbst es tue, dann scheint mehr als Bedauern angebracht, nämlich tatsächlich ein Gefühl von Reue. Wenn dies rational sein soll, muss es einer Schuld entsprechen. McMahan könnte nun geneigt sein zu behaupten, dass all solche Reuegefühle irrational sind, aber eine solche Behauptung wäre unplausibel und sicherlich unbegründet. Wie dem auch sei, letztendlich mag dies zum Teil nur Wortklauberei sein. Für McMahan ist Rechtfertigung per Definition hinlänglich für Unschuld. Mein Konzept von Unschuld unterscheidet sich davon. Von Entschuldigungen einmal abgesehen, ist Rechtfertigung nur in Verbindung mit *Gerechtigkeit [justice]* hinreichend für Unschuld. Somit sei nochmals gesagt, dass Kombattanten, die an ungerechten kollektiven Handlungen teilnehmen, die unschuldige Menschen töten oder verstümmeln oder erheblichen Risiken aussetzen, nicht-unschuldig und daher gerechterweise angreifbar sind.

4. Antworten auf Einwände

4.1 Warum die Behauptung, dass „gerechte Kombattanten" und „ungerechte Kombattanten" nicht dasselbe Freiheitsrecht besitzen, sich gegenseitig zu töten, eine analytische Aussage ist und keine praktische Relevanz besitzt.

McMahan behauptet, dass Rechtfertigung gerechte Angreifbarkeit *aufhebt*, so dass „gerechte Kombattanten" nicht von „ungerechten Kombattanten" gerechterweise angegriffen werden können. Doch diese Aussage ist nur durch definitorische Setzung wahr und daher für die hier vorliegende substanzielle Frage irrelevant.

McMahan gibt die folgenden Definitionen:

> Meinem Verständnis nach ist ein gerechter Grund ein Ziel, das zwei Bedingungen erfüllt: (1) dass es zulässig ist, es auf dem Kriegsweg zu verfolgen, und (2), dass das zumindest auch deshalb so ist, weil diejenigen, gegen die der Krieg geführt wird, sich aus moralischer Sicht gerechterweise militärisch angreifbar gemacht haben. Vor dem Hintergrund dieses Gedankens können wir nun zwischen „gerechten Kombattanten", die in einem gerechten Krieg kämpfen, und „ungerechten Kombattanten", die ein einem Krieg kämpfen, welchem ein gerechter Kriegsgrund fehlt, unterscheiden.[43]

Angesichts dieser Festsetzungen ist jedoch die These der ungleichen Freiheitsrechte gerechter und ungerechter Kombattanten, sich gegenseitig zu töten, oder der ungleichen gerechten Angreifbarkeit jedoch nicht das, wofür es viele halten, nämlich eine synthetische moralische Wahrheit (oder eine synthetische moralische Unwahrheit), sondern ein analytisch wahrer Satz.

Warum? Nun, beispielsweise kann die These auch so formuliert werden (selbstverständlich gibt es viele mögliche Formulierungen, die jedoch keinen Unterschied für die hier von mir vorgetragene Argumentation machen, solange sie McMahans Behauptungen und Definitionen sachlich entsprechen):

> Die moralische Ungleichheit von Kombattanten: Ungerechte Kombattanten können gerechterweise von den gerechten Kombattanten, gegen die sie kämpfen, militärisch angegriffen werden, während gerechte Kombattanten nicht gerechterweise von den ungerechten Kombattanten, gegen die sie kämpfen, militärisch angegriffen werden können.

Und dann können wir so verfahren: Zuerst tauschen wir – wie es McMahans Definitionen erlauben – „Kombattanten, die in einem Krieg kämpfen, welchem ein gerechter Kriegsgrund fehlt" gegen „ungerechte Kombattanten" und „Kombattanten, die in einem gerechten Krieg kämpfen" gegen „gerechte Kombattanten". In einem zweiten Schritt ersetzen wir – wiederum in Einklang mit McMahans Definitionen – „Kombattanten, die in einem gerechten Krieg kämpfen" mit „Kombattanten, die in einem Krieg kämpfen, in welchem diejenigen, gegen die gekämpft wird, gerechterwei-

---

43 McMahan 2009, 5 (vgl. dt. Ausg. Darmstadt 2010, 4, aber abweichende Übers.; Anm. d. Hg.).

se militärisch angegriffen werden können" und „Kombattanten, die in einem Krieg kämpfen, welchem ein gerechter Kriegsgrund fehlt" mit „Kombattanten, welche in einem Krieg kämpfen, in welchem sie jene, gegen die sie Krieg führen, nicht gerechterweise militärisch angreifen können". Dann haben wir die These der moralischen Ungleichheit der Kombattanten in diese logisch äquivalente These verwandelt (Um das Verständnis etwas leichter zu machen, habe ich UK für „ungerechte Kombattanten" und GK für „gerechte Kombattanten" hinzugefügt):

> Kombattanten (UK), die in einem Krieg kämpfen, in welchem jene (GK), gegen die der Krieg geführt wird, nicht gerechterweise militärisch angegriffen werden können, können gerechterweise militärisch von den Kombattanten (GK) angegriffen werden, gegen welche sie kämpfen und die in einem Krieg kämpfen, in welchem jene (UK), gegen die der Krieg geführt wird, gerechterweise militärisch von den Kombattanten (GK) angegriffen werden können, gegen welche sie (UK) kämpfen; während Kombattanten (GK), die in einem Krieg kämpfen, in welchem jene (UK), gegen die der Krieg geführt wird, gerechterweise militärisch angegriffen werden können, nicht gerechterweise von den Kombattanten (UK) angegriffen werden können, gegen die sie (GK) kämpfen und die (UK) in einem Krieg kämpfen, in welche jene (GK), gegen die der Krieg geführt wird, nicht gerechterweise militärisch angegriffen werden können.

Obwohl diese These, da analytisch, wahr ist, ist sie auch irrelevant, denn angesichts dessen, wie McMahan „ungerechte Kombattanten" definiert, sowie angesichts des Umstandes, dass Rechtfertigung gerechte Angreifbarkeit nicht aufhebt, gibt es einfach keine ungerechten Kombattanten.

Denn wie könnte es einen Krieg geben, dem ein gerechter Kriegsgrund im Sinne McMahans fehlte? Schließlich braucht ein Krieg, um einen gerechten Grund zu *haben*, nicht *für* diesen Grund gefochten werden – das Gegenteil zu behaupten, würde bedeuten, das Kriterium des gerechten Grundes mit dem der gerechten Absicht zu verwechseln. Allerdings scheint McMahan dies zu einem gewissen Grade bereits zu tun, denn er sagt, dass ein gerechter Grund ein *Ziel* sei, und etwas kann wohl nur ein Ziel sein, wenn jemand tatsächlich auf es zielt, gezielt hat oder zielen wird. Dennoch bleibt die Tatsache bestehen, dass es das Ziel oder den gerechten Grund x *geben* kann (*jemand* kann das Ziel haben), ohne dass die angebliche legitime Autorität oder all jene, die im Krieg kämpfen (oder auch nur irgendwer von ihnen), das Ziel haben.

Daher *gibt* es selbstverständlich in jedem Krieg einen gerechten Grund (vorausgesetzt, dass Rechtfertigung gerechte Angreifbarkeit nicht aufhebt; ich werde unten argumentieren, dass sie dies nicht tut), zum Beispiel den gerechten Grund, unschuldige Menschen, insbesondere natürlich die eigene Zivilbevölkerung, gegen die Tötung oder Verstümmelung durch feindliche Soldaten zu verteidigen.

Frowe hat Schwierigkeiten damit, „dies als einen *gerechten Grund* anzusehen, wenn die Notwendigkeit zur Verteidigung aus meiner eigenen unerlaubten Handlung erwächst" (persönliche Mitteilung). Doch erstens ist McMahans Definition völlig vereinbar damit, dies als einen gerechten Grund zu betrachten, und es ist McMahans Definition, welche ich hier diskutiere. Zweitens, derweil die *ersten* angreifenden Soldaten unerlaubt gehandelt haben, so setzt die Behauptung, dass deren Kameraden, welche sich *später* ins Schlachtengewühl stürzen, ebenfalls unerlaubt handeln, einfach voraus, was zu beweisen wäre. Man darf nicht alle Kombattanten auf der ungerechtfertigten Seite über einen Kamm scheren. Es gibt *verschiedene* ungerechtfertigte Soldaten, keine amorphe Masse, genannt „die ungerechten Kombattanten". Außerdem darf man nicht die Probleme kollektiver Handlungen ignorieren. Von einem individuellen Kombattanten, der sich erst später dem Kampf anschließt, kann nicht vernünftigerweise behauptet werden, dass er den gerechtfertigten Krieg provoziert hat; ebensowenig kann vernünftigerweise von ihm behauptet werden, dass er in der Lage ist, diesen zu beenden, indem er sich einfach ergibt. (Für weitere Ausführungen zu diesem Thema siehe auch den Abschnitt 5 weiter unten).

Daneben gibt es auch den gerechten Grund, *exzessive* Gewalt zu bekämpfen; *oder* den gerechten Grund, den Feind am Erreichen bestimmter, besonders ungerechter Ziele zu hindern (man kann dieses Ziel selbst dann haben, wenn der Feind gar keine ungerechten Ziele hat); *oder* den gerechten Grund, unschuldige Menschen in einem anderen Land vor brutaler Unterdrückung zu retten etc. Jeder dieser Gründe (und es gibt viele mehr) ist sicherlich einer, „der zwei Bedingungen erfüllt: (1) dass es zulässig ist, [ihn] auf dem Kriegsweg zu verfolgen und (2), dass das zumindest auch deshalb so ist, weil diejenigen, gegen die Krieg geführt wird, sich aus moralischer Sicht gerechterweise militärisch angreifbar gemacht haben." Wenn diejenigen, gegen die der Krieg geführt wird, die Rechte Unschuldiger verletzen, dann sind sie gerechterweise angreifbar (vorausgesetzt, Rechtfertigung hebt gerechte Angreifbarkeit nicht auf). Im Übrigen werden tatsächlich viele der Kombattanten, die in einem ungerechtfertigten Krieg kämpfen, tatsächlich *für* eine gerechte Sache kämpfen.

Umgekehrt gibt es in jedem Krieg, einschließlich der gerechtfertigten oder „gerechten" Kriege, auch einen ungerechten Grund, zum Beispiel (wiederum gibt es viele mehr) den ungerechten Grund, eine große Anzahl unschuldiger Menschen auf der gegnerischen Seite zu töten oder zu verstümmeln. Der Einwand, dass dies kein Grund, sondern ein Nebeneffekt der Kampfeinsätze sei,[44] ist falsch. Ein Grund ist in McMahans Ansatz ein *Ziel* und somit etwas, was man mit einem Krieg erreichen wollen kann, und selbstverständlich können Menschen an einem Krieg teilnehmen oder ihn unterstützen, weil sie den Tod oder die Verstümmelung bestimmter unschuldiger Menschen wollen. Dies geschieht beispielsweise in Vernichtungskriegen, aber natürlich können Menschen dieses Ziel auch in anderen Kriegen haben. Vielleicht würde McMahan behaupten wollen, dass die Ziele der Kombattanten von den Zielen des Krieges unterschieden werden müssen. Es ist jedoch *seine* Aufgabe, dies in seiner Definition des „gerechten Grundes" zu tun. Bis jetzt hat er es nicht getan. Davon abgesehen können Kriege nicht im buchstäblichen Sinne Ziele haben, sondern nur Personen. Und diese Tatsache macht es schwierig, der kritischen Pointe dieses Absatzes zu entgehen.

Außerdem werden viele Kombattanten auf der gerechtfertigten Seite tatsächlich *für* eine ungerechte Sache kämpfen – und selbst, wenn sie dies nicht tun, so *tragen* sie objektiv zu einer ungerechten Sache *bei*. Somit haben wir wieder eine moralische Gleichheit von Kombattanten: es gibt gerechte und ungerechte Gründe, Beiträge und Intentionen auf beiden Seiten. Ein in McMahans Sinne *ungerechter* Kombattant – also ein Kombattant, der in einem Krieg kämpft, der keinen gerechten Grund *hat* – ist hingegen nirgends zu finden.

4.2 Wie man zu viele Menschen zur gerechten Tötung freigibt

Lassen wir nun die „gerechten Kombattanten" und „ungerechten Kombattanten" hinter uns und kehren zur gerechten Angreifbarkeit von Kombattanten in einem gerechtfertigten Krieg zurück. Entsprechend der oben präsentierten Konzeption von gerechter Angreifbarkeit ist die Verletzung des Rechtes einer anderen Person hinreichend (angesichts symmetrischer Verteidigungsfälle jedoch nicht notwendig), um das Recht zur notwendigen und proportionalen (bzw. nicht übermäßig disproportionalen) Notwehr gegen diese Rechteverletzung hervorzubringen.[45] Da Unschuldige, von de-

---

44 Er wurde beispielsweise von Cécile Fabre, Helen Frowe und Jeff McMahan in persönlichen Mitteilungen vorgebracht.
45 In dieser Hinsicht folge ich Thomson.

nen keine ungerechte Bedrohung ausgeht, nicht gerechterweise angegriffen oder mit einem Angriff bedroht werden können, ist es ungerecht, solche Bedrohungen zu initiieren oder aufrecht zu erhalten. Durch die Initiierung oder Aufrechterhaltung solcher Bedrohungen, durch die Teilnahme an Aktivitäten, die solche Bedrohungen initiieren oder aufrechterhalten, und selbstverständlich durch das tatsächliche Töten oder Verstümmeln Unschuldiger tut man diesen Unrecht (und McMahan stimmt dem zu). Daher sind in allen Kriegen, in denen Kombattanten der gerechtfertigten Seite für die Verletzung der Rechte Unschuldiger verantwortlich sind (nämlich zum Beispiel durch den entsprechenden Gebrauch von Waffen oder dessen Androhung oder durch den Schutz der Flanken oder des Rückens ihrer tötenden Kameraden oder, ganz generell, durch die Teilnahme an einer kollektiven Handlung, die eine ungerechte Bedrohung gegenüber Unschuldigen darstellt), diese Kombattanten gerechterweise angreifbar. Daraus folgt, dass die Soldaten auf der ungerechtfertigten Seite den Kombattanten auf der gerechtfertigten Seite kein Unrecht tun, wenn sie diese töten und dadurch Unschuldige vor einer ungerechten Bedrohung schützen. Darüber hinaus gibt es keinen Grund, warum solche Attacken gegen gerechte Kombattanten nicht proportional sein könnten, wenn man bedenkt, was Proportionalität in Verteidigungsfällen bedeutet.[46]

McMahan versucht jedoch, diese Argumentation zu unterlaufen, indem er zwei Hypothesen anficht, die er mir unterstellt:

> Zusammenfassend lässt sich sagen, dass Steinhoffs Argumentation voraussetzt, (1) dass gerechte Kombattanten, da sie unschuldige Menschen mit ungerechter Schädigung bedrohen, gerechterweise in Notwehr angreifbar sind, und zwar selbst dann, wenn die bedrohliche Handlung moralisch gerechtfertigt ist, und (2) dass gerechte Kombattanten eine Bedrohung in dem für gerechte Angreifbarkeit relevanten Sinne nicht nur dann darstellen, wenn ihre Handlung unschuldige Menschen einem unmittelbaren oder unmittelbar bevorstehenden Risiko ungerechter Schädigung aussetzt, sondern ständig während der ganzen Zeitspanne, während der sie im Krieg sind.[47]

Lassen Sie mich zunächst darauf hinweisen, dass meine Argumentation keineswegs die zweite Annahme voraussetzt. Wie ich bereits im Abschnitt 3.2 anmerkte, denke ich, dass viele der Soldaten auf *beiden* Seiten – auf der gerechtfertigten wie auf der ungerechtfertigten – nicht gerechterweise angreifbar sind. Wie dem auch sei, um die moralische Gleichheit

---

46 Siehe Steinhoff 2008, 224–225.
47 McMahan 2008b, 229.

der Kombattanten (in den meisten Kriegen) im hier diskutieren Sinne zu verteidigen, nämlich im Sinne der gleichen Freiheit, den feindlichen Gegner zu töten, reicht es aus, der Frage gegenüber, ob gerechte Kombattanten im Krieg ständig gerechterweise angreifbar sind, agnostisch zu sein. Zum Nachweis der Gleichheit ist es hinreichend zu zeigen, dass wenn sie es nicht sind, es die ungerechten Kombattanten auch nicht sind.[48] Wenn *beide* (oder ungefähr derselbe Prozentanteil auf beiden Seiten) nicht gerechterweise angegriffen werden können, dann haben sie wieder ein *gleiches* Freiheitsrecht, sich gegenseitig zu töten (Gleichheit kann hier natürlich darin bestehen, dass niemand von ihnen ein Freiheitsrecht hat, den anderen zu töten). (Selbst wenn übrigens die Prozentanteile tatsächlich sehr verschieden voneinander wären, so würde dennoch *jeder* Kombattant auf der ungerechtfertigten Seite, der ein Freiheitsrecht besitzt, Kombattanten auf der gerechtfertigten Seite zu töten, den Gültigkeitsbereich der generellen These der moralischen Ungleichheit von Kombattanten verringern).

McMahan spezifiziert die mir unterstellte zweite Annahme wie folgt:

> Genauer gesagt ist dies die Annahme, dass in einem Krieg, der unschuldige Menschen einem gewissen Risiko aussetzt, ungerechterweise geschädigt zu werden, alle gerechten Kombattanten zum Zwecke der Zuschreibung gerechter Angreifbarkeit so behandelt werden können, als wenn sie eine ständige Bedrohung Unschuldiger einfach aufgrund der Tatsache darstellten, dass ihre kriegerischen Aktivitäten, an einem gewissen Punkt, aktiv unschuldige Menschen gefährden mag.

Und dann versucht er die vermeintlich kontraintuitiven Implikationen dieser Annahme gegen mich zu wenden:

> Angenommen, dies könnte man außerhalb des Kontextes des Krieges anwenden, so würde es beispielsweise implizieren, dass alle Autofahrer gerechter-

---

48 McMahan 2009, 41 erkennt dies jetzt an: „Im Prinzip sind vielleicht auch ungerechte Kombattanten nur dann gerechterweise angreifbar, wenn die Bedrohung, die sie darstellen, die Schwelle einer bestimmten Ernsthaftigkeit überschreitet, so dass sie vielleicht, während sie schlafen oder in Stützpunkten stationiert sind, die sich weitab vom Kampfgeschehen befinden, nicht gerechterweise angreifbar sind. Wenn dem so wäre, hätten wir es immer noch mit einer Version der moralischen Gleichheit der Kombattanten zu tun: sie betrachtet gerechte und ungerechte Kombattanten als gerechterweise angreifbar, obgleich nur dann, wenn die Bedrohung, die sie für Unschuldige darstellen, eine bestimmte Ernsthaftigkeitsschwelle erreicht." Lazar 2009 führt dies noch näher aus.

weise präventiv getötet werden können, da die Aktivität, die sie ausüben, eine tödliche Bedrohung für unschuldige Menschen darstellt."[49]

Dieses Manöver von McMahan ist nicht erfolgreich, da ich die „[g]enauer gesagte[e]" Annahme nicht mache. Meine Annahme ist vielmehr, dass Menschen, die an einem ungerechten (kollektiven) Angriff oder an einer ungerechten (kollektiven) Auferlegung von Risiken teilnehmen, ebenso wie Menschen, die schuldigerweise zu solchen Dingen beitragen, gerechterweise angreifbar sind. Indem man einfach mit seinem Auto herumfährt, nimmt man jedoch *nicht* an einem ungerechten (kollektiven) Angriff oder an einer ungerechten (kollektiven) Auferlegung von Risiken teil (sicher, man erlegt anderen ein *gewisses* Risiko auf, aber unterhalb einer bestimmten Schwelle ist die Auferlegung von Risiken nicht ungerecht), ebensowenig, wie man schuldigerweise zu solchen Dingen beiträgt.

Somit hat die Konzeption gerechter Angreifbarkeit, auf welche ich mich berufe, mitnichten die kontraintuitiven Implikationen, die McMahan ihr zuschreiben möchte. Seine eigene Konzeption hingegen hat sehr kontraintuitive Implikationen. Lassen Sie mich erklären, warum dies so ist: Derweil McMahan denkt, dass die gewöhnliche Fahrerin nicht gerechterweise angreifbar ist, solange alles gut geht, so ändern sich die Dinge „wenn die Wahrscheinlichkeit, dass sie sonst den Fußgänger töten wird, hoch genug wird (zum Beispiel, wenn das Auto aufgrund eines mechanischen Fehlers unkontrollierbar in seine Richtung ausschert)." Sie kann dann „gerechterweise in Notwehr getötet werden. Ihre gerechte Angreifbarkeit rührt, in Verbindung mit Pech, von ihrer früheren Wahl her, Auto zu fahren, die sie im Wissen um die Risiken, die sie damit anderen auferlegen würde, getroffen hat"[50].

Bedenken Sie jedoch, dass im Gegensatz zu dem, was McMahan anzunehmen scheint (und vergessen Sie dabei nicht, dass er das Beispiel im Kontext der Diskussion von *Bedrohungen* anführt), die Fahrerin überhaupt keine Bedrohung darstellt. In dem Beispiel hat sie die *Kontrolle* über das Auto *verloren*. Tatsächlich könnte sie von der Szenerie entfernt werden (Scotty könnte sie hochbeamen), und dies würde für den Fußgänger keinen Unterschied machen. Das *Auto* stellt jetzt die Bedrohung dar, nicht die Fahrerin.

---

49 McMahan 2008b, 230.
50 McMahan 2008b, 231.

Ich bin hier dem Einwand begegnet, dass dies so wäre, als sagte man, es sei die Kugel und nicht etwa der Soldat die Bedrohung. In der Tat, so ist es, aber nur in Bezug auf Umstände, in denen die Kugel bereits den Gewehrlauf verlassen hat und der Soldat nicht weiter angreifen wird. Unter diesen Umständen wäre die Aussage somit also auch völlig richtig. Unter Umständen aber, in denen der Soldat weiterkämpft, stellt *er* die Bedrohung dar. Ebenso wie ein Autofahrer, der, nachdem er einen Fahrradfahrer verfehlt hat, nochmals versucht, ihn zu überfahren. Dies ist jedoch nicht die Situation, mit der wir es in McMahans Beispiel zu tun haben.

Somit ist die Fahrerin, in McMahans Terminologie, bestenfalls ein schuldiger Grund.[51] Folglich hat sie, wenn sie eine Taxifahrerin ist, denselben moralischen Status wie ein gewisser müder Wanderer, der neben einem Fußgänger steht, denn dieser Wanderer hat das Taxi gerufen, das nun tödlich in Richtung des Fußgängers ausschert; und McMahan schreibt schließlich unmittelbar im Anschluss an das letzte Zitat: „Somit ist die freiwillige Ausführung einer Handlung, von der bekannt ist, dass sie anderen das Risiko einer ungerechten Schädigung auferlegt, selbst dann, wenn das ex ante Risiko sehr gering ist, die Grundlage für gerechte Angreifbarkeit in Notwehr, wenn die Wahrscheinlichkeit ungerechter Schädigung unerwartet hoch wird."[52] Doch wenn Autofahren eine Aktivität ist, von der bekannt ist, dass von ihr ein Risiko für ungerechte Schädigungen ausgeht, dann ist es auch das Rufen eines Taxis (und mithin jemanden dazu zu bringen, Auto zu fahren). Dementsprechend wäre nach McMahans Ansatz der müde Fahrradfahrer (und was ist mit der Person, die das Auto gebaut hat, mit dem Mechaniker, der seine Funktionstüchtigkeit aufrechterhält, mit dem Tankwart, der es betankt hat?) gerechterweise angreifbar und der Fußgänger könnte ihn gerechterweise vor das Taxi stoßen, wenn dies sein, des Fußgängers, Leben retten würde. Dies ist, behaupte ich, vollkommen kontraintuitiv.[53] Viele andere kontraintuitive Beispiele könnten problem-

---

51 Siehe McMahan 1994, 258. Ich schreibe „bestenfalls", da McMahan sie seiner eigenen Terminologie zufolge tatsächlich als unschuldige Ursache ansehen sollte.
52 McMahan 2008b, 231.
53 McMahan gibt zu, dass dies sowohl von seinem Ansatz impliziert wird als auch kontraintuitiv ist (persönliche Mitteilung). Er denkt zudem, dass intervenierendes Handeln eine entscheidende Rolle spielt. Ich glaube, dies ist tatsächlich so, aber intervenierendes Handeln zu berücksichtigen zwingt McMahan meiner Meinung nach dazu, seine Konzeption der gerechten Angreifbarkeit aufzugeben. Der rechtebasierte Ansatz hingegen hat natürlich von vornherein anerkannt, dass intervenierendes Handeln wichtig ist.

Rechte, gerechte Angreifbarkeit und die moralische Gleichheit von Kombattanten

los angeführt werden. (Um nur eines aus dem Kontext des Krieges zu nennen: Jemand hat im letzten Jahr in einer Schraubenfabrik in Guatemala gearbeitet und wusste dabei ganz genau, dass diese Schrauben in Waffen benutzt werden können. Gaddafi macht genau dies mit den von dem betreffenden Arbeiter hergestellten Schrauben. Es scheint, dass McMahans Ansatz zufolge der Arbeiter nun gerechterweise von Libyschen Freiheitskämpfern angegriffen werden kann, wenn ihn in seinem Wohnzimmer in Guatemala in die Luft zu jagen ihnen irgendeinen militärischen Vorteil brächte. McMahans Ansatz ist bei weitem zu freizügig.)

Ironischerweise gibt McMahan selbst ein Beispiel:

> Stellen Sie sich vor, das einzige Mittel, mit dem Sie sich selbst davor retten können, durch einen schuldigen Angreifer getötet zu werden, besteht darin, seine Mutter zu töten. Wenn Sie dies machen, können Sie dann behaupten, dass Sie sie gerechterweise töten konnten, weil sie sich, als moralisch verantwortlicher Akteur, freiwillig dazu entschlossen hat, eine Aktivität auszuüben (ein Kind zu bekommen), die eine kleine Wahrscheinlichkeit besaß, in einer ungerechten Bedrohung zu resultieren, und dass sie dies für die Bedrohung, der Sie sich durch ihren Sohn ausgesetzt sahen, verantwortlich macht? Offensichtlich nicht. Aber es ist weniger offensichtlich, was die richtige Erklärung dafür ist, dass die Mutter nicht gerechterweise angreifbar ist.[54]

Dieses Beispiel ist, wie auch mein vorheriges des müden Wanderers, schlichtweg eine Widerlegung von McMahans Konzeption gerechter Angreifbarkeit.

McMahans vage Versicherung, dass die „kausalen Verbindungen" nicht „von der richtigen Sorte für die Transmission moralischer Verantwortlichkeit" sind,[55] kann kaum als eine Antwort auf die Aufforderung zu einer Erklärung gelten.

Im Gegensatz zu dem, was McMahan denkt, *ist* jedoch die Erklärung, warum die Mutter nicht gerechterweise angreifbar ist, offensichtlich: die Mutter kann von Ihnen nicht gerechterweise in Notwehr angegriffen werden, *weil sie Ihre Rechte nicht verletzt* (und auch keine ungerechte Bedrohung für Sie darstellt). Sie *nimmt* nicht an dem Angriff auf Sie *teil* und sie hat auch nicht *schuldigerweise* zu dem Angriff auf Sie beigetragen (sie hat das Kind nicht in dem Wissen ausgetragen, dass es Sie zu töten versuchen wird, und selbst wenn sie dies gewusst hätte, was hätte sie machen sollen

---

54 McMahan 2005b, 396.
55 McMahan 2005b, 396.

– es auf der Stelle töten?).⁵⁶ *Dies* ist die Antwort eines rechtebasierten Ansatzes gerechter Angreifbarkeit, und es ist eine sehr plausible Antwort – eine, die nach meinem Dafürhalten auch durch das Gesetz und vom gesunden Menschenverstand geteilt wird.

Ich komme zu dem Schluss, dass McMahans Konzeption gerechter Angreifbarkeit in Notwehr falsch ist. Es ist *nicht* richtig, dass die freiwillige Ausführung einer Handlung, von der bekannt ist, dass sie anderen das Risiko einer ungerechten Schädigung auferlegt, selbst dann, wenn das ex-ante-Risiko sehr gering ist, die Grundlage für gerechte Angreifbarkeit in Notwehr ist, wenn die Wahrscheinlichkeit ungerechter Schädigung unerwartet hoch wird.

4.3 Personen, die legitimerweise angreifbar sind, können sich manchmal selbst verteidigen

Ich habe gerade einen von McMahans Versuchen diskutiert, mich mit gewissen unappetitlichen Implikationen einer gewissen Annahme, die er mir zuschreibt, zu belasten. Dieser Versuch scheiterte, wie wir sahen, da ich die besagte Annahme schlicht nicht mache. McMahan macht jedoch einen weiteren ähnlichen Versuch:

> Wenn Steinhoff recht hätte und gerechte Kombattanten, die vorhersehbar, aber unbeabsichtigt unschuldige Zivilisten bedrohen, sich dadurch selbst gerechterweise angreifbar machen, und zwar nicht nur angreifbar durch die Zivilisten, sondern auch durch dritte Parteien, so würden diese Fälle statt dessen in einer Art und Weise asymmetrisch sein, die überaus unplausibel scheint. Wenn gerechte Kombattanten in diesen Fällen durch ungerechte Kombattanten gerechterweise angreifbar sind und wenn es kein Recht auf Verteidigung gegen einen gerechten Angriff gibt, dann haben gerechte Kombattanten kein Notwehrrecht gegen ungerechte Kombattanten. Ja, wenn sie versuchen *würden*, sich zu verteidigen, so *hätten* die ungerechten Kombattanten ihnen gegenüber ein Recht auf Notwehr.⁵⁷

Zu meinem Glück akzeptiere ich nicht, dass „es kein Recht auf Verteidigung gegen einen gerechten Angriff gibt" (wenn hier mit „Recht", wie es offensichtlich der Fall ist, „Freiheitsrecht" gemeint ist). Im Übrigen sagte McMahan in seiner Definition gerechter tödlicher Angreifbarkeit bzw. ge-

---

56 Siehe oben, Abschnitt 3.1.
57 McMahan 2008b, 241.

rechter Tötung, dass, wenn „die zu tötende Person in solch einer Art und Weise gehandelt hat, dass ihre Tötung ihr weder Unrecht tut noch ihre Rechte verletzt, selbst wenn sie nicht eingewilligt hat, getötet zu werden oder dem Risiko der Tötung ausgesetzt zu werden ..., sage ich, dass die Person gerechterweise getötet werden kann"[58]. Nichts in dieser Definition impliziert, dass Personen, die gerechterweise angegriffen und getötet werden können, sich nicht selbst verteidigen dürfen. In der rechtebasierten Konzeption tut ein unschuldiges Opfer (rufen Sie sich in Erinnerung, dass mein Konzept der Unschuld nicht für verantwortliche Akteure gilt, welche aktiv eine ungerechte Bedrohung initiieren) einer unschuldigen ungerechten Bedrohung *kein* Unrecht, wenn es diese Bedrohung attackiert und wenn dies verhältnismäßig und sein einziges Mittel zur Selbstverteidigung gegen diese Bedrohung ist. *Ebensowenig* tut die ungerechte Bedrohung dem unschuldigen Opfer Unrecht, wenn sie versucht, sich selbst gegen die Selbstverteidigung des Opfers zu verteidigen – vorausgesetzt, dass die eingesetzten Maßnahmen verhältnismäßig und „erforderlich"[59] sind. Somit sind sie dem rechtebasierten Ansatz zufolge *beide* gerechterweise dem Angriff und Gegenangriff durch den anderen ausgesetzt.[60]

Kürzlich hat McMahan seine Definition von legitimer Angreifbarkeit jedoch dramatisch verändert. *Jetzt* behauptet er:

> Was es für eine Person bedeutet, gerechterweise angreifbar zu sein, ist, dass es eine substanzielle *moralische Asymmetrie* zwischen ihr und denjenigen gibt, die sie angreifen mögen. Sie hat kein Recht darauf, nicht angegriffen zu werden, und ihr wird daher durch einen Angriff kein Unrecht getan, während die Angreifer *ihr Recht*, nicht angegriffen zu werden, *behalten*.[61]

McMahan setzt mit dieser Definition die Antwort auf die wichtige und strittige Frage, ob gerechte Angreifbarkeit wirklich mit moralischer Asymmetrie einhergeht, einfach voraus, anstatt eine Begründung zu liefern. Wie dem auch sei, man kann eine philosophische Debatte nicht durch definitorische Setzung entscheiden.

---

58 McMahan 2005b, 386.
59 Für eine Diskussion der Tatsache, dass die „Erforderlichkeits"-Anforderung nicht zu wörtlich genommen werden darf, siehe Steinhoff 2009b, 41–43.
60 Steinhoff 2011, 90.
61 McMahan (unveröffentlicht), 5.

Die folgende Bemerkung von McMahan kommt einem Argument schon näher:

> Einige haben behauptet, dass der Bomber nur sein Recht, nicht attackiert zu werden, verliert, aber sein Recht auf Selbstverteidigung behält. Ich bezweifle, dass das kohärent ist.[62]

Ich *weiß*, dass das nicht kohärent ist – zumindest dann nicht, wenn wenigstens eines der erwähnten Rechte ein *Anspruchs*recht sein soll. In diesem Falle jedoch ist dies allerdings auch ganz sicher nichts, was *ich* behaupte. Meine Behauptung über die in Rede stehenden symmetrischen Verteidigungsfälle ist (wie ich oben bereits am Beispiel des fallenden Mannes und dessen potentiellem Opfer erklärt habe), dass beide Parteien ihre *Anspruchs*rechte auf Leben *und* Selbstverteidigung verloren, aber ihre *Freiheits*rechte auf Leben und Selbstverteidigung *behalten* haben. Daran ist nichts inkohärent.

Somit ist die hier vorgestellte Konzeption legitimer Angreifbarkeit und symmetrischer Verteidigung vollkommen kohärent, während McMahans neue Definition von „gerechter Angreifbarkeit" ad hoc ist (er erklärt nicht wirklich, warum er plötzlich die Definition von gerechter Angreifbarkeit ändert und aus welchem Grunde wir die neue Definition akzeptieren sollten) und voraussetzt, was erst einmal zu beweisen wäre (sie *stipuliert* einfach, dass gerechte Angreifbarkeit Asymmetrie impliziert).

Selbst jedoch, wenn wir die neue Definition akzeptierten, würde dies trotzdem für die Frage der gleichen Freiheitsrechte von Kombattanten, sich gegenseitig zu töten, irrelevant sein, da McMahans stipulative Definition nur impliziert, dass es keine symmetrische gerechte Angreifbarkeit gibt, nicht aber, dass es keine symmetrischen Freiheitsrechte zum Angriff geben kann (es sei denn, McMahan möchte auch den Begriff des Freiheitsrechts umdefinieren).

Lassen Sie mich schließlich noch kurz das folgende Beispiel besprechen, mit dem McMahan mich kürzlich herausforderte (die Wahl der Namen stammt von mir).[63]

> Stellen Sie sich vor, Anthony greift Barbara und ihre zwei unschuldigen Freunde ungerechterweise an. Barbara ist im Begriff, sich selbst durch das Werfen einer Granate zu verteidigen – die einzige Verteidigungsoption, die

---

62 Ibid.
63 Er hat dieses Beispiel in Reaktion auf meinen Vortrag auf der „War and Self-Defence"-Konferenz in Sheffield (vgl. unten Anm. 96) angeführt.

sie unter den gegebenen Umständen hat. Diese Verteidigungshandlung würde jedoch auch einen unschuldigen Zuschauer töten, ihm somit Unrecht tun.

Würde Barbara gemäß meinem Ansatz damit nicht gerechterweise angreifbar werden, so dass Anthony sie *jetzt* gerechterweise töten kann?

Nein, sie wird nicht gerechterweise *durch Anthony* angreifbar (was jedoch nicht bedeutet, dass Anthony sie nicht *erlaubterweise* attackieren kann; es heißt nur, dass er ihr Unrecht tun würde, wenn er sie angreift). Schließlich hat *Anthony* und nicht Barbara die ungerechte Attacke initiiert (wie es auch die *ersten* angreifenden Soldaten tun, seien sie nun Teilnehmer an einem ungerechtfertigten oder an einem gerechtfertigten Krieg; daher schwächt mein Zugeständnis hier nicht meine Behauptung bezüglich der schwerwiegenden Einschränkungen der moralischen Ungleichheit von Kombattanten ab[64]), er hat sie dazu gezwungen, zwischen ihrem eigenen Leben und dem ihrer zwei Freunde auf der einen Seite und dem Leben eines ungerechten Angreifers und eines unschuldigen Zuschauers auf der anderen Seite zu wählen. Er hatte ihr gegenüber kein Freiheitsrecht (und selbstverständlich auch kein Anspruchsrecht), sie überhaupt erst anzugreifen, und daher kann er jetzt auch kein Freiheitsrecht gegen sie besitzen, ihre Selbstverteidigung gegen den ungerechten Angriff gewaltsam zu behindern.[65] Wenn er dies doch tut, so verletzt er ihr Anspruchsrecht auf Leben und Selbstverteidigung gegen ihn. (Die Struktur hier ist die von Selbstverteidigung gegen ungerechterweise provozierte Selbstverteidigung.)

Barbara würde jedoch gerechterweise durch einige *andere* Menschen angreifbar werden, nämlich durch solche, die eine spezielle Beziehung zum unbeteiligten Zuschauer besitzen. Und selbst Anthony würde es noch immer *erlaubt* sein, Barbara (wenn auch *ungerechterweise*) zu töten, wenn dies das geringere Übel wäre oder selbst wenn es lediglich aufgrund eines

---

64 Übrigens, selbst wenn die ersten angreifenden Soldaten auf der ungerechtfertigten Seite den verteidigenden Soldaten nicht moralisch gleichgestellt wären, so änderte das nichts an der Tatsache, dass die *anderen* Soldaten der ungerechtfertigten Seite es sind (wenn ihre Feinde unschuldige Menschen auf der ungerechtfertigten Seite bedrohen). Dies erlegt der generalisierenden These der moralischen Ungleichheit von Kombattanten extrem schwere Beschränkungen auf.

65 Siehe meine Anmerkungen im letzten Paragraphen des Abschnitts 3.1 sowie die Fußnote 40.

rechtfertigenden Notstandes gerechtfertigt sein würde,[66] zum Beispiel, wenn die Nebenwirkungen von Barbaras Selbstverteidigung zu schwerwiegend wären (wenn sie beispielsweise mehrere unschuldige Zuschauer töten würde). Mit anderen Worten: dass eine Person Y *gerechterweise* von einer anderen Person X getötet werden kann, heißt nicht, dass X Y *gerechtfertigterweise* töten kann; und dass Y nicht gerechterweise von X getötet werden kann, heißt nicht, dass X die Person Y nicht gerechtfertigterweise töten kann. Gerechte Angreifbarkeit ist nicht der alles entscheidende Faktor für erlaubtes Töten (siehe auch Abschnitt 5).[67]

4.4 Rechtfertigung hebt gerechte Angreifbarkeit nicht auf

McMahan behauptet, dass Rechtfertigung gerechte Angreifbarkeit aufhebt und daher gerechtfertigte Soldaten nicht gerechterweise angreifbar sein können. Soweit es die moralische (Un-)Gleichheit von Kombattanten betrifft, setzt dieses Argument voraus, was erst einmal zu beweisen wäre, denn es „gründet" die Ungleichheit von Kombattanten auf der Annahme, dass Kombattanten auf der ungerechtfertigten (kollektiven) Seite nicht individuell gerechtfertigterweise an einem Krieg teilnehmen können. Jedoch ist dies nicht nur alles andere als offensichtlich – individuelle Partizipation an einer ungerechtfertigten kollektiven Handlung kann klarerweise sehr oft gerechtfertigt sein –, sondern auch genau der kontroverse Punkt. Selbst wenn also Rechtfertigung gerechte Angreifbarkeit aufhöbe, so wäre dies nicht hinreichend, um die These der moralischen Gleichheit von Kombattanten zu unterminieren.

Aber ich werde diesen Punkt hier nicht weiter ausführen.[68] Stattdessen werde ich nun dafür argumentieren, dass Rechtfertigung gerechte Angreifbarkeit nicht aufhebt. Um dafür den Boden zu bereiten, lassen Sie mich zunächst darauf hinweisen, dass McMahan sich sehr wohl der Tatsache bewusst ist, dass seine Behauptung, Kombattanten seien in einem gerecht-

---

66 Rechtfertigung aufgrund eines rechtfertigenden Notstandes und Rechtfertigungen, die sich auf ein geringeres Übel berufen, sind nicht dasselbe; die ersteren sind weit weniger anspruchsvoll. Doch kann und brauche ich dies an dieser Stelle nicht vertiefen.
67 Mapel 2009 betont, dass McMahans eigene Konzeption erlaubter Selbstverteidigung sich letztlich nicht auf „gerechte Angreifbarkeit" zu stützen scheint.
68 Ich tue dies an anderer Stelle, siehe Fußnote 9.

fertigten Krieg nicht gerechterweise angreifbar, intuitiv viel weniger überzeugend ist, als es sich ein Verteidiger seiner Position wünschen würde. Er sagt:

> Die Behauptung, dass Rechtfertigung gerechte Angreifbarkeit aufhebt, mag im Falle gerechtfertigter Handlungen, die moralisch erforderlich sind, überzeugender sein. Wenn dies so ist und wenn jene Kriegshandlungen gerechter Kombattanten, welche unschuldige Menschen als Nebeneffekt töten, optional und nicht erforderlich sind, so würde dies die Plausibilität der Behauptung schwächen, dass diejenigen, die solche Handlungen begehen, dadurch nicht gerechterweise angreifbar werden. ... Ich glaube, dass es Kriege gibt, welche Länder aus moralischen Gründen führen müssen ... Und es mag andere Kriege geben, die, obgleich sie moralisch optional sind, nichtsdestotrotz in dem starken Sinne gerechtfertigt sind, dass sie nicht nur zulässig, sondern von einem unparteilichen Standpunkt aus auch besser als jede Alternative sind – das heißt, es gibt keine alternative Handlung, die moralisch besser oder sogar nur gleich gut wäre.[69]

Dies, so scheint es, ist nichts weniger als das Zugeständnis, dass in allen normalen Kriegen, selbst in normalen „gerechten" Kriegen, „das Argument für die Behauptung [geschwächt ist], dass diejenigen, die solche Handlungen begehen, dadurch nicht gerechterweise angreifbar werden." Aber mit diesem Zugeständnis wird auch die Plausibilität der Behauptung geschwächt, dass McMahans These von der Ungleichheit von Kombattanten große praktische Bedeutung zukommt. Wie viele Kriege gibt es, die es aus moralischen Gründen *erfordern*, geführt zu werden? Gibt es einen *realen* solchen Krieg? Vielleicht (und selbst das ist aus einer Reihe von Gründen nicht ganz so klar) war es für Großbritannien erforderlich, *einen* Krieg gegen Deutschland zu führen, aber es war sicherlich nicht erforderlich, den gegenüber Zivilisten oft rücksichtslosen Krieg zu führen, den es *tatsächlich* geführt hat.[70] Und jener Krieg war ziemlich offensichtlich auch nicht „besser als jede Alternative". Außerdem geht es nicht um den Krieg als ganzen, sondern um die Rechtfertigung des individuellen, mutmaßlich gerechten Kombattanten. Gab es jemals *irgendeine* Handlung gerechter Kombattanten, die objektiv besser als jede Alternative war? Wie wahrscheinlich ist das? Wahrscheinlicher als dass das Gleiche auf der anderen Seite passiert? Und wie findet man das heraus? Wenn „gerechte" Soldaten nur dann nicht gerechterweise angreifbar sind, wenn alle ihre Handlungen,

---

69 McMahan 2008b, 234–235.
70 Anscombe 1981, 72–81, besonders 73.

die Unschuldige töten oder dazu beitragen, „besser als jede Alternative" sind, dann wird die „Ungleichheit der Kombattanten" praktisch belanglos.

Darüber hinaus ist die Behauptung, dass Rechtfertigung gerechte Angreifbarkeit (*liability to defensive attack*) aufhebt, ohnehin ad hoc. McMahan bestreitet dies, indem er auf die Tatsache hinweist, dass Strafbarkeit (*criminal liability*) durch Rechtfertigung aufgehoben wird. Er hat natürlich recht damit, doch das ist irrelevant. Das Thema war und ist nicht Strafbarkeit, sondern gerechte Angreifbarkeit, wie er selbst anerkennt (daher ist es etwas seltsam, dass er Strafbarkeit überhaupt diskutiert).[71]

Er erwähnt auch das angelsächsische *tort law* (ein Bereich des Zivilrechts) und erklärt, dass die Erfolgs- bzw. Kausalhaftung (*strict liability*: eine Form der Haftbarkeit, bei der jemand auch dann haftet, wenn er nicht schuldhaft gehandelt hat) „die einzige Form von Haftbarkeit sowohl im Strafrecht als auch im *tort law* ist, welche nicht durch eine Rechtfertigung aufhebbar ist, und sie ist nur auf einen sehr begrenzten Bereich des *tort law* anwendbar"[72]. Diese Aussage ist jedoch eine Tautologie. Die Erfolgs- bzw. Kausalhaftung ist als Haftung, die nicht durch eine Rechtfertigung aufhebbar ist, *definiert*. Die interessantere Frage ist daher, ob im *tort law* Rechtfertigung Haftbarkeit immer aufhebt. Die Existenz von *strict liability* beweist, dass sie dies nicht tut – was meinen Standpunkt bestätigt.

Zudem sei gesagt, dass ganz gleich, ob der Bereich, auf den die Erfolgs- oder Kausalhaftung anwendbar ist, „sehr begrenzt" ist oder nicht, dies nichts an der Tatsache ändert, dass es sich um genau den Bereich handelt, der hier zur Diskussion steht. Tatsächlich diskutierte McMahan nur ein paar Zeilen bevor er die *strict liability* in einen eng begrenzten Bereich verbannte, „Joel Feinbergs Fall eines Wanderers, der bei einem Schneesturm in eine unbewohnte Hütte einbricht, um nicht zu erfrieren, und dort ein Feuer mit Hilfe einiger Möbel macht. Er verletzt die Rechte des Eigentümers und schuldet ihm eine Entschädigung, aber der Eigentümer hätte nicht das moralische Recht auf Verteidigung gegen den Eindringling."[73] Das Beispiel zeigt, dass Rechtfertigung (der Wanderer handelte nach McMahan gerechtfertigt) Haftbarkeit nicht aufhebt.

McMahan bedient sich dieses Beispiels hingegen, um einen anderen Einwand zu untergraben: In dem Falle, wo beispielsweise „gerechte Kombattanten" unschuldige Dritte im Verlaufe eines proportionalen Angriffs

---

71 McMahan 2008b, 234.
72 McMahan 2008b, 233.
73 Ibid.

auf legitime militärische Ziele bombardieren und töten, hätten die „gerechten" Kombattanten (vom moralischen Standpunkt aus gesehen) *ex post* den Opfern ihres Angriffs eine Entschädigung zu zahlen, während hingegen die potentiellen Opfer, wenn sie ihre Angreifer durch Verteidigungshandlungen schädigen, *diesen* keine Entschädigung zahlen müssten. Meiner Meinung nach zeigt dies, dass es einen entscheidenden Unterschied zwischen den beiden Parteien gibt – es gibt hier zweifellos keine Symmetrie.

McMahan wendet dagegen jedoch ein, dass „man aus dem Umstand, dass eine Person ex post zur Kompensation verpflichtet ist, nicht folgern kann, dass sie ex ante gerechterweise mit Verteidigungshandlungen angreifbar ist"[74]. Das ist korrekt: man kann (und braucht) dies nicht ohne eine weitere Prämisse schlussfolgern. Jedoch bedeutet im *tort law* die Tatsache, dass A eine Entschädigung an B zahlen muss, dass A dem B *Unrecht getan* hat. Somit zeigt die Tatsache, dass die unschuldigen Opfer der Bomber Entschädigung für die Verletzungen, Verstümmelungen und Verluste, die sie durch die Bomber erlitten haben, verlangen können, während die Bomber solch eine Entschädigung für die Schäden und Verluste, welche sie aufgrund der Verteidigungshandlungen der Zivilisten erlitten haben, nicht verlangen können, dass hier eine moralische Asymmetrie vorliegt. Die Bomber haben den Unschuldigen Unrecht getan und nicht vice versa. Wenn man berücksichtigt, dass McMahan glaubt, dass sogar Unterschiede von „verhältnismäßig geringfügiger moralischer Bedeutung" entscheidend dafür sein können, wer gerechterweise angreifbar ist,[75] dann ist unklar, warum dies hier nicht der Fall sein sollte – insbesondere, da der Unterschied mitnichten geringfügig ist.

Lassen Sie uns in diesem Zusammenhang noch einmal Feinbergs Beispiel aufgreifen. McMahan behauptet, dass der Eigentümer kein moralisches Verteidigungsrecht gegen den Eindringling besitzen würde. Lassen wir einmal die moralische Frage für einen Moment beiseite: Aus rechtlicher Sicht ist es tatsächlich nicht so klar, dass der Eigentümer kein Recht auf Verteidigung gegen den Eindringling hat.[76] Und falls der Wanderer durch seine Handlungen das *Leben* des Eigentümers bedroht (zum Beispiel wenn dieser nicht ohne die Möbel überleben könnte), hätte dieser definitiv das juristische und moralische Recht auf Selbstverteidigung – mit

---

74 Ibid.
75 McMahan 2005b, 394.
76 Christie 1999, 1008.

tödlicher Gewalt, sollte dies nötig sein. Dem Wanderer aber *wäre es unter diesen Umständen nicht erlaubt, umgekehrt tödliche Gegenmaßnahmen gegen die Selbstverteidigung des Eigentümers zu ergreifen.* Dies ist die rechtliche Situation im US-amerikanischen Recht (auf das sich McMahan bezieht), wie im übrigen auch im deutschen. Ich denke, auch vom moralischen Standpunkt aus ist dies die richtige Sichtweise.

Womit wir es hier zu tun haben, ist der sogenannte private Notstand [*private necessity*] des angelsächsischen Rechts (dieser entspricht weitestgehend dem deutschen rechtfertigenden Aggressivnotstand, sofern dieser auf den Schutz von Individualrechtsgütern abzielt). Dies ist wichtig, da McMahan nun ausdrücklich argumentiert, dass die Rechtfertigung der taktischen Bomber eine *Notstandsrechtfertigung* (*necessity justification*) ist (und natürlich ist sie das).[77] Im Recht jedoch hebt die Notstandsrechtfertigung Haftbarkeit [*liability*] ganz gewiss *nicht* auf.

Im Recht erlaubt der rechtfertigende Notstand oder *private necessity* es einer Person, im Rahmen von Selbsthilfebemühungen (d. h. ohne staatliche Hilfe: gemeint ist nicht, dass man anderen nicht helfen darf) das Eigentum einer anderen Person zu beschädigen, zu zerstören oder unbefugt zu betreten, sofern diese Selbsthilfe notwendig ist, um das eindeutig wertvollere Eigentum des Akteurs (oder Hilfsbedürftigen) oder sein (oder deren) Leben zu retten.[78] Die meisten Gesetze der Vereinigten Staaten erlauben diese rechtliche Rechtfertigung sonst unerlaubten Handelns allerdings nicht in Fällen, in denen derjenige, der sich selbst (oder anderen) hilft, das *Leben* einer anderen Person bedroht. In solchen Fällen wird er selbst gerechterweise angreifbar. Gleichwohl scheinen es die Gesetze einiger anderer amerikanischer Bundesstaaten zu erlauben, absichtlich eine unschuldige und nicht-bedrohliche Person zu töten, wenn dadurch viele andere gerettet werden. Diese Gesetze folgen dabei dem Model Penal Code, der auch klarstellt, dass dieses Privileg „kein Rechtsmittel gegen eine solche Handlungsweise aufhebt oder schmälert, das in einer Zivilklage zur Verfügung steht"[79], was bedeutet, wie George C. Christie[80] darlegt, dass eine Person, die eine andere unschuldige Person aus einer Notstandssituation heraus tötet, „im Schadenersatzrecht mit einer erheblichen Entschädigungssumme haftbar wäre, wenn sie von den Hinterbliebenen zivilrecht-

---

77 McMahan (unveröffentlicht).
78 Sugarman 2006, 5–6.
79 *Model Penal Code*, Abschnitt 3.1, zitiert nach Christie 1999, 1026.
80 Christie 1999, 1026.

Rechte, gerechte Angreifbarkeit und die moralische Gleichheit von Kombattanten

lich für eine widerrechtliche Tötung verklagt wird". Wenn das potentielle Opfer denjenigen tötet, der sich selbst hilft, scheint es jedoch so zu sein, dass es aus guten rechtlichen Gründen nicht für eine solche widerrechtliche Tötungshandlung verklagt werden kann.[81] Wie Christie[82] außerdem bemerkt: „Wenn eine der Parteien frei von Deliktshaftung bzw. Schadensersatzpflicht [tort liability] wäre, dann wäre es das [unschuldige potentielle Opfer eines ‚notwendigen' Angriffs]. Ich kann mir kein amerikanisches Gericht vorstellen, das eine unschuldige Person für schadenersatzpflichtig erklärt, weil sie eine andere Person erschossen hat, um diese davon abzuhalten, sie selbst zu töten."

Frowe wendet hingegen ein, dass dann, wenn wir „ungerechte Kombattanten" diskutieren, die angemessene Analogie eine andere wäre, und behauptet, dass sie sich kein Gericht vorstellen könne, das *Sie* für den Tod einer Person haftbar machen würde, weil Sie die Straßenbahn von zweihundert anderen Personen hin zu dieser einen abgelenkt haben, während *ich* all diese Menschen auf dem Gleis festgebunden und die Straßenbahn in Bewegung gesetzt habe (persönliche Mitteilung). In Erwiderung lassen Sie mich zunächst bemerken, dass dann, wenn wir „gerechte" Kombattanten diskutieren, die angemessene Analogie nicht die der Ablenkung existierender Bedrohungen ist (wie Straßenbahnen, die bereits durch jemand anderen in Bewegung gesetzt wurden), sondern die der Initiierung komplett neuer Bedrohungen (wie beispielsweise das Abwerfen von Bomben). Und ich kann mir sehr gut ein Gericht vorstellen, das Sie zivilrechtlich wegen widerrechtlicher Tötung haftbar machen würde, wenn Sie einhundert Unschuldige in die Luft sprengen, weil dies die einzige Möglichkeit war, mich davon abzuhalten, eintausend Unschuldige zu töten. Zweitens schert Frowe *schon wieder* alle „ungerechten Kombattanten" über einen Kamm (siehe meine Diskussion zu diesem Punkt weiter oben). Einige von ihnen haben die unschuldigen Menschen *nicht* an die Gleise gefesselt, sondern haben später an dem Konflikt teilgenommen. Und die Frage lautet, ob *diese* Kombattanten haftbar gemacht werden können, wenn sie Sie töten, um sich selbst oder auch Menschen, denen gegenüber sie eine spezielle Verantwortung haben, gegen Ihren Angriff zu verteidigen.

Das amerikanische Deliktsrecht [*tort law*] geht also davon aus, und dies ganz vernünftigerweise, dass eine Person, die eine andere unschuldige

---

81 Christie 1999, 1034–1039.
82 Christie 1999, 1039.

Person aus Notwendigkeit tötet, dieser Person *Unrecht tut*, während die unschuldige Person, die ihren Angreifer tötet, diesem *kein* Unrecht tut. Dies *bedeutet* aber, *sowohl* McMahans früherer Definition gerechter Angreifbarkeit *als auch* seiner gegenwärtigen zufolge, dass die erste Person aus rechtlicher Sicht gerechterweise angegriffen werden kann, die zweite hingegen nicht. Schließlich hat McMahan in seiner Definition von gerechter Angreifbarkeit einst erklärt, dass, wenn „die zu tötende Person in solch einer Art und Weise gehandelt hat, dass ihre Tötung ihr weder Unrecht tut noch ihre Rechte verletzt, selbst wenn sie nicht eingewilligt hat, getötet zu werden oder dem Risiko der Tötung ausgesetzt zu werden ..., die Person gerechterweise getötet werden kann"[83]; und jetzt sagt er, um es noch einmal zu wiederholen:

> Was es für eine Person bedeutet, gerechterweise angreifbar zu sein, ist, dass es eine substanzielle *moralische Asymmetrie* zwischen ihr und denjenigen gibt, die sie angreifen mögen. Sie hat kein Recht darauf, nicht angegriffen zu werden, und ihr wird daher durch einen Angriff kein Unrecht getan, während die Angreifer *ihr Recht*, nicht angegriffen zu werden, *behalten*.[84]

Dies ist also die Sachlage im US-amerikanischen Recht in Bezug auf den Angriff auf eine unschuldige Person aus einer Notstandslage heraus: der Angreifer ist gerechterweise angreifbar, die unschuldige Person nicht. Was somit die Frage angeht, ob das amerikanische Deliktsrecht (*tort law*) und die Selbstverteidigungs- und Notstandsstatuten in den Vereinigten Staaten Rechtfertigung als etwas betrachten, was gerechte Angreifbarkeit und Tötbarkeit durch den Verteidiger in Fällen der versuchten Tötung von Menschen aufhebt – und dies sind die Fälle, über die wir sprechen, wenn es um Krieg geht –, so unterstützen das amerikanische Deliktsrecht und die Notwendigkeitsstatuten klarerweise meine Position. Dies ist nicht zuletzt deshalb so, da es auch eine moralisch sehr plausible Position ist.

McMahan hat im Übrigen nicht nur das Gesetz gegen sich, sondern, so scheint es, auch sein früheres Selbst:

> Selbstverständlich bleibt eine moralische Asymmetrie zwischen der Unschuldigen Bedrohung [Innocent Threat] oder dem Unschuldigen Angreifer [Innocent Attacker] und dem Unschuldigen Opfer [Innocent Victim] bestehen: denn eine Unschuldige Bedrohung oder ein Unschuldiger Angreifer ist per definitionem moralisch verantwortlich für die von ihr oder ihm ausgehende Bedrohung und mag diese Bedrohung auch durch eigenes (obgleich entschul-

---

83 McMahan 2005b, 386.
84 McMahan (unveröffentlicht).

digtes) Fehlverhalten verursacht haben. Und diese Überlegungen sind dafür relevant, wie das unvermeidbare Unglück im Dienste der Gerechtigkeit verteilt werden sollte.[85]

In der Tat sind sie das. Daher ist es etwas überraschend, dass McMahan *jetzt* plötzlich erklärt, dass in „einem Konflikt zwischen jenen, die auf Geheiß der Moral handeln, und solchen, die vollkommen unschuldig sind und aus Selbsterhaltung handeln [nochmals: der richtige Ausdruck lautet „Selbst*verteidigung*"], die Gerechtigkeit schweigt"[86].

Man könnte an dieser Stelle versucht sein einzuwenden, dass dies weder *ad hoc* noch überraschend ist. Schließlich diskutiert McMahan in dem eingerückten Zitat *unschuldige* Angreifer oder Bedrohungen, während er sich im letzten Zitat offensichtlich nur auf *gerechtfertigte* Angreifer bezieht. Doch das Problem ist – im Gegensatz zu dem, was McMahan nahelegt –, dass allein diejenigen, denen es *moralisch geboten* ist anzugreifen, „auf Geheiß der Moral handeln" und nicht jene, deren Angriff lediglich *gerechtfertigt* ist.[87] Ein Kombattant kann gerechtfertigt an einem Angriff teilnehmen, selbst wenn es unter Berücksichtigung aller Umstände moralisch besser gewesen wäre, etwas anderes zu unternehmen (möglicherweise die gleiche Menge an Energie, Geld und Ressourcen Oxfam zu widmen). Wenn er unter diesen Umständen dennoch angreift, dann ist er – wie sehr er auch gerechtfertigt sein mag – moralisch immer noch für die moralisch suboptimale Wahl verantwortlich, eine ungerechte Bedrohung darzustellen. Der unschuldige Dritte hingegen ist von solch einer Verantwortung völlig frei. Und diese Überlegungen sind, denke ich, in der Tat relevant dafür, wie das unvermeidbare Unglück im Dienste der Gerechtigkeit verteilt werden sollte.

Ich schlussfolgere, dass McMahans Behauptung, dass Rechtfertigung gerechte Angreifbarkeit aufhebt, in den für die hier geführte Diskussion relevanten rechtlichen Fällen falsch ist. Darüber hinaus bleibt seine Behauptung, dass Rechtfertigung gerechte Angreifbarkeit in moralischer Hinsicht aufhebt, ad hoc und unplausibel.

---

85 McMahan 2003, 412.
86 McMahan 2008b, 243.
87 Siehe auch oben die ersten Paragraphen des Abschnitts 4.4 bis „belanglos" (Seiten 226-228).

5. Gerechte Angreifbarkeit, Zulässigkeit und Strategien der Verteidigung anderer

An anderer Stelle habe ich argumentiert, dass, derweil Kombattanten in einem ungerechtfertigten Krieg vielleicht *kollektiv* ihre Zivilbevölkerung am besten schützen könnten, indem sie den Kampf einstellen, kein individueller Kombattant den Krieg im Alleingang auf solche Weise stoppen kann. Ich legte daher nahe, dass unter den meisten Umständen der beste Weg für jeden Kombattanten, unschuldige Dritte auf seiner Seite zu verteidigen, darin besteht weiterzukämpfen.[88] McMahan antwortet darauf, dass selbst, wenn dies wahr wäre, es nicht „offensichtlich [sein würde], was ein individueller ungerechter Kombattant tun sollte ..., da es Umstände zu geben scheint, in denen Menschen an einer Handlung nicht teilnehmen sollten, selbst wenn es für einige unschuldige Menschen schlechter wäre, wenn sie es nicht tun"[89]. Ja, solche Aktivitäten mag es geben, aber McMahan hat sicherlich nicht gezeigt, dass alle ungerechtfertigten Kriege solche Aktivitäten sind. Einfach anzunehmen, dass sie es sind, heißt vorauszusetzen, was zu beweisen wäre. (Und übrigens: könnten „gerechte" Kriege nicht auch solche Aktivitäten sein? Pazifisten sagen, dass sie es sind).

McMahan sagt zudem, dass die von mir nahegelegte Annahme „nicht offensichtlich wahr" ist.[90] Das mag so sein, doch seine Gegenbehauptung ist ebensowenig offensichtlich wahr:

> ... da es so scheint, dass ungerechte Kombattanten nicht bei einer Gelegenheit nach der anderen kämpfen sollten, ohne sich dabei zu fragen, ob dies nicht den Effekt hat, den Krieg in kontraproduktiver Weise zu verlängern, und da es scheint, dass sie nicht auf den Sieg abzielen sollten, so ist vielleicht das, worauf sie tatsächlich abzielen sollten, die frühe Niederlage ihrer eigenen Seite. Dies mag die Option sein, welche ihre eigenen Zivilisten am besten vor Verwundung und Tod durch militärische Handlungen gerechter Kombattanten schützt.[91]

Lassen Sie mich zunächst anmerken, dass selbst wenn die von McMahan beschriebene Strategie kontraproduktiv wäre, dies nichts an der Tatsache ändern würde, dass diejenigen Kombattanten in einem gerechtfertigten

---

88 Steinhoff 2008, 222.
89 McMahan 2008b, 243.
90 Ibid.
91 McMahan 2008b, 244.

Rechte, gerechte Angreifbarkeit und die moralische Gleichheit von Kombattanten

Krieg, die unschuldige Dritte bedrohen, gerechterweise angreifbar sind. Wie ich bereits früher bemerkte: dass jemand gerechterweise angreifbar ist und getötet werden kann, bedeutet nicht notwendig, dass er *erlaubterweise* angegriffen und getötet werden kann; und dass jemand nicht gerechterweise angegriffen und getötet werden kann, bedeutet *nicht*, dass er nicht *erlaubterweise* angegriffen und getötet werden kann.[92]

Betrachten wir die Dorfwächter, die sich einer Bedrohung durch eine im Dschungel lebende Sekte ausgesetzt sehen, die jährlich zwei Kinder des Dorfes opfern will (gerechtfertigterweise, wie wir annehmen wollen – vielleicht würden andernfalls eine große Anzahl anderer Kinder durch außerirdische Schurken zu Tode gefoltert werden). Unter den Dorfbewohnern ist es sehr gut bekannt, dass Widerstand gegen das Eindringen der Sekte nur bewirken würde, dass deren Mitglieder immer wieder zurückkehren und im Verlauf der verschiedenen sich daraus ergebenden Gefechte mehr als nur zwei Kinder töten würden. Es mag kontraproduktiv sein, die zwei Kinder nicht sofort zu übergeben, damit die Sektenmitglieder ihnen die Kehle durchschneiden können, aber dies ändert nichts an der Tatsache, dass die Halsabschneider noch immer gerechterweise angreifbar wären. Wenn die Wächter einem Eindringen Widerstand leisten, mögen sie damit ihre Arbeit schlecht verrichten (ich bin mir dessen tatsächlich nicht vollkommen sicher, werde diesen Punkt an dieser Stelle aber offen lassen), sie mögen dadurch vielleicht sogar den anderen Dorfbewohnern Unrecht tun, die in künftigen Gefechten getötet werden (dies würde aber offensichtlich auch von der bevorzugten Strategie der Dorfbewohner abhängen), oder in einer anderen Art und Weise unzulässig handeln. Aber sie würden definitiv *nicht den einfallenden Halsabschneidern Unrecht tun*. Entsprechend tun die Soldaten auf der ungerechtfertigten Seite den Soldaten auf der anderen Seite kein Unrecht, wenn sie diese bei einer Gelegenheit nach der anderen in Verteidigung ihrer eigenen Zivilisten töten. Die Soldaten auf der gerechtfertigten Seite bleiben gerechterweise angreifbar, und somit haben die Soldaten auf der ungerechtfertigten Seite ihnen gegenüber ein Freiheitsrecht, sie zu töten.

Zweitens, ob Kombattanten, die an einem ungerechtfertigten Krieg teilnehmen, auf den Sieg abzielen dürfen oder nicht, hängt davon ab, was sie als Sieg begreifen. Wenn sie ihn als das Erreichen eines ungerechten Zu-

---

[92] Obwohl sich McMahan dieser Tatsache bewusst ist, widmet er ihr nicht genug Aufmerksamkeit. Derweil sein Buch *Killing in War* heißt, behandelt es zum größten Teil nur *Liability to Be Killed in War*.

standes oder Ziels begreifen, dann vielleicht dürfen sie nicht auf ihn abzielen – aber dasselbe gälte für die Kombattanten auf der gerechtfertigten Seite. Jedoch dürfen sie ihn gewiss anstreben, wenn sie unter Sieg verstehen, dass die andere Seite damit aufhört, unschuldige Zivilisten zu töten.

Drittens, indem sie die Waffen niederlegen, könnten Soldaten der ungerechtfertigten Seite tatsächlich ungerechte Ziele *fördern*. Wenn sich zum Beispiel die gerechtfertigte Seite einem Feind gegenübersieht, der schnell aufgibt, könnte sie denken: „Dieser Krieg ist wirklich leicht. Wenn er schwieriger gewesen wäre, wäre es klug gewesen, nicht zusätzlich zu unseren gerechten Zielen auch auf das Erreichen bestimmter ungerechter Ziele zu drängen, da unsere zähen Feinde dies sehr schwierig gemacht haben würden; aber jetzt sieht es so aus, als gäbe es hier kein wirkliches Problem..." In der Tat sind in vielen Kriegen die Kombattanten auf der ungerechtfertigten Seite vollkommen berechtigt, den erklärten gerechten Absichten der „gerechten" Seite zu misstrauen und entsprechend zu handeln. Indem sie weiterkämpfen, mögen sie dazu beitragen, dass der gerechtfertigte Krieg der anderen Seite gerechtfertigt bleibt.

Viertens, dass ein gerechtfertigter Krieg in proportionaler Weise durch die ihn ausfechtenden Kombattanten geführt wird, heißt nicht, dass die durch diese verursachte Verwüstung nicht weiter minimiert werden könnte. McMahan behauptet indessen:

> Handeln, um *einige* unschuldige Menschen bei einer Gelegenheit nach der anderen zu verteidigen, ist kontraproduktiv, wenn der umfassendere Effekt darin besteht, den Krieg auf unbestimmte Zeit zu verlängern und somit wiederholt die Bedrohung für andere Mitglieder der Zivilbevölkerung aufrechtzuerhalten, die bis dahin überlebt haben.[93]

Für viele Situationen ist dies schlicht falsch. Ein Boxer mag einen Kampf auch schneller beenden, indem er still steht und seine Deckung fallen lässt, aber einen Kampf schnell zu beenden und ihn ohne Gehirnschaden zu beenden, ist nicht dasselbe. Ebenso müssen die Soldaten auf der ungerechtfertigten Seite nicht automatisch darauf vertrauen, dass die Soldaten auf der gerechtfertigten Seite ihre Schwäche in der Deckung nicht ausnutzen, um noch größere Zerstörungen anzurichten.[94]

---

93 McMahan 2008b, 243.
94 Sie könnten auch weiterkämpfen, um eine anständige *post bellum*-Einigung zu erreichen. Ich danke James Pattison für diesen Hinweis.

Rechte, gerechte Angreifbarkeit und die moralische Gleichheit von Kombattanten

Die Tatsachen, dass (a) Soldaten auf der gerechtfertigten Seite, die Unschuldige töten, gerechterweise angreifbar sind, (b) Soldaten auf der ungerechtfertigten Seite in vielen Situationen völlig berechtigt sind, der gerechtfertigten Seite zu misstrauen und entsprechend zu handeln, und (c) Soldaten, die an einem ungerechtfertigten Krieg teilnehmen, in vielen Situationen in der Lage sein werden, das Leiden ihrer eigenen Bevölkerung dadurch zu reduzieren, dass sie zurückschlagen, zeigen, dass McMahans Verallgemeinerung, dass ungerechte Kombattanten Soldaten, die in einem "gerechten" Krieg kämpfen, nicht angreifen dürfen (es sei denn, diese begehen Kriegsverbrechen), falsch ist.

6. Schlussbemerkungen

Ich habe bereits in der Einleitung gesagt, dass die Behauptung, dass *alle* Kombattanten, die sich an die *ius in bello* Beschränkungen halten, ein gleiches Freiheitsrecht haben, sich gegenseitig zu töten, falsch ist. Es gibt *einige* Kriege, in denen selbst jene Kombattanten beider Seiten, die sich an die *ius in bello* Beschränkungen halten, *kein* gleiches Freiheitsrecht haben, sich gegenseitig zu töten. Nichtsdestotrotz zeigt die hier präsentierte Argumentation, dass die moralische Gleichheit von Kombattanten für viel mehr Kriege gilt, als es McMahans allgemeine These von der moralischen Ungleichheit von Kombattanten erlauben möchte. Darüber hinaus, und auf einer mehr theoretischen Ebene, muss betont werden, dass die Obsession mit gerechter Angreifbarkeit [*liability*] die Tatsache verschleiert, dass die Frage, wen man in einem Krieg töten darf und warum, nicht darauf reduziert werden kann, wer gerechterweise angreifbar ist und wer nicht.[95]

In jedem Fall gilt, dass die Frage, ob es Soldaten erlaubt ist, an einem ungerechtfertigten Krieg teilzunehmen, nicht ohne einen genaueren Blick auf die Details und Umstände des fraglichen spezifischen ungerechtfertigten Krieges entschieden werden kann. Obwohl es keine *generelle* Erlaubnis gibt, in ungerechtfertigten Kriegen zu kämpfen, kann man dennoch in einigen ungerechtfertigten Kriegen erlaubterweise kämpfen, und solange man sich an die *ius in bello* Beschränkungen hält, kann man dies tun, ohne den gegnerischen Kombattanten Unrecht anzutun. Allerdings werden in

---

[95] Ich beantworte die Frage darauf, wer im Krieg getötet werden darf und warum, mit Verweis auf vier verschiedene Prinzipien, die alle berücksichtigt werden müssen. Siehe Steinhoff 2011, Kapitel 4.

modernen Kriegen Kombattanten immer unschuldigen Dritten Unrecht tun; aber dies tun auch die Kombattanten auf der gerechtfertigten Seite – die daher nicht *gerecht* sein können.[96]

Literaturverzeichnis:

Anscombe, Gertrude Elizabeth Margaret (1981): The Collected Philosophical Papers. Vol. 3, Ethics, Religion and Politics. Oxford.

Augustinus (1891): Sancti Aureli Augustini De Utilitate Credendi et al., hrsg. v. J. Zycha (Corpus Scriptorum Ecclesiasticorum Latinorum vol. XXV. [sect. VI, pars I]). Wien.

Christie, George C (1999): The Defense of Necessity Considered from the Legal and Moral Points of View. In: Duke Law Journal 48, 975–1042.

Fabre, Cécile (2009): Guns, Food, and Liability to Attack in War. In: Ethics 120, 36–63.

Forde, Steven (1998): Grotius on Ethics and War. In: The American Political Science Review 92, 639–648.

Frowe, Helen (2011): The Ethics of War and Peace: An Introduction. London/New York.

Grotius, Hugo (2005): The Rights of War and Peace. In: Tuck, Richard (Hg.). Indianapolis.

Justenhoven, Heinz-Gerhard/Stüben, Joachim (Hg.) (2006): Kann Krieg erlaubt sein? Eine Quellensammlung zur politischen Ethik der Spanischen Spätscholastik. Stuttgart.

Kutz, Christopher (2000): Complicity: Ethics and Law for a Collective Age. Cambridge.

Lazar, Seth (2010): The Responsibility Dilemma for Killing in War: A Review Essay. In: Philosophy & Public Affairs 38, 180–213.

Lazar, Seth (2009): Responsibility, Risk, and Killing in Self-defense. In: Ethics 119, 699–728.

Mapel, David R. (2009): Moral Liability to Defensive Killing and Symmetrical Self-defense. In: The Journal of Political Philosophy 18, 198–217.

---

96 Ich danke den Teilnehmern der Konferenz „War and Self-Defense" an der Universität Sheffield (25.–27.8.2010) für Kommentare zu einem Vortrag, dessen Überlegungen in den vorliegenden Text Eingang gefunden haben. Besonderen Dank schulde ich Yvonne Chiu, Ned Dobos, Céline Fabre, Helen Frowe, Bernhard Koch, Seth Lazar, Michael Neu, Gerhard Øverland, James Pattison, Andrés Rosler, Daniel Statman und insbesondere Jeff McMahan für ausführliche und enorm hilfreiche schriftliche Kommentare.

McMahan, Jeff (2010): The Just Distribution of Harm between Combatants and Noncombatants. In: Philosophy & Public Affairs 38, 342–379 (dt. in diesem Band 27-73).

McMahan, Jeff (2009): Killing in War. Oxford [dt. (2010): Kann Töten gerecht sein? Darmstadt. Krieg und Ethik. Darmstadt]

McMahan, Jeff (2008a): The Morality of War and the Law of War. In: Rodin, David/Shue, Henry (Hg.) (2008): Just and Unjust Warriors: The Moral and Legal Status of Soldiers. Oxford, 19–43.

McMahan, Jeff (2008b): Justification and Liability in War. In: Journal of Political Philosophy 16, 227–244.

McMahan, Jeff (2006): On the Moral Equality of Combatants. In: Journal of Political Philosophy 14, 377–393.

McMahan, Jeff (2005a): Just Cause for War. In: Ethics and International Affairs 19, 1–21.

McMahan, Jeff (2005b): The Basis of Moral Liability to Defensive Killing. In: Philosophical Issues 15, 386–405.

McMahan, Jeff (2004): The Ethics of Killing in War. In: Ethics 114, 693–733.

McMahan, Jeff (2003): The Ethics of Killing: Problems at the Margins of Life. Oxford.

McMahan, Jeff (1994): Self-defense and the Problem of the Innocent Attacker. In: Ethics 104, 252–290.

McMahan, Jeff (unveröffentlicht): Self-defense Against Justified Threats. Unpublizierte Vorlesungsnotizen, dem Verfasser vorliegend.

Miller, Seumas (2001): Social Action: A Teleological Account. Cambridge.

Murphy, Jeffrie G. (1973): The Killing of the Innocent. In: The Monist 57, 527–550.

Onuma, Yasuaki (Hg.) (1993): A Normative Approach to War: Peace, War and Justice in Hugo Grotius. Oxford.

Reichberg, Gregory M. (2008): Just War and Regular War: Competing Paradigms. In: Rodin, David/Shue, Henry (Hg.) (2008): Just and Unjust Warriors, Oxford, 193–213.

Smith, Keith John Michael (1991): A Modern Treatise on the Law of Criminal Complicity. Oxford.

Steinhoff, Uwe (2012): The Moral Equality of Modern Combatants and the Myth of Justified War. In: Theoretical and Applied Ethics 1.4, 35-44.

Steinhoff, Uwe (2011): Zur Ethik des Krieges und des Terrorismus. Stuttgart. (Es handelt sich um eine leicht überarbeitete deutsche Fassung von Steinhoff 2007a).

Steinhoff, Uwe (2009a): What is War – and can a Lone Individual Wage One? In: International Journal of Applied Philosophy 23, 133–150.

Steinhoff, Uwe (2009b): Justifying Defensive Torture. In: Clucas, Bev/Johnstone, Gerry/Ward, Tony (Hg.) (2009): Torture: Moral Absolutes and Ambiguities. Baden-Baden, 39–60.

Steinhoff, Uwe (2008): Jeff McMahan on the Moral Inequality of Combatants. In: Journal of Political Philosophy 16, 220–226.

Steinhoff, Uwe (2007a): On the Ethics of War and Terrorism. Oxford.

Steinhoff, Uwe (2007b): On not Believing in Justified Wars Without Being a Pacifist. In: Politika (ohne Nummer) (Annual Journal of the Politics and Public Administration Association of the University of Hong Kong): 152–155.

Sugarman, Stephen D. (2006): The 'Necessity' Defense and the Failure of Tort Theory: The Case against Strict Liability for Damages Caused while Exercising Self-help in an Emergency. Issues in Legal Scholarship. http://www.law.berkeley.edu/faculty/sugarmans/C__TEMP_Mozilla_Cache_A08652B0d01.pdf. [15.8.2013].

Thomson, Judith Jarvis (1991): Self-defense. In: Philosophy & Public Affairs 20, 283–310.

Thomas von Aquin (2006): (Auszüge aus) Scripta super libros sententiarum. In: Reichberg, Gregory M./Syse, Henrik/Begby, Endre (Hg.) (2006): The Ethics of War: Classic and Contemporary Reading. Oxford, 194–195.

Walzer, Michael (1977): Just and Unjust Wars. New York [dt. (1982): Gibt es den gerechten Krieg? Stuttgart].

Dürfen Soldaten vorsätzlich töten?
Eine theologische Untersuchung

Robert G. Kennedy

Dass im Krieg getötet wird, ist eine Tatsache und in diesem Sinne selbstverständlich. Müsste eine Theorie vom gerechten Krieg dann nicht ebenso selbstverständlich eine Erklärung für die Möglichkeit der moralischen Rechtfertigung von wenigstens einigen Tötungshandlungen enthalten? Ich meine, sie muss eine einleuchtende und praktische Antwort auf die Frage liefern, weshalb einige Tötungshandlungen im Krieg unter moralischen Gesichtspunkten nicht falsch sind.

In den letzten Jahrzehnten sind die Diskussionen über das Töten im Krieg zumindest in der englischsprachigen Literatur grundsätzlich in philosophischen und rechtlichen Zusammenhängen geführt worden. Theologische Kategorien kamen darin folglich weniger stark zum Tragen, als das einmal der Fall war. Überdies lag der Fokus in der Regel auf dem Tötungsobjekt, will sagen auf der Person, die angegriffen wird. Somit stellt sich die Frage: Warum dürfen manche Personen im Krieg angegriffen werden? Einige Autoren vertraten hier die Ansicht, dass offizielle Kombattanten (Soldaten, Matrosen und andere Uniformträger) mit dem Eintritt in das Militär ihr Recht auf das Nichtangegriffenwerden selbst abschwächen oder gar ganz aufgeben. Darum sei normalerweise keine moralische Norm verletzt, wenn ein Kombattant einen Angehörigen der feindlichen Streitkräfte angreift mit dem Vorsatz, diese Person umzubringen (von ein paar bedeutenden Ausnahmen abgesehen), da er oder sie kein Recht mehr darauf hat, nicht angegriffen zu werden.

Von diesem Ausgangspunkt aus geht es in der Diskussion darum, Regeln aufzustellen, denen die Anwendung dieses Prinzips abgeschwächter/ aufgegebener Rechte im Einzelnen unterliegt. Manche Angehörige einer feindlichen Streitmacht können ihr Recht auf das Nichtangegriffenwerden grundsätzlich nicht verlieren (z. B. Geistliche und das medizinische Personal), während andere aufgrund der Lage oder Verfassung, in der sie sich vorübergehend befinden, geschützt werden müssen (z. B. Gefangene oder Verwundete). Weil Kombattanten mitunter gegen ihren Willen eingezogen werden, werfen manche Autoren die Frage auf, ob „unschuldige" Kombattanten ihr Recht, nicht angegriffen zu werden, behalten. Doch wenn dies so ist, könnte man sich die Frage stellen, ob eine weitab vom Schlachtgeschehen lebende Zivilbevölkerung, die ein kriegsführendes Regime unterstützt, nicht ihr Recht auf das Nichtangegriffenwerden verliert. Es ergeben sich noch andere Fragen den Schutz der Truppe betreffend (sollten z. B. Kombattanten große Gefahren auf sich nehmen, um die feindliche Zivilbevölkerung davor zu bewahren, als Nebenfolge Schaden zu nehmen?)

Fast jeder, der über die Ethik des Krieges nachdenkt, stimmt zu, dass der Gewaltanwendung Schranken auferlegt sein sollten. Manche der möglichen Handlungen und manche der einsetzbaren Waffen sollten besser nicht ausgeführt bzw. benutzt werden. Die Ethiker aber sind sich sowohl in der Frage uneins, wo man die Grenzen ziehen sollte, als auch hinsichtlich der Begründung der Grenzen. Ich werde in dieser Abhandlung versuchen deutlich zu machen, dass eine theologische Sicht auf die Dinge der Diskussion etwas Wichtiges zu geben hat und dass in dieser Sicht womöglich Ressourcen verborgen liegen, mit denen man einigen der von Philosophie und Recht hinterlassenen ungelösten Schwierigkeiten begegnen kann.

Einführung: Was kann eine theologische Erörterung zur Diskussion beitragen?

Die Tradition des gerechten Krieges entstand in einem Kontext, in dem philosophische und theologische Reflexionen nicht scharf voneinander abgegrenzt waren, ja in der sie sich gegenseitig befruchteten, befruchten sollten. Weil das nicht mehr so ist, scheint es ganz angebracht, wenn ich kurz darlege, weshalb es einer theologischen Sicht bedarf und dazu kurz erkläre, was diese Sicht umfasst.

Ich glaube nicht, um das vorauszuschicken, dass man für die Theologie insgesamt sprechen kann, sondern sich vielmehr aus einer bestimmten Glaubenstradition heraus äußern muss, die in meinem Fall die katholische ist. Damit verbindet sich kein Ausschließlichkeitsanspruch – es gibt vieles, das die katholische Glaubensrichtung mit anderen Glaubensrichtungen gemeinsam hat –, sondern es geht darum, das Konkrete und Spezielle in die Diskussion einzubringen. Gleichzeitig ist mir durchaus bewusst, dass es auch unter denen, die katholischen Glaubens sind, Meinungsverschiedenheiten in moralischen Fragen gibt, und dass ich nicht in einer Position bin, die Kirche in den einschlägigen Fragen offiziell zu vertreten. Ich äußere also einfach meine Überlegungen und Ansichten und versuche dabei, der bestimmten Tradition, aus der heraus ich spreche, gerecht zu werden.

Katholiken glauben an den Einklang von Glaube und Vernunft. Doch wir glauben auch, dass das, was wir durch den Glauben erfahren können, all jenes zu bekräftigen, zu erweitern oder sogar richtigzustellen vermag, was sich mit rein menschlichen Erkenntnismitteln herausfinden lässt. Dies gilt nicht nur im Hinblick auf wahre Aussagen über Gott, sondern auch für Aussagen über den Menschen und das menschliche Handeln.

Die konkreten Inhalte des Glaubens entstammen der Offenbarung, und das Geoffenbarte muss geprüft und gedeutet werden. Und dazu haben wir nur die Vernunft. Aus katholischer Sicht ist die Vernunftbegabung des Menschen ein Widerschein des göttlichen *logos*, und indem wir die Vernunft zur vollen Entfaltung bringen, ahmen wir Gott nach. Zugleich erkennen wir an, dass die menschliche Vernunft dazu neigt, die Übersicht zu verlieren, und darum kommt dem Glauben unserer Auffassung nach eine wichtige Hilfsfunktion zu, nämlich dafür zu sorgen, dass die Vernunft sich treu bleibt.

Aus katholischer Sicht würde man dem Erkennbaren und Verstehbaren künstliche und ungerechtfertigte Schranken auferlegen, wenn man die Inhalte der Offenbarung vom Reich der Vernunft absonderte. Das wäre in etwa so, als würde man sämtliche Erkenntnisse der physischen Welt, die den Einsatz von Instrumenten erfordern, als *unvernünftig* beurteilen, weil sie nicht durch reine Beobachtung gewonnen wurden.

Dagegen ist es meine Überzeugung, dass die Erkenntnisse – und ich behaupte, dass es sich tatsächlich um Erkenntnisse handelt, um wirkliches Wissen – vom Menschen und seiner Situation, die wir aus der richtig verstandenen Offenbarung beziehen, der moralischen Entscheidungsfindung als Licht vorausleuchten und echte Orientierung geben können. In der katholischen Tradition gibt es – anders gesagt – keine Zweiteilung oder Scheidung zwischen der Offenbarung und der Verstandestätigkeit in Freiheit, zwischen Glaube und Vernunft, sondern vielmehr eine Verflechtung der beiden, die für die Entscheidungsfindung in der Praxis nicht nur nützlich ist, sondern überhaupt erst richtige Entscheidungen ermöglicht.

Fünf wichtige Vorstellungen einer theologischen Sicht

1. *Eine objektive moralische Ordnung*: Der theologischen Sicht zufolge ist das materielle Universum, das wir bewohnen, die Tat eines vernünf-

tigen Schöpfers. Als geordnetes weist das Universum auch eine moralische Ordnung auf, die ein Maß des menschlichen Handelns darstellt. Obgleich vernünftig, ist diese moralische Ordnung nicht dem menschlichen Verstand entsprungen. Der Mensch entdeckt sie kraft Vernunftbegabung, die Ordnung selbst aber verdankt dem menschlichen Zutun nichts und besteht unabhängig von seiner Wahl. Dennoch bleiben wir frei, auf eine Weise zu handeln, die mit dieser moralischen Ordnung nicht übereinstimmt. Mit anderen Worten können wir uns dazu entschließen, unvernünftig zu handeln und uns in dem, was wir tun, von unseren Emotionen oder unserem Verlangen leiten zu lassen statt von der Vernunft. Die objektive moralische Ordnung bleibt gleichwohl Richtschnur und Maß der moralisch einwandfreien Entscheidungsbildung.

2. *Die Wirklichkeit der Sünde*: Von Chesterton stammt die Beobachtung, dass, wenn es eine christliche These gibt, die nicht bewiesen zu werden brauche, dies die These von der Erbsünde sei. Betrachten wir diese als die Behauptung, dass zur menschlichen Grundausstattung eine Unzulänglichkeit gehört, die es uns enorm schwermacht, uns in unseren Handlungen und Entscheidungen durchgängig von der Vernunft leiten zu lassen. Oft werden wir von Emotionen und dem Verlangen fortgerissen, oft fällt es uns schwer zu erkennen, welches der moralisch richtige Weg ist, und allzu oft sehen wir in der Vernunft bloß ein Werkzeug zur nachträglichen Rechtfertigung von Entscheidungen. Die Lehre von der Erbsünde erinnert uns überdies daran, dass Fehlverhalten, sei es auf der persönlichen Ebene, sei es auf der gesellschaftlichen, nicht allein aus Unkenntnis oder Ungerechtigkeit resultiert. Manche Menschen arbeiten tatsächlich mit Vorsatz an einem schlimmen Ende und entscheiden sich absichtlich für üble Mittel, manche Menschen sind tatsächlich so ungerecht und unvernünftig, Gutes, das geschützt werden muss, zu bedrohen.

3. *Menschenwürde*: Es sagt sich leicht, dass Menschen Würde oder etwas Kostbares besitzen, schwerer ist es da schon genau anzugeben, was das heißen soll. Der katholischen Auffassung nach könnte man sagen, dass damit mindestens zweierlei gemeint ist. Erstens, dass allen menschlichen Wesen von der Zeugung bis zu ihrem natürlichen Tod ein Gut oder etwas Kostbares innewohnt, das unauslöschbar ist. Es gehört zu ihrer Natur als Menschen und nicht zu irgendeiner Fähigkeit zur Ausführung bestimmter Funktionen. Gemeint ist, dass der Mensch immer Zweck und nie bloßes Mittel ist. Und gemeint ist auch, dass das

menschliche Leben ein fundamentales Gut darstellt und nicht lediglich ein Werkzeug oder einen Besitz, dessen man sich entledigt, wenn sich mit ihm kein Nutzen mehr verbindet.

Die Menschenwürde liegt katholischem Verständnis nach zweitens darin begründet, dass der Mensch Ebenbild Gottes ist. Namentlich vermuten wir Gott in unserem angeborenen Vermögen zu vernünftigem Denken, zur freien Entscheidung und zu einem Leben in Gesellschaft (was mehr beinhaltet, als nur einfach am selben Ort zu leben). Achtung vor der Menschenwürde anderer haben heißt, ihr Leben wertzuschätzen, ihre Vernunftbegabung und ihr Entscheidungsvermögen zu würdigen und eine echte Gemeinschaft von Menschen auf jeder Ebene des gesellschaftlichen Lebens als etwas Wertvolles und Kostbares zu betrachten und aufrechtzuerhalten.

4. *Das Primat der Nächstenliebe*: Papst Benedikt XVI. hat festgehalten, dass, während die Gerechtigkeit dem anderen gibt, was sein ist (und was ihm vielleicht ungerechterweise vorenthalten wurde), die Nächstenliebe dem anderen gibt, was mein ist.[1] In einer sündigen Welt ist Gerechtigkeit, obwohl notwendig, nie hinreichend für den echten Frieden und seine Aufrechterhaltung. Die Menschenliebe, welche sich als der aktive Einsatz für das Wohl anderer bezeugt (während die Gerechtigkeit, vielleicht etwas vereinfacht gesagt, Schaden von ihnen abwenden will), ist eine bessere, tragfähigere Grundlage für das Zusammenleben der Menschen.

Heutzutage wundern sich Fachleute bisweilen darüber, dass manche klassische Autoren wie etwa Thomas von Aquin den gerechten Krieg im größeren Zusammenhang der Diskussion des Werts der Nächstenliebe behandeln.[2] Sie fragen speziell danach, ob Krieg Sünde ist oder, wie man sagen könnte, ob Kriegführen eine Versündigung gegen die Nächstenliebe darstellt. Dem Standardargument zufolge ist Krieg nicht ungerecht (und erst recht keine Sünde gegen die Nächstenliebe), wenn das Gute oder bestimmte Güter einer Bedrohung unterliegen (gerechte Sache) und andere Bedingungen erfüllt sind. Anders gesagt braucht der Friede (der nicht lediglich die Abwesenheit eines Konflikts ist, sondern vielmehr ein wirklich einträchtiges Miteinander der Völker) Gerechtigkeit, doch diese allein ist nicht genug. Der echte Friede entspringt viel-

---

1 Benedikt XVI. 2009, Nr. 6.
2 Thomas von Aquin: Summa theologiae II-II, q. 40.

mehr der Nächstenliebe, und wer zu seinem, des wahren Friedens Schutz Gewalt anwendet, versündigt sich nicht unbedingt gegen sie.

5. *Die Bedeutung der Absicht*: Die Moraltheologie unterscheidet zwischen dem materiellen Bösen (*material evils*) und dem moralisch Bösen (*moral evils*). Ein Geschehen, das in einem materiellen Bösen resultiert, mithin in der Zerstörung irgendeines Gutes, birgt zugleich ein moralisch Böses in sich, wenn dieser Zerstörung eine frei gewählte Handlung oder Unterlassung zugrunde liegt. Wer sich für einen Ausgang (eines Geschehens) oder ein Mittel entscheidet, meint dieses Mittel oder beabsichtigt diesen Ausgang; er will es so und sieht es nicht bloß voraus. Dies ist der zentrale Gedanke im Zusammenhang mit der Bestimmung der moralischen Wertigkeit von Handlungen, die weiter unten umfassender behandelt wird. Vorläufig reicht es zu sagen, dass die Absicht die Handlung zu der Art von Handlung macht, die sie ist, und dass es die Absichten einer Person sind, die aus ihr mit der Zeit eine bestimmte Art von Person machen. Absichten bilden Gewohnheiten aus und prägen die Persönlichkeit.

Im Rahmen dieser thematischen Abhandlung gilt es einen wichtigen Unterschied zu beachten: den zwischen der Absicht, das Gut des Friedens zu schützen (selbst wenn das die Entscheidung für ein todbringendes Mittel einschließt), und der unmittelbaren Beabsichtigung des Todes einer anderen Person (als Mittel zur Herbeiführung eines bestimmten Ausgangs).

Erster Teil: Eine Moraltheologie

Schon allein beim Blick auf die einschlägige englischsprachige Literatur wird schnell klar, dass, während unter den Ethikern weitgehend Einigkeit herrscht, dass zwischen Kombattanten und Nichtkombattanten unterschieden werden sollte, ihre Meinungen in der Frage, wer in welche Kategorie fällt und warum, doch sehr auseinandergehen. Mir scheint, dass der Dissens, der den Befehlshabern und Militärstrategen unmöglich gefallen kann, Ausdruck meta-ethischer Differenzen ist. Die Analysen der mit dem gerechten Krieg befassten Gruppe von Theoretikern gründen in einer Reihe unterschiedlicher ethischer Bezugssysteme, angefangen beim Utilitarismus und den auf den Gesellschaftsvertrag rekurrierenden Theorien bis hin zu deontologischen Theorien und dem Rechtspositivismus, um nur einige zu nennen. Obwohl diese grundlegenden Bezugssysteme sich auf einem bestimmten Allgemeinheitsniveau angleichen können, führen sie oft zu divergierenden Einschätzungen in den Einzelfragen. Gleichzeitig sind die meisten Theoretiker des gerechten Krieges wie auch die meisten Vertreter der angewandten Ethik nicht sonderlich erpicht darauf, sich auf scheinbar endlose meta-ethische Debatten einzulassen. Infolgedessen, und bekanntlich hat Alasdair MacIntyre darauf aufmerksam gemacht, diskutieren wir in der Regel weiter, indem wir uns zwar geläufiger Vorstellungen und Begriffe bedienen, diese aber unterschiedlich auffassen.[3] Manchmal verfangen wir uns auch in bestimmten Problemen, die in der spezifischen Sicht auf den Menschen und den Moralvorstellungen wurzeln, welche sich die eine oder andere ethische Theorie zu eigen gemacht hat. Das heißt, das von uns übernommene Bezugssystem veranlasst uns womöglich dazu, manche Fragen äußerst wichtig zu nehmen, die im Rahmen eines anderen Bezugssystems als nicht annähernd so bedeutsam gelten.[4]

Ich bin selbst ein Theoretiker des gerechten Krieges und als solcher habe ich nicht vor, von der üblichen Praxis abzuweichen und den dornigen Weg der Meta-Ethik zu beschreiten; das überlasse ich den Kollegen, die besser und geduldiger sind als ich. Ich möchte an dieser Stelle bloß die Aufmerksamkeit auf ein Problem lenken, das aus meiner Sicht wichtig genug ist, dass die Theoretiker des gerechten Krieges sich seiner ernsthaft annehmen. Dennoch glaube ich, dass die Vielzahl an ethischen Theorien, die den Analysen der verschiedenen Theoretiker zugrunde liegt, ein ziemlich großes Problem darstellt für die Frage, wer im Krieg angegriffen werden darf. Ich habe in dieser Abhandlung vor, einer mit dem Thema in Zusammenhang stehenden speziellen Frage nachzugehen, die einem speziellen ethischen Bezugssystem entstammt, nämlich der klassischen Moraltradition des natürlichen Rechts und der natürlichen Tugend, die das Denken von Augustinus, Thomas von Aquin, de Vitoria und der meisten vor- und frühmodernen Theoretiker des gerechten Krieges mehr oder weniger stark prägte. Ich werde hier nicht die Behauptung vertreten, dass dieses Bezugssystem den anderen häufig angewendeten Systemen überlegen ist – auch

---

3 Siehe MacIntyre 1981, 1–5. MacIntyre beschäftigt sich in diesem Buch näher mit der Aufsplitterung der modernen Moralphilosophie (siehe insbes. Kap. 5 und 6), setzt sich mit diesem Problem jedoch auch in anderen Büchern auseinander wie etwa in MacIntyre 1990.

4 Zum Beispiel ist die Frage nach der Schuld oder Unschuld von Kombattanten oder das Thema der moralischen Gleichstellung feindlicher Soldaten in manchen Bezugssystemen weniger wichtig als in anderen.

wenn ich das in der Tat glaube –, mir geht es vielmehr darum, die Schlüsselemente dieses Gedankensystems darzulegen und zu erläutern, wie man mit ihm die vorliegende Frage angehen kann und dabei einige der Schwierigkeiten vermeidet, die sich aus den alternativen ethischen Bezugssystemen ergeben.

Darum möchte ich, bevor ich mich der Frage zuwende, wer im Krieg angegriffen werden darf (und warum es erlaubt ist, diese Menschen anzugreifen), kurz die Schlüsselemente einer naturrechtlichen Annäherung an die Ethik darlegen und erörtern.

Die Schlüsselelemente der Naturrechtstheorie[5]

Die ethische Reflexion in der Tradition des Naturrechts (NR) ist viel älter als die Schulen des Utilitarismus und der Deontologie, die die moderne Diskussion der Moral dominiert haben. Beide Schulen konnten folglich aus der NR-Tradition schöpfen, und in manchen Hinsichten taten sie das, in anderen wiederum nicht. Der Utilitarismus übernahm von ihr eine teleologische Ausrichtung, aus der heraus er behauptet, dass ethische Handlungen auf das reale Wohl des Menschen gerichtet sind und dass sich das Gute, das dieses Wohl real befördert, angeben lässt. Allerdings entfernt er sich von der NR-Tradition mit seiner zentralen Behauptung, wonach sich moralisch einwandfreie Handlungen dadurch bestimmen lassen, dass man für jede der möglichen alternativen Handlungen die Gesamtbilanz aus Nutzen und Schaden berechnet, die sich aus ihr ergeben würden. Die deontologisch argumentierenden Theoretiker wiederum erkennen genau wie die NR-Tradition an, dass die Richtigkeit menschlicher Handlungen nicht einfach an ihren Auswirkungen hängt, doch sie teilen nicht den Nachdruck, mit dem die alte Tradition auf dem wahren Guten als den echten Gütern und auf der eigentlichen Erfüllung des Menschen beharrte und sie in den Mittelpunkt ihrer ethischen Reflexionen rückte. Und sie sind auch nicht der Auffassung, dass die Absicht eine zentrale Rolle bei der Bewertung menschlicher Handlungen spielt.

Die NR-Tradition geht davon aus, dass bestimmte Tatsachen des Menschseins und der *condition humaine* in der Erfahrung und im Nach-

---

5 Ich stehe, was die Behandlung der Naturrechtstheorie in diesem Abschnitt angeht, in der Schuld vieler Quellen, besonders viel verdanke ich jedoch Finnis 2005, 109–131, und George 2008, 171–196.

denken Bestätigung finden. Etwa, dass die Menschen unvollkommen, aber verbesserungsfähig sind, dass ein wirklicher Unterschied besteht zwischen dem, was sie sind, und dem, was sie sein könnten, wenn sie ihr angeborenes Potenzial ausschöpfen würden.[6] Die von diesen Aspekten des Unausgeschöpften umgrenzten Möglichkeiten begründen ein Ziel, einen Zweck, ein *telos* (darum ist die NR-Tradition eine *teleologische*), an dem sich die Menschen bei ihren Entscheidungen richtigerweise orientieren.

Eine zweite Tatsache ist die, dass Menschen imstande sind, sich frei zu entscheiden, will sagen, dass sie das Vermögen besitzen (auch wenn sie es nicht immer entfalten), freie Entscheidungen zu treffen, die grundsätzlich nicht von Faktoren und Einflussgrößen außerhalb des Willens der sich entscheidenden Person determiniert sind. Diese freien Entscheidungen haben ihren Bestimmungsgrund in sich selbst. Jede Entscheidung beeinflusst die diese Entscheidungen treffende Person, und die Gesamtwirkung der von dieser Person im Laufe der Zeit getroffenen Entscheidungen macht aus ihr die Art von Person, zu der sie mehr und mehr wird. Sinn und Zweck der systematisch betriebenen ethischen Reflektion ist es, die Art von Entscheidungen zu ermitteln, die den Menschen zur wesentlichen Erfüllung hinführen, als auch jene Entscheidungen, die diese Erfüllung am Eintreten hindern und die Person zum Schlechten verleiten.[7]

Eine vollständige Naturrechtstheorie muss demzufolge auf drei fundamentale Fragen eine Antwort geben. Die erste lautet: „Was ist das Gute für den Menschen?" NR-Theoretiker gründen ihre Antwort auf diese Frage auf Beobachtungen über die menschliche Natur, auf Muster der menschlichen Entscheidungsfindung und spezieller noch auf das menschliche Wohl in seiner Beschaffenheit. Dieser Ansicht nach besteht dieses Wohl im Besitz oder in der Teilhabe an einer Reihe von Gütern – Grundgütern –, die als solche geschätzt werden (und nicht als Mittel zu anderen Gütern) und die als solche die ultimativen Handlungsgründe darstellen. Diese Güter liegen in der Natur des Menschen begründet; sie sind, was sie

---

6 Siehe MacIntyre 1981, 52.
7 Im scharfen Kontrast zum Utilitarismus sind in der NR-Tradition manche *Arten* von Entscheidungen prinzipiell unvereinbar mit der wesentlichen Erfüllung, auf die das menschliche Tun ausgerichtet sein sollte, und darum wird es möglich, keine Ausnahmen zulassende moralische Normen oder unbedingt einzuhaltende Verbote anzugeben. So gibt es etwa keine Folgen oder Auswirkungen, die eine vorsätzliche Entscheidung, eine Person zu töten, eine Frau zu vergewaltigen oder ein Kind zu quälen, moralisch vertretbar machen könnten.

sind, weil die Menschen sind, was sie sind. Die eigentliche menschliche Erfüllung, ein wahrhaft gutes Leben – das ist die greifbare Wirklichkeit dieser Grundgüter, ihre feste Verankerung in diesem Leben.[8]

Die Bestimmung dieser Grundgüter dient der Grundlegung einer Antwort auf die zweite Frage, die lautet: „Welche Handlung ist die richtige?" Die NR-Theorie bestimmt die Grundgüter zwar prinzipiell, doch sie sagt auch, dass es unzählige Möglichkeiten gibt, wie sie von den Menschen gelebt werden können.[9] Menschen, die sich in ihrem Tun von der echten Freiheit leiten lassen, können die Grundgüter entweder als zu verwirklichende Möglichkeiten oder als zu schützende Wirklichkeiten in ihr Leben integrieren. Das nach NR-Auffassung allgemeinste Moralprinzip besagt, dass Menschen stets so handeln sollen, dass ihr Tun vereinbar ist mit der wesentlichen menschlichen Erfüllung (was sie selbst als auch was andere betrifft). Die NR-Tradition, das ist natürlich zu großen Teilen eine Ausarbeitung all dessen, was dieses Prinzip in sich schließt, und die darauffolgende Aufstellung von Normen für das Treffen der richtigen Entscheidung.

Eine der von diesem Prinzip umfassten Forderungen ist die moralische Norm, dass man sich niemals dafür entscheiden soll, nie die *Absicht* haben soll, nicht als Mittel und nicht als Zweck, ein von einem selber oder einer anderen Person konkret gelebtes Grundgut zu vernichten. Das heißt, man soll die reine Vernichtung eines von einem selber oder einer anderen Person gelebten Grundgutes nie zum eigentlichen Ziel der Entscheidung machen, was abzugrenzen ist von einer absehbaren Folge irgendwelcher anderer Mittel oder Zwecke, für die man sich (aus angemessenem Grund)

---

8 Zu den Kategorien der Grundgüter zählen Lebensdauer und Gesundheit, Schönheit, Handeln (als Gegensatz zur Passivität), Wahrheit, Einklang oder Harmonie (mit sich selbst) und Freundschaft (Harmonie mit anderen). Diese Grundgüter sind unvergleichbar, soll heißen, dass es keine gemeinsame Bewertungsskala gibt, auf der sie gegeneinander abgewogen werden könnten. Für eine umfassendere Erklärung der Idee der Grundgüter und der Rolle, die sie in der praktischen Vernunft spielen, siehe Finnis 1980, 87–99.

9 Es bestehen Ähnlichkeiten zur menschlichen Ernährung. Weil der Mensch die Art von Tier ist, die er ist, brauchen wir alle zu unserer Gesunderhaltung eine Reihe von Nährstoffen. Diesen Nährstoffbedarf haben alle menschlichen Wesen gemeinsam, doch das, was wir zu uns nehmen, um diesen Bedarf zu decken, können ganz unterschiedliche Nahrungsmittel sein. Sich gesund ernähren heißt, den gesamten Nährstoffbedarf wirksam zu decken – alle Abstriche daran werden die Gesundheit des Einzelnen schließlich in Mitleidenschaft ziehen –, doch es ist vorstellbar, dass das im Prinzip jeder durch einen ganz eigenen Speiseplan bewerkstelligen könnte.

entscheidet. Dies könnte man als die Grundlage begreifen, auf der sich ein Minimalprinzip der Achtung vor der Menschenwürde formulieren ließe.[10]

Selbstverständlich könnten Ethiker, die anderen Moraltraditionen anhängen, sich dagegen sperren, diesen entscheidenden Punkt zu akzeptieren. Gäbe es indes keine Grundgüter und wäre es nicht unvernünftig und falsch, ein Grundgut absichtlich zu zerstören, dann wären keine Menschenrechte unverbrüchlich. Es wäre immer möglich, sich gewisse Umstände zu denken – wie der Akteur sie beurteilt, nicht das Subjekt, das die Handlung erleidet –, unter denen das Recht nicht gelten würde.

Manche Ethiker könnten sich damit zufriedengeben. Sie könnten darauf beharren, dass es letztlich keine absolut gültigen moralischen Normen gibt und keine unverbrüchlichen Menschenrechte. Womöglich ginge ihnen das aber auch zu weit und sie führten stattdessen das Argument ins Feld, dass in bestimmten Fällen (wie Vergewaltigung vielleicht oder Folter) die Umstände und Bedingungen, die schwerer ins Gewicht fallen würden als das Recht darauf, nicht vergewaltigt oder gefoltert zu werden, so selten eintreten, dass diese Rechte faktisch unantastbar sind. Das aber hieße freilich, im Prinzip darauf zu beharren, dass es nicht grundsätzlich falsch ist, ob als Mittel oder als Zweck, ein Grundgut *vorsätzlich* vernichten zu wollen bzw. seine Vernichtung zu *beabsichtigen*. Eine solche Position ist auf einer fundamentalen Ebene unvereinbar mit der Moraltheorie, die ich hier darzustellen versucht habe.

Die dritte Frage lautet: „Eine Person welcher Art muss ich sein, dass ich mich durchweg für das Richtige entscheiden kann?" Hier wird also nach den Charakterzügen und Tugenden gefragt. Der Naturrechtsauffassung zufolge ist der Mensch nicht allein deshalb unvollkommen, weil er sein natürliches Potenzial nicht ausschöpft, sondern auch aufgrund seiner beeinträchtigten Fähigkeit zu grundvernünftigem Handeln. Obwohl es zutrifft, dass die ethische Reflexion nach den Regeln oder Richtlinien zu den Arten von Entscheidungen forscht, die Menschen fällen sollen, um die in ihrer Natur angelegten Möglichkeiten in immer größeren Umfängen zu verwirklichen, ist sie zugleich mehr als das. Sie ist auch eine Erkundung der inneren Hinderungsgründe, die Menschen davon abhalten, sich in den

---

10 Das gleiche Prinzip in etwas anderen Worten findet sich bei Plato: „Darum muss man auch das Dulden großer Vergehen und Ungerechtigkeiten für ein geringeres Übel halten als das Verüben derselben" (Siebenter Brief, 335b) und bei Paulus, in dem Sinne, dass man nicht Böses tun solle, damit Gutes daraus komme (Röm. 3,8).

praktischen Lebensvollzügen durchgängig von ihrer Vernunft leiten zu lassen. Zu diesen Hinderungsgründen zählen Unwissen, das gestörte oder durcheinander geratene Verlangen, Befürchtungen und Ängste, Emotionen und andere Neigungen, die Menschen dazu verleiten können, in ihren Entscheidungen den Pfad der Vernunft zu verlassen.

Unter moralischen Tugenden versteht man Vervollkommnungen einzelner Dimensionen des menschlichen Vermögens, frei zu entscheiden. Sie dienen dazu, anderweitig aus den Fugen geratene Wünsche, Ängste, Emotionen und Neigungen in Ordnung zu bringen und der Vernunftkontrolle zu unterstellen. Als solche sind die moralischen Tugenden sowohl notwendige Voraussetzung für grundmoralisches Verhalten als auch ein Baustein zur wesentlichen menschlichen Erfüllung.[11]

Diese Befassung mit den Tugenden wie den Regeln, die beide in der Bestimmung der eigentlichen menschlichen Güter gründen, ist ein Kennzeichen der NR-Tradition und verleiht ihr Kohärenz. Bleibt noch eine Komponente: eine Handlungstheorie. Der NR-Darstellung zufolge lässt sich der moralische Wert einer konkreten Handlung nur dann bestimmen, wenn man weiß, was der Akteur dabei *tut*.[12] Und was man handelnd tut bzw. tun wird, darüber entscheidet die Absicht, die man hat. Lassen Sie es mich anders sagen. Alles Handeln eines menschlichen Wesens lässt sich objektiv beschreiben: Er warf den Gegenstand, sie äußerte sich mit diesen Worten, er reiste in jenes Land. Allerdings kann uns keine dieser objektiven Beschreibungen sagen, was der oder die Handelnde wirklich *getan* hat, das heißt, man kennt den Zweck nicht, zu dem der Akteur bewusst so gehandelt hat. Hat er den Gegenstand, als er ihn warf, weggeworfen? Hat

---

11 Nach klassischer Darstellung können Personen tugendhaft, eingeschränkt oder unvollkommen tugendhaft oder lasterhaft sein. Unvollkommen tugendhafte Personen entscheiden sich manchmal für das Richtige, sind jedoch nicht durchweg in der Lage dazu, und wirklich hemmt ihr Unvermögen, sich immer und in jedem Fall richtig zu entscheiden, auch ihre Fähigkeit, die Güte der ihnen offenstehenden Entscheidungen zu erkennen. Lasterhafte Personen sind ganz (wiewohl nicht unwiderruflich) gefangen in einer Reihe abgelöster und in Unordnung geratener Wünsche, Ängste und Neigungen. Sie sind kaum oder selten in der Lage, sich für das Richtige zu entscheiden, und sie haben große Schwierigkeiten, das Gute zu erkennen. Tugendhafte Personen wiederum sind ohne Weiteres in der Lage, sich für das Richtige zu entscheiden, und dadurch können sie auch das gute Handeln in ihrem Leben zum Tragen bringen.

12 Die Naturrechtstheorie macht sich die antike Unterscheidung zwischen dem *Machen* (das den Dingen außerhalb der Person eine Ordnung auferlegt) und dem *Tun* (das den Handlungen der Person selbst Gestalt gibt und sie vollzieht) zu eigen.

er vielleicht mit seinem Hund gespielt? Versuchte er, eine andere Person zu verletzen? Um diese für die moralische Bewertung ganz wichtigen Fragen beantworten zu können, müssen wir wissen, warum die Person auf die nämliche Weise handelte. Das heißt, wir müssen ihre Absicht kennen.[13] Eine Maschine kann so gut wie ein Mensch einen Baseball werfen, aber nur der menschliche Werfer kann aus dem Wurf eine wirkliche menschliche Handlung machen – und die Absicht entscheidet darüber, von welcher Art die Handlung ist.

Eine echte menschliche Handlung ist moralisch entweder gut oder schlecht.[14] Nach NR-Darstellung ist eine gute menschliche Handlung aufgrund der Rechtschaffenheit ihrer Teile gut – sie wird mit der richtigen Absicht, unter Anwendung guter Mittel und unter den richtigen Voraussetzungen ausgeführt –, wohingegen eine moralisch schlechte Handlung aus diesem oder jenem Grund mangelhaft ist.[15] Die schlechte Handlung könnte schlecht sein, weil sie aus der falschen Absicht heraus oder unter Verwendung eines schlechten Mittels ausgeführt wurde oder weil der Akteur die richtigen Umstände missachtete (oder sie könnte sogar auf mehr als eine Weise mangelhaft sein). Lassen Sie mich zur Illustration auf die Situation mit der älteren Dame und dem Bus in der Fußnote 13 zurückkommen. Ihr Retter hätte richtig gehandelt, wenn seine Absicht lauter war (er die Dame unbedingt davor bewahren wollte, Schaden zu nehmen), das von ihm gewählte Mittel gut war (sie abzudrängen würde sie tatsächlich in Sicherheit und keinen anderen bewusst in Gefahr bringen) und die Umstände richtig waren (das heftige Abdrängen war in dieser Situation notwendig). Er hätte nicht richtig gehandelt (wenn auch das Resultat womöglich zufriedenstellend war), wenn er sie nicht um der Vermeidung ihres Scha-

---

13 Einem Kollegen von mir gefällt besonders dieses Beispiel: Stellen wir uns vor, dass ein ungeduldiger Neffe seine wohlhabende und betagte Tante vor einen ankommenden Bus schubst. Und denken wir uns dazu noch einen heldenhaften Akteur, der sie mit Wucht aus dem Weg des Busses drängt. Objektiv betrachtet haben beide Personen eine alte Dame herumgestoßen, selbstverständlich aber müssen wir die beiden Handlungen ganz unterschiedlich bewerten.
14 Nicht alle Handlungen von Menschen sind wirkliche menschliche Handlungen. Eine wirkliche menschliche Handlung ist freiwillig und absichtlich, der Mensch aber tut vieles nicht bewusst und ohne Überlegung.
15 Die alte lateinische Wendung, die dieses Prinzip ausdrückt, lautet, „Bonum est integra causa, sed malum ex quocumque defectu". Dies ließe sich grob übersetzen mit, „Das Gute entspringt aus allen Gründen zusammen, das Böse aber entspringt aus jeder Art von Mangel.".

dennehmens willen abgedrängt hätte, sondern weil sie ihm bloß im Weg stand, oder wenn er einen Kinderwagen benutzt hätte, um sie in Sicherheit zu bringen (wodurch er das hilflose Kind dazu verurteilt hätte, von dem Bus zerquetscht zu werden), oder wenn das heftige Abdrängen nicht notwendig gewesen wäre, weil die Dauer des Geschehens es ihm gestattet hätte, ihr aufstehen zu helfen und sie an einen sicheren Platz zu geleiten.

Der Nachdruck auf der Absicht gibt zu erkennen, dass menschliches Handeln Folgen haben kann, die absehbar, jedoch *praeter intentionem* oder nicht beabsichtigt sind. Es ist nicht nötig, hier noch einmal die Lehre von der Doppelwirkung zu erläutern, es genügt der Hinweis, dass die Wichtigkeit, die die NR-Tradition ihr beimisst, Ausdruck genau des Nachdrucks ist, mit dem diese Tradition den Stellenwert der Absicht bei der Bestimmung der moralischen Güte menschlicher Handlungen betont. Wäre die Absicht nicht wichtig, hätte die Lehre von der Doppelwirkung keinen Sinn.

Zweiter Teil: Töten im Krieg

Warum darf jemand im Kriegszusammenhang getötet werden?

Für eine Antwort auf diese Frage sollten wir zunächst daran erinnern, dass Kriegführen etwas ist, das Gesellschaften tun, nicht Privatpersonen oder auch nicht Gruppen von Privatpersonen. Obwohl es durchaus geschehen kann, dass zwei Individuen aus gegnerischen Staaten im Kriegszusammenhang gegeneinander kämpfen, tun sie das nicht als Privatpersonen, sondern als Angehörige ihrer jeweiligen Gesellschaft. Ebenso sind Personen, die gerechtfertigterweise angegriffen werden können, legitime Ziele aufgrund ihrer Stellung innerhalb einer kriegführenden Gesellschaft.[16]

Zweitens würde ich gern festlegen, was sich unter Krieg verstehen lässt (zumindest für die Zwecke dieser Abhandlung), nämlich die Anwendung militärischer Mittel gegen eine andere Gesellschaft, um diese mit Waffengewalt daran zu hindern, ein bestimmtes Vorhaben erfolgreich zum Ab-

---

16 Womit ich nicht andeuten will, dass Entscheidungen, die Einzelpersonen im Krieg treffen, schlicht unerheblich sind, sondern dass die wichtigen Entscheidungen, die eine Person trifft, damit zusammenhängen, dass ihr innerhalb einer kriegführenden Gesellschaft eine bestimmte Position zuerkannt wurde.

schluss zu bringen.[17] Außerdem würde ich einen Angriff definieren wollen als Gewaltanwendung zum Zwecke der Beschädigung oder Zerstörung von Eigentum oder um Personen Schaden zuzufügen oder zu töten, wobei die Beschädigung oder Schadenszufügung entweder der eigentliche Zweck ist oder ein Mittel zu irgendeinem anderen Zweck.

Begründungen für das Angreifen von Personen und Eigentum[18]

Im Anschluss an das Gesagte ist festzuhalten, dass die Antwort auf die Frage nach den Personen, die angegriffen werden dürfen, von den namhaft gemachten Gründen dafür abhängig ist, dass überhaupt jemand angegriffen werden darf. Mir scheint, dass die allgemein angeführten Begründungen, selbst wenn sie nicht moralisch einwandfrei sind, sich auf drei umfangreiche Kategorien verteilen.[19]

Erstens dürfen manchen Darstellungen zufolge Personen angegriffen werden, weil es *zweckdienlich* ist, womit gemeint ist, dass ein Ziel, das der Angreifer verfolgen will, sich durch den Angriff (mehr oder weniger) wirkungsvoll und erfolgreich erreichen lässt.[20] Daher wird ein Angriff auf ein

---

17 Ich bin mir darüber im Klaren, dass Krieg im 21. Jahrhundert durchaus auch Konflikte im Cyberspace und vielleicht in anderen rein technologischen Feldern mit einschließt. Aus Mangel an einem besseren Ausdruck möchte ich all dies unter dem Begriff der „Waffengewalt" fassen.
18 Ein Großteil der Literatur konzentriert sich auf die Anwendung todbringender Gewalt, im Großen und Ganzen aber würden die gleichen Begründungen auf die Anwendung nichttödlicher Gewalt gegen Personen zutreffen und auf die Anwendung schadenverursachender und zerstörerischer Gewalt gegen Eigentum.
19 Siehe Fullinwider 1975, 90–97, für eine frühere Erörterung der Unterscheidung zwischen Bestrafung und Selbstverteidigung. Es kann sein, dass ein einzelner Autor an dieser oder jener Stelle mit Blick auf unterschiedliche Gruppen von Menschen Erklärungen in zwei oder gar allen drei Kategorien liefert.
20 Die gemeinhin für die Bombardierung von Hiroshima und Nagasaki angeführte Rechtfertigung, ganz abgesehen von Tokio, Dresden und anderen Städten, fällt in diese Kategorie. Desgleichen aber auch die Behauptung, dass Definitionen und Regelungen der Unangreifbarkeit oder Immunität von Nichtkombattanten nichts weiter sind als Konventionen, die dafür sorgen sollen, dass Tod und Zerstörung im Krieg insgesamt auf ein Minimum beschränkt bleiben. Die Immunität von Nichtkombattanten (wie auch immer man sie fasst und definiert) versteht man

Zentrum der Zivilbevölkerung in der Absicht, den Kampfeswillen der Truppen auf dem Feld zu schwächen, unter Berufung auf die Zweckdienlichkeit verteidigt. Elemente des strategischen Bombardements der alliierten Mächte gegen Deutschland und Japan im Zweiten Weltkrieg sind fraglos auf dieser Grundlage verteidigt worden. Ich würde hier auch Vergeltungsangriffe mit einschließen, weil solche Attacken als Mittel betrachtet werden, es einer militärischen Einheit oder sogar einer Zivilbevölkerung „heimzuzahlen" und ihr die Schäden zuzufügen, die sie zugefügt bzw. gutgeheißen hat, nicht als Bestrafungsmaßnahme.[21] Vergeltung ist nicht deshalb zweckdienlich, weil sie für schnelle und sichere Gerechtigkeit sorgt (denn das tut sie nicht), sondern weil sie die mit großem Schmerz und Verlust verbundenen Emotionen freisetzt. Wer Vergeltung üben will, will dem anderen Schaden zufügen, weil er selbst durch ihn geschädigt wurde, will dem anderen den Schmerz zufügen, den er selbst durch ihn erlitten hat, und vielleicht noch mehr. Es gibt darin eine Art Ausgleich oder Parität, doch dabei handelt es sich um eine Schadensparität, um ein Gleichviel an Leid, nicht an Gerechtigkeit. Im Gegensatz zur Wiederherstellung der Gerechtigkeit hat der Kreislauf der Vergeltung kein natürliches Ende.

Zweitens argumentieren manche Ethiker, dass es sich bei dem Legitimationsgrund für einen Angriff um die Schuld handeln kann, die Personen an dem ungerechten Vorhaben ihrer kriegführenden Nation tragen.[22] Der Angriff ist dann etwas in der Art einer *gerechten Strafe*, soll heißen, die angegriffenen Personen haben es aufgrund ihrer jetzigen oder früheren un-

---

in solch einem Zusammenhang nicht als moralisch geboten, sondern als zweckdienlich und nützlich. In diesem Sinne verstehe ich auch Mavrodes 1975, 117–131.

21 Siehe beispielsweise Lichtenberg 1994, 374–368. Lichtenberg weist die Unterscheidung zwischen dem Beabsichtigen und dem Vorhersehen der Tode zurück und kommt zu dem Schluss, Seite 365: „Ist das Ziel wichtig genug, und lässt sich sonst nichts tun, dürfen Unschuldige in bestimmten Fällen getötet werden." In dieser Aussage führt sie die von Michael Walzer in *Just and Unjust Wars* geführte Diskussion des „äußersten Notfalls" [*Supreme Emergency*] zu einem logischen Schluss, vgl. Walzer [4]2006, 251–268. Siehe auch Øverland 2005, 345–363, der ebenfalls zu dem Schluss gelangt, dass sich das Töten von Zivilisten in einem äußersten Notfall unter Umständen moralisch rechtfertigen ließe.

22 Arneson 2006, 663–688. Arneson berücksichtigt mehrere Rechtfertigungsgründe für einen Angriff, ist allerdings bereit, die Schuld (z. B. die Unterstützung für den Krieg) als eine Grundlage für die Angreifbarkeit zu betrachten.

gerechten Entscheidungen verdient, dass man sie angreift.[23] Ethiker, die diese Position aufrechterhalten, sehen sich häufig veranlasst, in ihren Analysen Betrachtungen über die Schuldhaftigkeit von Militär und Zivilpersonen oder den jeweiligen moralischen Status der gegnerischen Kombattanten anzustellen. Infolgedessen begegnet man in der Literatur längeren Ausarbeitungen von Kategorien wie dem „unschuldigen Soldaten" und dem schuldhaft agierenden Zivilisten.[24]

Mindestens zwei große Schwierigkeiten verbinden sich mit dieser Position: Zum einen, dass die Bestrafung einzelner Missetäter Sache der Zivilbehörden ist. Bestrafen ist genau wie Kriegführen etwas, was Gesellschaften tun, nicht Einzelne. Allerdings unterstehen diejenigen, die in einem Krieg absichtlich angegriffen oder getötet würden, *per definitionem* nicht der Obhut des kriegführenden Staates, und darum können sie durch ihn nicht rechtmäßig bestraft werden. Zum zweiten ist es praktisch nun einmal unmöglich, die einschlägige Schuld oder Unschuld einzelner Kombattanten zu ermitteln. Und diese haben in der Schlacht auch keine Gelegenheit, ihre Unschuld zu beweisen oder auf eine angemessenere Bestrafung zu plädieren (selbst wenn man um der Argumentation willen die Existenz einer Bestrafungsinstanz voraussetzen würde). Obwohl es also durchaus sein kann, dass manche Kombattanten sich irgendwelcher Verbrechen schuldig gemacht haben und Bestrafung verdienen, folgt daraus nicht, dass uniformierte Kämpfer in der Schlacht die zuständigen Personen sind, eine solche verdiente Strafe auszuführen.

Die dritte Begründung erkennt die Rechtfertigung eines Angriffs darin, dass die Handlungen oder das Vorhaben der angreifbaren Personen eine ernste Gefahr für das Wohl und die gerechte Sozialordnung des Staates darstellt und der Angriff aus dem Grund eine angemessene und vertretbare *Selbstverteidigung* ist.[25]

---

23 Siehe McMahan 2009. McMahan ist der Ansicht, dass die Grundlage für das Angreifen im Krieg die „moralische Verantwortung" ist, die er von der Schuld oder Schuldhaftigkeit unterscheidet, S. 34f. und *passim*. Obwohl er bestimmt protestieren würde, wenn man ihn zu denen rechnete, die einen gerechten Angriff als eine Form der Bestrafung betrachten, scheint mir, dass er, weil er sowohl die Zweckdienlichkeit als auch die legitime Verteidigung als Grundlage ablehnt, einen Angriff als eine Art von verdienter Schädigung betrachten muss, die, meine ich, weitgehend in die Kategorie der Bestrafung fällt.

24 Siehe zum Beispiel eine gründliche und sorgfältige Diskussion: Zupan 2007, 41–49; McMahan 2007, 50–59; Wertheimer 2007, 60–74.

25 Siehe etwa Anscombe 1981, 51–61.

Die Sache kompliziert sich zusätzlich durch den Dissens in der Frage der Definition von Kombattanten und Nichtkombattanten. Welche man sich zu eigen macht, hängt hier mit von der Begründung ab, der man den Vorzug gibt. Denker, die zur *Zweckdienlichkeit* tendieren, werden dazu neigen, die Unterscheidung insgesamt abzulehnen (oder die Ansicht zu vertreten, dass der Nichtkombattantenstatus einem sehr kleinen Teil der kriegführenden Gesellschaft zukommt und jede Immunität eine Sache der Konvention ist, nicht des Prinzips, und sich nicht weiter damit befassen). Jene, die in Kriegsangriffen eine *gerechte Bestrafung* sehen, werden zu einer Unterscheidung neigen, die auf dem Kriterium der freiwilligen Unterstützung und Zusammenarbeit der betreffenden Personen mit dem kriegführenden Regime beruht. In diesem Fall werden weniger Kombattanten und Nichtkombattanten unterschieden, sondern die Scheidelinie verläuft eher zwischen Mitwirkenden und Nichtmitwirkenden oder besser zwischen willigen Unterstützern und neutralen Parteien, Zwangsbeteiligten und auch aktiv Widerstandleistenden. Schließlich werden jene, für die Angriffe als eine Sache legitimer *Verteidigung* berechtigt sind, zu den Kombattanten eine Reihe von Personen zählen, die zwar keine Uniform tragen, doch in beträchtlichem Umfang mit dem Militär zusammenarbeiten, aber wahrscheinlich auch manche Personen in Uniform als Nichtkombattanten betrachten (Geistliche beispielsweise und medizinisches Personal).[26]

Dürfen Kombattanten vorsätzlich töten?

Wie ich weiter oben andeutete, heißt zu töten *beabsichtigen* immer, ein von einem anderen gelebtes Grundgut *vorsätzlich* vernichten zu wollen, und ist darum immer falsch. Weil es sonst ein Verstoß gegen die (Forderung nach) Verhältnismäßigkeit wäre, darf man sich nur dann für ein Mittel entscheiden, das absehbarerweise, vielleicht ohne dass man sich einen anderen Ausgang auch nur vorstellen könnte, den Tod einer anderen Person zur Folge haben wird, wenn dieser Tod nicht *vorsätzlich* gewollt oder *beabsichtigt* ist. Das freilich steht in schroffem Gegensatz zu den intuiti-

---

26 Eine Schwierigkeit für Ethiker, die Angriffe als Verteidigung betrachten, besteht darin, klar zu definieren (das heißt eine Form zu finden, mit der sich arbeiten lässt), was eine Zusammenarbeit in beträchtlichem Umfang bedeutet und welche Funktionen und Positionen zu dieser Kategorie gehören.

ven Vorstellungen der Allgemeinheit darüber, was die bewaffneten Kräfte im Kampfgeschehen tun. Die meisten Menschen gehen davon aus, dass der Krieg und seine Umstände eine Ausnahme darstellen zu den allgemeinen moralischen Normen und dem Verbot des Tötens anderer Personen und dass es im Kriegszusammenhang moralisch legitim ist, den Tod feindlicher Kombattanten (und gelegentlich auch den von Nichtkombattanten) zu *beabsichtigen*, sei es als Mittel oder als eigentlicher Zweck.[27]

Meine Behauptung, dass es immer verkehrt ist, den Tod einer anderen Person zu *beabsichtigen*, unabhängig von Bedingungen oder Umständen, sagt sicherlich nicht intuitiv zu. Doch wenn wir von den Leidenschaften absehen könnten, die im Krieg und im Kampfgeschehen hochkochen, könnten wir vielleicht einräumen, dass unsere intuitiven Vorstellungen über das Töten im Krieg überhaupt nicht stimmig sind. Drei Beispiele mögen diesen Punkt anschaulich machen.

Erstens kennt die Geschichte der Kriegsführung zahllose Beispiele direkter Angriffe und absichtlicher Tötungen von Nichtkombattanten. Die antike Praxis der Stadtbelagerung hat eine Ähnlichkeit mit der Praxis des Luftbombardements von Bevölkerungszentren im Zweiten Weltkrieg und der Strategie des gegenseitigen Ins-Visier-Nehmens während des Kalten Krieges. Ein Winston Churchill mag in der Hitze des Konflikt darauf bestanden haben, dass es strategisch klug und legitim wäre, den deutschen Städten die gleiche „Strafe" zu erteilen, die London erlitt, wir aber finden es in vernünftigeren Zeiten schwieriger, dieses Denken zu befürworten. Infolgedessen gewähren das Kriegsrecht und die zivilisierte Kriegspraxis den Nichtkombattanten umfassende Immunität und nehmen sie vor direkten Angriffen in Schutz. Trotz eines gewissen in prinzipieller wie praktischer Hinsicht bestehenden Dissenses über die Definition des Status von Nichtkombattanten herrscht allgemein Einigkeit darüber, dass sie nicht nur nicht absichtlich angegriffen werden sollen, sondern dass im Zusammenhang mit militärischen Operationen auch alle Anstrengungen unternommen werden müssen, um mittelbare Schäden zu vermeiden. Einwände, dass Nichtkombattanten der Zweckdienlichkeit wegen oder als Bestrafung angegriffen werden dürften, werden einfach nicht aufgegriffen.

---

27 Ein amerikanischer Marinekorps-General soll gesagt haben: „Freundlich sein, sich seinem Beruf entsprechend verhalten, aber darauf vorbereitet sein, jeden, dem man begegnet, zu töten."

Zweitens kennt die Geschichte auch viele Beispiele für Misshandlungen und sogar Hinrichtungen von Kriegsgefangenen.[28] Es mag in der frühen Neuzeit durchaus üblich gewesen sein, erlauchte Gefangene gegen Lösegeld freizulassen und die gewöhnlichen hinzurichten. Doch noch einmal, das Kriegsrecht und die zivilisierte Kriegspraxis verlangen, dass die Gefangenen, sobald sie der physischen Kontrolle derer unterstehen, die sie gefangengesetzt haben, Immunität genießen und vor Angriffen und Hinrichtung geschützt sind. Sie sollen nicht routinemäßig bestraft werden aufgrund ihrer vorherigen Teilnahme am Schlachtgeschehen und sie sollen auch nicht als Mittel zum Zweck schlecht oder brutal behandelt werden (und hingerichtet schon gar nicht).

Drittens verabscheut der größte Teil der zivilisierte Welt den Terrorismus unabhängig davon, von welcher Bevölkerungs- oder Interessensgruppe er praktiziert wird. Doch wenn sich das absichtliche Töten als Mittel zum Zweck oder als gerechte Bestrafung (wobei die Personen, die die Bestrafung ausführen, einseitig festlegen, wer angegriffen werden soll und warum) rechtfertigen ließe, dann schiene es vertretbar, den Terrorismus in der einen oder anderen Form als unter gewissen Umständen legitime Strategie zu betrachten.[29] Dies wäre ein abscheulicher Schluss, der sich freilich aus der Annahme ziehen ließe, dass direkte Angriffe als gerechte Bestrafung gerechtfertigt werden könnten.

Ich bin mithin der Auffassung, dass das moralische Prinzip, wonach niemand vorsätzlich getötet werden darf, wenn es in der Geschichte auch oft verletzt wurde, sich aufgrund seiner im Vergleich zu den Alternativen größeren Begründungskraft besser als Richtschnur für die praktische Entscheidungsfindung eignet als diese Alternativen. Würde es als ein übergreifendes Prinzip für Militäroperationen übernommen und etabliert, könnte man damit rechnen, dass sich einige Dinge in Sachen Taktik und Waffen ändern.

Implikationen dieser Sicht

Es kommt sehr darauf an, ob man von der Annahme ausgeht, dass das Kriegsziel der Sieg ist, oder die Annahme zugrundelegt, dass Krieg um

---

28 Die Schlacht von Agincourt (1415) ist ein berühmt-berüchtigtes Beispiel dafür.
29 Jeff McMahan greift diesen Punkt in McMahan 2009, 231–235 auf und diskutiert ihn in seinen Implikationen.

der Wiederherstellung eines gerechten Friedens geführt wird. Geht man davon aus, dass der Zweck militärischer Operationen einfach darin besteht, den Feind zu besiegen und seinen Widerstandswillen zu brechen, dann werden Taktik und Strategien diesem Ziel angepasst sein. Massive Zerstörung und vorsätzliches Töten werden bei der Planung der militärischen Operationen wahrscheinlich eine große Rolle spielen, doch mit der gleichen Wahrscheinlichkeit werden es beide Elemente auch schwieriger machen, den Frieden wiederherzustellen. Die Operationen würden eine etwas andere Form annehmen, wenn das Töten eindeutig unter dem *Praeterintentionem*-Vorbehalt stünde und seine Berechtigung aus der Notwendigkeit bezöge, den Staat gegen eine ungerechte Aggression zu verteidigen. Die erforderlichen Maßnahmen würden den Maßnahmen entsprechen, die notwendig wären, um diese Verteidigung zu gewährleisten und die Wahrscheinlichkeit der Wiederherstellung des Friedens zu maximieren.

Zweitens ist es wahrscheinlich, dass es zu Veränderungen bei der Waffenentwicklung käme. Ein Gutteil der Anstrengungen vonseiten der wenigen an der maßgeblichen Waffenentwicklung beteiligten Nationen zielt auf die Erweiterung der Zerstörungskraft.[30] Aber wenn wir ein Verbot des vorsätzlichen Tötens ernstlich in Erwägung ziehen würden, sollte es den Spezialisten möglich sein, verschiedene Varianten nichttödlicher Waffen zu entwickeln. Und wenn es das Ziel ist, die gegnerischen Angriffshandlungen zu unterbinden, so sollte das dadurch möglich sein, dass man die Militärangehörigen außer Gefecht setzt ohne sie zu töten, oder indem man – wir leben in technologischen Zeiten – das militärische Gerät unbrauchbar macht.[31] Über weite Strecken der Menschheitsgeschichte waren die technischen Möglichkeiten bei der Waffenentwicklung doch ziemlich begrenzt, was die Ziele anging, die mit und durch diese Waffen erreicht werden sollten. Um einen Feind am Weiterkämpfen zu hindern, kam normalerweise eine Waffe zum Einsatz, die dafür konstruiert war, ihn zu verletzen oder zu töten. Heutzutage aber wäre es uns möglich, andere und ver-

---

30 Sogenannte „intelligente" Waffen („smart" weapons) verringern die durch herkömmliche Waffen verursachten Verluste außerordentlich, und so könnte ihr Einsatz in gewissem Sinne zu weniger Zerstörung führen. Was diese Waffen allerdings wirklich tun, ist, dass sie denen, die sie einsetzen, die Möglichkeit geben, sehr viel Zerstörungskraft auf präzise umrissene Ziele zu bündeln. Zwar sind diese intelligenten Waffen sehr teuer, aber das ist auch schon alles, was potenziell Interessierte davon abhalten könnte, eine große Zahl von ihnen einzusetzen und damit massive Zerstörungen anzurichten.

31 Man denke an den Stuxnet-Computervirus und ähnliche „Waffen".

schiedenartige Optionen in Betracht zu ziehen. Und wenn wir, statt zu töten, Verletzungen zufügen, statt bleibender Schäden, vorübergehende, ist es wahrscheinlich, dass der neue Frieden leichter erreichbar ist.

Drittens könnte es zu Veränderungen bei der Ausbildung kommen, was nicht geringzuschätzen ist. Die militärische Ausbildung galt uns über lange Zeiträume als eine praktische Schulung in der Feindtötung und ihrer Varianten. Ein bestimmter Menschenschlag genießt die Macht und Überlegenheit, die sich damit verbinden. Doch wir haben auch feststellen können, dass sehr viele Soldaten – ich vermute, die überwiegende Mehrheit – keine Befriedigung aus dem Töten ziehen und wohl sogar davon traumatisiert werden. Zur Friedenssicherung, zur Verteidigung des eigenen Landes und zum Schutz der Wehrlosen soll alles getan werden, was gut und erstrebenswert ist, auch wenn es in diesem Zusammenhang manchmal nötig ist, einen anderen Soldaten zu töten. Aus sich jemanden zu machen, der dazu in der Lage ist, kann etwas Nobles sein; aus sich jemanden zu machen, der einfach nur tötet, ist nichts Nobles, und ich glaube, unsere Militärangehörigen begreifen das, auf irgendeiner Ebene jedenfalls. Wir sind es den jungen Männern und Frauen schuldig, dass wir ihnen diesen Unterschied begreiflich machen und sie dazu anhalten, ihn bei den militärischen Operationen zu respektieren.

Im Krieg wird zwangsläufig getötet, entweder aus nächster Distanz oder aus großer Entfernung. Es mag den Anschein haben, als sei der physische, beobachtbare Tötungsakt ein und dieselbe Handlung, unabhängig davon, ob er vorsätzlich ausgeführt wird oder so, dass der Tod eine zwar absehbare, aber ungewollte Nebenfolge ist. In moralischer und personaler Hinsicht aber kommt es entscheidend darauf an, was man *tut*. Absichtlich zu töten ist immer falsch; den Tod eines anderen als eine Folge der eigenen Bemühungen um die Verteidigung des Guten und der Unschuldigen in Kauf zu nehmen, kann moralisch legitim und tugendhaft sein.

Literaturverzeichnis

Anscombe, G.E.M. (1981): War and Murder. In: Ethics, Religion and Politics. The Collected Papers of G.E.M. Anscombe, Bd. 3 Minneapolis, MN, 51–61.

Arneson, Richard J. (2006): Just Warfare Theory and Noncombatant Immunity. In: Cornell International Law Journal 39.3, 663–688.

Benedikt XVI. (2009): Caritas in Veritate. Verfügbar unter: http://www.dbk.de/fileadmin/redaktion/veroeffentlichungen/verlautbarungen/VE_186.pdf [14.8.2013].

Finnis, John (2005): Foundations of Practical Reason Revisited. In: American Journal of Jurisprudence 50, 109–131.

Finnis, John (1980): Natural Law and Natural Rights. Oxford.

Fullinwider, Robert K. (1975): War and Innocence. In: Philosophy and Public Affairs 5.1, 90–97.

George, Robert P. (2008): Natural Law. In: Harvard Journal of Law and Public Policy 31, 171–196.

Lichtenberg, Judith (1994): War, Innocence and the Doctrine of Double Effect. In: Philosophical Studies 74, 374–368.

MacIntyre, Alasdair (1990): Three Rival Versions of Moral Inquiry: Encyclopaedia, Genealogy, and Tradition. Notre Dame.

MacIntyre, Alasdair (1981): After Virtue. Notre Dame. In: University of Notre Dame Press, 1–5 [dt. (1995): Der Verlust der Tugend. Zur moralischen Krise der Gegenwart. Frankfurt am Main].

Mavrodes, George I. (1975): Conventions and the Morality of War. In: Philosophy and Public Affairs 4.2, 117–131.

McMahan, Jeff (2009): Killing in War. Oxford [dt. (2010): Kann Töten gerecht sein? Krieg und Ethik. Darmstadt].

McMahan, Jeff (2007): Collectivist Defenses of the Moral Equality of Combatants. In: Journal of Military Ethics 6.1, 50–59.

Øverland, Gerhard (2005): Killing Civilians. In: European Journal of Philosophy 13.3, 345–363.

Walzer, Michael (1977; ^{4}2006): Just and Unjust Wars. New York [dt. (1982): Gibt es den gerechten Krieg? Stuttgart].

Wertheimer, Roger (2007): Reconnoitering Combatant Moral Equality. In: Journal of Military Ethics 6.1, 60–74.

Zupan, Dan (2007): The Logic of Community, Ignorance, and the Presumption of Moral Equality: A Soldier's Story. In: Journal of Military Ethics 6.1, 41–49.

Das Recht auf Leben in Krieg und Frieden.
Eine Rechts- und Moralkritik des gezielten Tötens

Mary Ellen O'Connell[*]

Seit dem Jahr 2002 führen die Vereinigten Staaten einen unerbittlichen Tötungsfeldzug gegen Personen außerhalb der Zonen bewaffneter Konflikte. Dies ist nicht die erste Phase in der amerikanischen Geschichte, in denen solche Tötungen ausgeführt wurden, allerdings unterzeichnete Ronald Reagan 1981 eine Präsidentenverfügung, die solche Handlungen ächtete.[1] Präsident Clinton war es, der 1998 den ersten großen Schritt auf die Aushöhlung der Ächtung zu machte, indem er die CIA dazu ermächtigte, Osama Bin Laden im Geheimen zu töten. Nach den Ereignissen des 11. September weitete Präsident George W. Bush Präsident Clintons Ermächtigung aus und verfügte, dass, wenn der Präsident die Tötung einer Person durch die CIA bewilligt, diese Tötung nicht gegen Reagans Präsidentenanordnung verstößt.[2] Seit Präsident Obamas Amtsantritt hat sich das Tempo des Tötens dramatisch erhöht[3], und seitdem zählen auch Personen und Gruppen zu den legitimierten Zielen, die sich in bestimmten Ländern verdächtig machen bzw. verdächtige Handlungen ausführen, Amerikaner eingeschlossen.[4] Um ein solches Töten von der Ermordung abzugrenzen, wird häufig der Ausdruck „gezieltes Töten" [*targeted killing*] verwendet.[5] Zum Zeitpunkt der Abfassung dieses Beitrages haben die

---

[*] Diese Abhandlung ist meiner Freundin, Kollegin und Mitkatholikin Dr. Amanda Perreau-Sausine gewidmet, die der Rechtsfakultät der University of Cambridge angehörte und Mitglied der Forschungsgruppe „Theology and International Law" des Princeton Center for Theological Inquiry war; sie verstarb am 1. August 2012.
[1] http://www.archives.gov/federal-register/codification/executive-order/12333.html [16.9.2013].
[2] Vgl. allgemein Klaidman 2012.
[3] Von den 336 Angriffen in Pakistan Stand Juli 2012 fielen 284 in Obamas Amtszeit. Vgl. die Website des Bureau of Investigative Journalism für die verlässlichsten Gesamtzahlen. Die Angaben finden sich unter „Covert War on Terror".
[4] Becker/Shane 2012 und Miller 2012.
[5] Gellman 2001.

Vereinigten Staaten gewollt oder ungewollt nicht weniger als 4.400 Menschen in gezielten Operationen getötet.[6]

Das gezielte Töten löste die Folter als Gegenstand der kritischen Auseinandersetzung ab und machte es erforderlich, dass sich Rechtswissenschaftler, Moralphilosophen und Ethiker mit ihm befassten. Nach dem Völkerrecht steht das Töten feindlicher Kämpfer in einem bewaffneten Konflikt nicht unter Strafe und folglich können Kombattanten dafür auch nicht belangt oder angeklagt werden. Dieses „Kombattantenrecht" auf das Töten gilt ausschließlich in den Zonen der bewaffneten Auseinandersetzung, und auch dort unterliegt es den beschränkenden Prinzipien der Notwendigkeit, Verhältnismäßigkeit und der Menschlichkeit. Von all den Beschränkungen des Rechts auf Töten in einem bewaffneten Konflikt bietet die Forderung nach Beachtung der begrenzten Zonen, wo das Kombattantenrecht auf Töten gilt, den größten Schutz.[7] Das gezielte Töten durch Raketen und Bomben mittels des Einsatzes von Drohnen oder anderem militärischen Gerät lässt sich außerhalb der Zonen bewaffneter Konflikte rechtlich oder moralisch unmöglich rechtfertigen, und es gibt auch keinen Fall, in dem die Rechtsgrenze des erlaubten Tötens über das Schlachtfeld hinaus ausgedehnt werden könnte.

Im Folgenden soll detaillierter ausgeführt werden, was es mit dem gezielten Töten auf sich hat, worin es besteht, und wie furchtbar sich sein Einsatz durch die Vereinigten Staaten in den Jahren zwischen 2002 und 2012 auswirkte. Im Anschluss werde ich wieder auf das Völkerrecht zum Schutz des Rechts auf Leben im Frieden und im Krieg zu sprechen kommen und einen Überblick geben über die rechtlichen Argumente, die die Obama-Regierung mit dem Ziel anführt, das Recht auf Anwendung militärischer Gewalt zu Tötungszwecken für sich zu beanspruchen. Dabei wird sich zeigen, dass die Regierung das gezielte Töten außerhalb der Zonen bewaffneter Konflikte nicht rechtsgültig begründen kann und also das Recht nicht auf seiner Seite hat. Dies bedeutet: Das gezielte Töten durch die Vereinigten Staaten verstößt gegen das Verbot der übermäßigen Gewaltanwendung und verletzt mittlerweile zweifellos auch die *ius-cogens*-Norm gegen das verbreitete Töten auf eigenmächtige Regierungsanordnung.

---

6 Bureau of Investigative Journalism 2012.
7 Für die vielleicht beste Übersicht über das auf dem Schlachtfeld geltende Recht, seine Festlegungen und Geltungsbestimmungen vgl. Fleck ³2013.

1. Gezieltes Töten

Im April 2012 versuchte John Brennan, Präsident Obamas Berater in Fragen der Terrorbekämpfung, im Rahmen einer von zahlreichen Regierungserklärungen die US-Praxis des gezielten Tötens fernab der von ihm sogenannten „heißen Schlachtfelder" zu rechtfertigen. Brennans Ausführungen waren überschrieben mit „The Ethics and Efficacy of President Obama's Counterterrorism Strategy" [Die Ethik und Wirksamkeit von Präsident Obamas Strategie zur Terrorismusbekämpfung]. Er bescheinigte dem gezielten Töten durch die Vereinigten Staaten nicht nur, dass es ethisch vertretbar und zudem wirksam sei, sondern versuchte sich darüber hinaus an einem argumentativen Nachweis auch seiner rechtlichen Zulässigkeit. Nachdem er eine Reihe von früheren Reden und Vorlesungen mehrerer Spitzenjuristen der Obama-Regierung angeführt hatte, argumentierte er weiter:

> Angesichts dieser Bemühungen darf ich wohl sagen, dass die Regierung der Vereinigten Staaten zu ihrer Politik der Terrorismusbekämpfung und deren Rechtsgrundlage nie so einlässlich und freimütig Stellung genommen hat. Dennoch werden diese Technologien und wird ihr Einsatz im Kampf gegen al-Qaida fortgesetzt öffentlich und juristisch debattiert.
> Nun, ich möchte ganz deutlich sein. Meiner Ansicht nach erwarten die amerikanischen Bürger von uns, dass wir im Zuge des Krieges in Afghanistan und im Kampf gegen al-Qaida beispielsweise auch moderne Technologien einsetzen, um Angriffe auf US-Streitkräfte zu verhindern und die Kampfplätze von Terroristen zu befreien. Wir tun das und setzen sie ein, und das hat unseren Männern und Frauen in Uniform das Leben gerettet. Was jedoch offensichtlich viele Menschen beschäftigt hat, ist etwas, das abseits der Kampfplätze wie etwa Afghanistan geschieht. Die Rede ist vom Aufspüren einzelner Mitglieder al-Qaidas und die tödlichen Schläge gegen sie, die häufig aus der Luft und mittels Fluggeräten ausgeführt werden, deren Steuerung in den Händen von Piloten liegt, die diese Tätigkeit in Hunderten, wenn nicht Tausenden von Meilen Entfernung ausführen können. Und genau dazu will ich mich heute äußern.[8]

Das Völkerrecht kennt jedoch keine „heißen" oder „kalten" Schlachtfelder; darin gibt es nur das eine Schlachtfeld, auf dem das Töten durch Anwendung militärischer Gewalt als mit Recht und Moral vereinbar toleriert wird. Das Töten abseits von Brennans „heißen" Schlachtfeldern, über das wir Woche für Woche lesen, missachtet die gegen die übermäßige Gewalt-

---

8 Brennan 2012.

anwendung errichtete Schranke. Die Zahl der getöteten Menschen rechtfertigt es, die Tötungen als Handlungen einzustufen, die die *ius-cogens*-Norm gegen das verbreitete Töten auf eigenmächtige Regierungsanordnung verletzen. Bei *ius-cogens*-Normen handelt es sich um jene höheren Völkerrechtsregelungen, die zumeist eng an fundamentale moralische Prinzipien angelehnt sind.[9]

Ich selbst begann als Mitglied der Forschungsgruppe „Theology and International Law" des Princeton Center for Theological Inquiry, mich mit dem Problem des gezielten Tötens zu befassen. CTI-Direktor Will Storrar hatte die Gruppe gebildet, nachdem sich die Hinweise gemehrt hatten, dass in Amerika offiziell die Folter angewendet wurde. Die Mitglieder der Gruppe sind sämtlich bekennende und engagierte Christen, die über Fachkenntnisse in Theologie, Völkerrecht, Ethik und Rechtsphilosophie verfügen. Wir fanden ganz selbstverständlich zusammen, weil Christentum, Völkerrecht und die meisten moralphilosophischen Schulen sich darin einig sind und lehren, dass unter keinen Umständen gefoltert werden darf; die Anwendung der Folter durch die Vereinigten Staaten machte allen Gruppenmitgliedern große Sorge. Wir wollten versuchen zu verstehen, wie in den Augen der amerikanischen Offiziellen aus der Folter etwas Vertretbares geworden war, und wir wollten herausfinden, wie wir sie möglicherweise dazu bringen könnten, anders darüber zu denken.

Heute, fünf Jahre nach Bildung unserer CTI-Gruppe, treiben uns auch weiterhin Fragen um, die mit der Anwendung der Folter in Zusammenhang stehen. Neue Enthüllungen zeigen, dass die Barbareien im Namen der nationalen Sicherheit weitergingen: Angehörige der CIA haben Ramzi-bin al Shibh 83 Mal scheinbar zu ertränken versucht [*waterboarded*] und Khalid Sheikh Mohammed 183 Mal; bis heute ist niemand für diese oder ähnliche Verbrechen zur Rechenschaft gezogen worden; wer glaubt, dass es sich beim *Waterboarding* nicht um eine Foltermethode handelt und dass Foltern ein wirksames Mittel zur Terrorverhinderung darstellt – und es sind vielleicht nicht wenige Amerikaner, die diese Ansicht vertreten – unterliegt einem Irrtum. Auch wenn mit Blick auf die Folter noch viel Arbeit zu tun bleibt, hat der CTI-Kreis seine Aufmerksamkeit mehr und mehr auf ein anderes und wohl auch dringenderes Problem der Gegenwart gerichtet: auf das von den Vereinigten Staaten praktizierte geziel-

---

9 Zu den ius-cogens-Normen im Allgemeinen vgl. das IGH-Urteil Germany v. Italy; Greece Intervening (http://www.icj-cij.org/docket/files/143/16883.pdf), 92-97 [16.9.2013] und O'Connell 2011.

te Töten, speziell durch den Einsatz unbemannter Fluggeräte, die gemeinhin als Drohnen bekannt sind.

Im Unterschied zur Folter wird der Begriff „gezieltes Töten" weder im Völkerrecht noch in der Kirchenlehre oder im kanonischen Recht definiert. Es gibt ihn noch nicht lange, und er gleicht dem Ausdruck „harte Verhöre" [*harsh interrogations*] darin, dass auch er an ein hartes, gleichwohl aber rechtmäßiges und moralisch vertretbares Vorgehen denken lassen sollte, das der Erhöhung der Sicherheit dient. Die Wendung ‚gezieltes Töten' scheint zunächst anstelle des Ausdrucks „Ermordung" benutzt worden zu sein, wenngleich der Völkerrechtsexperte Nehal Bhuta überzeugend darlegte, dass das Völkerrecht keinen großen Unterschied macht zwischen den Ausdrücken „gezieltes Töten" und „Ermordung" und sie quasi synonym verwendet.[10] Nils Melzer, der für das Internationale Rote Kreuz in Genf lange Zeit als Ratgeber tätig war, arbeitete für seine Untersuchung des gezielten Tötens eine Definition des Phänomens aus: „Die einem Völkerrechtssubjekt zurechenbare Anwendung tödlicher Gewalt in der Absicht, mit dem Vorsatz und aus der bewussten Überlegung heraus, einzeln ausgewählte Personen zu töten, die nicht der Obhut derer unterstehen, die sie ins Visier nehmen."[11] Seit 2008 haben die Vereinigten Staaten Personen nicht nur anhand der Namen „ausgewählt", sondern auch auf der Grundlage der „Lebensführung" oder von „Verhaltensmustern". Diese Attacken werden als *signature strikes*, als „Namenszugschläge", bezeichnet, weil sie keiner namentlich benannten Zielperson gelten.[12] Und mindestens seit die Regierung Obama die Praxis übernommen hat und entsprechend agiert, richteten sich die Angriffe genauso auf Gruppen wie auf Einzelpersonen.

Das gezielte Töten feindlicher Kämpfer auf dem Schlachtfeld ist, wie es heißt, zulässig, sofern diejenigen, die töten, sich an das Humanitäre Völkerrecht halten. Stand heute wenden die Vereinigten Staaten das gezielte Töten nur an einem einzigen Ort an: in Afghanistan. Es ist jedoch selbst im Zuge eines bewaffneten Konflikts fragwürdig, eine Person anhand des Namens auszuwählen, um sie zu töten. Mir ist nur ein Fall einer solchen gezielten Tötung im Afghanistankrieg bekannt. Dabei kam im November 2001 zum ersten Mal in einer todbringenden Operation eine Drohne zum Einsatz. Die Amerikaner schossen von einer Drohne aus mit Raketen auf

---

10 Vgl. Bhuta 2008, 243, 246 Anmerkung 20.
11 Melzer 2008, 5.
12 Vgl. Miller 2012 und Cloud 2010.

ein Gebäude in der Nähe Kabuls, in dem sich Mohammed Atef aufhielt, bei dem es sich angeblich um den militärischen Kopf al-Qaidas handelte. Er und einige andere wurden getötet.

Im November 2002 setzten die Vereinigten Staaten erstmals eine Drohne ein, um fernab von den Kampfgebieten Afghanistans Menschen gezielt zu töten. Der Angriff fand im Jemen statt. 2004 führten die Amerikaner den ersten gezielten Tötungsschlag in Pakistan aus, bei dem eine Drohne zum Einsatz kam. 2006 wurde mit ähnlichen Angriffen in Somalia begonnen.[13] Auf der ganzen Welt werden neue Drohnenbasen errichtet, was vermuten lässt, dass weitere Drohnenangriffe geplant sind und in der Zukunft stattfinden werden.[14]

Dass das Töten mittels Drohnen in manchen Fällen rechtmäßig ist, die Folter dagegen nie, erklärt, weshalb die Menschen größere Schwierigkeiten hatten, das Problem des gezielten Tötens zu verstehen. Foltern ist unter allen Umständen verboten; töten nicht. Es ist in der Tat so, dass die meisten Moralphilosophen und die meisten Völkerrechtsexperten zahlreiche Begründungen für das Töten gelten lassen, während sie sich strikt und in allen Punkten gegen die Folter aussprechen. Als zu Präsident Bushs Amtszeit an die Öffentlichkeit gedrungen war, dass die Regierung foltern ließ, bestritt diese in einer ersten Reaktion die Anwendung der Folter und behauptete, sie hätte vielmehr „harte Verhörtaktiken" eingesetzt. Präsident Obama machte diesen Taktiken ein Ende. Kaum eine Reaktion rief hingegen der erste Bericht über die Anwendung des gezielten Tötens durch die Bush-Regierung hervor.[15] Mit dieser Praxis brach Präsident Obama allerdings nicht, im Gegenteil, er autorisierte erheblich mehr Drohnenangriffe zur gezielten Tötung von Menschen außerhalb der Zonen bewaffneter Konflikte. Bis heute aber haben nur wenige Regierungen außerhalb der Länder, in denen es zu gezielten Tötungen kommt, öffentlich Anstoß an den Drohnenschlägen genommen – und gewiss nicht Deutschland, trotzdem es in dem Ruf steht, das Völkerrecht einzuhalten, zumal in der Frage der militärischen Gewaltanwendung.

Es haben sich auch nur wenige religiöse Führer zu Wort gemeldet. 2012 ergab eine Umfrage unter Amerikanern zu ihrer Haltung gegenüber dem

---

13 Für nähere Informationen zu diesen Ereignissen vgl. unten und O'Connell 2012 (und O'Connell 2011a).
14 Vgl. Vine 2012.
15 Für eine der wenigen, wenn auch nur wissenschaftlichen Kritiken an der amerikanischen Praxis des gezielten Tötens vor 2010 vgl. O'Connell 2004, 399.

Töten mittels Drohnen, dass 76 % der wahrscheinlichen Wähler „den Einsatz unbemannter Fluggeräte zur Tötung von Terroristen billigen".[16] Über achtzig Prozent der Amerikaner bezeichnen sich selbst als Christen.

Das Thema gewinnt jedoch an Aufmerksamkeit, und mit ihr wachsen die Sorgen und Bedenken. Verschiedene Fachtagungen, die 2012 in Hamburg, London und anderswo stattfanden, weisen Ähnlichkeiten auf zu der Konferenz in Princeton, aus der die National Religious Campaign Against Torture hervorging. Immer mehr Menschen, die sich aufgrund religiöser oder moralischer Überzeugungen für die Stärkung der Achtung vor der Menschenwürde einsetzen, zeigen sich besorgt über das gezielte Töten mittels Drohnen. 2011 wurden in Hancock im Bundesstaat New York Anti-Drohnen-Demonstranten verhaftet und zu einer Gefängnisstrafe verurteilt. Andere Demonstranten verlangten die Schließung einer Ausstellung über Drohnen im Smithsonian's Air and Space Museum. Auf vielen der „Occupy"-Seiten wurden Drohnen verurteilt. Die Zahl der Anwälte, Menschenrechtsaktivisten und anderer Personen, die auf die Beendigung der Drohnenschläge außerhalb Afghanistans drängen, wächst. Die American Civil Liberties Union [amerikanische Bürgerrechtsunion, ACLU] und das Center for Constitutional Rights [Zentrum für Verfassungsrechte, CCR] in den Vereinigten Staaten vertraten den Vater eines Mannes im Jemen, eines US-amerikanischen Staatsbürgers, von dem man wusste, dass sein Name sich auf der „Todesliste" der CIA befand. Die britische Menschenrechtsorganisation *Reprieve* [Verschonen] führt Ermittlungen zu Drohnenangriffen in Pakistan durch. *Reprieve* und das Bureau for Investigative Journalism machen Informationen über die negativen Folgen von Drohnenschlägen öffentlich. An britischen Gerichten wurde eine Klage eingereicht zur Durchsetzung einer Deklaration, dass die britischen Geheimdienste dem CIA bei gezielten Tötungsoperationen in Pakistan keine Hilfestellung leisten sollen. Der Kläger Noor Khan war ein Jugendlicher, als sein Vater beim Besuch einer Friedensdschirga in Pakistan durch einen Drohnenangriff getötet wurde. Die bis heute vielleicht eloquenteste Stellungnahme gegen die US-Politik des gezielten Tötens stammt von Präsident Jimmy Carter:

---

16 Rasmussen Report: Voters are Gung-Ho for Use of Drones But Not Over the United States, http://www.rasmussenreports.com/public_content/politics/current_ev ents/afghanistan/voters_are_gung_ho_for_use_of_drones_but_not_over_the_united_states [29.7.2013]. Die Befragung wurde am 10. und 11. Februar 2012 durchgeführt.

> Amerika ist dabei, seine Rolle als der globale Vorkämpfer der Menschenrechte aufzugeben.
> Die Enthüllungen, dass hochrangige Funktionsträger Menschen im Ausland ins Visier nehmen, um sie zu ermorden, darunter auch Amerikaner, sind nur der neueste verstörende Beweis für das Ausmaß, in dem unsere Nation gegen die Menschenrechte verstößt. Diese Entwicklung nahm ihren Anfang nach den Terroranschlägen vom 11. September 2001 und ist von beiden politischen Parteien gebilligt und durch exekutive und legislative Maßnahmen ausgeweitet worden, ohne dass die Öffentlichkeit daran Anstoß genommen hätte. Dadurch ist unser Land keine Instanz mehr, die sich zu diesen kritischen Fragen mit moralischer Berechtigung äußern könnte.[17]

Die zunehmende kritische Aufmerksamkeit war es offenbar, die Präsident Obama dazu veranlasste, sich rechtlich abzusichern und das gezielte Töten, einschließlich des gezielten Tötens amerikanischer Staatsbürger, von Rechtsexperten beurteilen zu lassen.[18] Und hier nun wiederholte sich ein dunkles Kapitel der jüngeren Geschichte, denn das gezielte Töten wurde in einem Bericht derselben Abteilung des US-Justizministeriums gerechtfertigt, die auch jenes Rechtsgutachten vorbereitet hatte, das von offizieller amerikanischer Seite zur Verteidigung und Autorisierung der Anwendung der Folter und anderer gegen das Völkerrecht verstoßenden Handlungen herangezogen wurde. Die Meldungen über diesen Bericht haben ein neues Bewusstsein geschaffen für den amerikanischen Feldzug des gezielten Tötens, speziell mittels Drohnen, und haben die Sorgen und Bedenken verschärft. Mag sein, dass der Bericht die Rechtmäßigkeit des gezielten Tötens mittels Drohnen nach amerikanischem Recht plausibel machen und schlüssig darstellen kann. Unter völkerrechtlichen Gesichtspunkten ist das unmöglich, denn das Völkerrecht beinhaltet ein grundsätzliches Verbot des Tötens mit Militärgewalt in Situationen, wie sie im Jemen, in Somalia und Pakistan bestanden. Das Völkerrecht ist das maßgebliche und anzuwendende Recht in den Fällen, in denen die Vereinigten Staaten, Israel, Russland, Iran oder irgendein anderer Staat oder eine beliebige nichtstaatliche Gruppierung militärische Gewalt anwendet, um Menschen zu töten, und zumal, wenn das grenz- oder länderübergreifend geschieht.

Wie bereits erwähnt, wurde nach dem Beginn der Operation „Enduring Freedom" in Afghanistan erstmals eine Drohne zur gezielten Tötung eingesetzt. Zur ersten gezielten Tötung außerhalb eines Kampfgebiets kam es im November 2002 im Jemen. Die Operation wurde von Akteuren der

---

17 Carter 2012.
18 Vgl. Savage 2011.

Central Intelligence Agency ausgeführt, nicht vom US-Militär. Die Akteure hatten ihre Basis in der kleinen früheren französischen Kolonie Dschibuti und offenbar auch die Erlaubnis dieses Staates, von seinem Territorium aus tödliche Operationen auszuführen. Auch Jemens autoritärer Präsident Ali Abdullah Saleh war eingeweiht und stimmte ebenfalls zu. Die Operation umfasste einen Angriff mit Hellfire-Raketen auf ein Fahrzeug, das in einem abgelegenen Teil Jemens unterwegs war. Bei dem Angriff wurden alle sechs Insassen getötet, unter denen sich ein 23 Jahre alter Amerikaner aus Lackawanna, New York, befand.[19] Das wissen wir, weil Agenten der CIA mit dem Helikopter zum Ort des Geschehens geflogen sind, sich abgeseilt und DNA-Proben von den getöteten Personen genommen haben.[20]

Im Jemen kam es zu weiteren gezielten Tötungen, Saleh aber wollte, dass sie mit Marschflugkörpern von Schiffen aus oder mit Düsenflugzeugen ausgeführt wurden – er wollte bestreiten können, dass die Vereinigten Staaten im Jemen militärische Gewalt einsetzen und bestand darauf, dass der Jemen diese Tötungen selbst ausführte. Der Jemen besaß zu der Zeit jedoch keine Drohnen. Gleich als Saleh 2010/11 von pro-demokratischen Gruppierungen herausgefordert wurde und unter Druck geriet, kehrten die Vereinigten Staaten zur Praxis der Drohnenattacken zurück. Im ersten Halbjahr 2011 starteten sie mehrere Angriffe in der Hoffnung, Anwar Al-Awlaki töten zu können. Awlakis Vater, der durch ACLU und CCR vertreten wurde, hatte vor einem amerikanischen Gericht eine einstweilige Verfügung gegen die Tötung seines Sohnes beantragt. Das Gericht entschied, dass der Vater nicht klageberechtigt sei. Im September 2011 wurde der Sohn zusammen mit einem weiteren Amerikaner und zwei anderen Männern getötet. Zwei Wochen später wurde Awlakis 16-jähriger Sohn, sein 17 Jahre alter Neffe und eine Reihe anderer Personen bei einem weiteren Drohnenangriff in einem Restaurant im Jemen getötet. Bis heute töteten die Vereinigten Staaten im Jemen mehr als 200 Menschen, wobei die Zahl der Angriffe offenbar selbst dann weiter anstieg, als sich der Jemen um die Abhaltung von Wahlen bemühte, um Saleh von der Macht zu verdrängen.

Seit 2006 haben die Vereinigten Staaten auch in Somalia *targeted-killing*-Operationen durchgeführt. Die Öffentlichkeit erfuhr davon aus Arti-

---

19 Vgl. McManus 2003.
20 Vgl. Temple-Raston 2007, 196f.

keln, in denen über Äthiopiens Intervention zur Absetzung einer als „Islamic Courts" bekannten Gruppierung berichtet wurde, die damals große Teile Somalias immer mehr unter ihren Einfluss gebracht hatte. Als äthiopische Truppen in das Land einmarschierten, setzten Angehörige der US-Streitkräfte fliehenden Terrorverdächtigen mit Kampfhelikoptern nach und töteten sie aus der Luft. Seither gehen die Vereinigten Staaten gezielt gegen verdächtige Personen in Somalia vor und töten sie. Seit einigen Jahren umfassen diese Operationen auch Drohnenangriffe, die von der CIA ausgeführt werden. Nach den Angaben, die das Bureau of Investigative Journalism in Großbritannien im Februar 2012 veröffentlichte, wurden im Zeitraum von 2007 bis 2012 in Somalia zwischen 46 und 162 Personen getötet.[21] Die genauesten Zahlen über die gezielten Tötungen liegen für Pakistan vor. Im Jahr 2004 setzten die Vereinigten Staaten erstmals eine Drohne zum gezielten Töten ein. Zahlreiche amerikanische, britische und pakistanische Webseiten veröffentlichten gute Schätzungen über die Zahl der durch Drohnenschläge getöteten Personen: Bis Juli 2012 waren es nicht weniger als 3.251.[22]

Die Vereinigten Staaten haben natürlich im eigenen Land Drohnenbasen, aber auch in Dschibuti, auf der saudiarabischen Halbinsel, auf den Seychellen und an immer mehr anderen Orten auf der Welt.[23] Die Drohnenbasis der CIA in Pakistan wurde auf Anordnung geschlossen, nachdem im November 2011 24 pakistanische Soldaten durch US-Streitkräfte an der Grenze zu Afghanistan getötet worden waren. Die Vereinigten Staaten sind dabei, weitere Drohnenbasen zu errichten, da sie offensichtlich vorhaben, nach dem Abzug ihrer Truppen, der ISAF und anderer Streitkräfte aus Afghanistan das gezielte Töten fortzusetzen.

2. Das Leben achten

Wie soll man dieses Töten, die immer besser werdenden Möglichkeiten dazu und das wachsende Interesse am Töten fernab der Zonen bewaffneter Konflikte bewerten? Als Präsident Obama während eines von Google und YouTube veranstalteten virtuellen Interviews gefragt wurde, ob es klug und ratsam sei, Menschen mit Drohnen anzugreifen, verteidigte er das

---

21 Vgl. Woods 2012.
22 So die Zahlen des Bureau of Investigative Journalism; vgl. oben Anm. 6.
23 Vgl. oben Vine, Anm. 14.

Vorgehen. Das Folgende ist eine gute Umschreibung seiner Kernaussage durch einen Berichterstatter:

> Obama sagte damals, ihm käme es darauf an, den Menschen klarzumachen, dass den Drohnen *nicht* viele Menschen zum Opfer gefallen sind. Die Regierung habe ausschließlich „präzise" Schläge gegen al-Qaida und ihre Verbündeten ausgeführt. Er sprach von einer „Wahrnehmung", die Regierung würde „wahllos" um sich schlagen, während es sich in Wahrheit um ein „gezieltes Vorgehen" gegen Personen handele, die Amerikaner und amerikanische Einrichtungen treffen wollen.[24]

Das Töten von Menschen, die der Mitwirkung am Terrorismus verdächtigt werden, ist weder durch das Recht noch durch die Moral gedeckt. Der Präsident mag den Eindruck haben, dass die Anwendung von Gewalt in solch einer Situation dem Recht zum Trotz moralisch zwingend ist, freilich lässt eine solche Annahme unberücksichtigt, dass das Recht, welches der Anwendung von Gewalt Schranken auferlegt, aus fundamentalen moralischen und ethischen Überlegungen hervorgegangen ist.[25]

Die heutigen Gewaltanwendungsregeln lassen sich bis zu Augustinus' und Thomas von Aquins Lehren vom gerechten Krieg zurückverfolgen. Der Heilige Augustinus knüpfte an Aristoteles und Cicero an mit der Auffassung, dass Frieden der Normalzustand ist und Krieg sich nur als Maßnahme zum Schutz von Menschenleben rechtfertigen lässt.[26] Anders gesagt gründet das Ausnahmerecht auf Gewaltanwendung unmittelbar in

---

24 Gosztola 2012.
25 In diesem Zusammenhang sei Jeff McMahans Anmerkung auf der Kölner Tagung vom Mai 2012 (vgl. oben in diesem Band: Bernhard Koch: Wer trägt die Risiken?, Seite 7, Anm. 1) angeführt, dass Recht und Moral auseinandergehalten und gesondert betrachtet werden sollten. Aus normativem Blickwinkel ist nicht klar, weshalb man das tun sollte, unter praktischen Gesichtspunkten aber ist das im Grunde unmöglich. Das Recht ist generell von Menschen gemacht. Sie bringen ihre moralischen, religiösen, politischen und anderen Bindungen mit in die Parlamentsdebatten, Vertragsverhandlungen und in die rechtssetzenden Unternehmen jeden anderen Typs ein. Recht und Moral sind zweierlei, doch sie sind miteinander verbunden.
26 Vgl. Grisez 1970 in Hollenbach 1983, 18f. Hollenbach beschreibt, wie sich die Tradition des gerechten Krieges aus Thomas' Position, nach der Krieg Sünde ist, zu einer Position hin entwickelt hat, nach der Krieg gerecht ist, sofern er von den rechtmäßigen Machthabern geführt wird. Hollenbach spricht sich für die Rückkehr zu der Ansicht aus, nach der Krieg und Kriegsgewalt moralisch falsch sind und es allein in Ausnahmesituationen zu rechtfertigen ist, Zuflucht zum Krieg zu nehmen. Ibid. 14–16. Hollenbachs Position deckt sich mit dem aktuellen Völkerrecht zur Gewaltanwendung, wie es oben dargestellt ist.

einer Rechtfertigung aus Notwendigkeit. Was *Notwendigkeit* im Kontext gerechtfertigter Gewalt heißt, darüber klären uns Recht und Philosophie auf.

Um diese Aussagen bekräftigen zu können, muss ich mit dem fundamentalen Rechts- und Moralprinzip des Rechts auf Leben beginnen. Der Mensch hat zu allen Zeiten ein Lebensrecht. Wir haben es dabei mit einem grundlegenden, wenn nicht *dem* grundlegenden Rechts- und Moralprinzip zu tun. Im Dekalog findet es seinen Niederschlag in dem Gebot, nicht zu töten und im ganzen Evangelium in Christi Lehre von der Nächstenliebe, vom Hinhalten der anderen Wange, dass man das Schwert wegstecken und Frieden suchen solle.

Im aktuellen Völkerrecht wird das Recht auf Leben in allen Menschenrechtsabkommen bekräftigt, darunter, von zentraler Wichtigkeit, der Internationale Pakt über bürgerliche und politische Rechte:

> Artikel 6
> Jeder Mensch hat ein angeborenes Recht auf Leben. Dieses Recht ist gesetzlich zu schützen. Niemand darf willkürlich seines Lebens beraubt werden.[27]

Das positive Recht auf Leben soll also den Anfang bilden. Die Rechtfertigung jeder vorsätzlichen Lebensberaubung findet sich in den Ausnahmen zu diesem Grundrecht. Und natürlich sind die Rechtfertigungen eng begrenzt.

Sie verteilen sich auf zwei Kategorien: Die eine gilt in Friedenszeiten, die andere unter dem Recht des bewaffneten Konflikts [*law of armed conflict*]. Im Frieden darf ein Staat nur dann jemandem das Leben nehmen, wenn das gemäß dem Europäischen Gerichtshof für Menschenrechte (EGMR) im Prozess *McCann gegen das Vereinigte Königreich*: „zum Schutz von Personen vor unrechtmäßiger Gewalt zwingend notwendig" ist.[28] Ähnlich heißt es in Artikel 9 der Grundprinzipien der Vereinten Nationen für die Anwendung von Gewalt und den Gebrauch von Schusswaffen durch Beamte mit Polizeibefugnissen, die von der Polizei auf der ganzen Welt weitgehend übernommen wurden:

---

27 Internationaler Pakt über bürgerliche und politische Rechte (1966). Die Vereinigten Staaten sind einer der Vertragsstaaten.
28 Urteil des EGMR McCann & Others vs. United Kingdom 1995, App.-Nr. 18984/91 (1995) Verfügbar: http://hudoc.echr.coe.int/sites/eng/pages/search.aspx?i=001-57943 [18.9.2013].

> Beamte mit Polizeibefugnissen dürfen gegen Personen nicht von der Schusswaffe Gebrauch machen, es sei denn zur Selbstverteidigung oder zur Verteidigung anderer gegen eine unmittelbare Gefahr für das Leben oder eine unmittelbare Gefahr schwerer Körperverletzung, zur Verhütung der Begehung eines besonders schwerwiegenden Verbrechens, das eine ernstliche Gefahr für menschliches Leben bedeutet, zur Festnahme einer eine solche Gefahr verkörpernden und sich ihrer Amtsgewalt widersetzenden Person oder zur Verhinderung von deren Flucht, und nur dann, wenn diese Zwecke durch mildere Mittel nicht erreicht werden. Ein gezielter tödlicher Schusswaffengebrauch ist allenfalls dann zulässig, wenn er zum Schutze menschlichen Lebens absolut unvermeidbar ist.[29]

Um von diesen Restriktionen gegen das Töten von Regierungsseite in Friedenszeiten loszukommen, behauptete die Bush-Regierung schon wenige Tage nach den Angriffen vom 11. September, dass sich die Vereinigten Staaten „in einem weltweiten Krieg gegen den Terror" befinden, der es erlauben würde, mutmaßliche Angehörige von al-Qaida, der Taliban und anderer militanter nichtstaatlicher Gruppierungen überall auf der Welt zu töten oder zu inhaftieren. Als Präsidentschaftskandidat bezog Obama eine außerordentlich kritische Position gegenüber dem Paradigma vom „weltweiten Krieg" und der damit verbundenen Geltendmachung eines Rechts auf Krieg, der keinen zeitlichen und örtlichen Schranken unterliegt. Kaum hatte er jedoch sein Amt angetreten, entwickelten seine Rechts- und Politikberater ihre eigene Version der Vorstellung vom „weltweiten Krieg". Genau besehen allerdings schwächt die Version Obamas die ohnehin schon fadenscheinigen Argumente, die von Präsident Bushs Juristen vorgebracht worden waren.

Der Rechtsberater des Außenministeriums Harold Koh behauptete 2010, dass „das gezielte Vorgehen durch die Vereinigten Staaten [...] mit sämtlichen Bestimmungen des geltenden Rechts in Einklang steht und sie befolgt, einschließlich der des Kriegsrechts"[30] und dass „sich die Vereinigten Staaten völkerrechtlich betrachtet in einem bewaffneten Konflikt mit al-Qaida als auch den Taliban und ihren Verbündeten befinden, als Reaktion auf die entsetzlichen Angriffe vom 11. September, und ihrem völkerrechtlich garantierten Recht auf Selbstverteidigung entsprechend Gewalt anwenden dürfen."[31] Die zweite Aussage lässt zwei Rechtferti-

---

29 Angenommen vom Achten Kongress der Vereinten Nationen für Verbrechensverhütung und die Behandlung Straffälliger (1990).
30 Koh 2010.
31 Ibid.

gungsansätze erkennen. Einmal wird behauptet, dass die Vereinigten Staaten sich in einem weltweiten Krieg befinden, nur eben jetzt mit terroristischen Gruppierungen und nicht mit dem Terrorismus. Außerdem wird geltend gemacht, dass die Vereinigten Staaten gegen einzelne Terroristen wie gegen Terrorgruppen ihr Recht auf Selbstverteidigung wahrnehmen gemäß Artikel 51 der Charta der Vereinten Nationen.

Wenn es vielleicht auch besser scheint, Krieg gegen Menschen zu führen als gegen ein Prinzip, das immer fortbestehen wird, fällt es schwer, sich eine Welt vorzustellen, in der es keine terroristischen Gruppierungen mehr gibt. Auch al-Qaida könnte, wie mein Kollege John Mueller geschrieben hat, ewig weiterbestehen.[32] Koh wiederum stellte zudem klar heraus, dass die Vereinigten Staaten eigentlich keinen Krieg gegen Terroristen führen, sondern vielmehr ein Recht auf die Anwendung militärischer Gewalt in Ländern wahrnehmen, in denen instabile Verhältnisse herrschen. Der Präsident hat offensichtlich nicht vor, Drohnenschläge in Großbritannien, Deutschland oder den Vereinigten Staaten zu bewilligen. Es ist also nicht die Zulässigkeit des Tötens im Zuge eines bewaffnetes Konflikts, auf die hier zur rechtlichen Begründung rekurriert wird. Vielmehr wird ein Recht auf das Töten in Ländern mit schwachen Regierungen geltend gemacht. Selbst wenn sich dieser Ausübung militärischer Gewalt irgendein politisch-strategischer Sinn abgewinnen ließe, auf einer solchen Grundlage wäre sie durch keine Regelung im Völkerrecht gedeckt.[33]

Und auch mit dem Recht auf Selbstverteidigung gegen einen Einzelnen oder einen nichtstaatlichen Akteur ohne Verbindungen zu einem Staat lässt sich das Vorgehen wenig oder gar nicht rechtfertigen. Artikel 51 der UN-Charta erlaubt zwar die Selbstverteidigung im Falle eines bewaffneten Konflikts, aber eben auch nur solange, „bis der Sicherheitsrat die zur Wahrung des Weltfriedens und der internationalen Sicherheit erforderlichen Maßnahmen getroffen hat".[34] Der Internationale Gerichtshof (IGH),

---

32 Vgl. Mueller 2012.
33 Vgl. O'Connell 2013.
34 Charta der Vereinten Nationen, Artikel 51: „Diese Charta beeinträchtigt im Falle eines bewaffneten Angriffs gegen ein Mitglied der Vereinten Nationen keineswegs das naturgegebene Recht zur individuellen oder kollektiven Selbstverteidigung, bis der Sicherheitsrat die zur Wahrung des Weltfriedens und der internationalen Sicherheit erforderlichen Maßnahmen getroffen hat. Maßnahmen, die ein Mitglied in Ausübung dieses Selbstverteidigungsrechts trifft, sind dem Sicherheitsrat sofort anzuzeigen; sie berühren in keiner Weise dessen auf dieser Charta be-

das Hauptrechtsprechungsorgan der Vereinten Nationen und das einzige Gericht mit allgemeiner Gerichtsgewalt über Staaten in Völkerrechtsangelegenheiten, befand, dass das in Artikel 51 formulierte Selbstverteidigungsrecht nur im Falle eines nicht unerheblichen Angriffs gilt und ausgeübt werden darf. Der IGH hat sich nicht explizit zur präventiven Notwehr geäußert, doch indem er einen nicht unerheblichen Angriff zur Voraussetzung erklärte, müssen alle Anzeichen darauf deuten, dass ein Angriff zumindest unmittelbar bevorsteht, wenn nicht bereits begonnen hat. Darüber hinaus darf die Reaktion in Form eines Gegenangriffs sich ausschließlich gegen das Hoheitsgebiet, die Flugzeuge oder Schiffe eines Staates richten, der den nicht unerheblichen Erstangriff zu verantworten hat. Wenn sich der durch einen nichtstaatlichen Akteur ausgeführte Angriff keinem Staat zuschreiben lässt, darf die zur Selbstverteidigung angewendete Gewalt sich nicht gegen staatliches Hoheitsgebiet richten.

Angriffe auf Israel aus den besetzten palästinensischen Gebieten betreffend entschied der IGH im *Sperrwall*-Rechtsgutachten[35], dass die Verantwortlichkeit für diese Gebiete bei Israel als der Besatzungsmacht liegt. Artikel 51 sei nicht die maßgebliche Regelung für eine besetzte Zone. Der IGH stellte zudem fest, dass die Angriffe auf Uganda durch militante im Kongo ansässige Gruppen Uganda nicht das Recht gaben, den Kongo anzugreifen. Der IGH deutete an, dass Uganda das Recht gehabt hätte, im Kongo zu intervenieren, wenn die Angriffe eine größere, nicht unerhebliche Schlagkraft gehabt hätten – eine so große vermutlich, dass sie nur hätten ausgeführt werden können, wenn die militanten Gruppen die *faktische* Regierungsgewalt über ein Gebiet gehabt hätten. Die Lage, an die der IGH gedacht zu haben scheint, gliche in etwa der Talibanherrschaft über weite Teile Afghanistans im Jahre 2001 oder der Beherrschung des Nordirak durch die Kurden, die es ihnen ermöglichte, die Türkei anzugreifen, um die Kontrolle über kurdische Enklaven zu erlangen.[36] Die Vereinigten Staaten führten gezielte Tötungsoperationen aus, ohne dass sie zur Begründung der von ihnen geltend gemachten Selbstverteidigung erklärt hätten, dass ihre Angriffe auf Gruppen zielten, die irgendein bestimmtes Ge-

---

ruhende Befugnis und Pflicht, jederzeit die Maßnahmen zu treffen, die er zur Wahrung oder Wiederherstellung des Weltfriedens und der internationalen Sicherheit für erforderlich hält.".
35 http://www.icj-cij.org/docket/files/131/1671.pdf [18.9.2013].
36 Bewaffnete Aktionen auf kongolesischem Staatsgebiet (Kongo vs. Uganda), Urteil 2005 IGH 168, 146, 301 (19. Dezember). Vgl. auch Gathii 2012.

biet beherrschten, oder als Reaktion auf einen nicht unerheblichen bewaffneten Angriff auf das eigene Land durch irgendeinen bestimmten Staat erfolgt wären.

Ein anderes Argument, mit dem versucht wird, das Töten fernab bewaffneter Konflikte zu rechtfertigen, findet sich in manchen der einschlägigen Stellungnahmen zum gezielten Töten, wird jedoch von Koh nicht ausdrücklich erwähnt. Es behauptet ein Recht zur Tötung von Personen, die im Verdacht stehen, einer nichtstaatlichen militanten Gruppe anzugehören, die sich irgendwo auf der Welt an einem bewaffneten Konflikt beteiligt. Jeder, der zu al-Qaida gehöre oder sich mit der Organisation verbündet habe, dürfe an jedem beliebigen Ort ins Visier genommen werden aus dem rechtmäßigen Grund, dass sie in Afghanistan oder dem Irak kämpft. Das Argument gelte auch für Personen, die nie an einem Kampfgeschehen beteiligt waren, sofern sie eine sogenannte „fortgesetzte Kampffunktion" innehaben.[37] Das Internationale Komitee vom Roten Kreuz führte diesen Ausdruck in seiner Anleitung zur Interpretation des Begriffs der unmittelbaren Teilnahme an Feindseligkeiten ein, stellte jedoch zugleich heraus, dass die Tötung einer Person, die im Verdacht steht, eine solche Stellung innezuhaben, nur in einer Notlage, die nichts anderes mehr zulässt, gerechtfertigt werden kann.[38] Meinem Verständnis nach entscheidet sich die Frage, ob es sich um eine Notlage handelt bzw. wann die Forderung nach Notwendigkeit als erfüllt gilt, in der Wahl der Rechtsgrundsätze. Wenn die betreffende Person sich nicht in einer Situation feindseliger Auseinandersetzungen in einem bewaffneten Konflikt befindet, sind die Friedensbestimmungen anzuwenden.

Über die derzeit geltende Regelung bezüglich der an Feindseligkeiten unmittelbar teilnehmenden Personen ist zu sagen, dass sie den USA praktisch wenig nützt angesichts der Unwahrscheinlichkeit, dass die Vereinigten Staaten jemals irgendeinen Beweis für die unmittelbare Beteiligung einer Person an Feindseligkeiten fernab einer Zone des bewaffneten Konflikts haben werden. Die Vereinigten Staaten könnten vielleicht beweisen, dass sich Personen, die in Pakistan ansässig sind, unmittelbar an den Feindseligkeiten in Afghanistan beteiligten. Kein Wunder also, dass die Vertreter der amerikanischen Regierung dieses überzeugendere Argument für das gezielte Töten nicht heranziehen. Erstens untergräbt es die Argu-

---

37 Für dieses Grundargument vgl. z. B. Kretzmer 2005.
38 IKRK 2009.

mente für das Töten von Menschen im Jemen und in Somalia und zweitens werden die Vereinigten Staaten, wenn sie ihre Truppen aus Afghanistan abziehen, das Argument nicht einmal mehr für Pakistan anführen können.

Wie gerade erörtert, verletzt das Töten von Personen mittels Drohnen fernab der Feindseligkeiten bewaffneter Konflikte das fundamentale Recht auf Leben. Es entspricht der Anwendung übermäßiger militärischer Gewalt durch Diktatoren wie etwa Libyens Ghaddafi und Syriens Assad zur Bekämpfung der Gewalttätigkeit ihrer Regimegegner. Nur wenn die Gewaltsamkeit einem bewaffneten Konflikt gleichkäme, könnte der Einsatz von Raketen, Bomben, Panzern, Granaten und der des Lebens zulässig sein. Sobald die übermäßige Gewaltanwendung außerhalb der Zonen eines bewaffneten Konflikts die Schwelle zur Erheblichkeit überschreitet, verstößt sie gleichfalls gegen die *ius-cogens*-Normen.

Die Neufassung des amerikanischen Außenbeziehungsrechts [*Restatement* Third of American Foreign Relations Law], bei der Louis Henkin, der angesehene Fachmann für Menschenrechtsfragen und mein Mentor, als Hauptberichterstatter fungierte, definiert das *ius cogens* folgendermaßen:

> Manche der Völkerrechtsregeln werden von der internationalen Staatengemeinschaft als zwingende, keine Ausnahmen zulassende Regeln anerkannt. Diese Regeln wiegen schwerer als die internationalen Vereinbarungen und anderen Regelungen des Völkerrechts, die in Konflikt mit ihnen stehen, und machen sie unwirksam. Solch eine zwingende Norm ist modifizierbar allein durch eine Norm gleicher Art und Ausrichtung […].

Der polnische Völkerrechtswissenschaftler und Katholik Krzysztof Skubiszewski schrieb, dass „es Gesetze und Rechtsregeln gibt, die zum ‚Bild vom Menschen gehören' und nicht ‚menschengemacht' sind; es gibt die ‚Qualität des Inhärenten', die ihm zugehört und die ‚unmöglich zu dem, was seinem Ursprung nach willentliche Schöpfung ist, dazukommen kann'."[39]

Der amerikanische Richter Abner Mikva führte in einem Prozess wegen angeblicher *ius-cogens*-Verletzungen durch die Vereinigten Staaten gegen Nikaragua die einzelnen und weitgehend anerkannten *ius-cogens*-Normen auf:

---

39 Skubiszewski 2007, 29. Skubiszewski zitiert hier Sir Gerald Fitzmaurice, ehemals Richter am EGH, aus dessen Beitrag *Some Reflections on the European Convention on Human Rights – and on Human Rights* – A.d.Ü.

die Grundsätze der Charta der Vereinten Nationen, die die Anwendung von Gewalt untersagen [...] und die fundamentalen Menschenrechtsbestimmungen, die Völkermord, Sklaverei, Mord, Folter, die willkürliche fortgesetzte Inhaftierung und die Rassendiskriminierung verbieten.[40]

Mord, und folglich mit einem Verbot belegt, wäre nach dem *ius cogens* das verbreitete Töten, das nicht durch zwingende Notwendigkeit im Frieden oder vertretbare Notwendigkeit im bewaffneten Konflikt gerechtfertigt ist. Dies ist der Typus des Tötens, den man mit Todeskommandos in Verbindung bringt, doch es könnte sich dabei auch um das Umbringen von 4.400 Menschen über ein Jahrzehnt fernab der Zonen bewaffneter Konflikte handeln.

Einige Teilnehmer der Tagung in Köln im Mai 2012 bezweifelten, dass man das gezielte Töten durch die Vereinigten Staaten als einen Verstoß gegen die Norm des *ius cogens* einstufen müsse. Sie verwiesen auf die Uneinigkeit, die unter Völkerrechtswissenschaftlern bezüglich einzelner Aspekte der Doktrin des *ius cogens* herrscht. Die Völkerrechtswissenschaftler sind sich allerdings einig darin, dass es die von Richter Mikva namhaft gemachte Kategorie bestehender Normen gibt. Zudem ist es wichtig und angebracht, das verbreitete eigenmächtige Töten im Normenbereich des *ius cogens* zu erörtern, gerade vor dem Hintergrund der Tatsache, dass *ius-cogens*-Normen nicht gegen Regeln ausgetauscht werden können, die in anderen Bereichen des Völkerrechts Geltung haben. Schließlich spricht die Tatsache, dass *ius-cogens*-Normen bestehen und sie in fundamentalen Moralprinzipien gründen, gegen die Ansicht, dass Rechtsdiskussionen und moralische Erörterungen auseinandergehalten und getrennt voneinander geführt werden sollten.[41]

Als *ius cogens* kann das Verbot des verbreiteten eigenmächtigen Tötens nicht angetastet oder verändert werden. Könnte es das, gäbe es dann ein moralisches Argument zugunsten des gezielten Tötens? Jeremy Waldron hat eine sehr überzeugende philosophische Untersuchung veröffentlicht, in der er zu dem Ergebnis gelangt, dass wir das Verbot nicht antasten sollten. Es spräche nichts wirklich dafür, die Verbotsregel zu lockern; dagegen hätten wir allen Grund, sie zu stärken.

---

40 United States Court of Appeals for the District of Columbia Circuit: Committee of U.S. Citizens Living in Nicaragua vs. Ronald Wilson Reagan, 14. Oktober 1988; Vgl. Randall 1988 und Whiteman 1977.
41 Vgl. oben Anm. 26.

> Ich sorge mich wegen der Haltung zum Töten, die in unserer Argumentation zutage tritt. Es scheint, dass wir zuerst instinktiv nach Bereichen Ausschau halten, wo das Töten bereits „akzeptiert" ist – das Töten zur Selbstverteidigung [...] oder das Töten von Kombattanten im Krieg [...] und dann zu schauen, ob wir irgendwelche Verbindungen herstellen können zwischen diesen oder jenen moralischen Gründen, die wir für solche Erlaubnisse anführen können, und den neuen Bereichen des Tötens, um deren Auslotung es uns geht. Aus meiner Sicht *zersetzt man so die Norm gegen den Mord*. Und es bedeutet eine Schwächung für unser moralisches Repertoire, und zwar vor allem deshalb, weil wir nicht mehr wissen, wie tief solch eine Norm verankert sein muss angesichts der Anfechtungen, denen sie ausgesetzt ist, und wie unfreigebig, vorsichtig und zurückhaltend wir – zur Absicherung dieser Verankerung – mit solchen bestehenden Tötungslizenzen sein müssen, die wir bereits erteilt haben.[42]

In der Lehre der römisch-katholischen Kirche ist für die Ausweitung der Tötungsrechte kein Platz. Meine Kirche hat die Errichtung einer völkerrechtlich verankerten und durch Antikriegsinstitutionen befestigten Friedensordnung leidenschaftlich und beredt unterstützt. 1963 veröffentlichte Papst Johannes XXIII. seine kraftvolle Enzyklika *Pacem in Terris*, in der er die Vereinten Nationen und ihre Chartaregeln gegen die militärische Gewaltanwendung pries. 1965 appellierte Papst Paul VI.: „Nie wieder Krieg – nein, nie wieder Krieg! Der Friede ist es, er muss die Geschicke der Völker und der ganzen Menschheit lenken!"[43] Und Johannes Paul II., der von Heinz-Gerhard Justenhoven in einem Artikel mit diesen ganz besonders treffenden Worten wiedergegeben wird, sagte:

> Gewalt erzeugt nur immer neue Gewalt, Gewalt zerstört und vernichtet, nie wirkt sie schaffend, mit Gewalt, in welcher Form auch immer, lassen sich Konflikte zwischen Personen oder Nationen nicht beilegen oder lösen [...]; der Zunahme der Gewalt in der Welt [kann] nicht durch ein Mehr [an Gewalt] Einhalt geboten werden.[44]

---

42 Waldron 2012.
43 Anm. d. Hrsg.: In der Rede vor der Vollversammlung der Vereinten Nationen am 4. Oktober 1965: „Jamais plus la guerre, jamais plus la guerre! C'est la paix, la paix, qui doit guider le destin des peuples et de toute l'humanité!" http://www.vatican.va/holy_father/paul_vi/speeches/1965/documents/hf_p-vi_spe_19651004_united-nations_fr.html [18.9.2013].
44 Justenhoven 2005.

Johannes Paul II. forderte stattdessen, das „gesetzliche Profil" der Menschenrechte „zu vertiefen", damit sie, so gestärkt, voll respektiert würden.[45]

Die moralischen und religiösen Gründe gegen die Ausweitung des Rechts auf Töten scheinen unangreifbar; wäre es aber anders, könnten die Fachleute der Terrorismusbekämpfung dann überzeugend darlegen, dass sich der Terrorismus durch solche Tötungen wirksam unterbinden ließe? Die zu Beginn dieses Beitrags zitierten Ausführungen John Brennans sind überschrieben mit „The Ethics and Efficacy of President Obama's Counterterrorism Strategy". Ethik und Wirksamkeit bilden im Recht eine integrale Einheit bei der Beurteilung der Rechtmäßigkeit. Der Grundsatz der Notwendigkeit verlangt, dass der Zweck des Rückgriffs auf Gewalt durch die Gewaltanwendung potenziell erreicht werden kann. Brennan beharrt darauf, dass das gezielte Töten eine erfolgreiche Strategie darstellt, weil er auf die große Zahl getöteter Personen verweisen kann. Viele Tote sind freilich kein Zeichen des Erfolgs. Die Präsidenten Bush und Obama haben beide darauf verwiesen, dass dieses Töten auf die Niederschlagung des Terrorismus zielt. Unabhängige Experten der Terrorismusbekämpfung aber können belegen, dass dieses Vorgehen längerfristig keine positiven Effekte hat. Die Research ANd Development Corporation (gemeinnützige Gesellschaft für Forschung und Entwicklung, RAND) brachte eine Studie heraus, die zu dem Ergebnis gelangt:

> Alle terroristischen Gruppierungen gibt es früher oder später nicht mehr. Doch wie kommt es, dass sie zu existieren aufhören? Von den Antworten auf diese Frage hängt im Hinblick auf die Terrorismusbekämpfung enorm viel ab. Die Indizien und Befunde seit 1968 zeigen, dass es die meisten Gruppierungen nicht mehr gibt, weil (1) sie in der Politik aktiv geworden sind oder weil (2) die lokalen Polizeikräfte und Geheimdienste wichtige Mitglieder gefangengenommen oder getötet haben. Militärische Gewalt war ganz selten der Hauptgrund für das Ende einer terroristischen Gruppierung, und nur wenige Gruppen haben in diesem Zeitraum den Sieg davongetragen. Dies hat beträchtliche Bedeutung für den Umgang mit al-Qaida und ist ein Hinweis darauf, dass der nach den Ereignissen vom 11. September von den Vereinigten Staaten eingeschlagene Weg der Terrorbekämpfung ein grundsätzliches Umdenken erforderlich macht.[46]

---

45 Skubiszewski 2007, 508, Zitat aus Johannes Pauls II. Botschaft für den Weltfriedenstag 1998, 2. Abschnitt.
46 Jones/Libicki 2008, Kommentar auf xiii.

Wie es heißt, ist sich Präsident Obama durchaus im Klaren darüber, dass sich der Terrorismus durch das Töten mittels Drohnen nicht wirkungsvoll zurückdrängen lässt. Bob Woodward enthüllte in seinem Buch *Obama's Wars*, dass der Präsident dies erkannt hat:

> Trotz der Liebesbeziehung, die die CIA zu unbemannten Fluggeräten wie den Predators unterhält, ist Obama zunehmend klar geworden, dass es den Vereinigten Staaten mit den Drohnenangriffen nie gelingen wird, eine nachhaltige, beständige Wirkung zu erzielen.[47]

Warum hört er dann nicht damit auf? Präsident Obama hat den Amerikanern bei vielen Gelegenheiten versichert, dass er Christ ist. Auch seine obersten Vertreter im Ressort der Terrorismusbekämpfung bekennen sich öffentlich zu ihrem christlichen Glauben; ja, einige der wichtigsten Personen sind sogar römisch-katholisch und gehören mithin einer Kirche an, die für ein Leben nach festen ethischen Regeln wirbt und eintritt. Keine Antwort auf diese verwirrende Streitfrage hat mich mehr überzeugt als die, die mich als E-Mail eines Offiziers der amerikanischen Militärstaatsanwaltschaft erreichte, nachdem ich an der allgemeinen Rechtsoffiziersschule einen Vortrag gehalten hatte. Für diesen hochrangigen Militäranwalt stellten sich die Dinge so dar:

> Sie, Frau O'Connell, scheinen davon auszugehen, dass die Vereinigten Staaten als die große Weltmacht eine Weltordnung anstreben, in der das Recht regiert und nicht die Macht. Ich bin mir nicht sicher, ob das zutrifft. Seit dem 11. September haben die politischen Entscheidungsträger im Völkerrecht eher ein Werkzeug gesehen und es entsprechend zur Erreichung strategischer Ziele eingesetzt, statt sich in ihrem Tun daran zu orientieren und davon beschränken zu lassen, ob nun einseitig oder in anderer Form. Wenn das Völkerrecht die angestrebten Ziele der Vereinigten Staaten einzuschränken drohte, waren unsere gewählten Führer und die nichtgewählten ausführenden Beamten schnell dabei, Recht und Konsens der Völkergemeinschaft unterschiedlich oder tendenziös auszulegen, zu bagatellisieren oder vollständig zu übergehen. Die amerikanischen Massen wurden mehr als ein Jahrzehnt lang mit orwellscher Kriegspropaganda versorgt und so zu der Überzeugung gebracht, dass Amerika nur durch die dauerhafte Anwendung militärischer Gewalt Sicherheit gewinnen und Frieden finden kann. Ihre Position, dass einzig des Festhalten am Recht Sicherheit garantiert, ist zwar vernünftig, moralisch und absolut vertretbar, steht aber in krassem Gegensatz zu dem zweckorientierten engstirnigen Weltbild, das sich eine zunehmend konservative Bevölkerung zu eigen gemacht hat und augenscheinlich auch eine große Zahl der Rechtsoffiziere, die bei Ihrem Vortrag anwesend waren. Ich wünschte, ich könnte Ihren Opti-

---

47 Woodward 2010, 284.

mismus über die Grundsätze des amerikanischen Volkes, seiner Führer und der Funktionäre im Verteidigungsministerium teilen. Als Nation ging es mit uns seit dem 11. September abwärts; wir griffen nach jeder Rechtfertigung und jedem Vorwand, damit wir uns rächen konnten. Ich frage mich, ob wir dort je wieder herauskommen.[48]

Schluss

Worte – oder wie der Offizier sagte: Propaganda – haben dafür gesorgt, dass das gezielte Töten verdächtiger Personen in den Vereinigten Staaten einen solchen Zuspruch erfährt. Für den Erfolg solcher Wörter sind zumindest teilweise auch die Völkerrechtsexperten, Ethiker und Theologen verantwortlich, die es versäumt haben, die Öffentlichkeit darüber aufzuklären, was auf dem Spiel steht. Präsident Obama ist ein Politiker. Ohne Druck vonseiten der Gerichte und Gerichtshöfe, der Kirchen und unabhängigen Verbündeten wird er seine Haltung zum Töten von Terrorverdächtigen nicht ändern. Das ist eine traurige Erkenntnis, weil er doch Christ ist und sich öffentlich dazu bekennt, und auch weil er einige Jahre Recht lehrte, an den besten Einrichtungen ausgebildet wurde, kompetent und erfahren ist, was internationale Beziehungen angeht, und natürlich weil ihm der Friedensnobelpreis verliehen wurde. Doch es ist die Realität.

Literaturverzeichnis:

Becker, Jo/Shane, Scott (2012): Secret 'Kill List' Proves a Test of Obama's Principles and Will. In: New York Times, 29.5.2012, http://www.nytimes.com/2012/05/29/world/obamas-leadership-in-war-on-al-qaeda.html?pagewanted=all [18.9.2013].
Brennan, John O. (2012): The Ethics and Efficiancy of the President's Counterterrorism Strategy, vorgetragen im Woodrow Wilson Center am 30.4.2012, http://www.wilsoncenter.org/event/the-efficacy-and-ethics-us-counterterrorism-strategy [18.9.2013].
Bhuta, Nehal (2008): States of Exception: Regulating Targeted Killing in a 'Global Civil War'. In: Aston, Philip/MacDonald, Euan (Hg.) (2008): Human Rights, Intervention, and the Use of Force. Oxford, 243-274.
Bureau of Investigative Journalism : Covert Drone War http://www.wilsoncenter.org/event/the-efficacy-and-ethics-us-counterterrorism-strategy [18.9.2013].
Carter, Jimmy (2012): A Cruel and Unusual Record. In: New York Times, 24.6.2012.

---

48 E-Mail verwendet mit Erlaubnis; liegt der Verfasserin vor.

Cloud, David S. (2010): CIA Drones Have a Broader List of Targets. In: Los Angeles Times, 5.5.2010, http://articles.latimes.com/2010/may/05/world/la-fg-drone-targets-20100506.

Fleck, Dieter (Hg.) (³2013): The Handbook of International Humanitarian Law, 3. Aufl. Oxford.

Gathii, James Thuo (2012): Irregular Forces and Self-Defence Under the UN-Charter. In: O'Connell, Mary Ellen (Hg.) (2012): What is War? An Investigation in the Wake of 9/11, Leiden, 97-108.

Gellman, Barton (2001): CIA Weighs,Targeted Killing' Missions. In: Washington Post, 28.10.2001, A01.

Gosztola, Kevin (2012): In YouTube Event, Obama Defends Government's Use of Drones, 30.1.2012, http://dissenter.firedoglake.com/2012/01/30/president-obama-says-us-must-be-judicious-in-drone-use [18.9.2013].

Grisez, Germain G. (1970): Toward a Consistent Natural Law Ethics of Killing, 15 am. J. Juris. 6, 76, zitiert in: Hollenbach 1983.

Grundprinzipien für die Anwendung von Gewalt und den Gebrauch von Schusswaffen durch Beamte mit Polizeibefugnissen, angenommen vom Achten Kongress der Vereinten Nationen für Verbrechensverhütung und die Behandlung Straffälliger, der vom 27. August bis zum 7. September 1990 in Havanna, Kuba, stattfand, und von der Generalversammlung durch Resolution 45/120 vom 14. Dezember 1990 gebilligt. Verfügbar unter: http://www. un.org/depts/german/conf/ac144-28c.pdf [18.9.2013].

Hollenbach, David S.J. (1983): Nuclear Ethics, a Christian Moral Argument. New York.

IKRK (2009): Interpretive Guidance on the Notion of Direct Participation in Hostilities under Humanitarian Law. Genf.

Internationaler Pakt über bürgerliche und politische Rechte (1966): New York, 16.12.1966, http://www.admin.ch/ch/d/sr/0_103_2/index.html [18.9.2013].

Jones, Seth G./Libicki, Martin C. (2008): How Terrorist Groups End, Lessons For Countering Al Qa'ida. RAND Publication. Santa Monica, CA.

Justenhoven, Heinz-Gerhard (2005): The Peace Ethics of Pope John Paul II. In: University of St. Thomas Law Journal 3, 110-138 [vgl. eine kürzere dt. Fassung: Die Friedensethik Johannes Pauls II. In: Stimmen der Zeit, Bd. 223, Heft 7, 2005].

Klaidman, Daniel (2012): Kill or Capture, The War on Terror and the Soul of the Obama Presidency. New York.

Koh, Harold Hongju (2010): The Obama Administration and International Law, Annual Meeting ASIL, 25.3.2010, Washington, D.C., http://www.state.gov/s/l/releases/remarks/139119.htm [18.9.2013].

Kretzmer, David (2005): Targeted Killing of Suspected Terrorists: Extra-Judicial Executions or Legitimate Means of Defence? In: European Journal of International Law 16, 171 – 212.

McManus, Doyle (2003): A US License to Kill, a New Policy Permits the CIA to Assasinate Terrorists, and Officials Say a Yemen Hit Went Perfectly. Others Worry About Next Time. In: Los Angeles Times, 11.1.2003, A1.

Melzer, Nils (2008): Targeted Killing in International Law. Oxford.

Miller, Greg (2012): CIA Seeks New Authority to Expand Yemen Drone Campaign. In: Washington Post, 18.4.2012, http://www.washingtonpost.com/world/national-security/cia-seeks-new-authority-to-expand-yemen-drone-campaign/2012/04/18/gIQ AsaumRT_story.html [18.9.2013].

Mueller, John (2012): Why Al-Quaeda May Never Die. In: National Interest, 1.5.2012, http://nationalinterest.org/blog/the-skeptics/why-al-qaeda-may-never-die-6873 [8.8.2012].

O'Connell, Mary Ellen (2013): The Prohibition of Force. In: White, Nigel D./Henderson, Christian (2013): The Research Handbook on Conflict and Security Law. Jus ad Bellum, Jus in Bello and Jus post Bellum, Cheltenham, 89-119.

O'Connell, Mary Ellen (2012): Unlawful Killing with Combat Drones. In: Simon Bronitt, (Hg.) (2012): Shooting to Kill: the Law Governing Lethal Force in Context, http://ssrn.com/abstract=1501144.

O'Connell, Mary Ellen (2011a): Seductive Drones: Learning from a Decade of Lethal Operations. In: Journal of Law, Information & Science and Faculty of Law, University of Tasmania, August 2011 (verfügbar unter: http://www.jlisjournal.org/abstracts/oconnell.21.2.html [18.9.2013].

O' Connell, Mary Ellen (2011): Jus Cogens, International Law's Higher Ethical Norms. In: Donald Earl Childress III (Hg.): The Role of Ethics in International Law, 55. Cambridge. http://ssrn.com/abstract=1815155 [18.9.2013].

O'Connell, Mary Ellen (2004): Ad Hoc War. In: Fischer, H./Froissart, U./Heintschel von Heinegg, W. (Hg.): Krisensicherung und humanitärer Schutz – Crisis Management and Humanitarian Protection. Berlin.

Randall, Kenneth (1988): Universal Jurisdiction Under International Law. In: Texas Law Review 66, 785-830.

Savage, Charlie (2011): Secret US Memo Made Legal Case to Kill a Citizen. In: New York Times, 8.10.2011, http://www.nytimes.com/2011/10/09/world/middleeast/secret-us-memo-made-legal-case-to-kill-a-citizen.html?_r=1&pagewanted=all [18.9.2013].

Skubiszewski, Krzysztof (2007): Human Rights in the Social Doctrine of the Catholic Church. In: Kohen, Marcelo G. (Hg.) (2007): Promoting Justice, Human Rights and Conflict Resolution through International Law, Liber Amirocum Lucius Caflisch. Leiden.

Temple-Raston, Dina (2007): The Jijad Next Door: The Lackawanna Six and Rough Justice in the Age of Terror. New York.

Vine, David (2012): The Pentagon's New General of Secret Military Bases. In: Mother Jones, 16.7.2012, http://www.motherjones.com/politics/2012/07/pentagon-new generation-military-bases-tom-dispatch [6.11.2013].

Waldron, Jeremy (2012): Justifying Targeted Killing with a Neutral Principle? Three Possible Models. In: Finkelstein, C. et al. (Hg.) (2012): Targeted Killings, Law and Morality in an Assymetrical World. Oxford, 112-134.

Whiteman, Marjorie M. (1977): Jus Cogens In International Law, With a Projected List. In: Georgia Journal of International & Comparative Law 7, 609-626.

Woods, Chris (2012): Militants and Civilians Killed in Multiple US Somalia Strikes, 22.2.2012, http://www.thebureauinvestigates.com/2012/02/22/militants-and-civilians-killed-in-up-to-20-us-somalia-strikes-new-study-shows/ [18.9.2013].

Woodward, Bob (2010): Obama's Wars. New York (dt.: Obamas Kriege. München 2011).

Nachweise

Jeff McMahans Beitrag erschien zuerst unter dem Titel „The Just Distribution of Harm Between Combatants and Noncombatants" in *Philosophy & Public Affairs* 38/4 (2010), 342–379.

David Lubans Beitrag erscheint gleichzeitig mit dieser deutschen Veröffentlichung unter dem Titel „Risk Taking and Force Protection" in: Yitzhak Benbaji und Naomi Sussmann (Hrsg.): *Reading Walzer*, Abingdon 2013 und war bereits als Georgetown Public Law and Legal Theory Research Paper No. 11-72 online verfügbar (http://scholarship.law.georgetown.edu/cgi/viewcontent.cgi?article=1653&context=facpub [22.9.2013]).

Jeremy Waldrons Beitrag erschien als Kapitel 4 unter dem Titel „Civilians, Terrorism, and Deadly Serious Conventions" in seinem Sammelband *Torture, Terror, and Trade-Offs. Philosophy for the White House*, Oxford 2010, auf den Seiten 80–110.

Uwe Steinhoffs Beitrag wurde auf Englisch unter dem Titel „Rights, Liability, and the Moral Equality of Combatants" in *Journal of Ethics* 16/4 (2012), 339–366, veröffentlicht.

Die Beiträge von David Rodin, Robert G. Kennedy und Mary Ellen O'Connell werden in diesem Band erstmals veröffentlicht.

Verzeichnis der Autoren

Jeff McMahan ist Professor für Philosophie an der Rutgers University in New Brunswick, New Jersey.

David Luban ist Professor für Law and Philosophy an der Georgetown University, Washington, D.C.

Jeremy Waldron ist Chichele Professor of Social and Political Theory am All Souls College in Oxford und University Professor of Law an der New York University School of Law.

David Rodin ist Senior Research Fellow und Co-Director des Institute for Ethics, Law and Armed Conflict (ELAC) an der University of Oxford sowie Senior Fellow am Carnegie Council for Ethics in International Affairs in New York.

Uwe Steinhoff ist Associate Professor im Department of Politics and Public Administration an der University of Hong Kong und Senior Research Associate im Oxford University Programme on the Changing Character of War.

Robert G. Kennedy ist Lehrstuhlinhaber am Department of Catholic Studies an der University of St. Thomas in Saint Paul, Minnesota.

Mary-Ellen O'Connell ist Inhaberin des Robert-and-Marion-Short-Lehrstuhls für Rechtswissenschaft und Research Professor of International Dispute Resolution am Kroc Institute for Peace Studies, University of Notre Dame, Indiana.

Zum Herausgeber:

Bernhard Koch ist Projektleiter am Institut für Theologie und Frieden in Hamburg und Lehrbeauftragter für Philosophie an der Goethe-Universität Frankfurt am Main.